本 书 系

国家2011计划·司法文明协同创新中心

系列成果

中国法治实践学派书系

迈向法治新时代

——我的治学理念和实践

李步云　著

人民出版社

中国法治实践学派书系
顾问和学术委员会

顾　　问　罗豪才

学术委员会（按姓氏笔画排序）

马怀德	王利明	王振民	王晨光
公丕祥	付子堂	朱新力	刘作翔
江　平	孙笑侠	李步云	李　林
邱　本	张文显	张守文	张志铭
张宝生	陈兴良	武树臣	林来梵
罗卫东	罗厚如	季卫东	郑永流
郑成良	赵秉志	胡建淼	姜建初
姚建宗	钱弘道	郭道晖	黄　进
梁治平	葛洪义	韩大元	

Susan Tiefenbrun ［美］

总　序

中国法治实践学派是对法治中国伟大实践的理论回应。

1999 年，《宪法》修正案规定："中华人民共和国实行依法治国，建设社会主义法治国家。"中国终于选择了法治道路，并将之载入具有最高法律效力的宪法。

2014 年，中共中央出台《关于全面推进依法治国若干重大问题的决定》。这是中国共产党的法治宣言书，是法治中国建设的总纲领。

法治中国建设是一场伟大的政治实验。这场伟大实验的目标是开创一条中国自己的法治道路。这场伟大实验正在给中国带来深刻的变革。反腐败斗争正在改变中国的官场生态，立法正在朝着科学化方向发展，政府正在努力将工作全面纳入法治轨道，司法改革正在朝着公正、高效、权威的目标加快推进，全社会厉行法治的积极性和主动性正在逐步增强。法治正在对全面深化改革发挥引领和规范作用。法治普遍规律的中国表现形式正在展现其不可忽视的影响力。虽然在前行的道路上，有暗礁，有险滩，有种种困难，但全面推进依法治国这场治理领域的深刻革命正在改变中国。

中国法学研究已经出现重大转向，这个转向以"实践"为基本特征。

法治的生命在于实践。走进实践，以实践为师，成为一大批法学家的鲜明风格。"中国法治实践学派"正是对这种重大转向的学术概括。中国法治实践学派以中国法治为问题导向，以探寻中国法治发展道路为目标，以创新法治规范体系和理论体系为任务，以实践、实证、实验为研究方法，注重实际和实效，具有中国特色、中国风格、中国气派。

法治中国的伟大实践必然催生新思想、新理论，必然带来思想和理论的深刻革命，必然为普遍的法治精神形成创造条件。中国客观上正在进行一场持久的法治启蒙运动。在欧洲，发生在17—18世纪的启蒙运动的成就之一是孕育了一个在世界上占主导地位的法学学派——古典自然法学派。古典自然法学说成为新兴资产阶级反对封建压迫和争取民族独立的武器，成为美国《独立宣言》、法国《人权宣言》的理论基础。正是古典自然法学派的出现，私有财产神圣不可侵犯、契约自由、法律面前人人平等、罪刑法定等法治原则才得以提出。正是以古典自然法学派为代表的学术流派的形成，才使得西方法治理论、西方法治精神形成一个系统。启蒙运动、契约精神的弘扬、自然法学派的产生、现代法律体系的构建、西方法治理论和法治精神的形成，是一个合乎历史逻辑和社会实践的有机整体。启蒙运动从根本上打造了西方近现代意义上的法治精神。在中国，法治启蒙运动的一个伴生现象也必然是学派的形成。伴随这样一个法治启蒙运动，法治实践不断推进，法治理论不断创新，法学学派在中国兴起，法治精神终将成为社会的主流精神，法治终将成为信仰。

我们组织力量编辑出版"中国法治实践学派书系"，是为了强化中国法学研究的实践转向，展示中国法治理论的风貌，传播法治精神，支持中国法治的具体实践，扩大中国在世界上的法治话语权。我们每年精选若干具有代表性的著作，由人民出版社出版，形成系列。这些著作具有鲜明的问题导向，注重中国具体实践问题的探索，注重理论的实际效果。我们相信，这套书系一定会对法治中国建设发挥良好作用。

时代赋予我们一种不可推卸的责任，我们不会袖手旁观，我们不会推卸责任。"为天地立心，为生民立命，为往圣继绝学，为万世开太平"是我们从先贤那里汲取的精神，"知行合一"是我们坚守的信条。中国并不缺少高谈阔论，中国并不缺少牢骚抱怨，中国需要的是身体力行、脚踏实地的行动。我们愿意不遗余力地推动中国法治实践学派的发展，我们愿意在法治中国的伟大进程中奉献热血、辛劳和汗水，我们愿意在法治中国的伟大进程中殚精竭虑、鞠躬尽瘁。

法治关涉每个人的权利，法治关涉每个人的财富，法治关涉每个人的命运。让我们大家携起手来，一起行动，共同关注中国法治实践学派，共同编织法治中国梦想，共同为实现法治强国而奋斗！

钱弘道

2017 年 1 月 20 日

C目录
CONTENTS

中国法治实践学派书系
迈向法治新时代

序　言

　　10 年前，浙江大学钱弘道教授开始在浙江余杭和当地有关部门合作，搞余杭法治指数体系设计和开展评估活动。我一直被邀请并参与了全部活动。"余杭经验"后被媒体广为推介，不少地方纷纷效仿。该经验还在党中央十八届三中全会中得到肯定。在这一过程中钱教授萌发了倡导建立法治实践学派的想法。法学界对他的倡议反映很不一致。因为在过去人们的潜意识里，社会主义者是不主张搞什么学派的。只有以马克思主义为指导的学术观点才是科学的，其他学术主张都具有非科学性。在社会主义制度下，没有必要倡导什么不同的学派之争。但令我个人十分惊讶和赞佩的是，这一主张得到了《中国社会科学报》的支持，先后发表了钱弘道、武树臣、邱本和我的文章。我的文章题为《法治实践学派的哲学基础是马克思主义》。我之所以支持、倡导法学实践学派，是和我一生的治学理念密切吻合的。毛泽东同志曾说过，有比较才能有鉴别。有比较和鉴别才能有发展。全部人类文明史已经证明"百家争鸣、百花齐放"是社会科学和文学艺术得以发展和繁荣的铁的规律。倡导法治实践学派的哲学基础是毛泽东同志的《实践论》和邓小平同志倡导的"实事求是"和坚定支持的实践是检验真理的唯一标准的科学命题。它的现实意义是为了反对和克服我国长期存在的法学教条主义。

我的导师张友渔教授曾科学地将这种"教条主义"区分为"土教条"和"洋教条"。所谓"土教条"是指把共产主义创始人和后来领袖们的话句句当真理，句句都要照办。即如恩格斯早已批判过的那样，"马克思主义不是一系列现成结论的教条，而是一种方法。"他所说的"方法"是指它的世界观和方法论，即辩证唯物论和唯物辩证法。即必须一切从实际出发，用这种认识论和方法论去揭示事物的本质和发展规律。所谓"洋教条"是指一些人把西方一些学者的话句句当真理，西方的各种制度都是完善的，社会主义者应当样样照搬。这种法学"土教条"和"洋教条"同一直在危害我们事业的极"左"和极右两种错误思潮是密切相关的。

我编这本文集，是应钱弘道教授的要求，为支持并践行法治实践学派的学者随后编辑类似的文集带个头。为此，我要由衷表示对人民出版社领导和编辑同志的感谢和敬佩，他们全力支持这项工作能有的睿智和胆略。2009 年 12 月 8 日，《人民日报》曾刊载过我的《治学八字经》一文。令我十分敬佩的是该报将我交给他们的"我的治学八字经"一文中"我的"二字删除，表明这八个字的治学理念对社会主义者的治学应当具有的共同价值。该报发表该文时，还对八字经的意义作出了新的概括，即把"求实"、"创新"、"严谨"、"宽容"分别精确地归纳为治学的"根本"、"追求"、"品格"、"美德"。为此，我曾通过电话向该报的副总编辑杜飞进同志询问发表该文的责任编辑是谁，并要表示感谢。他回答说这是集体智慧的成果。同时，在电话里我曾向飞进同志表示，我将在我未来的回忆录里加写一章《我与党报心连心》，记述我在该报发表 40 余篇文章背后一些生动感人的故事。

最后，我衷心希望法学界有越来越多的朋友加入到法学实践学派中来，更多学者重视研究运用马克思主义的法哲学，即唯物主义认识论和辩证的方法论来指导法学研究。以造福于人们，为实现中华民族伟大复兴的中国梦作出我们应有的贡献。

第一章　法学认识论与方法论

一、我的治学八字经

我是 1957 年以"调干生"的身份考入北京大学法律系读本科的。当时我只念过初中，但却已有 8 年工作经历。在这长期的学习与研究法律的过程中，我逐渐形成了自己的治学理念。用八个字概括，它就是"求实、创新、严谨、宽容"。而这同我参加革命工作以来 60 年的生活经历、理想追求和做人准则是分不开的。

"求实"是我治学理念的首要原则。它有两个方面的含义：一是要正确处理好理论同实践的关系，即理论来自实践，应又能指导实践。学者一生的知识来源，通常会是间接知识多于直接知识，即从书本及其他渠道获取的他人的思想、观念和理论，会多于自己直接从现实生活中得来的体验与感悟。但是，任何间接的知识包括理论，都不可能是凭空产生的，而只能是来源于实践。回顾我一生著述中各种在当时首先提出并在学界或广大干部与群众中起过一定作用的见解或建议，都不是别人说了我才说，中央讲了我才讲，而是直接来自我对现实生活的认识和理性思考。例如，我早在 1995 年发表的《现代法的精神论纲》一文中就已提出"法律人本主义"

的命题，认为："一切从人出发，把人作为一切观念、行为和制度的主体，尊重人的价值与尊严，实现人的解放和全面发展，保障所有人的平等、自由与人权，提高所有人的物质生活与精神生活水准，已经或正在成为现代法律的终极关系，成为现代法制文明的主要标志，成为现代法律创制与实施的重要特征，成为推动法制改革的巨大动力。"并将其提高到"法的人本精神是法的最高层次的精神"的高度。① 又如，我倡导"和谐"理念也比较早。1987 年我在美国哥伦比亚大学作访问学者时，曾应著名政治学家黎安友教授之邀，在他所主办的"暑期教授研讨班"上作演讲。我说，未来世界的发展趋势和特征，可以用 16 个字概括，即"和平共处，和平竞赛，制度融合，文化多元"。这 16 个字实际上就是一个"和"字。2001 年我曾前往日本北海道大学参加"中日韩比较法文化国际研讨会"。当时，日韩学者提出，东亚国家在未来可以为全人类法律文化作出什么样的独特贡献时，我回答说，"和谐"理念。当时曾得到了不少与会者的赞同。我在提交这次会议的《二十一世纪中国法学的发展前景》论文中说："个人与社会的和谐、利益与道德的统一、自由与平等的协调，是世界未来的发展方向。'西方文明中心论'的历史将要结束，但主张'东方文明中心论'也不妥当。未来的人类社会，不是这两大文明的对立和冲突，而是这两大文明的相互吸收与彼此融合。但是，从宏观角度看，东亚国家的哲学世界观将占主导地位。主张对立面和万事万物的和谐、统一与协调，是东亚国家哲学世界观共同的和基本的特征。中国古代很早就有'天人合一'的宇宙观、'世界大同'的社会理想、'和为贵'的处世原则、'己所不欲，勿施于人'的伦理精神。这些都应当是解决当今世界人与自然之间、富人与穷人之间、发达国家与发展中国家之间、种族与种族之间、这种宗教信仰与那种宗教信仰之间的种种矛盾与冲突的总的原则和根本出路。这也是东亚国家的法律文化可以为 21 世纪人类文明作出巨大贡献的一个重要方

---

① 李步云：《论法治》，社会科学文献出版社 2008 年版，第 218 页。

面。"① 自党中央提出"以人为本"的价值观和构建"和谐社会"与"和谐世界"的目标以来，我撰文予以高度评价，认为它们是马克思主义在当代发展的重大成果，是为人类文明所作出的巨大贡献，也是基于长期以来我个人对"以人为本"与"和谐"理念的高度认知和认同。

"求实"理念的第二个方面的含义，是要重视对现实问题的研究。我的专业方向，不是部门法学，而是法学基本原理。但是，我从来都不搞那些玄而又玄的东西，也从不"无的放矢"和"无病呻吟"，而是密切关注中国的思想与实际所面临的种种需要作出探究与回答的现实问题。凡是民族的，都是世界的。中国是一个世界大国，正处在社会转型过程中，其改革力度如此之大，社会发展进步如此之快。它的成功经验，无疑具有世界意义；它的理论必然会对人类文化宝库作出重大贡献。

自1949年11月我正式参加工作以来，就和共和国同呼吸、共命运。我曾在部队工作5年，地方政府3年，农村3年，国外也是3年。我对新旧社会有着鲜明的对比，对13亿人民的所思、所想、所欲、所求、所爱、所恨有着深切的了解。60年来，我的心始终同养育了我的祖国和人民紧紧贴在一起。因此，我清楚地知道我的国家、这个世界将向何处去。我读书并不多，但我的生活阅历却相当丰富。我在治学方面的"求实"理念，同后者是联系在一起的。如果说，我在学术上有过一点点成就，那主要不是来自书本，而是来自对现实生活与法治实践的深入观察和思考。

"创新"是学术的生命。一篇文章、一份研究报告、一本书，总得在新的问题、新的观点、新的论据、新的方法、新的资料上有所发现，有所发明，有所创造，有所前进。尽管我并没有完全做到这一点，但我却始终没有忘记这一条。"创新"作品特别是"原创"作品，同"求实"理念及其实践又分不开。我提出的"人权的三种存在形态"理论②。该文曾获《法

---

① 李步云：《论法治》，社会科学文献出版社2008年版，第485页。
② 李步云：《论人权的三种存在形态》，载《法学研究》1991年第4期。

学研究》"一百期优秀论文奖"，日本学者铃木敬夫和畑中和夫等教授都认为此观点在国际上也具有"原创性"。① 所谓人权的三种存在形态是"应有权利"、"法律权利"、"实有权利"。这一理论和基本含义是：人权是人依据其本性和人的人格、尊严与价值所应当享有的权利，而不是任何外界的恩赐。法律是人制定的，立法者可以用法律来认可与保护这种人的应有权利，但他们也可能不这样做，甚至可能用法律来明确剥夺人的这种应有权利。但是法定权利是人的应有权利得以实现的最可靠的保障。然而，法律规定的人的应有权利人们也不一定实际享受得到；法律不作规定，人们也不一定就享受不到人权，因为国家的、执政党的政策以及各种乡规民约、习惯、道德甚至某些宗教，也都能起某种对人权的认可与保障作用，而成为人们实际能够享有的权利。该文对人权的这三种存在形态的定位及其相互关系的分析，澄清了以往各种错误的或不太准确的认识，并已为国内学术界广为接受。这是以往国内外人权学界所没有明确、系统说明过的，而是作者依据现实生活深入观察和思考的结果。

依据我个人的体会，要想在学术上特别是理论上有所作为，做到以下两点很重要：一是要勤于思考；二是要有理论勇气。毛泽东同志经常要求人们要"开动思想机器"。他自己酷爱读书，但他更勤于思考。在我看来，"多读、多看、多想、多写"中，多思最重要，也最难养成习惯。我个人有个"嗜好"，就是喜欢"琢磨问题"。直到今天，我还经常在睡前吃上一小片舒乐安定。这倒并不是因为我有失眠症，而是因为思考问题太过投入，往往在半夜醒来后由于控制不住自己而兴奋、而思考各项研究课题的理论问题，以致不能再次入睡。也常有这样的时候，同家人在一起吃饭，夫人会生气地说："我同你说话呢，怎么不言语?!"我只好抱歉地回答："我想事了。"其实想的就是那些正在研究的学术理论问题。我还常对一些年

① 林来梵:《日本学者所看到的李步云教授》，见刘作翔等主编:《法治理想的追求》，中国政法大学出版社 2003 年版，第 302 页。

轻朋友说，当你搞科研到了着迷的地步，你离成功就不远了。

要想"创新"，还得有点勇气。凡是新的东西，刚一出来，总会有人不理解，总会有人反对。法律同政治密切相关，又关系到国家所有的基本制度和社会生活的方方面面。法学基础理论尤其如此。1979 年春，前中国社科院副院长邓力群同志在法学所举办的法学界思想解放的研讨会上致辞谈到，"文化大革命"后期，他同王任重、刘建章等被关在秦城监狱接受"审查"时，曾亲眼看到当时的狱警为了惩罚一位受审查人，故意将一碗米饭倒在地上让他舔了。我听后十分震惊和气愤，就写了《论我国罪犯的法律地位》一文，发表在 1979 年 10 月 30 日的《人民日报》，结果引起了一场很大的风波。因为全国很多监狱的服刑人员拿着这份党中央的机关报找监狱当局，要求保护他们遭到侵犯的这样那样的权利。这篇文章的观点后来证明是完全正确的，并被政府采纳。如"罪犯也是公民"，以及后来我在《人民日报》发表的《什么是公民》一文，建议将"凡具有中华人民共和国国籍的人都是中华人民共和国公民"，被写进 1982 年宪法。过去很多人认为，所谓"地、富、反、坏、右"甚至被判刑尤其是被剥夺了"政治权利"的那些人都不是"公民"，因而那些近千万人的法律地位和法律人格得不到应有的承认和保障。后来制定的《监狱法》也对罪犯应当受保护的权利列举了约 20 余种。但在文章发表后，一位领导曾点名批评它。某中央最高司法机关的正式文件也指名批评这篇文章是"资产阶级自由化"的两篇代表作之一。依据上级要求，法学所上报的两篇搞"精神污染"的文章，其中就有我的这篇。应当说，当时十年"文化大革命"结束不久，人们这样看，这样做，也是可以理解的。虽然"政治压力"确实不小，但我内心却十分坦然与平静。因为我相信，自己的观点没有错。另一件事也值得一提，那就是 1976 年的"四五"运动。当时社科院曾派出两位同志坐镇法学所，劝阻法学所和世经所的同志不要前往天安门。但是，这两个所的 30 多位同志用"化整为零"的办法，偷偷地带着花圈，在东长安街整队进入天安门，悼念周总理，抗议与控诉"四人帮"在理论和意识形态上混淆是非、颠倒黑白；在政治上"砸烂公检法"，迫害全国千千万万广大干部和群众。而我是这次两所活动的组织者和带队人。因为我是整个社科院唯一一个所党总支委员领导此一所谓"反革命"活动，上面曾要求所里领导彻底追查，但党总支书记解铁光同志在全所大会上宣布："确有此事，但李步云没有任何问题。"其实，我自己心里也很踏实。

我之所以在理论研究上有点勇气，同我个人的独特经历有关。1949年2月，我在湖南娄底涟璧中学念初三时，就参加了英语老师、在西南联大即已入党的刘佩琪先生领导的党的地下活动。4月24日正式成立了"娄底经世学会"，在会上散发的毛主席的《新民主主义论》，就是我和刘老师两人在深夜秘密印刷出来的。尽管我当时只有15岁，但清楚地知道，一旦被反动当局抓住，不杀头也得坐班房。1949年10月23日夜，我随部队渡过鸭绿江，参加了抗美援朝的前五次战役。有一回，一颗炮弹在离我10多米远的地方爆炸。第五次战役第二阶段，我们打了败仗，被美国鬼子包围，在冲过敌人的封锁线时，我身边有不少同志牺牲了，我幸免于难。1952年6月，敌人的一颗炸弹正好落在我坐的那辆车上，当场有8位战友牺牲，7位受伤，我的左手被炸断，成了二等乙级伤残军人。60年来，我一直以共和国的旗帜上也有我的一滴鲜血而感到无比自豪。现在的一些年轻朋友，今后也许永远不会再有像我那样的经历了，但他们只要有一颗热爱人民、忠于祖国的心，他们在各条战线、各类工作中，都一样会有很大"勇气"的。在我国，建设现代法治国家，将是一个长久的历史过程。党的十七大报告提出了要"加快建设社会主义法治国家"的任务。近年来，我在一些文章和演讲中曾多次强调，这一历史进程的快慢，客观上将取决于经济、政治、文化、社会的发展水平；主观上将取决于政治家们的远见卓识和胆略、法律实务工作者的职业操守和良心，以及法学家们的独立品格和勇气。这最后一点，我是经常提出来和我的同事共勉的。

"严谨"是从事科学研究必备的品格，也是它的应有之义。"严谨"首先要求工作态度必须认真负责，其次要求思维方法要科学缜密。科学的目的是探求真理，来不得半点虚假，而浮躁、马虎是其大忌。我一生学术成就虽不大，但工作态度却是比较认真负责的。我深知"文章千古事"，因此我的原则是"宁可少些，但要好些"；力争大小文章都反复斟酌、推敲。鲁迅先生这样的大师，写文章经常要反复修改八九遍，并把那些可要可不要的字、句、段都删去。我常以此要求学生。我自己审改学生的论文，也力求每个标点符号都不放过，并常以自己的一次经历与他们共勉。那是1981年审判"四人帮"结束后，当时负责政法工作的彭真同志要求党中央书记处研究室写篇文章总结一下这次历史性事件。领导决定由我执笔，并请王家福、刘海年两位同志参与。后来文章以"特约评论员"名义发表在1981年12月22日的《人民日报》，题为《民主与法制的里程碑——评审判林彪、江青反革命集团》，研究室主任邓力群和中宣部部长王任重都曾审改过。文章最后定稿时，包括林涧青和滕文生在内的五人都认为可以刊发了。但林涧青同志提出还请大家最后看一遍。我看出其中只有一个标点符号用得不够准确，其他四人也都同意，并作最后改动。我曾负责或参与起草过一些中央文件和报纸重要社论，其严肃认真的态度也大体如此。这对我后来的写作影响也不小。

　　科学研究像过河，由无知的此岸到达真理的彼岸，研究方法就是船和桥。这里，逻辑，特别是哲学的认识论与方法论，就是最好的船与桥。中国社科院的前院长胡乔木同志曾多次强调，文学艺术是形象思维，社会科学是逻辑思维，写文章一定要讲逻辑。他自己在这方面就有很高的造诣。他不是法学家，但在法学问题上的一些看法都很讲逻辑。例如，在一个很长时期里，有些学者死死抓住"法是统治阶级意志的体现"这个已经过时的观点不放，而他不同意。他说：我们现在已经没有什么"被统治阶级"，又哪来的"统治阶级"？因此，说我们社会主义的法律仍然是"统治阶级意志的体现"就不对了。他的前一个判断是事实判断，后面的推理是很合乎逻辑的。他的这一看法对法学界长期争议不休的这一重大理论问题的解决起了很好的作用。我自己在这方面也体会颇深。关于"公民的概念"就是一个例子。我在《人民日报》发表的《什么是公民》一文作了这样一个推理:如果说,"地富反坏右"或被剥夺了政治权利的人不是"公民",又是什么?我国宪法所规定的是"公民的基本权利和义务",我国的其他法律也都是用公民这一概念作为一般法律关系的主体。如果那些人不是"公民",那我国宪法和法律对他们就不适用,他们的法律地位就不明确,要么再单独给这些人制定一套宪法与法律,又不可能也没必要。因此,我最后建议在1982年宪法中加一条:"凡具有中华人民共和国国籍的人,都是中国公民。"后来,罗由沛先生主编的一本逻辑学著作还引用了这一推理作为例证。

比起形式逻辑来,辩证唯物论和唯物辩证法对社会科学研究的指导意义就更大。我不是专门搞哲学的,但我对哲学的学习一直很重视。我在北大读研究生时,曾写过一本题为《战争与和平的辩证法》的小册子。它的九章的标题就包括这样一些命题:战争不是从来就有,也不会永世长存;战争是流血的政治,政治是不流血的战争;支持正义战争,反对非正义战争;不要枪杆子,必须拿起枪杆子;等等。当时正值"中苏论战",小册子的观点不免有"左"的痕迹,但它力求用辩证思维来考察战争与和平问题,立意还是好的。"文化大革命"后期,我对"四人帮"的倒行逆施已有足够认识,决定写本小册子进行批判,名为《辩证法与诡辩论》。该书第一章是"攻其一点,不及其余"。这章开头举的一个例子是"瞎子摸象":摸着耳朵就说大象是把扇子;摸着大腿,就说大象是根柱子。后来由于功力和时间都不够,这两本小册子都未能最后完成并出版。北京大学庆祝百年校庆时,法学院曾邀请十多位学有所成的校友回校谈"法学之道"。我曾对与会的博士生和年轻教师语重心长地说:"你们可千万别看不起马克思主义,轻视它对法学研究和法治建设的指导意义。如果说我这一生在学术上也还作出了一点点成绩,那主要是马克思主义的唯物论和辩证法帮了我的忙。"当时我举的一些例子中,有一个是关于共性与个性的关系问题:有位中央领导说:"民主不是抽象的,是具体的。"有位著名哲学家也说："人权不是抽象的，是具体的。"我曾多次指出，这种说法不对。因为，世界上的万事万物，都是一般与个别、共性与个性、抽象与具体的辩证统一。"水果"就是苹果、梨和桃等具体水果的一个抽象。同样一个道理，"民主"是各种具体的民主选举、民主决策、民主程序、民主监督的一个抽象；"人权"也是人的各种具体的政治、经济、文化、社会权利以及人身人格权利的一个抽象。今年上半年，我应邀第四次到香港大学法学院作学术演讲。前三次分别讲的是民主、法治与人权。这次演讲的题目是"摒弃'五个主义'——中国法学 60 年反思"。这"五个主义"是法学教条主义、法律经验主义、法律虚无主义、法律工具主义和法律实用主义。新中国成立后的前 30 年，我们在法制建设上走了一条曲折的道路，主要是这"五个主义"作怪。后 30 年我们走进了改革开放的新时代，迎来了法学研究新的春天，开始了依法治国的历史征程，主要也是决心摒弃这"五个主义"的结果。归根到底，这"五个主义"是完全背离马克思主义的辩证唯物论和唯物辩证法的。

"宽容"也是我个人治学理念的主要内容。90 年代中期，我常去北戴河全国人大干部培训中心讲课。有一次，在那里工作的少奇同志的侄儿、业余书法家刘万固先生给我题写了一幅立轴，内容是："海纳百川，有容乃大；壁立千仞，无欲则刚。"我非常高兴。因为这 16 个字也正是我一生治学与为人的座右铭。我读书作文力求各派学说兼收并蓄。我每次讲课，当听到学生在提问时对我的见解提出不同看法时，我都会感到很高兴，总要思考一下他讲的是否有道理，是否包含有某些合理的因素或成分；即使不同意他的看法，我也会认为这对我有帮助，可以得到一些真实的思想资料，并感谢和鼓励他或她能敢于提出自己的不同认识。我的几位同学和同事曾撰文甚至是用报纸的整版篇幅批评过我的个别文章，当然是批错了，但后来丝毫没有影响我和他们之间的深情厚谊。正如毛泽东主席所说，有比较才能有鉴别；有比较和鉴别才能有发展。"百花齐放、百家争鸣"是文化繁荣和科学进步的客观规律。对于整个学术界是这样，对于每一个学者也同样如此。害怕别人批评的学者或政治家，只能说明自己缺少"底气"和雅量，也是难以有更大作为的。

治学的宽容与做人的宽容、学术的宽容与政治的宽容，是密切联系在一起的。香港回归后，我曾参加在香港城市大学召开的一次题为"'一国两制'与香港基本法"的国际研讨会。在会上我提交并宣读的论文《"一国两制"三题》中有这样一段结束语："'和为贵'是中华民族的传统美德。彼此宽容也正在逐步成为现今世界政治伦理的主旋律。现在国与国之间、在一些国家的内部，还存在太多的矛盾和冲突，诉诸武力的也不在少数。人民渴望和平，时代呼唤和平。在全球范围内倡导'和为贵'和彼此宽容的政治伦理是十分重要和迫切的。如果国家与国家之间能和平共处，民族与民族之间能友爱相助，政党与政党之间能诚信相处，群体与群体之间能和衷相济，个人与个人之间能友爱相待，我们这个世界就会变得更加美好。"[1] 这是我一生的一条重要的政治信仰和主张，也是我一生的一条重要的为人处世的准则。回想过去，我为这样做了而感到十分欣慰。1965 年 10 月到 1966 年 6 月，我在北京四季青公社担任公社工作队队长。在长达 8 个月的时间里，我只抓了两件事：一是组织公社干部学习，正面领会文件精神；二是组织人查公社及其直属单位如电影放映队的账目。我和工作队队员都从来没有批评过任何一位干部。有一次，公社社长张玉龙同志找我谈心，痛哭流涕地检讨自己在某些方面的工作失误，我还一个劲地安慰他不必过于自责。十多年后，我的一位同事重访"四季青公社"，当时的一些干部还说："李步云水平高，政策掌握得好。"其实，这主要不是因为我当时对"左"的一些思想与政策有多么深刻的认识，而是基于我一生为人处世的宽容思想。1971 年，整个中国社科院下放河南息县种地。其间，我曾被派往东岳公社李庄大队担任整党工作组组长。在那一年里，我也没有"整"过任何一位党员干部。我和另外三位工作组成员每天都是白天下地同农民

---

① 李步云：《走向法治》，湖南人民出版社 1998 年版，第 227 页。

在一起干活，晚上就分头到各家谈心唠嗑。有一次，社科院派人到李庄大队了解我们在那里的"表现"，支书和大队长本来有矛盾，但却异口同声表扬我。支书冯国喜为此举了两个例子：我们曾组织全体大队和小队党员干部集中住在大队部学习五天。我每天都要半夜起来为大家盖被子。大队部的一口水井水量不大，往往是八九个人用一盆水洗脸，我和大家一样，从不特殊。我曾多次在一些聚会上半开玩笑地问同事、朋友和学生：你们谁知道我一生最爱听的是哪两首歌？多数情况下对第二首猜不出来。第一首是"让世界充满爱"，第二首是"心太软"。我对任何人的求助从未拒绝过。郑强博士在一篇评论我的为人的文章中曾说："学者大略可分两类：一类惜时如金，不愿有人打扰；一类宽厚仁和，乐于社会交往。前者多书而后者多徒，前者可敬而后者可亲。李老师显然是属于后者的。虽然他也写出许多极有分量的文章，并且赢得广泛的尊敬。"① 郑强博士对我学术成就的评价，我不敢当；但我不吝惜个人时间而乐于助人，我是大致上做到了。

在地球的这块 960 万平方公里的土地上，13 亿勤劳、智慧、勇敢的人民正在为中华民族的伟大复兴、为人类文明的发展进步而辛勤劳动与锐意改革。我们的民族善于理论思维，又有着包括"仁爱"、"宽容"、"和谐"等等理念在内的几千年的优良文化传统。我们的目的一定要达到，我们的目的也一定能够达到！我为"我是一个中国人"而感到无比自豪。

后记：本文原载于《中国社会科学院研究生院学报》2009 年第 12 期。

二、法哲学为法学研究提供智慧

究竟有没有法哲学和部门法哲学？法哲学和法理学、部门法哲学和部门法学原理，它们的区别究竟在哪里，它们之间的关系又是什么？法哲学

---

① 刘作翔等：《法治理想的追求》，中国政法大学出版社 2003 年版，第 308 页。

和部门法哲学是属于法学的范畴，还是属于哲学的范畴，抑或是属于一种交叉学科？它们是否有一个严谨的体系来支撑和构建一个完全不同于法理学和部门法学的内容与范畴体系？对这些问题还需要进行深入研究。

有学者说，如果法哲学不能指导部门法学或者为后者提供一套各部门法学可以共同使用的概念、范畴、原理、原则和规律，那就不能称其为法哲学。但也有学者认为，法哲学与部门法学不是指导与被指导的关系，前者是法哲学学者自己给自己下了一个"套"，使我们陷入了一个误区。可见，要使法哲学的概念得到人们广泛认可并在立法、司法、执法中得到良好实践效果，必须拿出一个完全不同于现在法理学和各部门法学基本原理的体系来，而其内容还必须丰富、具体、生动和有针对性，这需要时间。

我认为法理学与法哲学应该是有区别的。法理学是对法律现象和法的一般原则、规则、概念以及立法、司法等的高度抽象。法哲学则是马克思主义的唯物论、辩证法在法律现象、法律行为、法律思想中抽象出来的理论。它不能替代法学的各个分支学科，更不是至高的和万能的。它是一种法学认识论和方法论，但违背它就要犯错。改革开放30多年来我国法治的进步是同法理学在法治、人权等一系列重大理论问题上取得的突破分不开的。过去法理学的弱点是对部门法学基本原理的研究成果吸收和概括得不够，困难就在于法理学者既要有高度的抽象思维能力，又要有广博的部门法知识。

法哲学的研究对象是法、法律制度与法律思想中的唯物论和辩证法问题，它的对立面是这一领域中的唯心论与形而上学。法哲学的两个基本方面——唯物论和辩证法，是密切地联系在一起的。这也符合马克思主义哲学根本特点。法哲学的唯物论方面的具体内容，主要包括以下一些范畴，即法的两重性、法的基本规律、法与社会存在、法与客观规律、法与法律意识、法的作用、法的时空观等。法哲学的辩证法方面的具体内容，主要包括以下一些范畴，即法的内容与形式、法的本质与现象、法的一般与个别、法的整体与部分、法的权利与义务、法的秩序与自由、法的公平与效率、法的稳定性与变动性、法的继承与扬弃、法的协调发展、法制定与适用的辩证方法等。

法哲学对法学其他分支学科具有指导作用。任何学科的发展都离不开正确的理论指导。唯物论与唯心论、辩证法与形而上学的对立，同样存在于法学研究中。广泛深入地开展法哲学研究，将会使法学工作者头脑中多一些唯物论与辩证法，少一点唯心论与形而上学。法哲学的研究成果，对法学的各个分支学科都能起到拓展研究视野、深化研究层次、丰富研究方法、提高理论水平的作用。

法哲学对法律制定和实施同样具有指导意义。立法过程实际上是一个认知过程，是人的主观认识如何正确符合现实社会的客观规律与实际需要，如何正确反映法形式自身特点与性质的过程。强调立法要搞调查研究，正是因为立法要遵循从个别到一般的认识规律，因而离不开正确的哲学观念指导。法的适用过程，实质上也是一个认知过程。如何运用法律规范处理千差万别的具体案件，如何分析法事实的因果联系，如何处理法证据的客观性与主观性矛盾等等，都同人们的哲学观念与素养分不开。因而，法哲学虽不能代替理论法学的其他分支学科，也不能代替部门法学，但能启迪人的智慧，使人们获得有关法、法律制度和法律思想一系列根本原则的认识。

后记：本文原载于《人民日报》2014 年 6 月 15 日。

三、法哲学的研究对象和意义

法哲学的研究对象是法、法律制度与法律思想中的唯物论与辩证法问题，它的对立面是这一领域里的唯心论与形而上学（与辩证法对立意义上的形而上学）。这里所说的"法"，是指成文的与不成文的法律规范与原则；"法律制度"是指与法的制定和实施有关的各种制度，如立法制度、审判制度、检察制度；"法律思想"主要是指法的理论观念。据此，我们也可以给法哲学下这样的定义：法哲学是研究法律现象与法律意识中的哲学问题的一门科学。

法哲学的主要内容由两个基本部分构成：一是法的唯物论与认识论，二是法的辩证法。这两个部分是密切地结合在一起的，即"辩证"的唯物论、认识论和"唯物"的辩证法。这是马克思主义哲学的根本特点，自然也是马克思主义法哲学的根本特点。

法哲学第一个方面的具体内容，主要包括以下一些范畴与原理，即：法的两重性、法的基本规律、法与社会存在、法与客观规律、法与法律意识、法要素（概念、原则、规范）的两重性、法作用（功能、价值、效果）的两重性、法适用（事实、证据、判决）的两重性、法的时空观、法制定的认识论、法适用的认识论等等。

法哲学第二个方面的具体内容，主要包括以下一些范畴与原理，即法的内容与形式、法的本质与现象、法的一般与个别、法的整体与部分、法的权利与义务、法的限制与自由、法的公平与效率、法的相对独立与普遍联系、法的稳定性与变动性、法的量变与质变、法的继承与扬弃、法的协调发展、法由低级向高级的演变、法制定的辩证方法、法适用的辩证方法，等等。

法哲学作为一个完整的科学体系，其理论逻辑起点是法的两重性，即法既具有物质性，又具有意识性。法相对于法律意识来说，它是客观的，是一种不以人的主观意志为转移的客观存在。但是，法又是由人制定的，相对于自己所要调整与规范的社会关系和社会秩序即客观社会现实来说，它又具有主观性。法的这种两重性，贯穿于法哲学体系的各个方面。法、法律制度与法律思想中唯心论与唯物论的矛盾与冲突，其特点往往是由法的这种两重性所决定的。正确理解与把握法的两重性，对于正确认识各种法的现象和原理、原则，在法制定与法实施中做到主观与客观相一致，是十分重要的。

　　法的基本矛盾是由法的两重性所决定。法与客观社会现实之间、法与法律意识之间存在着既相适应、又相矛盾的情况。这是法存在与发展的两对基本矛盾。法的内容必须反映现实生活的真实情况和规律，必须适应社会发展的需求，而法又对现实的社会关系、社会秩序起着巨大的能动的反作用。法本身（广义上的法形式）具有自身的特性、逻辑、规律与品格。

　　人的认识只能反映它，而不能任意创造它。但是，人的主观能动作用在法的制定和实施中，在法的科学研究中又非常突出。在一定历史时期，法的基本矛盾的性质与状况，决定着整个法的性质和状况。在法的这两对基本矛盾中，第一对矛盾是主要矛盾。从人类历史发展的长河看，法的性质与状况，归根结蒂是由现实社会存在的性质与状况所决定。

　　法的两重性与基本矛盾是法哲学体系上篇，即法的唯物论与认识论的纲。法与社会存在、客观规律、法律意识之间的相互关系，法的要素、作用、适用的两重性，以及法制定与适用的认识论，都是它的展开。哲学的根本问题是存在与思维、物质与精神、客观与主观的相互关系问题，而这也正是法哲学的根本问题。换句话说，法哲学的中心问题是要解决好社会存在、法、法律意识这三者之间的相互关系，使人们对法律现象（包括法的内容与形式）的认识、法的制定与实施比较符合事物的本质与客观规律。

　　法哲学的第二个方面，即法辩证法，包括三个内容：一是法辩证法的基本范畴，即内容与形式、本质与现象、一般与个别、整体与部分、自由与限制、权利与义务、效率与公平，这是法辩证法的本体论；二是法的发展规律，即法的普遍联系与相对独立、法的稳定性与变动性、法的量变与质变、法的继承与扬弃等等，我们可以称之为法辩证法的发展论；三是法制定与法实施中的辩证法，如法制定的科学抽象、法适用的控诉与辩护以及法律推理等等，这是法辩证法在法运作中的具体表现与展开。法哲学的根本任务之一，就是要对这些范畴与原理的含义作出科学界定，揭示法的一系列对立统一关系的丰富内涵，总结古往今来人们认识与运用这些范畴与原理的成功经验，批评在这一领域中各种形式的形而上学观念。

法哲学与哲学的关系自然是十分密切的。它们之间是个别与一般的关系。法哲学是哲学的一般原理在法、法律制度与法律思想领域中的具体体现。有人也许会说，法哲学不过是把哲学的一些原理与范畴套用到法学中来，其内容将是贫乏的。事实不是这样。由于法内容的广泛和法形式的独特，哲学原理与范畴在法、法律制度和法律思想中的表现将是极其丰富多彩的。法哲学肯定是一个有待人们去大力挖掘的思想宝藏。

有人主张法哲学是介于哲学与法学之间的中间学科或边缘学科，有人主张法哲学应是哲学的一部分。笔者则认为把法哲学看成是法学的一部分更为恰当。哲学的范畴、原理、规律应是社会现象、自然现象与人的思想的高度抽象和概括。法哲学的原理与范畴有的是哲学原理与范畴的具体化，如内容与形式、一般与个别；有的则是法现象所特有的，如权利与义务、自由与限制。即使是内容与形式，一般与个别这样的范畴，它们在法现象中的表现同它们在经济、政治、文化等领域中的表现，也有很大差异。从某种意义上可以说，法哲学的内容是法学的，形式则是哲学的。法哲学应是法学的一个组成部分，正如军事辩证法、艺术辩证法应是军事理论与艺术理论的一个组成部分一样。

法哲学作为法学体系的一个组成部分，属于理论法学的范畴。一般说来，法学体系由理论法学、法史学（如法制度史学、法思想史学）、部门法学（如宪法学、民法学、刑法学）、国际法学（如国际公法学、国际经济法学、国际私法学）、应用法学（如立法学）和边缘法学（如刑事侦查学、法医学）等等所构成。理论法学包括法理学、法哲学、比较法理学、法社会学等等。法哲学与法理学是一种并列的、平行的关系。法哲学由其自身的性质和特点所决定，它在法学体系中处于一种指导的地位，它同法理学一样，为其他法学分支学科提供理论基础和方法论。

现在，法理学界多数同志认为，法哲学与法理学应当是一回事，没有、也不可能与法理学相区别的法哲学，其中一个最主要的理由是，法哲学没有自己独特的不同于法理学的研究对象。笔者认为，法哲学尽管同法理学的关系十分密切，两者在内容上甚至有部分相互渗透，但法哲学是可以有自己的特有的研究对象的。

法理学是关于法的一般原理的科学，它的主要内容是研究法的一般概念、范畴与原则，包括：法的性质、法的功能、法的价值、法的类型、法的形式、法的要素、法的体系、法律关系、权利义务、法的效力、法的责任、法的制裁、法律意识、法治理想、法的制定、法的解释、法的适用、法的遵守、法的执行、法律监督、违法预防等等法的一般原理。法理学的主要任务，就是要对上述法的最一般的概念与范畴的内涵与外延作出科学的界定，揭示这些概念与范畴在历史上的演变过程及其发展趋势，总结这些概念与范畴在法的实际运行与操作中的经验，批评种种不正确的观念。

前面，笔者已经将自己所理解与主张的法哲学的内容及其体系构架作了概要说明。如果拿这些内容同我国现在已经出版的各种法理学教材与专著相比较，就可清楚看出，法哲学与法理学的研究对象有很大不同。法哲学的大部分内容是现今法理学所没有的。有的内容法理学要研究，但法哲学的研究角度不同，如法的权利与义务，法哲学将着重从两者的相互关系这个角度深入探究。从总体上看，法理学的主要任务是对法的一系列基本概念与范畴的含义、演变与运用作出科学界说与分析；法哲学的主要任务则是集中探讨与解决法现象与法思想中主客观的关系问题以及法辩证法一系列辩证规律与范畴的科学含义。对于法理学来说，唯物论与辩证法只是一种方法；而在法哲学中，法的唯物论与辩证法成了研究对象本身。

有人认为，法哲学比法理学更抽象，因而属于理论法学中更高的一个层次。这种看法是不妥的，因为，法理学的内容已经是法的最一般的概念、范畴与原则。法哲学与法理学的区别主要是研究的范围与角度不同。法哲学与法理学是相互渗透与促进的。法哲学需要运用法理学研究中得出的一系列基本概念作为自己研究的基础和起点，如什么是法？什么是法的价值、规范、效力、责任？什么是法的关系、法的权利？什么是违法？等等，法哲学是要经常使用这些概念而不可能回避的，它要充分利用法理学在这方面的研究成果；同时，法哲学的深入研究也能大大增进唯物论与辩证法作为法理学方法论的作用和意义，有助于扩展法理学研究的广度和深度，提高法理学的研究水平。

在西方，法哲学与法理学是不分的。法学家往往把二者当作是一个概念、一门学科。从它们的具体内容看，基本上讲的是法理学的内容，但也包含有笔者所理解的属于法哲学研究的某些范畴，如法的相对独立与普遍联系、法的稳定性与变动性等等。然而，西方法理学与法哲学不分，不应作为否定两者可以分开的理由。当代科学仍然在朝着分解与化合两个方向深入和展开：一方面是综合性、边缘性学科不断涌现；另一方面，学科越分越细、从老学科中不断分化出新学科的情况仍在持续。法学也是这样。在我国，法社会学、法逻辑学、法心理学、立法学等等已经从传统法学中分化出来而成为独立的新的分支学科，就是例证。同样，从传统法理学中分化出法哲学来，也不是不可以和不可能的。马克思主义的辩证唯物论有着丰富的内容和严谨的体系，法哲学需要也能够借助于它，提出并构建起自己的不同于法理学的研究对象和科学体系。

广泛而深入地开展法哲学研究，有着重大的理论和实践意义。

首先，法哲学对法学其他分支学科具有指导作用。任何科学的发展都离不开正确的哲学理论与观念的指导；任何科学中都必然渗透与贯穿着一定的世界观和方法论。唯物论与唯心论、辩证法与形而上学的对立，无处不在、无时不有。这种对立，存在于人们研究法学各门学科的过程中，也表现在人们对法律现象的不同理解的论争里。我们当然不能说，任何一种意见分歧，任何一种不同看法，都同这种对立有关，但这种对立具有普遍性，也是毋庸置疑的。广泛而深入地开展法哲学研究，将会使法学工作者的头脑中多一些唯物论与辩证法，少一点唯心论与形而上学。法哲学的研究成果对法学的各分支学科，包括理论法学、部门法学、国际法学、法史学、边缘法学，都能起拓展研究视野、深化研究层次、丰富研究方法、提高理论水平的作用。

其次，法哲学对法律的制定和法律的实施具有指导意义。立法过程实质上是一个认识过程，是人的主观认识如何正确符合现实社会的客观规律与实际需要，如何正确反映法形式自身的性质与特点的过程。我们之所以提倡立法要坚持"从实际出发"，肯定立法是一个"实践—认识—实践"的过程，主张立法要搞调查研究，实行民主，要遵循从个别到一般的认识规律，等等，正是由于全部立法活动一点也离不开正确的哲学观念作指导。法的适用过程实质上也是一个认识过程。如何运用具有概括性、原则性的法律规范去处理千差万别的具体案件，如何分析法事实的因果联系，如何处理法证据的客观性与主观性的矛盾，如何运用法证明的逻辑方法，如此等等，都同人们的哲学观念是否正确分不开。

法哲学的作用是有限的，因为法哲学不能代替理论法学的其他分支学科，更不能替代部门法学、法史学等学科；同时，它也不能直接帮助人们去解决各种具体的法律实际问题。但是，法哲学能启迪人们的智慧，使人们获得有关法、法律制度和法律思想一系列根本原则的认识，以其具体的无用成其根本的大用。

后记：本文原载于《中外法学》1992 年第 1 期。

四、摈弃"五个主义"——中国法学 60 年反思

今年是中华人民共和国成立 60 周年，又是中国进入改革开放新时代 30 周年。在这半个多世纪里，我们的国家曾走过一条曲折的道路，甚至出现过十年"文化大革命"的悲剧；但是也取得了光辉的成就，甚至是令世界震惊的经济发展奇迹。反思这 60 年中国法学及与之相适应的法制建设进程，可明显地划分为前后两个不同的发展阶段。前 30 年的头 8 年，

中国的法制建设基本上是健康的，中间的 10 年是处于停滞不前的状态，后 10 年则是那场"和尚打伞，无法无天"的浩劫。之所以会出现这种情况，主要是受当时国内外各种复杂因素和条件的影响，形成了"以阶级斗争为纲"的政治路线和否定客观规律的"唯意志论"的思想路线。正是在这种背景下，法学研究和法制建设中"五个主义"盛行。它们是"法学教条主义"、"法律经验主义"、"法律虚无主义"、"法律工具主义"和"法学实用主义"。由于这"五个主义"作怪，结果形成了社会主义制度下的人治。而以党的十一届三中全会为起点的改革开放新时期，中国能够走上依法治国的道路，开始了建设社会主义法治国家的历史进程，其直接的原因，就是经过艰巨努力摒弃了这"五个主义"。当然，直到现在在极少数学者或官员中他们仍然经常会通过这样或那样的形式顽固地表现出来，成为加快建设法治国家进程的阻力；因此，从认识论和价值论的高度认真反思中国法学 60 年的基本经验与教训，深入剖析这"五个主义"的本质及其危害，具有重大的理论意义和现实意义。本文将分别就这"五个主义"的基本内涵与特征作一探究。

（一）"法学教条主义"的基本内涵与特征

"法学教条主义"有"土教条"和"洋教条"之分。前 30 年的主要危害是前者，即将马克思主义经典作家的言论当作"教条"，认为句句是真理，无论时间、地点和条件发生了怎样的变化，都得照办。将马克思、恩格斯、列宁有关法学与法律的一些言论汇编在一起加以注解，认为这就是马克思主义法学。如果有人对马克思的法学见解稍有不同看法，就会被视为异端而横遭讨伐。这是在很长一个时期里存在的普遍现象。其实，这种立场和态度是完全同马克思主义的世界观背道而驰的。人的正确思想不是从天上掉下来和地下冒出来的，也不是人们头脑中固有的和凭空想象出来的，而只能来源于人们改造客观世界和主观世界的实践，是外部世界包括自然界、人类社会和人们已经创造出来的各种文化现象的本质及其发展规律在人们头脑中的"映象"。人们的各种理论、观念都不能不受他所生活的那个国度和时代现实生活及条件的影响和制约。世界上没有万古不变的"教条"。生活在一百多年前的德国的马克思、恩格斯的各种著述和言论，有的具体结论在当时可能就是不正确的；有的正确，但随着时间、地点、条件的改变，就会变得不正确或不完全正确；有的具有普遍性，但随着不同时代不同国家社会现实的变迁，它们的具体内容和表现形式都会不断发生变化。法学教条主义却与此相背离，把马克思等革命领袖的话当作金科玉律，而不顾社会的发展。一个典型例子，就是在中国现时代，一些人曾长期坚持马列的某些观点，认为法是阶级斗争的产物，是统治阶级意志的体现，是阶级斗争的工具，今后必然"消亡"。这是完全不符合历史与现实状况的。这种对法的产生、本质、作用与未来发展的看法，在 1978 年以后已经被我国的绝大多数学者所摒弃。我个人认为，法应当是人类社会自始至终都存在的三个基本矛盾的必然产物。它们是社会秩序与个人自由的矛盾，人在物质与精神利益需求上彼此之间的矛盾，社会管理与被管理、权威与服从的矛盾。如果没有法律这一社会关系的调节器去规范这些社会关系和矛盾冲突，社会文明就将不复存在，社会亦难以存续与发展。"法是统治阶级意志的体现"在奴隶制和封建制社会阶级和阶层存在根本对立的条件下有其合理性，但在当代中国，已经没有什么"被统治阶级"；既然如此，当然也就没有了所谓的"统治阶级"。因而说社会主义的法仍然是"统治阶级意志的体现"，既不符合事实，也不符合逻辑。在过去很长一个时期里，立法和司法工作中的"阶级分析"曾盛行一时。如果一个刑事被告人出身于地主、富农家庭或参加过国民党、"三青团"，就很有可能将原本是"无意"说成"有意"，把技术事故定性为政治事故。改革开放以来，这种现象是完全没有了。已经没有哪个立法或司法工作者会把法律还当成是"阶级斗争的工具"。根据差异、矛盾永远存在的原理和社会三个基本矛盾将永远存在的事实，国家和法律的性质与特点、内容与形式将不断发生变化，但它们将永远存在而不会"消亡"。这一点，毛泽东主席说得很正确："一万年以后还会有法庭。"当然,今天我们在反对"土教条"的同时,也要反对"洋教条",即把西方一些著名法学家的理论当作永恒真理,不顾中国的具体国情而生搬硬套。这种现象是确实存在的。同时,我们也必须坚持,不能用"土教条"去反"洋教条",或者相反,而是一切应当从中国和世界的现实出发,来提出新理论、新观念,设计新制度或完善现有制度中已经不能完全适应新形势新条件的部分内容。

(二)"法律经验主义"的基本内涵与特征

"法律经验主义"同"法学教条主义"正好相反,在理论和实践的关系问题上,走向了另一极端。它的基本特点是否定理论对法治建设实践的指导意义。这种"主义"曾经在一些官员和司法实务工作者中盛行,还美其名曰"摸着石头过河"。1957年"反右"时,"法的继承性"理论遭到批判,这是一种对全人类共同创造的法律文化的否定态度。拒绝借鉴他国有益经验,也同这种否定态度密不可分。其极端表现,就是曾流行一时的"凡是敌人反对的,我们就拥护;凡是敌人拥护的,我们就反对"。"不是东风压倒西风,就是西风压倒东风。"视马克思主义的法律观同"西方的"其他各种法律观绝对对立,水火不能相容。在一个时期里,中国的法学理论,除了照搬苏联的理论,剩下来属于自己的"创造",一是"党的领导",二是"群众路线"。其后果,不仅法学理论极其贫乏,法学家的地位和作用得不到应有的承认与尊重,法制建设实践则处于可有可无与停滞不前的状态。其极端的恶果,就是仅有一点点的法律思想,都被当成"封资修的黑货","公检法"也都被砸烂了。中国进入改革开放新时期后,这种轻视法学理论的状况很快就得到改变,法学理论开始繁荣起来,各种法学著述如雨后春笋般地涌现出来,法学理论的指导作用得到了执政党和政府的充分肯定,法学家的地位得到了应有的尊重。这方面近来有两个最生动的例子:一是党中央和全国人大的领导带头学法,并已形成制度;二是最近召开的中国法学会第六次全国会员代表大会,以胡锦涛同志为首的党中央政治局五位常委都出席了开幕式。这30年来我国法治建设所取得的飞速进步和举世公认的成就，同广大法学家们的努力是分不开的，同正确的法学理论的指导也是分不开的。

（三）"法律虚无主义"的基本内涵与特征

"法律虚无主义"是现代中国前30年里危害最烈的一种思潮，其表现形式就是把法律看成是可有可无的东西，其直接的危害则是人治主义。也可以这样讲，法律虚无主义不过是人治主义的代名词。它开端于1956年末和1957年春。党的创始人之一董必武同志在中共第八次党代会上的发言是坚持要走法治道路的，但国外的"波匈事件"和国内积聚已久的个人迷信和"唯意志论"彻底打断了这一进程。随后开始的"反右"斗争则正式揭开了"以阶级斗争为纲"的政治路线序幕。法律虚无主义或人治主义在党的最高领导人的一段话里有集中而生动的表述，这就是1958年8月21日在北戴河召开的中共中央政治局扩大会议上的那段著名谈话："不能靠法律治多数人。韩非子是讲法制的，后来儒家是讲人治的。我们的各种规章制度，大多数，百分之九十是司局搞的，我们基本上不靠那些，主要靠决议、开会，一年搞四次，不靠民法、刑法来维持秩序。"① 实际上，这里涉及的是中外两千多年历史上，思想家和政治家们所反复争论的究竟法治好还是人治好的一个核心理论认识问题，即一个国家的兴旺发达和长治久安，关键的决定性因素和条件，是应当寄希望于一两个圣主贤君，还是良好的和有权威的法律和制度？邓小平正是凭借自己丰富的人生阅历和深厚的理论功底，总结了国际国内正反两方面的历史经验，特别是"文化大革命"的深刻教训，作出了科学的回答。他认为："我们过去发生的各种错误，固然与某些领导人的思想、作风有关，但组织制度、工作制度方面

---

① 全国人大常委会办公厅研究室：《人民代表大会四十年》，中国民主法制出版社1991年版，第102页。

的问题更重要。这方面的制度好可以使坏人无法任意横行，制度不好可以使好人无法充分做好事，甚至会走向反面。即使像毛泽东同志这样伟大的人物，也受到一些不好制度的严重影响，以致对党对国家对他个人都造成了很大的不幸。"他还指出："由于毛泽东同志没有在实际上解决好领导制度问题以及其他一些原因，才导致了'文化大革命'的十年浩劫。这个教训是极其深刻的。不是说个人没有责任，而是说领导制度、组织制度问题更带有根本性、全局性、稳定性和长期性。"① 他还认为："一个国家的命运建立在一两人的声望上面，是很不健康的。那样，只要这个人一有变动，就会出现不稳定。""一个国家的命运建立在一两个人的声望上面，是很不健康的，是很危险的，不出事没问题，一出事就不可收拾。"② 这一重要思想，他还在其他场合反复讲过，并且成了邓小平民主法制思想的灵魂和精髓，为依法治国方略的确立奠定了坚实的理论基础，从而就结束了法律虚无主义和人治主义的历史。这是马克思主义发展史上一个重大创新和杰出贡献。当然，20 世纪 80 年代初中国法学家们广泛而深入开展的关于法治与人治问题的"三大派"论争，其重大作用也不应低估。

（四）"法律工具主义"的基本内涵与特征

法律工具主义的特点是，只看到或仅承认法律的工具性价值，而看不到或不尊重法的伦理性价值。新中国成立后的前 20 年，也不是一点法律都没有。但即使有一点，也只是将其视为纯粹的工具。值得注意的是，董必武曾讲过："说到现代文明，法制要算一项。"但是人们并没有重视这个思想，因为他讲话不久就开始了"反右"运动，他自己也遭到内部"批评"。当时，视法制为手段同视民主为手段有着同样的理论根源。毛泽东曾说过：民主表面看来似乎是目的，其实是一种手段。归根到底，它是为

---

① 《邓小平文选》第二卷，人民出版社 1994 年版，第 333 页。
② 《邓小平文选》第三卷，人民出版社 1993 年版，第 272—273 页。

经济基础服务的。而这种片面认识持续了很长一段时间，其消极的破坏性后果是显而易见的。既然法律只是手段和工具，那便是可以用也可以不用的。讲法制和法治是必须讲民主、讲程序的。讲法制使工作"束手束脚"，讲民主、讲程序导致"效率不高"。这正是在一个很长时期里，以长官意志代替法律，以党的政策代替法律的主要认识根源。同时，否认法律的伦理价值，不将其视为人类社会文明的一大标志，就势必视其为是可有可无的东西。而且将法律所体现的公平正义与人权保障等价值追求在立法、司法、执法活动中置于不顾。这也正是新中国成立后前 20 年有"法制"而无"法治"的重要表现和思想根源。

彻底克服法律工具主义，强调和重视法律的伦理价值，经历了一个长久的过程。在改革开放初期，人们的注意力集中在人治与法治的讨论上，只是到了争论的后期，这个问题才凸显出来。在一个很长的时期只强调"两大文明"一起抓就是证明。当然，我们在强调法律的伦理价值时，并没有也不能否认法的工具性价值，因为它是认识与改造世界的一种重要手段。人们通过民主或多种形式的集思广益，将调整社会关系的客观需要和现实条件制定成法律，并使其符合事物的本性和客观规律，法律就可以成为认识世界的手段。它比一个人或少数几个人单纯依靠自己的认识和变化不定的看法来决定和处理问题肯定要高明。法律具有规范、指引、预测、评价、教育、惩戒等社会功能，人们又可以运用它能动地改造世界。顺便需要指出的是，法律的这种工具性价值，在只有"法制"而没有"法治"的条件下，其作用也是受很大局限的。法的伦理性价值，主要表现在以下三个方面：一是由其自身的特性所决定，法律具有一般性。它是为社会所有成员制定的，大家就必须一体遵行，任何人都不能享有法外特权。法律具有公开性，如果运用他人并不知晓的内部规定去处理人们的行为，那是不公道的。法律具有平等性，如果法律面前可以不平等，法的权威就会遭受严重损害。法律具有不溯及既往性，如果用今天才制定的规则去处理过去人们所发生的行为，当然是不公道的。而这些也正是中国古代的法家和西方许多语言的"法"字往往是个多义词，除规则、规律之意外，还大多具有公平、正义内涵的重要原因。二是由法所产生和存在的社会客观要求所决定。本文前面谈到的社会自始至终存在的三个基本矛盾必须用法来调整，否则就将出现这样一种状况，即只有秩序没有自由或只有自由没有秩序；要么无政府主义猖獗，要么专制主义盛行；他人可能侵犯自己的利益，自己也可能侵犯他人的利益。在这样的情况下，社会文明就将不复存在。三是由法所必然承载的社会文明理念与价值以及相关制度所决定。不仅现代社会，即使在奴隶制与封建制的历史条件下，符合当时发展水平的各种社会文明，各种具有人民性和能够促进社会生产力发展的进步政策和措施，都不能不通过法律予以认可和保障，从而成为各种社会文明的载体与形式。正是基于这样的理解，作者在 1996 年《依法治国的理论根据和重要意义》一文中郑重地提出了"制度文明"的概念，认为不应当是"两大文明"一起抓，而应当是"物质文明，制度文明，精神文明"这三大文明一起抓①。可是直到 2003 年党的十六大才提出和肯定"政治文明"这一概念，并要求"三大文明"协调发展。长期以来，人们把民主制度与法律制度同民主思想与法律理念混为一谈，因而将民主制度和法律制度纳入"精神文明"的范畴。这同我们以往的哲学思想存在重大失误直接有关。本来，依照人们的常识并不难理解，民主思想和法制观念存在于人们的头脑里，当然是属于"精神文明"的范畴。民主制度和法律制度则与此完全不同。尽管法律及其相关制度是立法者通过有意识的活动制定和确立下来的，但一旦制定出和确立后，它们就存在于人们的理念之外，成为了独立于人们思想之外的一种客观存在，一种社会现象。过去之所以将民主和法律错误地视为精神现象，同人们不正确地解读了所谓"上层建筑和经济基础"有关，即将"上层建筑"中的政治法律制度解释为是一种精神现象，是所谓"思想的外壳"。同时又将"上层建筑"中这一部分同所谓"社会意识"画

---

① 李步云：《依法治国的理论根据和重要意义》，载《人大工作通讯》1996 年第 11 期。

等号，并对"社会存在"作了内容很狭窄的理解，即相当于"社会物质生活"，按斯大林的说法是"生产方式加人口、地理"。政治、法律以致家庭、民族等独立于人们的社会意识之外的看得见、摸得着的活生生的社会现象，不被视为是"社会存在"，反而成了"社会意识"。[①]

批判与澄清法律工具主义，重视和彰显法律的伦理价值，对于坚持和实行"实质法治"也很重要。有人曾提出"形式法治"比"实质法治"好，意思和理由是"法的形式"和程序法比"法的内容"和实体法还重要。这是一种不正确的理解。因为它同中外历史上人们通过"约定俗成"所形成的对"实质法治"和"形式法治"的通常理解完全不同，即前者是指"良法之治"；后者是不论法律的好坏，只要"严格依法办事"就行。近30年来，笔者一直主张将"法制"和"法治"这两个概念区别开来，一个重要理由也是出于这一考虑。因为"有法可依，有法必依，执法必严，违法必究"并未包括"法律要好"。现代法治应当体现和贯彻人权保障、权力制约以及民主、平等、正义、公平等价值。

（五）"法学实用主义"的基本内涵与特征

法学实用主义和法律实用主义，既有联系、又有区别。它们涉及的主要问题都是法律和法学同"政治"的关系问题。法律和政治既是不可分的，又是可分的。立法、执法、司法同政治分不开，也是广义上的政治行为，但在某些领域或在某种意义上法律和政治又是可分的。例如，我们说宪法和法律是党的主张和人民意志的统一，并不只是代表哪个党或哪个派，哪个地区或哪个阶层的利益和意志。宪法和法律是国家统一制定和实施的；中国的执政党和各合作党的纲领和政策是通过各自党的代表大会制定的，并通过不同的方式予以实现。不同政党的党纲和政策是代表该党该派的政治主张，其章程也只能对自己的党组织和党员具有约束力。这同宪法和法

---

① 李步云：《法律意识的本原》，载《中国法学》1992年第5期。

律对该国全体公民都具有约束力是完全不同的。正是基于这样一些"依宪治国"最简单明白的道理，1989 年 7 月江泽民同志曾经这样郑重宣告："我们绝不能以党代政，也绝不能以党代法。这也是新闻界讲的究竟是人治还是法治的问题，我想我们一定要遵循法治的方针。"① 为了解决前 30 年长期存在的"以党代政"、"以党代法"的问题，邓小平同志在理论上和实践上曾经作出过重大努力，尤其是解决"权力过分集中"的现象。其主要表现是：党的权力和国家权力相比，权力过分集中在执政党；中央权力和地方权力相比，权力过分集中在中央；领导个人和领导集体相比，权力过分集中在个人；国家权力和个人权利相比，权力过分集中在国家。他甚至在自己的文选第一卷中重新发表那篇振聋发聩的文章，即 1942 年写的《党与抗日民主政权》。该文说："我们决不能像国民党那样搞以党治国。"因为那是"麻痹党、腐化党、破坏党、使党脱离群众的最有效的办法。"② 实行改革开放以后的 30 年，我们在改革政治体制的这些方面都取得了重大进步。其中一个原因，就是开始摒弃法律实用主义。因为法律实用主义的基本含义就是，为了这样或那样的"政治"考虑而置现代法律和法治的基本价值、原则和自身的特殊规律于不顾。除了"以党代政"和"以党代法"，曾一度实行党委审批案件，取消律师制度，审判不公开，搞"有罪推定"等同现代法治原则完全背道而驰的做法，都是法律实用主义的表现。法学同法律有着很大的区别。法学就更不能搞"实用主义"。法学研究是一种认识活动。它的生命在创新。它要求能发现问题，分析问题，提出新见解，找到存在问题的解决办法和方案。真理是客观的，不是根据某种"政治需要"而可以任意剪裁的"布娃娃"或任意捏鼓的"小泥人"。人们经常说"学术无禁区，宣传有纪律"。提出新问题、新观点、新方案是学者的职责；否则，他们就没有存在的必要。学者的意见和建议是否采纳，那

---

① 江泽民：《在人民大会堂答中外记者问》，载《人民日报》1989 年 7 月 27 日。
② 《邓小平文选》第一卷，人民出版社 1994 年版，第 8—21 页。

是政治家们的权力，没有哪个学者有权力可以强迫执政党或政府该做什么，不做什么，也没有哪位政治家有权力可以命令某位学者该说什么，不该说什么。搞研究，就难免有对有错，对那些即使是被证明观点已经错了的人，也要宽容与不施加任何压力，这是实行"双百方针"的起码要求。倡导和保护学术自由，是繁荣和发展学术的客观规律，违背这一规律势必受到惩罚，这是古今中外的历史所一再证明了的。法学实用主义，就是从这样或那样的"政治"需要出发，实行"鸟笼"政策，不允许对现行政策或制度说个"不"字，甚至对领导人讲的话只能说对，不能说不对，否则就动辄"抓辫子、扣帽子、打棍子。"前 30 年，党和国家吃这样的亏太多太大了。从 1957 年反右到 1959 年党内反右倾，结果是把党外和党内的嘴都封了。"文化大革命"这场历史浩劫，也是发端于对知识分子言论和学术观点的批判和镇压。

1976 年天安门前的"四五"人民运动和 1978 年的真理标准问题大讨论，为冲破思想理论禁区奠定了第一块政治基石，党的十一届三中全会召开，就是一次号召全党全国人民思想大解放的动员大会。从此，中国的法学研究也迎来了新的春天。在这以后的 30 年里，中国法学家们之所以能够为我们国家的法治建设作出自己应有贡献，在很大程度上首先应当归功于党和国家所创造的宽松的学术环境，对学者的职责和政治家的权力的定位比较适当，基本上摒弃了"法学实用主义"。

（六）结语

必须指出，本文提出的这"五个主义"并不是彼此没有联系和孤立的，而是相互影响与制约。虽然它们涉及认识论和价值论的不同领域，但是同人类所共同创造的文明都是不能相容的，不仅同马克思主义的哲学世界观格格不入，也同一切进步的科学的哲学世界观背道而驰；因此，认真开展马克思主义法哲学的研究，对繁荣中国法学，使其在世界法学之林也能独树一帜，具有非常重要的意义。应当看到，中国社会主义法治国家的建设还需要经历一个长久的过程。尽管经过 30 年的努力，对这"五个主义"的克服已经取得重大进展，但远未彻底摒弃，有些问题还仍然比较严重地存在。中国法学如果要起到它指导中国法治建设实践所应当起的作用，并为人类法律文化宝库作出贡献，继续反对和彻底摒弃这"五个主义"具有决定性作用。

后记：本文最初发表于《现代法学》2009 年第 5 期，后又被《中国检察官》2009 年第 12 期重新刊载。本文的题目及内容曾在香港大学作演讲，这是我在该校法学院作的第四次讲座。第一次是在香港回归前夕，内容是法治问题。演讲结束后，听众鼓掌长达两分钟之久，我四次起立表示谢意。那是我演讲 35 年来，鼓掌最长的一次，令我十分感动也深受鼓舞。因为香港各界人士从我的报告里得到了一个强烈信息，中央政府决心走依法治国道路。第二次和第三次所讲内容分别是人权和民主。这四次讲座都是由陈弘毅教授亲自主持。我要特别感谢他。"五个主义"一文曾获重庆市新闻出版局、重庆市期刊协会论文一等奖。

第二章　依法治国

一、论以法治国

伟大的中华人民共和国成立 30 周年了。三十年来，我们取得了辉煌的成就，也经历了种种挫折。总结 30 年的经验，证明了一条马克思主义的客观真理：工人阶级必须十分重视法制的作用，运用社会主义法制治理自己的国家。具有重大历史意义的五届人大二次会议通过了宪法修正案和刑法、刑事诉讼法等七部重要法律，进一步加强了社会主义民主和社会主义法制，在以法治国的道路上，向前迈进了重要的一步；健全国家经济法规、行政法规等工作，正在加紧进行；严格遵守法律，坚决执行法律，反对法外特权，开始成为社会风气。以法治国是潮流，是人心，是中国革命进入新的历史时期的重要标志。我们共产党人，全国人民中的一切先进分子，都要做立志改革的人，做以法治国的促进派。

（一）以法治国是历史经验的总结

自从人类进入阶级社会以来，国家和法律就像一对孪生的兄弟来到了人间。马克思和恩格斯指出：在一定生产关系中占统治地位的阶级，"除了必须以国家的形式组织自己的力量外，他们还必须给予他们自己的由这些特定关系所决定的意志以国家意志即法律的一般表现形式"。①法律是统治阶级通过国家政权认可或制定的行为规则。没有法律，没有一定的法律制度，就不能组成国家，就不能实现国家权力，整个庞大而复杂的国家机器就会失去按照统一轨道、精确而有效率地运转的力量。

历史上的任何国家都有自己的法律。奴隶制国家有奴隶主阶级的法律。封建制国家有封建主阶级的法律。尽管这两种制度的国家都离不开法律，但它们实行的不是法治，而是专制。只有到了近代资本主义国家，法治主义才真正成为治理国家的基本原则。封建地主阶级把法律同专制连在一起，实行专横残暴的统治；资产阶级法治，则把法律同民主连在一起，主张从法律上来保障公民的民主、自由权利。尽管这里的民主自由实际上只有资产阶级才能享受得到，对于无产阶级和劳动人民来说，仅是纸上充饥的画饼，但是，资本主义国家三百年的实践表明，资产阶级法治原则，是社会发展的产物，是历史进步的结果，它大大促进了社会生产力的发展，是维护资产阶级统治的有效工具。

工人阶级是人类历史上最进步的阶级，社会主义国家是最高类型的国家。在我们的社会里，广大人民群众享有最广泛的民主，他们是国家的真正主人。社会主义的法律体现着广大人民的意志和利益。在社会主义制度下，不以少数人的个人意志来治理国家，而是通过制定和执行法律来治理国家，是符合广大人民的利益和愿望的。工人阶级肩负着消灭一切阶级和阶级差别、高速地发展社会生产力、最终实现共产主义的历史使命。这就更加迫切需要运用法制这一工具去实现自己的目的。

列宁在创建第一个社会主义国家时，就十分重视法律的作用。他说："如果不愿陷入空想主义，那就不能认为，在推翻资本主义之后，人们立即就能学会不需任何法权规范而为社会劳动，况且资本主义的废除不能立

---

① 《马克思恩格斯选集》第3卷，人民出版社1972年版，第178页。

即为这种变更创造经济前提。"①"假使我们拒绝用法令指明道路，那我们就会是社会主义的叛徒。"②就在十月革命爆发的当天夜里召开的苏维埃代表大会上，便通过了列宁起草的《和平法令》和《土地法令》。十月革命成功后不到一年，世界上第一部社会主义宪法就诞生了。列宁对于苏俄刑法典和民法典的制定也非常关心，就是在身负重伤的病床之上还亲笔草拟刑法条款，并强调制定民法典是"特别紧急和特别重要"的任务。在苏维埃俄国成立后的五年之间，刑法典、民法典、诉讼法典及其他经济法规都先后制定出来。初生的社会主义国家所建立的革命法制，对于巩固年轻的苏维埃政权，恢复和发展国民经济，起了极其重要的作用，使社会主义制度在资本主义世界的重重包围之中傲然屹立。

以毛泽东同志为首的中国共产党，在领导我国革命的斗争中也十分重视法制的建设。早在抗日战争时期，毛泽东同志就指出过民主和法制对于国家的重要意义。他说："一定要争取民主和自由，一定要实行新民主主义的'依宪治国'。如果不是这样做，照顽固派的做法，那就会亡国。"③中华人民共和国成立前夕，我们党和各民主党派商定召开了中国人民政治协商会议，制定了《共同纲领》和《中央人民政府组织法》。《共同纲领》是我国的临时宪法，是新中国成立初期一切法制的基础。新中国成立后，依据《共同纲领》建立了中央国家机关和地方各级人民政府，开展了全国范围内的法制建设，先后制定了地方各级人民政府和司法机关的组织通则，制定了《工会法》、《婚姻法》、《土地改革法》以及有关民族区域自治、公私企业管理和劳动保护等法律、法令。我们在这些法律的指导下，建立了以工人阶级为领导、工农联盟为基础的人民民主专政的全部国家机构，恢复了国民经济，改善了人民生活，把一个被人称作"一盘散沙"的旧中国，治理得井井有条，蒸蒸日上。

---

① 《列宁全集》第31卷，人民出版社1985年版，第90—91页。
② 《列宁全集》第36卷，人民出版社1985年版，第188页。
③ 《毛泽东选集》第二卷，人民出版社1991年版，第739页。

随着国民经济的迅速恢复和发展，需要进一步健全国家法制。1954年9月召开了我国第一届全国人民代表大会第一次会议。在毛泽东、刘少奇等同志的主持下制定了《中华人民共和国宪法》。这部宪法是《共同纲领》的发展，它体现了我党过渡时期总路线的要求，明确规定了实行社会主义改造和社会主义建设的方法和步骤。依据宪法，重新制定了有关国家机关和国家制度的各项重要法律、法令。国家法制的完善和发展，保证了我国人民代表大会制度和政权建设的顺利进行，保证了人民民主的健康发展，为第一个五年计划的顺利完成和经济建设的突飞猛进提供了根本的政治条件。

然而，自1957年开始，由于我们思想和工作指导上的错误，使我国的法制建设受到了很大干扰。这时出现了许多极不正常的现象：宪法规定的法制原则受到批判，审判独立被打成资产阶级的原则，"公民在法律面前一律平等"被说成是资产阶级的观点。法制保障民主的作用完全被否定，而法制的专政作用却被片面强调，无产阶级专政被看成是不受人民意志任何约束的极端政权，法制领域逐渐成了无人问津的"是非之地"和"政治禁区"；国家的立法工作几乎处于停顿状态；宪法和法律被抛置一边；轻视法制、以党代政、以言代法的现象，开始在广大干部包括一些高级干部中得到发展。法制建设遭到干扰，我国经济建设也就出现了不顾客观规律、不按法律办事而盲目蛮干的局面，给国家和人民带来了重大损失。1962年，毛泽东同志针对当时法制不健全的严重情况，曾指出：现在是无法无天，没有法律不行，刑法民法一定要搞。但是，这一意见并未引起足够重视和得到贯彻执行。如果说，我国的经济建设从1958年后出现的混乱和失调情况，经过三年调整得到了基本纠正的话，那么我国法制建设的混乱和"失调"现象，则依然故我，继续发展。这就给林彪、"四人帮"一类野心家、阴谋家篡党夺权的罪恶活动，提供了可乘之机。

1966年，毛泽东同志发动了"文化大革命"。这场中国历史上从未有过的政治运动，以"反修防修"为号召，曾一度振奋了许多人。然而，由于对党内和国内的形势作出了违反实际的估计，没有划清马列主义和修正主义的界线、社会主义和资本主义的界线，使得林彪、"四人帮"一伙在所谓"巩固无产阶级专政"、"反修防修"的口实下，把本来就残缺不全的革命法制一扫而光。一夜之间，治理国家的准则、判断是非的标准、定罪量刑的根据，统统没有了，取而代之的是他们这伙的"全面专政"和帮规帮法。人民成了"敌人"，坏蛋成了"英雄"，遵纪守法被说成是"保守落后"，打砸抢抄抓居然是"革命行动"。宪法和法律被不宣而废，司法机关被彻底砸烂，群众的人身自由和民主权利遭到肆意侵犯，大批革命干部受到残酷迫害。国家失去了治国的章程，几个小丑得以祸害天下十年之久，把一个好端端的中国引上了政治和经济全面崩溃的边缘。"文化大革命"的深刻教训，终于使人民大众，从高级干部到平民百姓，认识了一个简单而又重要的道理：在我们国家，如果没有法制，就没有人民的民主，就没有国家的富强，就会走上绝路，亡党亡国。

粉碎"四人帮"，人民得解放。中国的历史发展到一个新时期，我国的法制建设也进入了一个新阶段。党中央及时发出了一定要加强社会主义法制的伟大号召。五届人大一次会议制定了新的《中华人民共和国宪法》，确定了新时期治国的总章程。五届人大二次会议又就有关问题对宪法作了重要修正，并制定了我国长期缺乏的几个基本法规，从而揭开了我国社会主义法制建设的新篇章。

我国 30 年的历史经验表明：重视法治时，国家就稳定、就巩固，经济就发展；忽视法治时，国家就混乱，经济就停滞不前，甚至倒退崩溃。这一无可辩驳的历史事实向人们揭示了一条客观真理——以法治国，势在必行。这是人民群众的心愿，是社会发展的规律，是我们在新的历史时期建设社会主义现代化强国的必由之路。

那么，无产阶级究竟为什么需要以法治国？我们在要不要以法治国的问题上，最基本的经验教训是什么呢？

30 年的实践经验证明，只有实行以法治国，才能切实保障人民的民主权利，真正体现我们的国家是人民群众当家作主。

我们实行的是社会主义制度。由工人阶级领导的全体人民当家作主，是社会主义制度的性质决定的。巩固这种制度，是我们以法治国的一个根本指导思想。这就要求我们一定要十分重视运用法制这一工具，去保障全体人民管理国家的权利，即民主权利。社会主义民主，就是人民当家作主。从原则上讲，社会主义民主是人类历史上新型的民主，是任何资产阶级国家所不可能有的最广泛、最高度的民主。但是，由于社会主义时期政治、思想和经济条件的限制，由于我们认识上和工作上的缺点与错误，我国的民主制度是很不完善的，这是我国上层建筑与经济基础不相适应的一个亟待改变的重要方面。要进行这样的改变，要保障人民的民主权利，实现政治民主化，就必须运用法制的力量，实行以法治国。没有法制，人民的各项民主权利，就得不到法律上的肯定和承认，不能获得法律的效力；没有法制，人民的民主权利就会在实际上成为某些领导者的恩赐品，他们高兴恩赐就恩赐，不高兴要收回就收回；没有法制，侵犯人民民主权利的违法行为就受不到应有的制裁，连起码的人权都没有保障，人民当家作主就成了无稽之谈。

既然广大人民群众是我们国家的主人，他们当然要求把自己的意志和利益具体制定成法律，并要求各级国家机关和工作人员严格遵守。从根本上说，实行以法治国就是按照人民的意志治理国家。在社会主义历史阶段的一定时期内，由于生产力发展水平和劳动群众文化水平的限制，不可能所有的人都直接管理国家，而只能由他们中间的先进分子来代表他们行使管理国家的职权。在这种情况下，通过制定和运用法律，以执行人民的意志，维护人民的利益，这是人民行使自己当家作主权力的一种重要形式和手段。如果我们的国家是无法可依，有法不依，凡事都由少数人说了算，所谓人民当家作主是根本不可能的。

30 年的实践经验证明，只有实行以法治国，才能防止林彪、"四人帮"一类野心家篡党夺权的阴谋得逞，巩固无产阶级专政。

宪法和法律规定的各项人民民主权利中，最重要的是人民对国家各级领导人员的选举权、监督权和罢免权。加强社会主义法制以切实保障人民真正享有这些权利，对于保证国家权力不被少数坏人所篡夺，具有十分重要的意义。林彪、"四人帮"是怎样上台的？重要原因之一，不就是因为民主和法制不健全，选举、罢免和监督领导人的权力并不掌握在人民群众手里吗？很明显，如果有了健全的民主和法制，林彪、"四人帮"一伙是很难平步青云、扶摇直上的；即使上了台，人民也可以把他们撤下来，甚至可以依法弹劾，交付审判。但是，各级人民代表、广大人民群众，没有得到这种权力，没有法律制度去限制他们，没有法律手段去制裁他们。这是历史留给我们的一个惨痛教训。

集体领导的原则，是无产阶级民主制的重要内容。列宁说："为了处理工农国家的事务，必须实行集体领导。"① 不实行集体领导，就有变为"寡头政治"的危险，而且难于纠正。要实行集体领导，就要实行法治，就要从法律上明确规定集体领导的基本原则，明确规定个人的分工和权限。集体领导也要个人负责、个人有权，但在这个权上却有一个总的权威——体现集体意志的法律。与法律相抵触的个人权力，就是滥用职权，就应受到领导集体的抵制，就应受到法制的纠正和查处。这样，才能从法律制度上防止个人居于集体之上，出现个人独裁。林彪、"四人帮"上台的重要原因之一，就是因为集体领导的原则根本没有建立起来，选择领导人的权力既不在人民群众手里，甚至也不在领导集体手里。林彪、"四人帮"一伙肆意践踏宪法和法律、作威作福、称王称霸，应该说，很多领导人包括中央和省一级的负责干部是知道得更清楚的。他们虽然通过各种形式同这伙坏蛋作了坚决斗争，但仍然不能充分运用自己的权力把林彪、"四人帮"一伙赶下台来。这一教训难道还不深刻吗？

30 年的实践经验证明，只有实行以法治国，才能高速度地发展生产

① 《列宁全集》第 4 卷，人民出版社 1972 年版，第 24 页。

力，顺利地建设社会主义的现代化强国。

迅速发展我国经济建设，在本世纪内实现农业、工业、国防和科学技术的四个现代化，是我国各族人民的根本利益。我们的法制是社会主义的上层建筑，是维护自己的经济基础、保护和发展生产力的重要工具。保障人民群众的民主权利，调动群众的生产积极性和创造性，保护和促进生产力的发展是社会主义法制为四个现代化服务的重要内容。同时，总结经济建设的基本经验，使之稳定下来成为法律，以指导国家建设事业，是社会主义法制为四个现代化服务的重要方面。四个现代化的实践，迫切要求我们加强经济立法，以法治理经济。但是，在经济领域，在社会主义建设上，正如毛泽东同志指出的："我们还有很大的盲目性。"① 对社会主义建设的客观规律，对组织社会主义经济的方式方法，对社会主义革命和建设的关系等等一系列问题，我们还没有从理论上和实践上弄得很清楚，还没有总结出一套带根本性的规律和方法，使之上升到法律的高度，作为经济建设中必须遵循的基本准则。事实证明，如果不制定出必要的经济法规，在国家的统一领导下按照经济规律管理经济，我们就无法高速度地发展社会生产力，四个现代化的宏伟计划就会落空。

我国的现代化建设，要坚持自力更生的原则。同时，也必须引进外国的先进技术、先进设备和吸收外国资金，这是促进我国现代化建设的重要因素。而要做到这一点，就要有一系列关于金融信贷，关于外国投资，关于中外合资企业，以及关于专利、税收等方面的法律规定。只有这方面的法规逐步得到完善，才能促进我国与其他国家的经济合作，促进我国现代化事业的发展。

为了使经济法规得到贯彻，在制定各种经济法规的同时，还必须建立相应的经济司法机构，加强经济司法工作。列宁说："各个托拉斯和企业建立在经济核算制基础上，正是为了要他们自己负责，而且是完全负责，

---

① 毛泽东：《在扩大的中央工作会议上的讲话》，载《人民日报》1978 年 7 月 1 日。

使自己的企业不亏本。如果他们做不到这一点，我认为他们就应当受到审判，全体理事都应当受到长期剥夺自由（也许在相当时期后实行假释）和没收全部财产等等的惩罚。"① 我们只有根据列宁指示的精神，对企业经营的好坏，实行切实的法律监督，有奖有罚，赏罚分明，只有对那些管理混乱，挥霍浪费，违法乱纪，给国家造成严重损失的企业及其负责人，交付经济法庭审判，追究经济责任，实行法律制裁，才能有效地保障我国社会主义现代化事业的顺利进行。

实现农业、工业、国防和科学技术的四个现代化，对于我们来说，是一件伟大事业。但是对于世界来说，还只是标志着我们达到先进国家的水平。对于以在全世界实现共产主义为理想的工人阶级说来，这还只是万里长征途中的最初几步。消灭阶级、消灭剥削，极大地发展生产力，实现人类社会的最高理想——共产主义，是工人阶级伟大而艰巨的历史使命。实现这个历史使命是一个长期的奋斗过程，在这个奋斗过程中，是离不开国家和法律的。因此，以法治国不是权宜之计，而是根本大计；不只是在实现四个现代化时需要它，在实现四个现代化以后，也还要充分运用法律的武器，发挥法制的作用，以法治理国家，为早日实现共产主义打下坚实的基础，准备充足的条件。

现在，我们的国家已经进入了一个新的历史时期。经过 30 年的斗争与改造，我国的地主阶级、富农阶级已经消灭，资本家阶级已不再存在，这些阶级中有劳动能力的大多数人已经改造成为社会主义社会中的自食其力的劳动者。虽然还有反革命分子和其他阶级敌人，还有犯罪分子，阶级斗争还没有结束，但阶级斗争已经不是我国社会的主要矛盾。我们已经有了可能、也有了十分迫切的必要进一步扩大人民的民主权利，按照法制原则处理包括敌我矛盾在内的各种问题，巩固和发展安定团结的社会秩序，动员和组织一切力量为现代化建设事业努力奋斗。我国社会发展的客观形

---

① 《列宁全集》第 52 卷，人民出版社 1985 年版，第 252 页。

势，既提出了以法治国的迫切要求，又为以法治国提供了根本的前提条件。排除各种阻力，实行以法治国，是我们义不容辞的责任。

（二）克服以法治国的思想障碍

新中国成立以来法制建设正反两方面的经验告诉我们，要实现以法治国，就必须在思想理论方面纠正各种错误认识。当前，还有哪些重大理论是非需要澄清呢？

要实现以法治国，就必须彻底改变那种把以法治国同党的领导对立起来的错误观念。

以法治国同党的领导是密切相关的。以法治国要有党的领导，党的领导也必须通过以法治国才能更好地实现。社会主义法律是党领导制定的；是党的路线、方针、政策的定型化、规范化、条文化。党通过领导国家的立法机关、司法机关和行政机关，制定、贯彻和执行法律，把阶级的意志上升为国家的意志，并且运用国家强制力保证其实施，这正是巩固与加强党的领导，而决不是降低或削弱党的领导。我们的党是执政党，这种领导地位得到了宪法的认可与保障。任何人反对党的领导，都是违反宪法的。但是，党对国家的领导如果没有法律来作出明确的、具体的、详细的规定，党就领导不好国家。以法治国严格要求党的任何组织与个人，从党中央书记到每个普通党员，都要依法办事，是为了使法律得到统一而严格的执行，这不是否定和削弱党的领导，而正是为了维护党的领导。可是在一个相当长的时期里，不少同志却蔑视和轻视法制，以为党的组织和领导人严格依法办事是限制和削弱了党的领导，以为不运用法律和制度去治理国家，而是以党代政，以言代法，事无巨细一律都凭党的各级组织和领导人直接发号施令，那才是体现了党的"绝对"领导，这不能不说是我们党还缺乏统治经验的一种表现。

党要以马列主义、毛泽东思想武装全国人民，要运用它指导各条战线的工作。但是，马克思主义不是法律，也不能代替社会主义法制。"四人帮"的顾问康生叫喊什么，哪有这个法、那个法，"马克思主义就是根本大法"。这是极其荒谬的。马克思主义是一种科学真理，是属于思想领域的东西。我们只能通过宣传教育，让人们接受马克思主义，而不能用强制的方法，让人们信仰马克思主义。我国公民有思想和言论自由，他们可以信仰马克思主义，也可以不信仰马克思主义。而法律则不同，法是统治阶级意志被上升为国家意志的、以国家强制力保证其实施的、人人必须遵守的行为规范。任何人违法犯罪都要受到制裁。因此，马克思主义与社会主义法制是两个范畴的东西，不能混为一谈；也决不可以用马克思主义代替社会主义法律。我国宪法和各项具体法律的制定，都是以马列主义作为指导思想。因此，以法治国，决不会削弱或贬低马克思主义的地位和作用，而是能够更好地发挥它在革命与建设中的作用，从而巩固和加强党的领导。

多年以来，不少同志把党的政策和国家的法律等同起来，或者对立起来，认为有政策就行了，何必还要法律；强调法的作用会贬低政策的作用，因而会削弱党的领导。这种观点是错误的，法律与政策是密切地联系在一起的两种不同的社会现象。党的政策是制定法律的重要依据，但同时又决不可以把党的政策和国家的法律看成是一个东西，不能以政策代替法律。既然法律是政策的定型化、条文化和具体体现，既然党的政策通过法律的形式成了全体公民都要严格遵守的行为准则，因此，执行法律就是执行党的政策，就是服从党的领导；实行以法治国不仅不会降低政策的作用，而是能够使党的政策得到更好的贯彻，使党的领导得到强有力的巩固。

有的同志认为，在国家的政治生活中，政策的效力应该高于法律的效力。这种观点也是不正确的。完备社会主义法制需要一个过程。当某一方面的法律尚未制定出来的时候，在一定程度上讲，政策也可以起法律的作用。但是当法律已经制定出来，就必须按照法律办事，而不是按照党的政策办事。在适用法律时，要正确理解贯彻在其中的党的政策精神，但是决不允许借口对政策的原则精神各有不同理解而自行其是，破坏对于明确而具体的法律条文的严格执行。在一般情况下，党的政策和国家的法律是完全一致的；如果出现不一致，应及时向上级直至中央反映这种情况，而在执行时，必须先按照法律的规定去做。如果随着客观形势与任务发生变化以及革命与建设经验的不断丰富与积累，某些法律条文需要修改，那也应该以民主的方式，通过严格的立法程序进行，任何一级组织包括党中央在内，都不应发布那种同现行宪法和法律相抵触的决议、命令和指示。如果不是这样做，那就不能维护国家法律的尊严，就会损害党和人民的利益。

要实现以法治国，还必须彻底改变那种"无产阶级要人治，不要法治"的错误观念。

我们认为，所谓人治，主要是由掌握权力的统治者个人的意志来治理国家，是一种倾向于专制、独断的治国方法。所谓法治，则是用体现整个统治阶级集体意志的法律作为治理国家的依据和标准，是一种倾向于民主、排斥专制的治国方法。人治的主要特点，是个人具有最高权威；法治的主要特点，则是法律具有最高权威。这种现代意义上的"法治"，是资产阶级革命以后才有的。民主和法治是资产阶级反对封建专制主义斗争的两个主要思想武器。针对封建主义的"君权神授"，资产阶级提出了"天赋人权"的学说；针对封建主义的"主权在君"，资产阶级提出了"主权在民"的思想；针对封建主义的君主专制中央集权，资产阶级提出了立法、行政、司法"三权分立"的主张；针对封建主义的皇帝是最高立法者，资产阶级提出搞普选制、议会制，立法权由议会行使；针对封建主义的法外专横，资产阶级提出了"法无明文不为罪"；针对封建主义的法律公开维护以皇权为中心的等级与特权，资产阶级提出了"法律面前人人平等"。虽然资产阶级的法治归根到底是为了维护资本主义私有制和资产阶级的政治统治，但是应该承认，资产阶级法治主义的理论与实践，是对君主专制主义的彻底否定，是对人治的彻底否定，是人类历史的一个巨大进步。在帝国主义时期，资产阶级法治的历史作用虽然已经由原来是进步的事物走向了自身的反面，但它同公开抛弃法治的法西斯主义也还有很大区别。

在社会主义制度下，无产阶级和广大人民群众治理自己的国家，也存在着"法治"或者"人治"这样两种根本不同的方法。无产阶级的法治，就是要求制定一部完善的宪法和一整套完备的法律，使各方面的工作都有法可依，有章可循；坚持一切党政机关和社会团体，一切工作人员和公民个人都要严格依法办事；法律和制度必须具有稳定性、连续性和极大的权威，任何领导人都不能随意加以改变。而人治则与此相反，认为法律束缚自己的手脚，有了党的政策可以不要法律，认为法律只能作为办事的参考，个人权力应该大于法，领导人的意志高于法，办事可以依人不依法，依言不依法；认为群众的"首创精神"可以高于法律，群众运动一来可以把法律当废纸扔在一边。这种反对"法治"、主张"人治"的理论、意见、思想、看法，不是在很长一个时期里，在我们的很多干部包括不少高级干部中曾经相当流行吗？然而30年来的经验教训充分证明，不搞法治搞人治，就会破坏正常的民主生活，导致个人独裁；就会破坏党和国家的集中统一领导，"独立王国"林立，"土法"丛生，无政府主义泛滥；就会出现司法专横，发生种种冤假错案，造成冤狱遍于国中的悲惨局面，就会失去广大群众对各级国家工作人员尤其是对领导人员的监督，为大小野心家篡党夺权、任意改变国家的基本政治、经济制度大开方便之门。

有的同志说，人是决定的因素，法制的威力要由人来发挥，离开人治谈法治，法治是不能实现的，人治同法治的关系，犹如战士同武器的关系，因此必须把两者结合起来。显然，这是把"人治"同"人"、"人的因素"、"人的作用"这些完全不同的概念混为一谈了。"人治"是一种否认或轻视法律和制度的重大作用而主张依靠长官意志来治理国家的方法，是同法治这一治国方法相对立的一种理论和实践，它同"人"、"人的因素"、"人的作用"完全不是一个意思。人治与法治有着原则的区别，是相对立而存在，相斗争而发展的。否认人治与法治的根本对立，主张既要实行法治，也要实行人治，这在理论上是不正确的，实践上是有害的。在社会主义制度下，法治要求有法可依，有法必依，认为有法才能治国，无法必然乱国，违法一定害国；而人治则认为法律可有可无，有法可以不依，凡事由少数领导者个人说了算。这两种完全不同的主张和做法怎么能够并存呢？认为社会主义国家既要实行法治，也要实行人治，这种观点表面看来似乎很全面，既重视法的作用，也重视人的作用，实际上却搞乱了法治与人治的本来含义，把"法治"与法等同起来，把"人治"和"人"等同起来，混淆了法治与人治的本质区别，其结果必然是从根本上否定法治这一治国方法。

要实现以法治国，还必须在全党和全国人民的心目中牢固地树立起法律具有极大权威的正确观念。

在社会主义制度下，在全党和全国人民中树立起法律具有极大权威的观念，并认真实行这一原则，具有十分重要的意义。社会主义的法律是人民通过自己的代表，通过国家权力机关，以完备的立法程序，慎重而庄严地讨论通过的。它集中体现了工人阶级和广大人民的意志和利益。因此，无产阶级的法律具有极大的权威，就是人民的意志具有极大的权威。坚持社会主义法制具有极大权威，就是坚持只有人民的意志才具有极大权威，不允许任何人以自己的个人意志作为最高权威凌驾于法律之上；坚持社会主义法制神圣不可侵犯，就是坚持人民的利益神圣不可侵犯，不允许任何人任意破坏社会主义法制。我们讲法律具有极大权威，并不是说法律不能修改，而是要强调它的稳定性、连续性，尤其是它的权威性。社会主义的根本政治、经济制度，包括公民的基本民主权利和自由，一旦以宪法和法律的形式肯定下来，任何人都不能随意改变。只有这样，才能防止那种依人不依法、依权不依法、依言不依法的现象，才能做到使法律和制度不因领导人的改变而改变，不因领导人的看法和注意力的改变而改变，避免那种"人存政举、人亡政息"的局面。我国是经历了两千多年封建专制主义长期统治的国家。专制主义的一个特点，是统治者个人具有绝对权威。在中央，是皇帝决定一切；在地方，是长官决定一切。在我国，这种意识形态的流毒和影响是根深蒂固的。一个突出的表现，就是我们过去十分重视树立各级领导者个人的极大权威，而十分轻视树立法律和制度的极大权威。结果是，在干部中，权力大于法，以言立法、以言废法的专制主义得以滋长和泛滥；在群众中，则助长了那种把一个国家、一个地区是否兴旺发达的希望完全寄托在个别领导人身上的小生产者心理，而不懂得民主与法制的重要作用，不知道如何运用法制这个武器去行使自己管理国家的最高权力。无数事实证明，今后只有在全党和全国人民的思想中牢固地树立起法律具有极大权威这一观念，并在实践中彻底坚持这一原则，广大人民群众才可能最有效地运用法制这个武器去行使自己的意志和维护自己的利益，才能防止林彪、"四人帮"一伙坏蛋制造的历史悲剧在我国重演。没有法律具有极大权威的正确观念并在实践中真正贯彻这一原则，就没有以法治国，就没有无产阶级专政的巩固和社会主义建设事业的胜利，这是从我国三十多年来法制建设正反两个方面的经验中得出的一个十分重要的结论。

（三）健全法律制度，实现以法治国

以法治国并不是一个空洞的政治口号，而是无产阶级治理国家的根本方法。实现以法治国，就是要求我们运用十分完备的法律制度来治理国家。因此，不仅需要解决思想方面的问题，更重要的还在于改变与以法治国不相适应的各种制度。

全面加强立法工作，尽快地制定出一整套完备的社会主义法律，是实现以法治国的前提。

党的十一届三中全会指出，要做到"有法可依，有法必依，执法必严，违法必究"，这是完善我国社会主义法制的基本标志。在这里，"有法可依"是完善法制的前提条件。可以说，没有一整套完备的法律，也就没有实行以法治国的基础。我们认为，要完备我国的社会主义法律，必须着重解决以下三个问题：

第一，宪法和各种部门法必须门类齐全，使社会生活的一切领域都要有章可循，坚决杜绝社会生活中无法可依，或某一领域中法制空白的现象。五届人大二次会议颁布了七部重要法律之后，已使我国长期无法可依的现象有了根本改变；但是还必须看到，由于法律虚无主义的长期影响，我国法制建设中的空白还相当多。民法、经济法、行政法、商业法、工厂法、计划生育法等等都急需制定；《婚姻法》、《劳动法》、《兵役法》等等都急需修改。不完善这些法律，就会直接影响到我国四个现代化的建设，就会直接影响到我国政权的稳定和巩固。所以尽快完备我国各项立法工作，仍是我们实行以法治国急需解决的重要前提。我们新中国成立已经30年了，正反两方面的经验极为丰富，全面地开展立法工作的客观条件已经充分具备。认为我们的经验还不多，因而主张立法工作必须慢慢来的论点，是根本站不住脚的。

第二，完备社会主义法制还必须使各种法律规范本身完整、具体、细致、周密。这包括各种法律的条款内容要全面，结构要严谨，语义要明确，界线要清晰。法律是高度规范化的行为准则，具有强制执行的特点。因此，法律的规定不能含含混混，模棱两可，更不能文章化、口号化、政治化。有一种意见认为，我国地域辽阔、情况复杂，因此我国法律应尽量"原则化"，不宜细致、具体。应当说，这在当前是妨碍我国法律建设的一个重大思想障碍。法律的繁简程度，是与一个国家的社会政治、经济情况分不开的。我国当前急需解决的主要问题是法律不完备，因此，在制定法律的过程中，应充分考虑实际生活的需要，尽量使其完善、具体、细致。法律的条款不明确、不具体，搞所谓"原则法"，那只能造成适用法律时的模棱两可，给执法者以极大"自由裁决"的权力，从而造成法制的虚设。

第三，完备法制的重大标志，还在于必须使所有的法律规范都要公开，坚决废止那些名目繁多的不适当的起法律作用的"内部规定"。这些"内部规定"，实际上是一种脱离人民群众的监督、脱离政权机构的管辖、凌驾于法律之上的"超级法律"。这也是我国法制不健全的一种表现形式。

任何一个国家制定法律的直接目的都是为了让所有的人都能严格遵守。因此，不言而喻的前提，就是要让所有的人都知道法律的内容，否则，遵守法律从何谈起？我国古代的封建统治者都知道"铸刑鼎"的道理，把封建统治阶级规定的法律，铭刻于大鼎之上，让老百姓都知道，以维护封建统治者的根本利益。我们今天有些人却连"铸刑鼎"的道理也不懂，他们津津乐道于脱离人民群众监督的某些"内部规定"，这些"内部规定"非常适合那些官僚主义者的需要，也为某些特权者所爱不释手。它是实行以法治国，完备社会主义法制的一大祸害，必须坚决取缔。同时还要指出的是，应该严格划分法纪与党纪、政纪的区别。党纪的最高处分是开除党籍，政纪的最高处分是开除公职。除此之外的，诸如各种形式的拘留审查、限制或剥夺人身自由、搜查住宅、扣押信件等都属于法纪的范围，都应由国家司法机关按公开的法律规定处理，不得以什么"内部规定"为据。今后，一切法律规定都必须明令公布，交人民群众监督执行，否则，就不具有法律的效力。

所有国家机关和党的各级组织、全体公职人员和公民都严格依法办事是实现以法治国的关键。

我国七部重要法律颁布之后，广大群众众目所视、人皆关心的一件大事，就是我们能不能一丝不苟地坚决执行这些法律。这是实现以法治国面临的一个十分尖锐的问题。由于法律虚无主义的长期统治，特别是林彪、"四人帮"的疯狂破坏，我国宪法规定的许多基本原则，都曾遭到公开践踏，在我国造成了"失信于民"的痛苦经历。因此，我国新颁布的各项法律也必然面临着一个"取信于民"的重大课题。检验真理的唯一标准是实践。检验我国法制是否有力量、有权威，也只能靠实践，没有比事实更有力量去说服人民相信我们的法律是可以信赖的了。新中国成立三十年来，究竟有哪些重要的事实，使法制"失信于民"，需要从制度上加以根本改变的呢？

第一，必须坚决杜绝法律定而不行，言而无信的现象，绝对保障我国法律的严肃性。法律是通过国家机关制定和认可，由国家力量保障强制执行的行为准则。法律的严肃性是法律本身所不可缺少的基本要素。如果法律只是冠冕堂皇地罗列一些条文，而实践中又仅仅把法律当作摆设，在行动上另搞一套，那么再好的法律也不过是一纸空文，在人民群众中只能是毫无权威。解决这个问题，一是要充分发挥法律监督机构——人民检察院的作用，要发挥人民代表大会及其常务委员会监督法律实施的职能。当前最主要的就是要使法律监督机构有职有权，保证它们能够对法律的执行实行有效的监督，特别是要严肃对待国家干部中违法乱纪的问题。我国刑法中明确规定了渎职罪，凡利用职权，违法乱纪，造成国家和人民一定损失的，都必须根据情节轻重严肃处理；二是要加强宪法的监督执行。宪法是一个国家的根本大法，也是人们的行为标准，应具有最高的法律效力。但是在我国，什么是违宪？如何确定违宪？违宪如何处理？都没有明确的法律规定。"四人帮"横行时期，违宪行为成为公开的"革命行动"，造成了"根本大法，根本没用"的悲剧。我们应该参照其他国家的经验，建立和健全维护宪法权威的监督机构和司法机构，如建立宪法法院等。否则，根本大法的严肃性，就仍然没有保障。

第二，必须坚决贯彻法律面前人人平等的法制原则，从思想上尤其是从制度上认真解决一部分干部包括少数高级干部在内的特权思想、特权作风、特权地位的问题。干部搞特权，是树立社会主义法制权威的一大障碍，我们认为，要彻底解决这个问题，一是要加强马克思主义的思想教育，大造革命舆论，使人们真正认识到，搞特权对于共产党员和革命干部来说，不是什么光荣，而是一种莫大耻辱；二是要在适用法律方面，坚持法制的平等原则。一个人不论现在地位多高，过去功劳多大，如果违法犯罪，都要受到法律同样的制裁；三是要建立和健全一整套党规党法，充分运用党的纪律手段，同党员干部中搞特权的人和事作坚决斗争；四是要彻底改革干部制度，使华国锋总理在五届人大二次会议的《政府工作报告》中提出的建立干部的考试制度、考核制度、监督制度、奖惩制度、罢免制度、轮换制度、退休制度，真正付诸实施；要把所有这些制度的改革形成法律，并公之于众，让广大人民群众监督执行。这四条是缺一不可的，特别需要指出的是，在这里，干部制度的改革具有决定性意义。马克思主义认为，存在决定意识，如果我们不能认真而切实地从制度上堵塞干部搞特权的一切漏洞，杜绝干部享有法律之外的特权地位的一切可能，干部中的特权思想和特权作风是无法解决的。

第三，执法机关，特别是公安机关要坚决依法办事。执法机关依法办事包括两个方面的含义：一是要求处理任何民、刑事案件都必须按照法律规定的标准和程序办事，对一切人实行同一个尺度、同一个原则，从而排除任何人具有超越于法律之上的特权；二是政法机关本身的任何活动，都必须严格遵守各种法律规定，做到执法者首先守法。公安机关处于政法工作的第一线，是打击犯罪、保护人民的哨兵，它是在特殊的条件下，有时要用特殊的手段与犯罪分子进行各种形式的斗争，因此它的活动严格遵守法律规定，具有更加重要的意义。长期以来，特别是在"四人帮"横行时，公安战线无法可依、有法不依的现象十分严重，视法律为束缚，迷信长官意志的习惯，在某些人身上表现得十分突出。今后，如何从思想上特别是从法律制度上解决公安工作切实遵纪守法的问题，是健全法制的一个重要课题。这方面需要采取的重要措施之一，是切实搞好公检法三机关的相互配合与相互制约，从思想上和制度上彻底改变过去那种公安机关的地位和权力高于和大于法院和检察院的情况，要彻底改变那种"一长带两长"、"一长代三长"的做法。

认真搞好党政机关的分工与制约，切实保障司法机关的独立性，是实现以法治国的组织保证。

唯物辩证法认为，任何事物都是矛盾对立面又统一又斗争，由此推动事物的发展。一个国家政权，从阶级实质上讲，是统治阶级独自掌握权力和行使权力的工具，因此，统治权力是统一的和不可分割的。但从每个具体国家机关的作用来说，它们又互相分工、互相制约。根据马克思主义的普遍原理，我国宪法明确规定，我们的国家制度是人民代表大会制，并对各国家机关的权力作了明确的分工。但是，林彪、"四人帮"一伙打着"党的领导"、"一元化"、"集中统一"等等旗号，妄图集党、政、军、公安、司法等大权于一身，实行封建专制的独裁统治，他们在一系列涉及国家根本制度的问题上，完全把宪法的原则抛掷一边，把以言代法等根本违反社会主义民主和法制原则的东西，当作国家实际实行的制度，从而使我国最高国家权力机关，变成徒具虚名的橡皮图章。在政法机关的关系上，他们搞什么"三合一"的"群专委员会"、"人保组"，实际上就是妄图把无产阶级专政机关，变成脱离党和人民监督，也没有任何相互制约而仅仅由他们独自控制的新式盖世太保。"文化大革命"中，大量冤假错案的产生，不正是"四人帮"这条反革命路线的产物吗？十年腥风血雨的政治浩劫，给我们最基本的历史教训之一，就是要完善民主与法制，无产阶级的国家机器，其职权与分工，应当受到社会主义法制的严格规定和限制。无产阶级的国家政权应当努力创造使之既不能存在，也不能再产生的社会危险，就是林彪、"四人帮"式的封建专制和个人独裁。

党政关系也就是党的领导与国家政权之间的关系，这是被林彪、"四人帮"搞得最乱的一个问题。党的领导是我国宪法所规定的基本原则，董必武同志早在新中国成立初期就曾提出，"由党直接作政权机关的工作是不好的"，① 党的领导应当表现为："（一）对政权机关工作的性质和方向应予确定的领导；（二）通过政权机关及其工作部门实施党的政策，并对他们的工作实施监督；（三）挑选和提拔忠诚而有能力的干部（党与非党的）到政权机关去工作。"② 这就是说，党的领导主要是方针、政策、路线的领导，绝不是越俎代庖，干涉和包揽国家机关的具体工作。五届人大二次会议通过的地方各级人民代表大会和地方各级人民政府组织法，规定县以上

---

① 《董必武政治法律集》，法律出版社 1986 年版，第 211 页。
② 同上书，第 191—192 页。

人民代表大会设立常务委员会，各级革委会改为各级人民政府，明确规定了它们的职权和地位，这是我国法律制度的一项重大改革。为了保障这些法律的实现，必须首先解决一些现实问题，如各级党委不应直接向人大常委会和人民政府发号施令；党委的决议只在党内有约束力，对人大常委会和人民政府没有约束力，各级党委的第一书记一般不要兼任同级人大常委会特别是同级人民政府的主要领导职务；这些领导人应由人民代表民主选举产生。各级党委要尊重各级人大常委会和政府的决议和指示并保证其贯彻执行；任何人非法干涉和破坏人大常委会和政府的工作，都应追究责任。

为了实行以法治国，在国家机关的分工与制约上，最重要的一个方面就是要保障司法机关的独立性。所谓司法独立，就是指人民法院和人民检察院，根据宪法和法律的规定，独立地行使审判权和检察权，不受任何其他机关、团体、个人的干涉。我国宪法和人民法院组织法、人民检察院组织法都对此作了明确的规定。为了保障这一原则的实现，我国法律明确规定，各级法院院长和检察长，都由同级人民代表大会选举产生，这就从组织制度上保证了司法机关活动的独立性。同时，长期在我国司法工作中实行的党委审批案件的制度，对县以上干部和知名人士等十个方面特殊规定的审批制度都已取消，这是保证我国司法独立原则得到切实执行的重大决策。今后的问题，主要是各级党委不折不扣地贯彻这一决定，各级司法机关大胆工作，勇于负责，忠于职守，敢于同一切破坏司法独立的错误行为作斗争。

实行以法治国，还必须造就一大批忠实于法律和制度，忠实于人民利益，忠实于事实真相的法官、检察官和律师。实行以法治国，主要讲的是要把法律作为治理国家的准绳，它并不是否定人的作用。任何法律的制定、贯彻、执行都必须通过人的活动，才能变成实际的力量。司法机关独立行使职权，是从组织制度上保障司法人员严格执行法律而不受任何其他因素的干扰，这使各级司法工作人员肩负的任务更加光荣和艰巨。为了真正做到执法必严，违法必究，造就一大批敢于坚持真理，勇于为捍卫社会主义法制而不惜以身殉职的法官、检察官和律师，是实行以法治国的重要保障。党和国家应该大力表彰那些不畏权贵，不徇私情，执法不阿的司法工作人员和人民律师，并让他们在我们的国家得到应该享有的地位和荣誉。

实行以法治国并不是一件轻而易举的事。以法治国就必不可免地要对个人权力进行调整，对非法的权力进行限制，党委的某些权力要收归司法机关，公安机关的某些权力要收归法院和检察院。所以，从一定的意义上说，以法治国是一场制度的革新，是一场革命。社会的发展要在不断改革中实现，历史的前进是在不断改革中完成。任何一个时代都有一批批立志改革的先行者，他们思想解放，勇于探索，抓住真理，所向披靡，向一切落后的事物宣战。党的好女儿张志新烈士就是这样的先行者。她以敏锐的思想和殷红的鲜血向着现代迷信和专制残余英勇冲击，唤起人们对改革制度的重视和对以法治国的向往。现在，人心思治、人心思法。全国人民急切盼望我们国家经济繁荣、政治安定、法制昌明。我们共产党人、工人阶级不要辜负人民的希望，一定要依靠人民的力量，运用法制的权威，治理好我们伟大的社会主义祖国。

后记：这是为1979年9月下旬中国社会科学院召开的"庆祝中华人民共和国成立三十周年学术讨论会"提供的论文，作者是李步云、王德祥、陈春龙。9月30日，李步云在会上作了口头发言。全文收入《法治与人治问题讨论集》（群众出版社1981年版）。《光明日报》在征求中央法制工作机构一些同志（如高西江）的意见后决定发表此文，但坚持要改题目。理由是"以法治国"口号关系重大，中央尚无此提法。后以《要实行社会主义法治》为题，于1979年12月2日在该报摘要发表。这是国内学者第一次提出并系统论述这一问题。

二、依法治国的里程碑

第九届全国人民代表大会第二次会议经过充分的民主讨论和审议，庄严地通过了根据中共中央的修宪建议、由全国人大常委会提出的宪法修正案。这次修宪共六条，主要内容是：在序言中肯定了"邓小平理论"的指导地位，在总纲的有关条款中规定"国家在社会主义初级阶段，坚持公有制为主体、多种所有制经济共同发展的基本经济制度，坚持按劳分配为主体、多种分配方式并存的分配制度"，"在法律规定范围内的个体经济、私营经济等非公有制经济，是社会主义市场经济的重要组成部分"，"农村集体经济组织实行家庭承包经营为基础、统分结合的双层经营体制"，"中华人民共和国实行依法治国，建设社会主义法治国家"，等等。邓小平理论是马克思主义同当代中国实践和时代特征相结合的产物。这次修宪将邓小平理论确立为我们国家的指导思想，是继续坚持改革开放和胜利实现社会主义现代化的重要保证。这次修宪在经济方面所涉及的几项基本的和重要的制度，是多年来探索的成功经验。现在用宪法这一国家根本大法的形式将它们肯定下来，将保证其长期稳定和进一步改革与完善，以不断促进社会生产力的发展和人民生活水平的提高。在这里，着重就这次修宪中确认下来的"实行依法治国，建设社会主义法治国家"问题，谈几点看法。

（一）依法治国方略的形成过程

在我国，提出依法治国方略经历了一个长久的历史过程。新中国成立后，我国的民主与法制建设，既取得了一定的成就，也有过重大挫折，特别是经历了十年"文化大革命"的浩劫。党的十一届三中全会后，邓小平同志在总结国内与国际历史经验的基础上，提出了发展社会主义民主与健全社会主义法制的方针。邓小平同志虽然在其著作中没有用过"依法治国"和"法治国家"这样的提法，但是他对如何才能保证国家的长治久安，作了全面深刻的阐述，从而为实行依法治国的方针奠定了坚实的理论基础。他提出的健全社会主义法制的一整套原则，为我们确立建设社会主义法治国家的奋斗目标，勾画出了一幅准确、完整和清晰的蓝图。完全可以说，实行依法治国，建设社会主义法治国家，是邓小平理论的重要组成部分。

为什么要加强社会主义民主法制建设？怎样才能保证国家的长治久安？邓小平同志说："我们过去发生的各种错误，固然与某些领导人的思想、作风有关，但是组织制度、工作制度方面的问题更重要。这些方面的制度好可以使坏人无法任意横行，制度不好可以使好人无法充分做好事，甚至会走向反面。即使像毛泽东同志这样伟大的人物，也受到一些不好制度的严重影响，以至对党对国家对他个人都造成了很大的不幸。我们今天再不健全社会主义制度，人们就会说，为什么资本主义制度所能解决的一些问题，社会主义制度反而不能解决呢？这种比较方法虽然不全面，但是我们不能因此而不加以重视。斯大林严重破坏社会主义法制，毛泽东同志就说过，这样的事件在英、法、美这样的西方国家不可能发生。他虽然认识到这一点，但是由于没有在实际上解决领导制度问题以及其他一些原因，仍然导致了'文化大革命'的十年浩劫。这个教训是极其深刻的。不是说个人没有责任，而是说领导制度、组织制度问题更带有根本性、全局性、稳定性和长期性。这种制度问题，关系到党和国家是否改变颜色，必须引起全党的高度重视。"这一思想和理论，后来他曾反复加以阐明和强调。例如，他在回答意大利一位记者提出的"怎样才能避免或防止再发生诸如'文化大革命'这样可怕的事情"这一问题时说："现在我们要认真建立社会主义的民主制度和社会主义法制。只有这样，才能解决问题。"1988年前后，他曾多次指出，我历来不主张夸大一个人的作用，这样是危险的、难以为继的。把一个国家、一个党的稳定建立在一两个人的威望上，是靠不住的，很容易出问题。这是邓小平同志关于健全民主与法制思想的精髓和灵魂。如果这一指导思想不明确，发展民主与健全法制的任务是难以实现的。

　　邓小平同志在上述这一治国理论和指导思想的基础上，对发展社会主义民主与健全社会主义法制提出了一整套原理、原则和要求。他指出："没有民主就没有社会主义，就没有社会主义的现代化。"主张要通过改革，克服官僚主义现象、权力过分集中现象、家长制现象、干部领导职务终身制现象和形形色色的特权现象。他提出，健全社会主义法制的基本要求是："有法可依，有法必依，执法必严，违法必究。"强调要维护法律的稳定性和权威性，贯彻法律平等原则和司法独立原则，"必须使民主制度化、法律化，使这种制度和法律不因领导人的改变而改变，不因领导人的看法和注意力的改变而改变"。公民在法律和制度面前人人平等，不管谁犯了法，都要由公安机关依法侦查，司法机关依法处理，任何人都不许干扰法律的实施，任何犯了法的人都不能逍遥法外。邓小平同志在谈到政治体制改革时曾经指出，要通过改革，处理好法治和人治的关系，处理好党和政府的关系。在这里，他把处理好法治与人治的关系问题，放到了政治体制改革的主要的和关键性的地位。由此可见，邓小平同志是坚决主张实行法治的。

　　1978 年以后，我国法学界和政治学界曾经就法治与人治问题开展过一场大讨论，出现过三种截然对立的观点，即要法治，不要人治；法治与人治应当结合；法治（依法治国或以法治国）概念不科学，同"法制"概念没有什么区别，应当抛弃。虽然经过长期的讨论和争鸣，"要法治不要人治"的主张得到了越来越多的人的认同，但是在广大干部群众中对法治概念和依法治国的口号、方针仍然存在这样那样的看法和疑虑。这就要求中央新一代领导集体根据我国经济、政治和文化现实条件的变化和新的实践经验，进一步丰富和发展邓小平同志有关民主与法制的理论。江泽民同志 1989 年 9 月 26 日在中外记者招待会上曾郑重宣布："我们绝不能以党代政，也绝不能以党代法。这也是新闻界讲的究竟是人治还是法治的问题，我想我们一定要遵循法治的方针。"可以说这是新一代中央领导集体的庄严承诺。1996 年 2 月 8 日，江泽民同志在中共中央法制讲座上又发表了《坚持实行依法治国，保证国家长治久安》的重要讲话。同年3月，八届人大四次会议的一系列文件，包括《国民经济和社会发展"九五"计划和2010年远景目标纲要》也郑重地将"依法治国"作为一项根本方针和奋斗目标确定下来。尤其是党的十五大报告，第一次提出了"法治国家"的概念，并将其作为建设有中国特色社会主义政治的重要内容；对建设社会主义法治国家今后一个时期内突出需要解决的一系列重大问题，作了全面的论述；并郑重地将这一治国方略和奋斗目标记载在党的纲领性文件中。这次修改宪法，又将这一治国方略和奋斗目标通过国家的根本大法予以认可和保障，成为全国人民的共同意志和行动准则。这是以江泽民同志为核心的党中央第三代领导集体对邓小平理论的运用、丰富和发展。它标志着我国实行依法治国进入了一个新的发展阶段，是建设社会主义法治国家这一历史性进程中一个非常重要的新的里程碑。

（二）实行依法治国的客观必然性

依法治国是国家长治久安的重要保证，这已为古今中外的历史经验所证明。在我国，实行依法治国还同市场经济、民主政治和精神文明建设密切相关，有其客观的必然性。

计划经济的经济主体之间具有隶属关系，其应有的物质利益被忽视，经济自身的价值规律、竞争规律等不被尊重，维系这种经济关系的主要方法是行政手段。在这种体制下，由于经济权力的高度集中，法律手段的作用是十分有限的。因此，计划经济内在地要求实行人治而不是法治。市场经济是一种以交换为基础的经济形态，一切经济活动和行为都要遵循价值规律，各种生产要素都要作为商品进入市场，通过竞争机制和价格杠杆的作用，实现各主体之间的平等、自由的交易和各类资源的优化配置。它是建立在各经济主体之间具有自主性和平等性并且承认其各自物质利益的基础之上的。具有自主、平等、诚信、竞争等属性的这种经济形态，除了依赖经济规律来运作外，同时又主要依赖法律手段来维系，它必然从客观上要求法律的规范、引导、制约、保障和服务。可见，市场经济内在地要求实行法治而不是人治。

现代民主的实现必须依靠法治作保障。在我国，人民是国家的主人，但是12亿人民不可能人人都去执掌政权，而只能通过民主选举产生政权机关，代表人民行使权力。为了保证这种权力的行使能符合人民的利益，根本的办法就是通过制定和实施体现人民意志和利益、符合社会发展规律的法律，并保证这种法律具有极大的权威，来确保政府为人民服务。在这种情况下，政权机构制定良好的法律并严格依法办事，就是按人民的利益和意志办事，就是从根本上体现并能保障人民当家作主。否则，国家机关及其工作人员就有可能认为自己是可以按个人的认识、愿望、意见和主张任意处理各种问题的，自己的权力是无限的，是可以不按民主程序办事的，就有可能滥用权力，使"公仆"蜕变为"主人"。同时，在国家和社会生活中，公民的各种权利、权力的民主配置、民主程序和民主方法等，如果没有完备和良好的具有极大权威的法律予以全面确认和切实保障，是根本靠不住的。十年"文化大革命"的悲剧就充分说明了这一点。当时，宪法这一根本大法成了一张废纸。而在法制健全的条件下，公民权利的行使，可以得到有效的保障；公民的权利如果遭到侵犯，也可以得到有效的救济。

依法治国是社会文明进步的重要标志，也是精神文明建设的重要保证。在中外历史上，"法"字一出现就具有正义、公正等含义。法存在的合理性，根源于人类社会生活本身始终存在的三个矛盾，即个人与社会的矛盾、秩序与自由的矛盾、权威与服从的矛盾。如果人类社会没有法这种调整社会关系的行为准则，社会正义必将难以维护，社会自身的发展和存在都成问题。每一历史时代，法的内容与形式以及法的精神，都同该时代的物质文明与精神文明息息相关，密不可分，彼此适应，是该时代人类文明发展水平的综合性标尺。一部由低级状态向高级状态演变的法律制度史，是整个人类文明由低级状态向高级状态发展历史的一个缩影。民主与法制是属于制度文明的范畴。在现今的历史条件下，家长制、一言堂、搞特权、权大于法、政府权力不受法律任何制约、公民权利得不到法律有效保障，当然是不文明的。一个社会如果没有法律，要么专制主义盛行，要么无政府主义猖獗，自然也是不文明的。同时，法律作为一种认识与改造世界的手段，可以保证教育、科学、文化建设得到稳定、协调、持续地发展。由于法律和道德的相互渗透与作用，通过立法和执法，还可以促进社会主义道德观念的建立、发展与传播。

（三）社会主义法治国家的主要标志

依法治国，建设社会主义法治国家，是一个不可分割的整体。从广义上讲，"依法治国"包括"建设法治国家"在内。但从狭义上讲，两者又有一定区别。依法治国是一项治国的战略方针，建设社会主义法治国家则是一项治国的战略目标。它不是一个空洞的抽象的概念。社会主义法治国家作为现代社会一种最先进最文明的国家模式和政治法律制度类型，应具有一系列基本的原则和要求。根据人类的共同经验和中国的具体国情，可以将它们概括为如下十项：

一是法制完备。要求建立一个门类齐全（一张"疏而不漏的法网"）、结构严谨（如部门法划分合理，法的效力等级明晰，实体法与程序法配套）、内部和谐（不能彼此矛盾与相互重复）、体例科学（如概念、逻辑清晰，法的名称规范，生效日期、公布方式合理）、协调发展（如法与政策协调一致）的法律体系。有法可依是实行依法治国的前提。党的十五大提出，我们应在 2010 年建立起有中国特色社会主义法律体系，任务仍然艰巨。

二是主权在民。要求法律应体现人民的意志和利益；法制应以民主的政治体制为基础；实现民主的法制化（民主权利的切实保障、国家政治权力的民主配置、民主程序的公正严明、民主方法的科学合理等）和法制的民主化（立法、司法、护法等法制环节要民主）。主权在民是主权在君的对立物，是现代民主的核心和基础，因而也应是现代法治的灵魂。在一个政治不民主的社会里，不可能建立起现代法治国家，而民主的法制化与法制的民主化则是主权在民原则在现代法律制度中的具体实现与展开。

三是人权保障。人权是人作为人依其自然的和社会的本性所应当享有的权利。其内容包括人身人格权、政治权利与自由以及经济、社会、文化权利。人权是人的尊严和价值的集中体现，是人的需求和幸福的综合反映。否认人在社会中应当享有本属于他自己的权利，就是否认他的做人的资格，使人不成其为人。人不是为国家与法律而存在，而是国家与法律为人而存在。法律主要是通过规范所设定的权利与义务来保障和调整各法律主体的利益。权利与义务问题实际上是一个人权问题，法律权利是人权的法律化。全面地、充分地实现和保障人权，是现代法律的根本目的。党的十五大报告提出，我们应"尊重和保障人权"，具有非常重要的意义。

四是权力制衡。在公法领域，权利和义务主要表现为职权和职责。"衡"指权力平衡，执政党与国家机构之间，政府与社会组织、企事业组织之间，领导个人与领导集体之间，中央与地方之间，应按分权与权力不可过分集中的原则，对权力作合理配置。"制"指权力制约。其主要内容是以国家法律制约国家权力，以公民权利（如公民的参政权、议政权，检举、批评、罢免权，言论、出版自由权等）制约国家权力；以国家权力制约国家权力（如立法、行政、司法权之间，公检法之间的权力制约以及检察、监察、审计等方面的监督）；以及以社会权力（如政党、社会团体、行业组织的权力）制约国家权力，来达到防止和消除越权与不按程序办事等权力滥用和权钱交易、假公济私、徇情枉法等权力腐败现象。依照党的十五大的要求，建立与健全"民主监督"体系，是一项重要而长远的任务。

五是法律平等。包括分配平等和程序平等。实体法应体现与保障社会共同创造的物质的与精神的财富在全体社会成员中进行公平分配。程序法应体现与保障法律面前人人平等，在民事、刑事、行政等诉讼活动中，原告与被告双方诉讼地位平等和适用法律一律平等。适用法律平等包括对任何人无论其受保护或受惩处都适用同一法律规则，不因其性别、民族、财产状况、社会地位和宗教信仰等等的差异而有区别。为此，我们必须坚决反对各种特权思想和特权人物，并消除执法与司法中的腐败现象。

六是法律至上。指法律应具有至高无上的权威。法律至上不是说法律不能修改。它是指宪法和法律被制定出来后，在尚未修改之前，任何组织特别是任何个人都必须切实遵守。法律至上同人民意志和利益至上不仅不矛盾，而且是它的体现和保障。国家没有体现人民意志和利益的法律，这种法律没有至高无上的权威，人民意志和利益至上是无从体现和保障的。法律至上原则适用于所有组织和个人，但其核心思想与基本精神是反对少数领导者个人权威至上、权大于法。在我们这样一个家长制传统和习惯根深蒂固的国家，实现法律至上原则的任务是很艰巨的。

七是依法行政。为了适应现代经济、科技、政治与社会生活发展的日益迅速与复杂多变，国家的行政职能有扩大的趋势。它必须能迅速决策与行动，实行首长负责制，故而同立法机关相比较，行政部门较易违法。行政机关同行政行为相对人之间是一种管理者与被管理者的关系，这也容易使行政机关遵守法律更为困难。在我国，大约有80%的法律法规，需要通过行政机关去具体贯彻实施。因此，依法行政是法治国家的一个重要标志。依法行政要求一切抽象的与具体的行政行为都要遵循法律。它只有通过进一步健全行政法制，建立和强化内外监督机制，并采取教育的、行政的各种手段才能逐步实现。

八是司法独立。它建立在近代分权理论的基础上，是权力分立与互相制衡的制度安排与设计，其成效已为一百多年来的实践所充分证明。它本身并非目的，其作用在于保证司法机关审理案件能够做到客观、公正、廉洁、高效，同时防止国家权力过分集中于某一机构或某一部分人之手而滥用权力，并对行政权起制衡功能，如司法机关对行政机关的司法审查。实现这一体制，需要建立内部与外部的有效监督机制，提高审判人员的素质，完善科学的司法组织与程序，杜绝来自外界的任何组织与个人的非法干扰。在由计划经济体制向市场经济体制转变的过程中，在各方面利益配置发生剧变的情况下，诸如权钱交易、地方保护主义等腐败现象势必造成对司法独立的冲击。这些都是需要在很长时期里花大力气才能解决的问题。

九是程序正当。法律程序是法的生命存在形式。如果法的制定和法的实施没有一定过程、规则，这样的社会将充满立法者和执法者的恣意妄为。公正的法律程序体现立法、执法、司法、护法等国家权力的科学配置和程序约束，也体现公民权利在程序中应有的保障。同时，司法机关也需要有科学的办案程序才能作出正确的判决与裁定。程序正当包括民主、公开、公正、严明。严重违反立法程序和司法程序的法律、法规或判决、裁定，不应具有法律效力。

十是党要守法。在我国，作为执政党的中国共产党领导人民制定和实施法律；在法治建设过程中执政党总揽全局，协调各方。这是使法治国家建设沿着社会主义方向前进、一切法律能够体现全体人民的意志与利益的根本保证。同时，党本身也在宪法和法律的范围内活动，不能以党代政、以党代法。党的政策是党的主张，国家法律是党的主张与人民意志的统一。执政党的政策只有通过国家权力机关的严格的民主程序被采纳，才能上升成为国家意志，变为法律。这样，才能把坚持和改善党的领导同实行依法治国的基本方略更好地统一起来。

后记：本文是依法治国方略 1999 年被庄严载入我国宪法后，作者应人民日报之邀所撰写的一篇评论和总结性文章，发表在该报 1999 年 4 月 6 日，为了重视，该报还为该文加了编者按。

三、法治与人治的根本对立

在法治与人治问题的讨论中，有的同志提出：历史上从来没有过单纯的法治，也没有过单纯的人治，任何统治阶级总是把法治与人治结合起来的；社会主义时期，我们既要实行法治，也要实行人治。这种观点是值得商榷的。

在这里，问题的关键，是要弄清楚，究竟什么是法治，什么是人治。持上述看法的同志，有一个基本论点，就是"徒法不能以自行"，法的制定、执行、遵守都要依靠人。正如有的同志所作的形象比喻：法是武器，人是战士，法治与人治的关系，好比武器同战士的关系，因此，有必要把两者结合起来。显然，这是把"法治"同"法"、"法的作用"，把"人治"同"人"、"人的作用"这样一些不同的概念完全混为一谈了。如果这些同志的论点是正确的，那就只能得出一个结论：古今中外根本就没有什么"法治"，而只有"人治"。我国50年代末期，一些小册子和文章就正是从这一论点出发，得出了这样的结论：既然法自己不会产生，不会行动；立法的是人，司法的也是人；离开了人，法是死的，什么作用也没有；因此，所谓"法治"完全是一种"虚构"，世界上只有"人治"，根本就没有什么"法治"。自然，这不符合历史事实。

事实是，法治也好，人治也好，都不是一个空洞的抽象的概念。作为两种对立的治理国家的理论和原则、方法，尽管在不同的社会制度下，在不同的统治阶级那里，其具体内容和阶级实质有很大不同，但它们都有自身确定的含义。它们不仅是一种理论，一种治国原则和方法，而且也是一种社会实践，与一个国家实行什么样的政治法律制度密切相关。法治与人治概念的确定的含义和丰富的、具体的内容，决不是简单地可以"法"与"人"、"法的作用"和"人的作用"这样的概念所能够替代的。法治与人治是相对立而存在、相斗争而发展的。它们之间的激烈论争，往往出现在社会发展的转变关头。这种论点的出现不是出于偶然，而是有它自身的客观必然性。在一定的历史条件下，法治的主张总是具有一定的革命性和进步性；人治的主张则总是具有一定的反动性或落后性，两者是不能结合的。历史上，有过奴隶主阶级的法治、地主阶级的法治、资产阶级的法治和社会主义的法治。它们逐步由低级向高级演变，是社会发展的客观要求，是人类进步的重要标志。

下面，我们就来具体考察一下几个不同的历史时期，法治与人治的根本对立，它们之间论争的具体内容及其社会意义。

（一）古希腊奴隶制时期

古希腊奴隶制时期，代表中、小奴隶主阶级利益的亚里士多德主张法治，而代表奴隶主贵族利益的柏拉图则主张人治。

柏拉图主张的"贤人政治"，实际上就是人治。他提出："除非哲学家成为国王，……国家就不会解脱灾难，得到安宁。"他认为，一个国家的国王只要是个有知识的哲学家，就可以把国家治理好，而不需要借助于法律进行统治。在他看来，政治好比医学，统治者好比医生，被统治者好比病人，只要有个好医生，就能把病人治好；如果强调运用法律治理国家，就会把哲学家的手束缚住，犹如让一个高明的医生硬要依照教科书去看病一样。他认为，法律是呆板的固定的，不能适应经常变化的情况；法律原则性强，又不能适应各种特殊事例，而"人们之间和他们行为中的差异，以及人事中的无限的不规则的活动，都不允许有一种普遍和单纯的规则，并且没有任何技术能够制定出一种应付千变万化的原则"。尽管在柏拉图晚年所写的《政治家》、《法律篇》这两部著作中，他对法律作用的看法有很大改变，但他的基本立场仍然是人治优于法治。例如，他认为，如果一个国家的统治者不是哲学家，而且在较短的时间内又没有好的方法把统治者变成一个哲学家，则法治要比人治好。然而法治只能称为"第二等好的"政治，终究不如贤人政治好。他说，在各种政府形式中，只有一种政府形式是最妥当的，它是真正的政府；这种政府的统治者懂得科学，而不是不懂科学。至于这种政府是否受法律的统治，或者没有法律，它的人民是否愿意被统治，那都是无足轻重的。

亚里士多德的法治论，是在批评柏拉图的人治论的基础上建立起来的。这种法治论与人治论的对立，主要表现在如下两个方面：

首先是理论方面。亚里士多德在回答"由最好的一人或由最好的法律统治哪一方面较为有利"① 这一问题时，他认为"法治应当优于一人之治"。② 其理由主要是：

1. 法律是由许多人制定出来的，而众人所作的判断总比一个人的判断要可靠。他说："城邦原为许多人所组合的团体；许多人出资举办一个宴会可以胜过一人独办的酒席；相似的，在许多事例上，群众比任何一人又可能作较好的裁断。""大泽水多则不朽，小池水少则易朽；多数群众也比少数人为不易腐败。单独一人就容易因愤懑或其他任何相似的感情而失去平衡，终致损伤了他的判断力，但全体人民总不会同时发怒，同时错断。"③

2. 人难免感情用事，实行人治易出偏私；而法律有公正性，实行法治才能避免偏私。他说："要使事物合于正义，须有毫无偏私的权衡；法律恰恰正是这样一个中道的权衡。"④ 又说："凡是不凭感情因素治事的统治者总比感情用事的人们较为优良。法律恰正是全没有感情的；人类的本性便谁都难免有感情。"⑤"常人既不能完全消除兽欲，虽最好的人们也未免有热忱，这就往往在执政的时候引起偏向。法律恰恰正是免除一切情欲影响的神祇和理智的体现。"⑥

---

① ［古希腊］亚里士多德:《政治学》，吴寿彭译，商务印书馆1965年版，第162页。
② 同上书，第167页。
③ 同上书，第163页。
④ 同上书，第169页。
⑤ 同上书，第163页。
⑥ 同上书，第169页。

3. 法律有稳定性和连续性的特点，并不因领导人的去留而随意更改。然而一人为治的君主制，其皇位是世袭的；如果继任者是个庸才就会危害全邦。实行法治就能避免这种情况。

4. 实行法治可以反对专横与特权。他说："为政最重要的一个规律是：一切政体都应订立法制并安排它的经济体系，使执政和属官不能假借公职，营求私利。"①"一个城邦要有适当的法制，使任何人都不至于凭借他的财富或朋友，取得特殊的权力，成为邦国的隐忧。"②

5. 法律确实比较原则，也不能完备无遗，但它不能成为反对实行法治的理由。他说："法律训练（教导）执法者根据法意解释并应用一切条例。对于法律所没有周详的地方，让他们遵从法律的原来精神，公正地加以处理和裁决。法律也允许人们根据积累的经验，修订或补充现行各种规章，以求日臻完备。"③他还说："就因为法律必难完备无遗，于是，从这些缺漏的地方着想，引起了这个严重执争的问题：'应该力求一个［完备的］最好的法律，还是让那最好的一个人来统治'法律确实不能完备无遗，不能写定一切细节，这些原可留待人们去审议。主张法治的人并不想抹杀人们的智慧，他们就认为这种审议与其寄托一人，毋宁交给众人。"④

从以上材料可以看出，对于一个国家的长治久安来说，究竟是法治好还是人治好？应当承认，亚里士多德讲的一些道理，包含有许多合理的科学的成分在里面。

其次是原则方面。法治和人治的对立，反映出它们是两种不同的治国原则。这种对立的最核心的一条，就是法律的权威高于国家领导人的权威？还是国家领导人的权威高于法律的权威？亚里士多德说：法治应包含两重意义：已成立的法律获得普遍的服从，而大家所服从的法律又应该本

---

① ［古希腊］亚里士多德：《政治学》，吴寿彭译，商务印书馆 1965 年版，第 269 页。

② 同上书，第 268 页。

③ 同上书，第 168 页。

④ 同上书，第 171 页。

身是制定得良好的法律。他认为，合乎"正义"的法律，就是良好的法律；大家都要服从法律，当然包括国家领导人在内。他十分强调要保障法律的权威和尊严。他说，最后的裁决权力应该寄托于正式制定的法律。只是所有的规约总不能概括世事的万变，个人的权力或若干人配合组成的权力，只应在法律所不及的时候，方才应用它来发号施令，作为补助。他强调："法律应在任何方面受到尊重而保持无上的权威，执政人员和公民团体只应在法律（通则）所不及的个别事例上有所抉择，两者都不该侵犯法律。"① 相反，在柏拉图看来，一个城邦如果实行法治，就会妨碍哲学家的统治，因为哲学家掌握的知识是一种真理，它比国家机关所制定的法律要高明得多；他认为，国王的命令就是法律，他可以不按法律办事。

由此可见，亚里士多德的法治论同柏拉图的人治论的根本对立主要表现在这样两个方面：一是国家兴旺发达与长治久安的决定性因素究竟是什么？人治论认为，希望主要应当寄托在有一个好的国王身上；法治论则认为，希望主要应当寄托在建立一个好的比较完备和具有无上权威的法律和制度上；二是法治论主张国家要有比较完备的法律，特别是全国的每个人包括国家最高领导人在内，都要遵守法律，严格依法办事；人治论则认为，法律可有可无，国王个人的权威高于法律的权威，要依照他个人的意志和智慧治理国家，他可以不按法律办事。这就说明，法治与人治是相比较而存在，相对立而产生和发展的。它们都有自己的特定含义，是不能简单地把法治同"法"、"法的作用"，把人治同"人"、"人的作用"混为一谈的。它们的意思也并不是一个对法的作用强调得多一点，对人（国家领导者）的作用强调得少一点；另一个对人的作用强调得多一点，对法的作用强调得少一点。如果按照有些同志的看法，历史上没有单纯的法治，也没有单纯的人治，从来都是法治与人治相结合，那么，亚里士多德就应当是既主张法治，也主张人治；柏拉图是既主张人治，也主张法治了。显

① ［古希腊］亚里士多德：《政治学》，吴寿彭译，商务印书馆1965年版，第192页。

然，这样讲是不符合历史事实的。的确，柏拉图主张人治，但并不完全否认法的作用，在他晚年甚至说过，没有法律，"人们自己将无法区别于野蛮人"。亚里士多德主张法治，也并不否认国家领袖人物的作用，并不抹杀领导者个人的才智。同时，不论是亚里士多德还是柏拉图都重视道德和教育的作用。然而，这并不能作为法治与人治应当结合的理由，而恰好证明法治论并不是主张什么法律万能。

在西方的政治法律思想史上，亚里士多德是第一个系统阐述法治理论的人。他的观点对后世产生过巨大的积极的影响。亚里士多德的法治论是代表着奴隶主阶级的利益，是为了更好地维护奴隶主对奴隶的统治。但是，在当时的历史条件下，他的法治主张反映着中、小奴隶主阶级的利益，比较进步；柏拉图的人治主张则是代表奴隶主贵族的利益，比较落后和反动，这是可以肯定的。

（二）我国春秋战国时期

我国春秋战国时期是奴隶制向封建制急剧转变的时期。法家主张"法治"和儒家主张"人治"，就正是封建制和奴隶制、新兴地主阶级与没落奴隶主阶级之间的斗争在理论上和政治上的重要表现之一。儒家的人治以"礼治"、"德治"为其重要内容。儒家讲"礼治"、"德治"，实际上就是讲"人治"。

法家的"法治"与儒家的"人治"其根本对立主要表现在以下三个方面：

1. 儒家认为，一个国家是兴旺发达还是衰败没落，主要的起决定作用的因素在于国君和将相是否贤明，而不在法律制度的有无与好坏，即所谓，"为政在人"，"其人存，则其政举，其人亡，则其政息。"①"法不能独立，律不能自行，得其人则存，失其人则亡。"②法家则反对这种看法，认

---

① 《礼记·中庸》。
② 《荀子》。

为一个国家的治与乱、兴与亡，关键的第一位的因素是法律与制度的有无与好坏，而不在是否有贤明的帝王与将相。他们说："国无常强、无常弱，奉法者强则国强，奉法者弱则国弱。"① 他们深刻地、针锋相对地批驳了人治的主张。尹文子说："圣人之治"，是"自己出者也"；"圣法之治"，是"自理出者也"；故"圣人之治，独治者也；圣法之治，则无不治也。"② 慎到说：所谓人治，就是"舍法而以身治"，是"以心裁轻重"，"赏罚从君心出"，那就必然造成"同功殊赏"和"同罪殊罚"③ 等不良后果。韩非子说："明主之治国也，使民以法禁，而不以廉止"④，"释法术而心治，尧不能正一国"⑤，"今废势背法而待尧舜，尧舜至乃治，是千世乱而一治也。"⑥ 因此，他们鲜明地提出了"唯法为治"和"以法治国"等口号。

2. 儒家主张把"礼"作为治国的根本，作为人们一切行为的最高准则。他们说："治人之道，莫急于礼"；⑦ 他们提出："夫礼者，所以定亲疏，决嫌疑，别同异，明是非也……道德仁义，非礼不成。教训正俗，非礼不备，分争辩讼，非礼不决。君臣上下，父母兄弟，非礼不定。官学事师，非礼不视。班师治军，莅官行法，非礼不成不行。祷祠祭祀，供给鬼神，非礼不成不庄。"⑧ 他们既然主张以"礼"作为人们一切行为的准则，因此，他们极力反对公布成文法。晋国铸刑鼎，孔子就说："晋其亡乎，失其度矣……民在鼎矣，何以尊贵。"⑨ 他极力主张仍然保持过去那种"刑

---

① 《尹文子·圣人》、《尹文子·大道》。
② 《慎子·君人》。
③ 《韩非子·六反》。
④ 《韩非子·六反》。
⑤ 《韩非子·用人》。
⑥ 《韩非子·难势》。
⑦ 《礼记·祭统》。
⑧ 《礼记·典礼》。
⑨ 《左传·昭公二十九年》。

不可知，则威不可测，则民畏上"①的状况。与此相对立，法家则主张："事断于法"。他们从多方面论证了法的社会作用，并十分强调必须以法律作为人们的行为准则。管仲说："法律政令者，吏民规矩绳墨也。"②商鞅说："释权衡而断轻重，废尺寸而意长短，虽察，商贾不用，为其不必也。故法者，国之权衡也。"③他们明确主张公布成文法，认为只有这样，才能做到"天下之吏民无不知法者……故吏民不敢以非法遇民，民又不敢犯法"④。

3. 儒家主张"礼有差等"，"法不加于尊"，"刑不上大夫，礼不下庶人"；法家则与此相反，认为君主拥有至高无上的权力，但法律一经制定和公布，全国每一个人，包括君主在内，就都要遵照执行。如管仲主张："君臣上下贵贱皆从法。"⑤商鞅也说："法者，君臣之所共操也"，⑥"法之不明者，君长乱也"，"君臣释法任私必乱"。⑦他们极力主张"刑无等级"、"法不阿贵"，要求"刑过不避大臣，赏善不遗匹夫"。

从上述法治与人治的根本对立中，我们可以清楚看出，尽管法家的法治主张主要是为了更有效地统治当时的劳动人民，但它在封建制与奴隶制激烈斗争的时代，主张以地主阶级的法治，反对奴隶主贵族的"心"治；主张以反映新兴地主阶级利益的、明令公布的成文法律，而不是以体现奴隶主利益的、不成文的周礼作为人们的行为准则；主张君主与官吏也要守法，限制这些人恣意专横；主张适用法律平等，而反对奴隶制的等级与特权，其重大历史进步作用是不能否认的。

儒家主张人治，但并不是根本不要法与刑。如孔丘说："礼乐不兴，

① 《左传·昭公六年孔颖达正义》。
② 《管子·七元七臣》。
③ 《商君书·修权》。
④ 《商君书·定分》。
⑤ 《管子·经法》。
⑥ 《商君书·修权》。
⑦ 《商君书·修权》。

则刑罚不中，刑罚不中，则民无所措手足。"① 这是事实。同样，法家主张法治，也并不是根本不要礼与德。如商鞅说："法者所以爱民也，礼者所以便事也。是以圣人苟可以强国，不法其故，苟可以利民，不循其礼。"②这也是事实。然而，我们绝不可以此作为理由，否定法治与人治的根本对立。唯物辩证法认为，对立面是彼此相互联系、相互渗透的。不能因为"你中有我，我中有你"，就否定对立面之间的原则界限。有的同志说，先秦法家只是侧重法治，儒家只是侧重人治而已。按照这种说法，法家主张法治，也主张人治；儒家主张人治，也主张法治。这不符合历史事实。有些同志之所以得出这样的结论，归根到底，还是由于把"法治"同"法"、把"人治"同"人"混为一谈的缘故。

法家的法治主张，既有精华也有糟粕。他们主张严刑峻法，搞愚民政策和文化专制等等，就是属于糟粕一类。同样，儒家的整个学说，既有糟粕也有精华，如孟子讲"民贵君轻"，就是属于精华之列。这是并不奇怪的。法治主张只是法家整个学说的一个方面；人治主张也只是儒家整个学说的一个方面。我们现在不是全面评价法家和儒家的全部学说。而且，法治与人治主张本身也是一分为二的，因为任何事物都有两重性。但是，我们不应该由此得出结论说，法治与人治之间没有什么好与坏、进步与落后之分。唯物辩证法要求我们，对于复杂的现象，应该善于抓住其主流和本质。事物的矛盾的主要方面决定该事物的性质。如果我们承认，从总体上和根本上说，法家的法治代表着新兴地主阶级的利益，儒家的人治是维护奴隶制的等级与特权，我们就应该承认，在当时的历史条件下，法治主张是进步的，人治主张是反动的。有的同志以孟子的"民贵君轻"思想对比法家主张君主专制，就得出结论说，人治比法治"具有更多一点民主色彩"，这种看法不能认为是全面的和正确的。

---

① 《论语·子路》。
② 《商君书·更法》。

是否实行君主专制，并不是区分儒家人治与法家法治的一个标志。孟轲的"民贵君轻"不是反对君主专制，而是为了维护君主专制。当时的法治与人治，在维护君主专制这一点上，是殊途同归的。在生产力很低和封建生产关系的条件下，在我国的具体历史环境中，君主专制制度的存在有它的客观必然性，这不是由当时人们的主观愿望所能决定的。法家一方面主张"以法治国"、"唯法为治"，另一方面又把君权绝对化，主张皇帝权力至高无上，这就使得其法治理论不能不经常处于不可克服的矛盾之中，使得"事断于法"、"君臣上下贵贱皆从法"、"刑无等级"等主张，在理论上和实践上不可能真正得到实现。正是在这个意义上说，在君主专制主义制度下，不可能有严格意义上的真正的法治。这一矛盾，只有在资本主义的政治法律制度建立以后才得到进一步解决。因此，尽管当时新兴地主阶级的法治相对于没落奴隶主阶级的人治来说，是进步的革命的事物；但是相对于资产阶级的法治来说，它又成了落后的和反动的东西。

（三）资产阶级法治建设

资产阶级的法治理论是在反对封建主义的革命斗争中提出来的，有它自己的特定含义。资产阶级法治作为一种理论，它体现和反映在资产阶级启蒙思想家洛克、孟德斯鸠、卢梭等人的著作中；作为一种社会实践，它就是资产阶级的"法治国"，即实行法治的资产阶级民主共和国。资产阶级法治这一概念，绝不是可以用什么"法很重要"、"要重视法的作用"那样一些很一般、很抽象、很含混的意思所能概括、表达和代替的。

资产阶级法治的对立面是封建君主专制主义的人治。两者的根本对立，突出地表现在如下几个方面：

1. 封建专制主义的人治，主张依靠君主个人的意志来决定国家的大政方针以治理国家。英国的詹姆士一世说："国王可以正正当当地叫作神。因为他所行使的神权和上帝一样，上帝有自由生杀予夺的权力，不对任何人负责。国王也是这样：要怎样做便怎样做，除掉对上帝负责之外，并不对于任何人民负责。"① 与此相反，资产阶级法治则主张依靠体现统治阶级集体意志和根本利益的法律来治理国家。洛克说："谁握有国家的立法权或最高权力，谁就应该以既定的、向全国人民公布周知的、经常有效的法律，而不是以临时的命令来实行统治。"② 又说，"使用绝对的专断权力，或不以确定的、经常有效的法律来进行统治，两者都是与社会和政府的目的不相符合的。"③

2. 封建专制主义人治主张君主的权威高于法律的权威，也可以不受法律的约束。詹姆士一世说："君主注意人民，如同头脑注意身体。一个慈爱的父亲总在儿辈的幸福中得到快乐，故国王在人民之上，在法律之上，只能服从上帝和自己的良心。"④ 与此相反，资产阶级的法治则主张法律的权威高于任何国家领导人的权威，任何国家领导人都要遵守法律，严格依法办事。卢梭说："不管一个国家的政体如何，如果在它管辖范围内有一个可以不遵守法律，所有其他的人，就必然会受这个人的任意支配。"

3. 封建专制主义的人治，主张君主应该掌握立法、司法、行政等一切大权，极力反对分权的理论和做法。霍布斯说："如果要把主权分开，给这个人一点，给那个人一点，便是纷扰和内乱的原因。"⑤ 与此相反，资产阶级法治则要求三权分立，主张立法权由普选的议会行使，实行司法独立。孟德斯鸠说："一切有权力的人都容易滥用权力，这是万古不易的一条经验。""从事物的性质来说，要防止滥用权力，就必须以权力约束权力。""如果同一个人或是由重要人物、贵族或平民组成的同一个机关行使这三种权力，即制定法律权，执行公共决议权或裁判私人犯罪或争治权，

---

① 高一涵：《欧洲政治思想史》，上海商务出版社 1926 年版，第 163 页。
② ［英］洛克：《政府论》下篇，丰俊功译，商务印书馆 1964 年版，第 86 页。
③ ［英］洛克：《政府论》下篇，丰俊功译，商务印书馆 1964 年版，第 85 页。
④ 高一涵：《欧洲政治思想史》，上海商务出版社 1926 年版，第 162 页。
⑤ 同上书，第 201 页。

则一切便都完了。"①

4.封建专制主义的人治主张法律不平等。封建主义的法律制度，不论是立法还是司法，都公开维护等级与特权。与此相反，资产阶级法治则主张法律面前人人平等。洛克说："法律一经制定，任何人也不能凭他自己的权威逃避法律的制裁；也不能以地位优越为借口放任自己或下属胡作非为而要求免受法律的制裁。"②"国家的法律应该是不论贫富、不论权贵和庄稼人都一视同仁，并不因特殊情况而有出入。"③

通过以上对比分析，我们可以清楚看出，法治与人治都有特定的含义和具体的内容。从资产阶级法治的立场看问题，封建社会尽管有法律，但没有法治；资产阶级法治同封建专制主义人治是不能"结合"的。这一点，启蒙思想家讲得十分透彻。我们不妨再引一点材料。例如，孟德斯鸠就指出："专制政体是既无法律又无规章，由单独一个人按照一己的意志与反复无常的性情领导一切。"④"人们曾经想使法律和专制主义并行，但是任何东西和专制主义联系起来，便失掉了自己的力量。"⑤

资产阶级法治较之代表地主阶级利益的法家的法治，不仅要进步得多，而且有性质上的不同。先秦法家的法治，是在肯定君主专制前提下实行以法治国；而资产阶级法治则是对君主专制主义本身的彻底否定。正是从这个意义上说，封建社会不可能有真正的法治；近代意义上的法治，是资产阶级革命以后才有的。但是，正如马克思所指出，资产阶级法治也仍然是"理论和实践处于惊人的矛盾中"。⑥因为，这种法治是建立在私有制的经济基础之上，是建立在资产阶级与无产阶级这两大阶级的尖锐对立

---

① ［法］孟德斯鸠：《论法的精神》上册，张雁深译，商务印书馆1961年版，第154—156页。

② ［英］洛克：《政府论》下篇，丰俊功译，商务印书馆1964年版，第9页。

③ 同上书，第88页。

④ ［法］孟德斯鸠：《论法的精神》上册，张雁深译，商务印书馆1961年版，第8页。

⑤ 同上书，第129页。

⑥ 《马克思恩格斯选集》第4卷，人民出版社1972年版，第173页。

之上，是建立在剥削与压迫的现实生活之上。因此，这种法治，从资产阶级内部来说，有它的真实性，但对无产阶级和劳动人民来说，又有它的局限性、虚伪性和欺骗性：一方面，资产阶级需要利用这种法治所具有的超阶级外表的假象来麻痹劳动人民的革命意识，以进行有效的统治；另一方面，他们又害怕人民群众利用资产阶级的民主和法治，训练队伍，积聚力量，因此他们总是想方设法限制人民群众的民主权利，直至在革命危机时期公开抛弃这种法治。从阶级实质上讲，资产阶级法治归根结蒂是为了维护资本主义私有制和资产阶级的政治统治。但是，应该承认，资产阶级法治主义的理论与实践，不仅在反对封建主义的革命时期起过革命作用，而且也是人类社会历史发展的一个巨大进步。在帝国主义时期，资产阶级法治的历史作用虽然已经由原来是进步的事物走向了自身的反面，但它同公开抛弃法治的法西斯主义也还是有很大的区别。

资产阶级法治包括"人"、"人的因素"、"人的作用"在内，这是不言而喻的。资产阶级法治实行普选制、议会制，立法权由议会行使，就是否定君主立法，而要求由选举产生的资产阶级代表人物集体行使立法权。资产阶级实行"三权分立"，搞"司法独立"，就是否定君主司法，而要求由资产阶级的各级司法人员独立行使司法权。资产阶级法治主张法律应该具有至高无上的权威，就是否定君主或某些官吏可以高踞于法律之上而不按法律办事，目的是使体现资产阶级集体意志的法律在全国上下得到一体遵行，以维护资产阶级的根本利益。总之，在资产阶级法治的概念中，法和人是不可分割地联系在一起的。如果我们把资产阶级法治这样一个统一整体中的"法"与"人"割裂开来，把人的因素抽出去，在"资产阶级法治"和"资产阶级法律"这两个完全不同的概念之间画等号，所谓资产阶级法治就会变成一个抽象的、僵死的和毫无意义的概念，这是不符合资产阶级法治的本来含义的。在历史上，资产阶级法治的理论与实践，同封建专制主义的对立与斗争，是十分尖锐与激烈的。为此，英国的克伦威尔曾经把查理一世送上绞刑架，法国的罗伯斯庇尔曾经把路易十六送上断头台。资产阶级法治又怎么能够同封建专制主义人治相"结合"呢?

(四)社会主义法治建设

在社会主义制度下,无产阶级和广大人民群众治理自己的国家,也存在着是法治还是人治这样两种根本不同的原则和方法。我国法制建设所走过的曲折道路,同这一理论问题是否得到正确认识和处理密切相关,这已为新中国成立以来30年的历史所充分证明。

本来,我们党对于实行社会主义法治的问题一直很重视,所采取的立场也是正确的。早在"五四"运动前后,党的创始人李大钊等同志就曾经对儒家的人治进行猛烈抨击而极力推崇社会主义法治。在长期革命战争中,尽管党的中心任务是武装夺取政权,但我们党还是一直重视革命根据地的法制建设。新中国成立后,党和国家的各种重要文件以及领导人的讲话,都没有否定过法治。1954年,毛主席亲自主持制定了我国的第一部《宪法》,并强调指出:《宪法》"通过以后,全国人民每一个人都要实行,特别是国家机关工作人员要带头实行,首先在座的各位要实行。不实行就是违反宪法"。① 在法制建设上,新中国成立后的短短几年内,我们制定了一系列重要法律法令,全国上下也比较重视依法办事。这些说明,以前我们基本上是坚持了以法治国。而且这种法治,就其阶级性和社会性来说,是属于社会主义的历史类型。它不仅是对封建专制主义人治的根本否定,而且也同资产阶级法治相对立。虽然,这个时期我们在社会主义法治的理论上,认识还不是很充分、很自觉;法律制度也很不完备,但作上述这样的基本估计是必要的。

1957年以后,情况发生了很大变化。由于种种原因,在广大干部中开始产生了一种否认法治、主张人治的思潮。不少主张实行法治的同志遭到了批判;在一些小册子和文章中,"法治"被说成是虚伪的、骗人的、

---

① 毛泽东:《关于中华人民共和国宪法草案》,1954年6月14日。

反动的东西；认为历史上根本没有什么法治，只有人治。不少干部认为法律束手束脚，政策可以代替法律，法律可有可无；认为即使要有一点法律，但它只能作办事的参考，权力应该大于法，领导人的意志应该高于法律，办事可以依人不依法，依言不依法；认为"群众运动"的"首创精神"可以高于法律，"群众运动"一来可以把法律当作废纸一样扔掉。这样一种否定法治、主张人治的理论、意见、看法和主张，在很长一个时期里，在我们的很多干部包括不少高级干部以及党和国家领导人中曾经相当流行。这种人治思想，虽然没有写成系统性的理论文章，但它确确实实是存在的。这一思潮给我国法制建设所带来的危害，已是人所共知。

那么，对于这种人治思想究竟应该怎样看待呢？我认为：

首先，这种人治思想同历史上的人治思想相比较，有它相同的地方，也有它不同的地方。从历史上看，作为一种治国的原则和方法，人治的一个重要特点，是国家领导人具有最高权威；法治的一个重要特点，是国家的法律具有最高权威。党中央曾经指出：法律能否严格执行，是衡量一个国家是否实行法治的重要标志。而在我国一个时期里出现的那种认为权大于法，办事可以依人不依法、依言不依法的观点和做法，同历史上的人治思想，就是一脉相通的。但是，这种人治思想又是产生在社会主义的历史时期，是在坚持社会主义的基本政治制度前提下而存在的一种错误主张和实践。它的产生主要有以下几个方面的原因：一是党在思想、政治路线上的"左"倾错误，导致一些同志在法治与人治的理论问题上没有能够采取正确的立场；二是干部思想上的无知，以致有不少同志根本不了解社会主义法律的性质和作用，存在着轻视法律、蔑视法治的法律虚无主义态度；三是我国几千年来的封建主义思想，其中特别是专制主义和家长制思想的余毒在一些干部包括某些高级干部的头脑中作怪。虽然这种人治思想并不是要从根本上否定社会主义制度，并不是要搞封建专制主义；但从思想范畴来说，它绝不是属于无产阶级的思想体系，而是属于非无产阶级的思想体系，是封建主义思想占主导地位并兼有小生产者思想的混合物。这种人治思想的存在，始终是健全我国社会主义法治最根本的障碍。这种人治思想不克服、不肃清，我们的法制建设是绝然搞不好的。过去是这样，现在是这样，将来也是这样。

其次，这种人治思想同"文化大革命"期间林彪、江青反革命集团的胡作非为是根本不同的，必须严格加以区别。前者是一度存在于我们党内和人民内部的错误思想和做法，后者是一小撮披着共产党外衣的反革命分子鼓吹封建法西斯主义；前者导致社会主义法制很不完备、很不健全，后者则是彻底毁灭社会主义法制，大搞封建法西斯专政。但是两者之间也有一定的联系。林彪、江青反革命集团怎么能够篡夺部分党和国家的领导权？重要原因之一，不就是因为我国的民主与法制不健全，选举、罢免、监督领导人的权力并没有真正掌握在人民群众手里吗？很明显，如果我们有健全的法制，林彪、江青一伙是很难平步青云、扶摇直上的；即使上了台，人民也可以把他们撤下来，甚至可以依法弹劾，交付审判。但是，各级人民代表、广大人民群众，并没有得到这种权力，没有那种具有极大权威的法律制度和法律手段去限制他们和制裁他们。同时，由于社会主义法制的观念没有在广大干部和群众中牢固地树立起来，实际上是人治思想占上风，也为林彪、江青一伙为所欲为地肆意践踏宪法，疯狂破坏法制，提供了一定的条件。这是历史留给我们的惨痛教训。

最后，在社会主义条件下，法治与人治之间存在着根本的对立，是不能相互"结合"的。社会主义法治要求"有法可依，有法必依，执法必严，违法必究"；要求法律具有极大权威，一切党政机关和社会团体，包括党中央、人大常委和国务院，一切工作人员和公民个人，包括党和国家的所有领导人，都要一丝不苟地严格遵守法律；法律和制度应该具有稳定性和连续性，不能因领导人的改变而随意改变，不能因少数领导者个人的看法或注意力的改变而改变。而人治则认为：法律可有可无，权大于法，有法可以不依，凡事由少数领导者个人说了算。这两种完全不同的主张和做法，怎么能够彼此相容和并存呢？认为社会主义制度下，既要重视法的作用，也要重视人的作用，这就是法治与人治相结合。这种观点表面看来似乎很全面，实际上这是搞乱了法治与人治的本来含义和特定内容。社会主义法治的概念包括"人的因素"在内，社会主义法律的制定、执行、遵守都离不开人的作用，这是不言自明的。认为法律不是人制定的而是天上掉下来的，法律不要人去执行和遵守而自己会起作用，这样头脑简单的人，在现实生活中是很难找到的。如果把法治和法混为一谈，认为只要社会上有法律，就是有了法治，那么，社会主义法治作为一种理论与实践，它的基本原则、丰富内容和革命锋芒，就会被"社会主义国家也需要有法律，也要重视法的作用"这样一种很简单、很一般、很抽象、很含混的概念所代替和抹煞。法律必须具有极大权威这一重要原则也就一笔勾销了。如果认为一个国家只要有法律，就是实行法治，那么，党中央郑重提出的："法律能否严格执行，是衡量一个国家是否实行法治的重要标志"这一极为重要的科学论断也就是无的放矢而没有什么意义了。法治与人治"结合"论有一个前提：就是法治虽好，但有片面性，需要有人治作补充；"人治"虽有一定片面性，但终究还是一种很好的思想、主张、做法，人民非常需要它。显然，从这种理论出发，不可能总结好历史的经验教训，不可能准确地宣传和实行社会主义法治，也不可能有力地批判和克服那种健全社会主义法制最大的思想障碍，即权大于法、依人不依法、依言不依法的人治思想。而其实践结果，则必然是以人治代替法治。

后记：本文发表在《西南政法学院学报》1981 年第 2 期。80 年代初期进行的关于法治与人治问题的大讨论，其规模之广、理论界主要是法学界参与争鸣者之多，为新中国成立以来所罕见。当时出现过"要法治不要人治"、"法治人治应结合"、"法治概念不科学，应取消"三大截然对立的观点。本文主要是回答"结合论"。作者观点可参见《人治与法治能相互结合吗?》一文，载《法学研究》1980 年第 2 期。

四、法治概念的科学性

当前，在关于法治与人治问题的讨论中，有的同志提出："法治"这一概念"不科学"，有"片面性"和坚持四项基本原则有矛盾；我们既然有法制的提法，也用不着再讲什么法治了，因此主张抛弃"法治"这个概念。我们认为，这种观点是值得商榷的。

（一）"法治"概念是不是科学

有的同志说，如果"法治"指的是所谓"法律的统治"，那么这一概念本身就是不科学的。因为，法律是统治阶级实现其阶级统治的工具，而不是统治的主体；统治的主体只能是组成统治阶级的人们。因此，世界上并不存在"法律的统治"。我们认为，这是纯粹从字面上来解释"法治"这个词，这样解释并不符合人们在使用法治这一概念时赋予它的特定的、真实的含义。的确，资产阶级讲法治，英文是 Rule of law、Government of law，或者 Rule by law，直译可以是"法律的统治"，或者"被法律所统治"。但是，资产阶级在使用这一概念的时候，并不是这样解释它的；并不是说统治的主体不是人而是法律，是不会说话的法律在那里统治，而不是活生生的人在那里统治。如果我们细读一下提出资产阶级法治主义的各启蒙学者的著作以及多如牛毛的各种辞典和教科书就会知道，他们讲法治，尽管说法不一，但有一个最基本的意思是相同的，即任何一个统治者或统治者集体，都应严格依照法律来治理国家。当然，这也只是法治这一概念的主要含义。除了这个意思以外，资产阶级主张法治而反对君主专制主义的"人治"，还包括有三权分立、法律面前人人平等、罪刑法定等内容在里面。总之，把"法治"说成是法律在统治，而不是统治者个人或集体运用法律，依照法律治理国家，那是望文生义的解释。法治这一概念存在了几千年。在近代，这一概念几乎已经家喻户晓。但是在现实生活中究竟还有多少人认为是法律自己在那里统治，而不是作为主体的人运用法律这一工具在那里治国呢？这种认识虽说不是完全没有，恐怕有也不多。显然，这样提出问题和论证问题，是不妥当的。

有的同志认为，法治这一概念是历史上剥削阶级提出的，又没有阶级性，是一个"非阶级或超阶级的观点"，因此我们不能用。我们现在所使用的许多概念，比如民主、自由、平等、人权、人道主义等等，都不是无产阶级自己的发明，而是历史上沿袭下来的。为什么这些概念可以沿用，唯独"法治"概念就不能沿用呢？历史上有过的许多名词、概念，剥削阶级总是抹煞、掩盖其阶级性，但不妨碍马克思主义者揭示这些名词、概念的阶级属性，赋予他们以阶级的含义。一个名词、概念有没有阶级性，不能单从字面上看。问题是人们怎样解释它、运用它。比如"民主"，从字面上看，是没有阶级性的，无产阶级可以利用它，其他剥削阶级也可以利用它。历史上，有过雅典奴隶主的民主，有过欧洲封建社会城邦国家的地主阶级民主，有过资产阶级民主，还有我们今天的社会主义民主。一切剥削阶级都不承认民主有阶级性，只有马克思主义者才认为民主具有阶级属性。"法治"也是这样。亚里士多德主张的法治，是奴隶主阶级的法治；韩非、商鞅等主张的法治，是新兴地主阶级的法治；洛克、卢梭等主张的法治，是资产阶级的法治；我们今天提倡的，是广大人民群众的社会主义法治。我们今天既然使用法治这一概念，当然和历史上有过的法治概念之间，存在着一定的继承关系。但是，这种继承不是全盘照搬，而是批判地继承。社会主义法治同历史上各个剥削阶级法治，其继承之处在于，法治作为一种治国的理论和原则、方法，有某些相同之处。从法治的理论依据来看，法治论者都认为，一个国家是否兴旺发达、长治久安，起决定性作用的第一位因素，不在于一两个领导人是否贤明，而在于法律与制度的有无与好坏。从法治的标志来看，所有法治论者都大致强调以下几点：一是国家应该制定一套比较完备的法律，作为人们的行为准则；二是任何人包括国家领导人在内都要遵守法律，严格依法办事；三是法律面前人人

平等，谁违法犯罪都要受到同样制裁。以上内容基本上是各种法治主张的
共同点。它们之间的区别，首先在于阶级本质不同。这种不同，从根本上
说，是由法律本身的阶级性决定的。既然法律体现着不同阶级的意志和利
益，因此不同阶级所实施的法治，总是有利于维护本阶级的利益，有利于
更好地实现本阶级的政治统治。其次是它们之间的具体内容和实现程度不
同。比如近代意义上的法治是同民主分不开的，而封建主义的法治则同君
主专制结为一体；三权分立是资产阶级法治主张的重要内容，而封建主义
的法治则是立法、司法、行政大权都集中在君主一人之手。在严格依法办
事和法律面前人人平等这些方面，不同历史时代的法治，在实现程度上都
有很大差别。总之，法治这一概念并不是什么"非阶级或超阶级的观点"。
只要我们对法治的概念及其作用进行科学的分析，作出符合客观实际的理
论说明，法治这一概念的阶级性是可以阐述清楚的，人们是不会对此有所
误解的，我们是完全可以使用这一概念的。

　　有的同志还指出：虽然我们十分强调工业、科学等等的作用，但不能
提什么"以工业治国"、"以科学治国"；非常重视军队的作用，但不能提
什么"以军治国"。因此，提"以法治国"也是不科学的。这是一种不恰
当的比喻和推论。因为，法律和工业、科学、军队的性质、特点完全不
同。法律是集中体现统治阶级意志的、由国家制定（或认可）的、并由国
家强制力保证其统一实施的、人们必须严格遵守的行为规则。所谓"以法
治国"或"依法治国"（即法治），也就是要十分重视运用法律这种行为准
则并严格依照它的规定来治理国家的意思。由于法律只有上述那样的性质
和特点，因此提"以法治国"和"依法治国"是确切的、科学的。正如叶
剑英同志所说："我们的国家要大治，就要有治国的章程。"宪法就是治国
的总章程，而刑法、民法、诉讼法、组织法、行政法、选举法、经济法、
劳动法、婚姻法等等，则是每个方面的治国的具体章程。有法才能治国，
无法必然乱国。只有运用并严格依照法律这一治国的章程来全面地高度地
统一全国人民的思想和行动，国家才能治理好，这是明白易懂的道理。而

工业、教育、军队等等的情况与法律完全不同。它们既不具有法律那种人人必须遵守的行为规则的性质，也不具有法律那种在政治、经济（包括工业、农业、交通运输、财贸、金融等）、文化、教育、军事等各方面都要统一执行的特点。有些同志完全撇开法律与工业、科学、军事具有完全不同的性质和特点这一前提，只抓住它们对治理国家都有作用这一点，来论证"以法治国"不科学，显然是没有什么说服力的。

有的同志还提出，"法治"的提法过于简单，容易引起人们的误解，因此不宜使用。人所共知，"民主"也只是两个字，而且直到今天人们对它还存在着这样或那样的不同理解，但这并不妨碍我们使用这个概念。还有平等、自由、人权等等也是如此。在我国的政治生活中，法制这个词的提出和普遍使用，实际上只是近两年的事情。只要我们通过研究和宣传，对"法治"这个词的准确含义作出科学的规定和阐明，人们对它是完全可以正确地掌握与运用的。

（二）"法治"这一概念有没有片面性

有的同志提出，法治的提法和口号有"片面性"，因为它否定了党的领导的作用，否定了党的路线的作用和政权的作用，否定了政治思想工作的作用和共产主义道德教育的作用，否定了生产关系的作用和生产力的作用……总之，认为这一提法是肯定了法律制度的作用，而否定了其他一切，是鼓吹"法律万能"。

第一，从理论上看，要求一个概念和口号的提出应该包括社会生活中的一切，否则就认为这个口号有"片面性"，这种逻辑是不能成立的，事实上也是根本办不到的。任何一个口号，都有特定的科学含义，特定的具体内容，特定的适用范围，特定的社会作用，不能要求它概括一切，包罗一切，代替一切。比如，"坚持四项基本原则"是我们今后的长远的一个带有根本性和全局性的口号，但它的含义只是强调了四项基本原则对治理国家的重要意义，而四项基本原则是属于政治与思想这个范畴，并没有包括发展生产这一重要内容在里面。而"实现四个现代化"这一口号则不同，它是从经济方面提出要求，是强调发展生产对建设国家的重要作用和意义。又比如，"加强社会主义民主，健全社会主义法制"，也是一个带根本性和全局性的口号，但它也只是要求解决整个上层建筑领域中一个方面的问题；而"建设社会主义的精神文明"这样的重要口号，则又是从另一个方面提出要求，是强调精神文明对建设国家的重要作用和意义。以此类推，还有"自力更生"、"百花齐放，百家争鸣"等等口号，都有它们各自的科学含义和社会作用。如果因为这些口号只是强调了某一个方面的事物、问题的重要作用和意义，就说这些口号有"片面性"，显然是不正确的。每一个概念、每一个口号，都有它自己特定的含义和范围，我们在解释和运用它们的时候，不能任意增加其内涵、扩大其外延。解释和运用法治这一概念和口号也应该是这样。认为提法治就是鼓吹"法律万能"，就是否定了其他东西对治国安邦、建设国家的重要作用，正是违背了科学地解释和运用各种概念、口号的上述基本要求。所谓"法治"，是相对于那种不重视运用法律手段、不严格依照法律规定来治理国家的人治主张而言的，它并不是说除了法律以外，其他东西不能治国，法律是治国的唯一手段。法治的基本含义，就是要善于运用和善于依照体现统治阶级集体意志和根本利益的法律来治理国家；国家的法律和制度应该比较完备，而且是按照严格的程序制定出来的，它一经公布施行，就要保持其连续性、稳定性和权威性；任何机关、团体和公民个人包括国家的领袖人物在内都要严格依法办事；坚持法律面前人人平等。如果一个国家切实做到了以上这些，也就是实现了法治。至于党的领导和党和路线如何重要，如何加强与改善党的领导，如何正确制定和执行党的路线，以及政权建设的重要性、道德和教育的重要性、发展生产的重要性、完善生产关系的重要性等等，那是另一个方面、另一个范畴的问题，不能也不应和法治问题混为一谈。法治这一概念，自然包括强调法律与制度对治国安邦具有重要作用这个意思在内。但它并不意味着否定其他工具、其他手段对治国安邦的作用。世界上任何一个单独的事物，都不是万能的。法治只是一种（也仅仅是一种）治国的理论、原则、方法，它不应也不能代替任何一项具体工作。法治的对立物是人治，法治所排斥、否定、反对的，不是人的作用、道德和教育等等的作用，而是那种认为法律可有可无、权大于法、办事依人不依法、依言不依法的"人治"理论和实践。由此可见，说提倡法治就是提倡"法律万能"，这在理论上逻辑上都是站不住的。我们认为，上述这些道理，广大干部和群众是不难理解的。事实上，近两年我们的党和国家提倡法治以来，绝大多数人能够正确理解与掌握法治这一概念的基本含义，并没有因此就认为人的作用不重要了、道德和教育的作用不重要了、发展生产和完善生产关系的作用不重要了。至于极少数人对法治这一概念有片面理解，以为只要有了法律和制度，就可以解决一切问题，这种情况与法治这个概念和口号的提出时间还不长，我们对它在理论上正确阐述、在宣传上广为传播还很不够有密切关系。这是属于我们在工作方面的问题，并不是这个概念和口号本身有什么"片面性"。

第二，从历史上看，有的同志说，法治思想最本质的特征是主张"法律万能"，是认为法律的强制手段是治理国家唯一有效的方法。这是不符合历史事实的。就我们所了解的情况来看，历史上提倡法治的人并不主张什么"法律万能"，并不否定国家的领袖人物以及道德与教育等等对治理国家具有重要作用。这方面的事实是很多的。我们不妨简单地列举一些材料来证明这一点。比如，亚里士多德鲜明地主张法治，针锋相对地反对柏拉图的"哲人政治"，但他并不否定国家领导人的作用。他就说过："如果既是贤良政治，那就不会乱法。"又说："我们注意到邦国虽有良法，要是人民不能全部遵循，仍然不能实现政治。"他也不反对道德的作用。他曾提出：一个人应具有一定的物质财富、健康的身体和良好的道德，其中良好的道德是最主要的。我国春秋战国时期代表新兴地主阶级利益的思想家韩非子倡导法治，但他同时又主张"法、术、势"相结合；商鞅倡导法治，但他也主张："国之所以治者三，一曰法；二曰信；三曰权。"他也并不否认国君的作用。法国启蒙思想家卢梭是一个资产阶级革命时期的法治论者，但他对教育的作用也十分重视，并专门写了《爱弥尔》（或称《论教育》）一书。以上事实充分说明，历史上主张法治的人并不否认国家领导人以及道德、教育等等对治理国家的重要作用，"法治"这一概念的含义并不是主张什么"法律万能"。同时，中外历史上主张"人治"的人也并不否认法律对治国安邦的一定作用。然而这个事实恰好说明，法治和人治的对立，并不是一个主张"法律万能"，一个主张国家的领袖人物万能。正如我们在前面曾经指出过的那样，法治与人治的对立，就其理论根据这一点来说，法治认为一个国家是否长治久安，第一位的具有决定性意义的因素，不是国家的领袖人物是否贤明，而是法律与制度的有无与好坏。而人治主张则持与此完全相反的观点。有些同志没有能够正确地把握住这一点，把法治主张法律与制度是国家长治久安的第一位的决定性的因素，误解或曲解成法治主张法律与制度是治理国家的唯一的手段和工具。显然，这是两个完全不同的问题，不能混为一谈。

第三，从实践看，我们的国家如果否定法治，实行人治，并不能正确地有效地发挥国家领袖人物的作用，发挥道德、教育的作用。相反，如果我们的国家否定人治，实行法治，局面就完全是另一个样子。1957年"反右"以前和1976年粉碎"四人帮"以后的情况就是很好的说明。下面，我们不妨就这个问题作一些具体分析。在社会主义条件下，如果实行人治，认为法律可有可无，有法可以不依，凡事由少数领导个人说了算，其结果是长官的个人意志号令一切和指挥一切，而出现种种不按客观规律办事的弊端；如果实行法治，领导人自己带头严格按照法律和制度办事，就可以保证他们少犯全局性的错误，犯了这种错误也比较容易纠正。再比如，实行社会主义法治，同加强共产主义的道德教育也是密切相关的。社会主义法制和共产主义道德的一致性，集中地表现在：凡是社会主义法制所禁止的行为，也是共产主义道德所谴责的行为；凡是社会主义法制所鼓励的行为，也必然是共产主义道德所倡导的行为。例如，保护社会主义公共财产，不仅是宪法对公民规定的义务，也是共产主义道德的要求。法制与道德的相互作用，具体表现在：一方面，加强共产主义道德教育，是维护社会主义法制的重要手段。因为一个有高尚的道德观念的人，一定会积极维护社会主义法制；另一方面，社会主义法制一个重要职能就是教育人民，传播共产主义道德；并且通过一定的强制手段，保证那些既体现在法律规范中也体现在道德规范中的行为准则得到切实遵守。制定法的过程，是形成和提高人民共产主义道德意识的过程。在实施法的过程中，结合法的适用，实行公开审判，开展法制宣传，惩罚犯罪活动，制裁违法行为，这对同剥削阶级的旧习惯、旧思想、旧道德观念作斗争，教育和改造违法犯罪者，培养人们的共产主义道德品质，都有极为重要的意义。如果我们的国家不是实行法治而是实行人治，人们无法可循或者有法不依，共产主义的道德教育就根本不可能搞好。以上这一切，都是新中国成立三十多年以来正反两个方面的经验教训所一再证明了的。

（三）实行法治同坚持四项基本原则是否矛盾

有的同志认为，我们治理国家主要依靠坚持四项基本原则，法治的口号同它是矛盾的，所以不能用。我们认为，这种看法是不正确的。要治理好一个国家，涉及政治、经济、文化等各个方面，问题又十分复杂。因此，治理国家的原则不应该是一个，而应该是很多。"法治"是一项治国原则，但并不是说治国只能有这一项原则。坚持社会主义道路，坚持人民民主专政（即无产阶级专政），坚持党的领导，坚持马列主义、毛泽东思想，是治国的四项基本原则，但也并不是说治国只能有这四项基本原则，不能有任何别的治国原则。"以法治国"的口号同"坚持四项基本原则"的口号不仅不矛盾，而且相得益彰。无论从理论还是从实践看，实行法治大大有利于坚持四项基本原则；如果实行人治，则完全不利于四项基本原则的贯彻实施。

实行以法治国与能否坚持社会主义道路是密切结合在一起的。1954

年，毛泽东同志在谈到我国宪法的原则时指出："原则基本上是两个：民主原则和社会主义原则。"又说："用宪法这样一个根本大法的形式，把人民民主和社会主义原则固定下来，使全国人民有一条清楚的轨道，使全国人民感到有一条清楚的明确的道路可走，就可以提高全国人民的积极性。"毛主席在这里所讲的我国宪法的基本原则，也就是我国社会主义法制的一项基本原则。坚持社会主义道路像一条红线贯串在我国全部社会主义的法律和制度中。社会主义法是建立、巩固和发展社会主义生产关系的重要工具。在我国，社会主义法曾为剥夺地主、官僚资产阶级的财产，建立社会主义的国营经济和合作社经济服务，为限制、利用和改造资本主义工商业和农业、手工业的社会主义改造服务。生产资料私有制的改造基本完成以后，法制保护生产关系的突出作用，就是保护社会主义公有制、"各尽所能、按劳分配"原则以及社会主义生产中人与人的合理关系得到不断巩固、发展和完善；就是保卫社会主义的生产关系和公共财产不受侵害。社会主义经济制度的产生和发展有它自身的客观规律性。我们要正确认识与掌握这一规律性，单凭一两个领导者的个人智慧是不行的！而是要依靠全党和全国人民的集体智慧。只有依靠这种集体智慧求得对社会主义生产关系不断发展与完善的科学认识，并形成为法律与制度，使之成为统一全党和全国人民思想和行动的准则，才能保证我们的国家沿着社会主义道路健康地发展。这一点，只有实行法治才能切实做到。如果我们的国家不是实行法治，而是处于那种认为法律可有可无，有法可以不依，凡事由少数领导者个人说了算的状态，国家就不可能沿着社会主义道路胜利地前进，就会左右摇摆，就会出现那种貌似革命而实则极"左"的严重弊病，把社会主义的经济制度搞得混乱，从而大大影响社会生产力的发展。

实行社会主义法治同坚持人民民主专政（即无产阶级专政）也是相互依存、相辅相成的。它们之间的关系，概括起来就是：人民民主专政决定社会主义法治的性质和内容，社会主义法治则是实现人民民主专政的有效手段。人民民主专政包括对人民实行民主，对敌人实行专政这样两个方面。实行"以法治国"，既有利于发扬人民民主，也有利于加强对敌专政。无产阶级在领导广大人民群众夺取了政权、争得了民主以后，应该运用社会主义法制的形式，将这个胜利成果加以记录，予以承认，给予保障。人民需要法律，首先就是为了保护自己的民主权利。在社会主义条件下，为了切实保障和充分发扬人民民主，需要运用宣传教育、道德规范、党的政策等工具和手段。但是，运用法律和制度来保障人民民主，具有特别重要的意义。因为法制具有行为规范的特性、国家意志的特性、强制执行的特性，这些特性是思想教育、道德规范、党的政策所不具有或不完全具有的。法制正是通过它的这些特性来发挥对人民民主的保障作用。社会主义民主的各个方面，公民的各项民主权利和自由，只有通过宪法和各方面的具体法律，把它们一条条、一项项明确地肯定下来，使之条文化、具体化、规范化，广大人民群众才能清楚地知道自己究竟享有哪些民主权利，才能充分调动他们的积极性，才能指导他们正确地运用这些权利去管理自己的国家。对各级国家机关和广大干部来说，只有做到民主制度化、法律化，才能使他们明确地、具体地知道，自己应该如何发扬人民民主，应该如何按照民主集中制原则进行活动，应当怎样尊重人民的民主权利，自己应该具有什么样的民主作风，怎样依靠广大群众做好各项工作。同时，民主一经制度化、法律化，发扬人民民主也就变成了国家意志，任何单位和个人是毫无例外地应该遵照执行。无论谁破坏社会主义民主，都是违背国家的意志，违背全体人民的意志，都是违法行为；国家和人民就可以运用法律的强制力，对任何破坏民主的行为予以追究，给予各种形式的制裁。这一切说明，发扬人民民主是不能没有法治的。

再从加强对敌专政来看。只有实行以法治国，才能严格地运用比较完备的法律和制度，最准确有效地识别敌人、打击敌人、制裁敌人、改造敌人。对敌专政同非法专横是不相容的。"对敌狠"，并不是说可以胡来。对敌人，要依照法律规定的程序进行惩治，要依照法律的规定定罪量刑，要依照法律的规定对敌人实行改造，做到既准确又合法。新中国成立以来的经验教训充分表明，是否实行以法治国，与能否坚持人民民主专政是息息相关的。在"文化大革命"期间，林彪、江青反革命集团大搞封建专制主义的"人治"，在理论上把健全社会主义法制同加强人民民主专政对立起来，在实践上疯狂地践踏社会主义法制。他们非法专横，想抓谁就抓谁，想专谁的政就专谁的政，为所欲为，无法无天。结果是把人民民主专政变成了赤裸裸的封建法西斯专政。这一教训难道还不深刻吗?!

实行以法治国同坚持党的领导也是密切相关的。以法治国要有党的领导，党的领导也必须通过以法治国才能更好地实现。社会主义的法律是党领导制定的，是党的路线、方针、政策的定型化、规范化、条文化。党通过领导国家的立法机关、司法机关和行政机关，制定、贯彻和执行法律，把阶级的意志上升为国家的意志，并且运用国家强制力保证其实施，这正是巩固与加强党的领导，而绝不是降低或削弱党的领导。我们的党是执政党，这种领导地位得到了宪法的认可与保障。我国《宪法》第2条规定："中国共产党是全中国人民的领导核心。工人阶级经过自己的先锋队中国共产党实现对国家的领导。"因此，任何人反对党的领导，都是违反宪法的。但是，党对国家的领导如果没有法律来作出明确的、具体的、详细的规定，党就领导不好国家。无规矩不能成方圆。有法才能治国，无法必然乱国。毛主席说："一个团体要有一个章程，一个国家也要有一个章程。"宪法就是治国的一个总章程，而各项具体法律则是治理国家的具体章程。只有依靠一套比较完善的、具有极大权威的治国章程来领导广大人民群众治理国家，才能增强自觉性、预见性，减少盲目性、随意性；增强稳定性，避免不稳定性；才能保证整个庞大而复杂的国家机器按照统一轨道精确而有效率地进行运转。以法治国要求党的任何组织与个人，从党中央总书记到每个普通党员，都要严格依法办事，是为了使法律得到统一而严格的执行，这不是否定和削弱党的领导，而正是为了维护和加强党的领导。可是在一个相当长的时期里，由于否定法治，主张人治，因而不少同志蔑视和轻视法律，以为党的组织和领导人严格依法办事是限制和削弱了党的领导，以为不运用法律和制度去治理国家，而是以党代政，以言代法，事无巨细一律都凭的各级组织和领导人直接发号施令，那才是体现了党的"绝对"领导，这不能不说是我们的党还缺乏统治经验的一种表现。这样做的结果，只能损害党的领导作用的发挥和领导地位的巩固，只能削弱人民群众对党的工作、党的干部和党员的监督，危害党的健康肌体。

党要以马列主义、毛泽东思想武装全国人民，要运用它指导各条战线的工作。但是，马克思主义不是法律，也不能代替社会主义法制。林彪、江青反革命集团的重要头目康生叫喊什么，哪有这个法，那个法，"马克思主义就是根本大法"。这是极其荒谬的。马克思主义是一种科学真理，只属于思想领域的东西。我们只能通过宣传教育，让人们接受马克思主义，而不能用强制的方法，使人们信仰马克思主义。法律则不同。法是统治阶级意志被上升为国家意志的、以国家强制力保证其实施的、人人必须遵守的行为规范。任何人违法犯罪都要受到制裁。因此，马克思主义与社会主义法制是两个范畴的东西，不能混为一谈；也绝不可以用马克思主义代替社会主义法律。那种以为既然有了马列主义、毛泽东思想作指导，也就用不着再有社会主义法律的观点是极其错误的。我们说，不能强迫人们信仰马克思主义，丝毫不是意味着可以允许人们肆意诋毁、攻击马克思主义。因为这是两个含义与性质完全不同的问题，不能混为一谈。

坚持马克思列宁主义、毛泽东思想，作为四项基本原则之下，已经明确地规定在我国《宪法》的序言中。《宪法》的这一规定，是完全合理和不可动摇的。如果谁要动摇这一基本规定，谁就是站在极其危险的道路上。谁要肆意谩骂、攻击、诋诽马克思主义，谁就是公然违背了我们国家的根本大法。我们就要根据各种具体情况，进行必要的制裁。我国《宪法》和各项具体法律包括刑法、民法、诉讼法、经济法、婚姻法等等的制定、贯彻和执行，都是以马克思主义作为指导思想。在一定意义上可以说，马列主义、毛泽东思想是我国社会主义法制的灵魂，而社会主义法制则是马列主义、毛泽东思想的一个方面（不是全部）的具体体现和具体实施。因此，以法治国绝不会贬低或削弱马克思主义的地位和作用，而是能更好地巩固和维护它在治理国家中的地位，提高和发挥它在革命和建设中的作用。马列主义、毛泽东思想既是人民革命实践经验的科学总结，又是指导人民革命斗争实践的理论武器。在马克思主义指导下，在总结实践经验的基础上，制定出政治、经济、文化、教育、军事、外交等各个方面的法律、规章和制度，作为人们的行为准则，并保证全国上下一体遵行，就可以更正确地、稳定地、全面地、有效地发挥马克思主义对指导人民革命斗争实践的伟大作用。相反，如果不搞法治搞人治，国家无法可循或者有法不依，凡事由少数领导者个人说了算，马克思主义对人民革命斗争实践的指导作用只能受到损害。新中国成立以来正反两方面的经验教训也充分证明了这一点。

通过上述分析，可以清楚看出：坚持四项基本原则，是实行社会主义法治的根本指导思想，并为社会主义法治提供了政治基础，指明了前进方向。实行以法治国则是坚持四项基本原则的重要手段和可靠保障。它们都是治理国家不可离开的重要原则。人为地把"坚持四项基本原则"同"实行社会主义法治"这两个口号对立起来，不论在理论上还是实践上都是极为有害的。

（四）"法制"为什么不能代替"法治"

有的同志提出，我们既然有了"健全社会主义法制"这一口号，也就用不着再提什么"要实行社会主义法治"这样的口号了。我们认为，这一理由也是不能成立的。因为，"法制"与"法治"是两个既有密切联系，又有重大区别的概念，不能混为一谈。"法治"这一概念的作用是"法制"这一概念所不能代替的。

那么，什么是法制呢？我们法学界现在正在进行讨论，还没有取得一致的意见。虽然大家的看法并不完全相同，然而有一点是绝大多数人都能接受的，那就是"法制"是指法律制度；或者说，"法制"是法律制度的简称。人类自进入阶级社会以后，有了法律，也就有了法律制度。任何一个国家的任何一个历史时期，都有自己的法律制度。历史上，有过奴隶主阶级的法制、封建主阶级的法制、资产阶级法制和社会主义法制。所谓法律制度，即包括各种法律，也包括与法律的制定、执行与遵守有关的各项制度在内。前者包括宪法以及刑法、民法、诉讼法、婚姻家庭法、行政法、劳动法等部门法（又有成文法与不成文法即习惯法之分），后者则包括立法制度与司法制度。司法制度中又有审判制度、检察制度、律师制度、劳改制度等等。审判制度中又有公开审判、合议、陪审、回避、辩护等制度。此外，贯穿在整个法律制度之中的，还有各项法制原则，如法制的民主原则、平等原则、独立审判原则、人道主义原则等等。所谓"法制"，也就是上述这些法律与制度的总称。因此，法制这个概念的内涵是十分丰富的，外延是十分广阔的。我们通常所说，"要健全社会主义法制"，意思就包括了要健全所有这些法律与制度在内。

法治与法制不同。其区别主要表现在以下几个方面：第一，法律制度是属于制度这个范畴。它同一个国家的政治制度、国家制度、经济制度、军事制度、文化制度、教育制度等等，是属于同一种类、同一系列的概念，是相对于这些制度来说的。"法治"则不一样。它是一种（仅仅是一种）治国的理论、原则和方法，是相对于"人治"这一治国的理论、原则和方法来说的。在政治法律思想史上或法理学上，无论过去或现在，法治与人治始终都是作为一组对立物而出现的。因此，法制与法治是属于两个不同范畴的概念；第二，作为一种治国的理论，法治与人治的根本对立在于，法治认为一个国家能否兴旺发达、长治久安，具有决定性意义的因素，是整个法律与制度的好坏，而不是少数几个国家领导人是否贤明。人治的理论则恰好与此相反。作为一种治国的原则与方法，实行法治的主要标志，是一个国家要有比较完善的法律与制度；并且特别强调，任何国家机关、社会团体或公民个人，包括国家的最高领导人在内，都要遵守法律，严格依法办事。这同那种认为法律可有可无，有法可以不依，凡事由少数领导者个人说了算的人治是有原则区别的。这些，是法治这一概念的最基本的含义。法制这一概念的最基本的含义则与此不同，这已如前述。因此，法制与法治这两个概念，其内涵与外延都不一样；第三，任何一个国家的任何一个历史时期都有它自己的法律制度，但不一定都是实行法治。一个国家的治理，如果是人治的理论、原则和方法占据着统治的、支配的地位，但仍然有它自己的一定的法律制度。比如，在希特勒统治德国和蒋介石统治中国的时期，有它自己一定的法律制度，但绝不能说那时也是实行法治。由此可见，法制与法治是两个不同的概念，各有自己特定的科学含义，也各有自己特殊的社会作用。两者是不能等同的，也是不能相互代替的。

当然，这绝不是说，法治与法制这两个概念彼此毫不相干，相反它们是密切地联系在一起的。从严格的意义上讲，法治这一治国的理论、原则和方法的提出，就是直接地为建立、健全和完善一定的法律制度服务的。社会主义法制的建立、健全和发展，需要有各种正确的理论与原则作为它的指导思想。辩证唯物主义的宇宙观与方法论，马克思主义的上层建筑与经济基础相互关系的学说、国家学说、阶级斗争学说、两类矛盾学说等等，都是社会主义法制建设不可缺少的正确指导思想。

法治的理论与原则，也是其中之一。新中国成立以来正反两方面的经验表明：如果坚持法治的理论与原则，社会主义法律制度的建设，就前进，就兴旺发达；如果否定法治的理论与原则，社会主义法律制度的建设，就倒退，就衰败没落。

历史上，法治与人治的论争及其对社会政治、经济、文化生活的广泛、巨大而深刻的影响，是一个客观存在；在各个不同的历史时期，法治的主张总是代表着一定的进步力量的利益，反映着当时社会进步的要求，也是难以否认的事实。法治这一治国的理论与原则之所以被人们反复提出来，并用以指导、影响、推动法制建设的实践，绝不是某些人的心血来潮的产物和凭空创造，而是有它自身存在的合理性和社会价值。在社会主义时期，人们之所以极力倡导法治，情况也是这样。今天，在我国，越来越多的人强烈地主张法治，反对人治；法治的主张已经开始深入人心。这一事实本身就雄辩地证明，"以法治国"的口号具有强大的生命力，它是不会从20世纪80年代社会主义中国的政治生活和思想领域中被摒弃、被抹掉的。

后记：本文原载于《法学研究》1982年第2期，目的是回答法治与人治论争中"取消论"一派的种种论据。对法治概念和以法治国口号与方针的责难和疑虑，在理论和实际工作者中直到今天也并没有完全解决和消除。1996年3月八届人大四次会议提"法制国家"到1997年9月党的十五大改提"法治国家"就是一个例证。中国关于法治与人治的论争，在日本和苏联都有影响。如日本京都大学针生诚吉教授曾摘要翻译本文在课堂上组织学生讨论，认为本文是中国"法治论"一派的代表作。

五、现代法的精神论纲

（一）法的精神的一般特征

法的内容、法的形式和法的精神，是构成法的三个基本要素。如果说，法的内容是法的骨骼和血肉，法的形式是法的结构和外表，那么，法的精神就是法的神经中枢和灵魂。

法的精神似乎看不见、摸不着，但它是客观存在的，它集中体现在法的内容上，同时在法的形式上也有体现。有时候，人们自觉地运用法的精神去观察与解释法律现象，去指导法的制定与实施；有时候，人们则是不自觉地在法学研究和立法与司法实践中运用它。

法的精神集中反映在立法旨意和法律原则中，无论是封建专制主义的君主"一言立法，一言废法"，寡头政治的极少数决策者的制定法律，总会这样那样地表现出该国家的立法旨意，反映出该时代的法的精神。现时代，在代议制民主的立法活动中的法律辩论，往往集中在对法的精神的不同理解与处理上，有时候还通过立法者的"法律说明"等方式，用文字的形式表现出该国该时代的法的精神。在以宪法为核心，以民法、刑法、行政法、诉讼法等法律为主体的法的体系中，一系列法律原则则集中体现出一个国家一个时期法的精神。

法的精神这一概念的内涵与外延，是十分丰富和宽泛的。人们可以从不同层面和不同角度运用它。但是它的中心思想或主要内容涉及五个方面的问题，并需正确处理这五个方面的关系：（1）法律与人类的关系；（2）个人与社会的关系；（3）利益与正义的关系；（4）效率与公平的关系；（5）权利与义务的关系。所谓法的精神，就是法律应当和是否在处理上述五个基本的关系上，作出既符合事物的本性和规律，又体现人类一定历史发展阶段的时代精神的正确选择。

正确处理法律与人类的关系，是法的精神应当回答与解决的主要问题：第一，法律的内容与形式要正确反映它所需要调整的各种社会关系的发展规律和现实要求，也要正确反映法律自身的性质与特点。但是，法是人制定的，也要人去实施它。因而立法者和执法者能否使法的制定与实施适合客观事物的性质与规律，就具有决定性意义；第二，法律应当是人类用以认识与改造世界的武器，法律不应当成为奴役人、压迫人的工具；第三，为全人类或人类绝大多数人谋取最大利益和幸福，应当是法的终极目的。这就是法律的人本精神。法的人本精神是法的最高层次的法的精神。

法是联结个人与社会的重要纽带。正确处理个人与社会的关系，是法的精神应当回答与解决的根本问题。个人是组成社会的细胞，谋求与保障社会上每个人的利益是组成社会和国家的终极目的。调动每个人的主动性、积极性和创造性，是整个社会发展的基础与前提。但是个人不能脱离社会而独立存在，保障社会的整体利益是个人利益实现的基本条件。因此，在个人与社会的利益与道德冲突中作出合理的兼顾与平衡，得到个人与社会的和谐存在与协调发展，是法的精神的重要内容与原则。正确处理社会秩序与个人自由，社会安全与个人权利的关系，都是属于个人与社会相互关系这一范畴，是它的具体表现和展开。

利益与正义是法的最普遍、最深层的本质。法是社会关系的调整器。人们之间错综复杂的社会关系，包括个人与个人之间，群体与群体之间，个人、群体与社会之间的关系，本质上是一种利益关系。以权利与义务为形式，以正义为基本道德准则，实现人们的利益需要和合理分配，是全部法存在与活动的轴心。满足人们的物质生活和精神生活追求，使人们的基本需求——利益与正义能够彼此兼顾和得到最大限度的实现，并在它们相互矛盾时使其协调发展，是法的重要的基本的使命。

效率与公平是法的体系中两个重要的价值。法以自身的特殊性质和社会功能，通过对人们行为的指引和社会关系的调整，一方面促进社会经济、政治、文化、科技的发展；另一方面，又保障社会公平的实现。效率与公平在一般情况下是相互作用的，在特殊情况下又是互相制约的。从总体上看，应当是效率优先，兼顾公平。因为，只有在全社会创造出更多的物质财富与精神财富，人们彼此之间才能在更高的水平上得到公正的合理的分配。

权利与义务是法的最基本的范畴，是构成法律关系的内容。无论是一般法律关系还是具体法律关系，都是法律关系主体彼此之间一种权利义务关系。在一般情况下，权利与义务是不可分的；在特定条件下，权利与义务又是可分的。在权利与义务的关系中，从价值取向看，应当以权利为本位，即以权利为出发点和归宿，以权利为重心和主导；权利是目的，义务是手段；义务的设定，目的在保障权利的实现。这是因为，人们生活在相互依存的社会中，建立国家与创制法律的目的在于保障人们的各种利益的需要和满足，"人们奋斗所争取的一切，都同他们的利益有关"；人们对利益的追求，"是一切创造性活动的源泉和动力"。

法的精神根源于它所调整的各种关系自身的规律和法律自身的特性，同时又受不同历史时代和不同国家的经济、政治、文化的现实条件的决定、影响与制约。因此，它是共性与个性的统一，也是一个动态的概念；不同的时代，有不同时代的法的精神。古代法的精神和现代法的精神是有很大区别的。凡是体现客观事物的一般规律和法律本性，符合那个时代经济、政治、文化的现实条件，又促进了那个时代的物质文明、精神文明与制度文明的发展的法的精神，就是正确的和进步的；反之，则不是。

法的精神既是客观的，又是主观的：其客观性是指它有自身的性质、特点和发展规律，也真实地、具体地存在于一定国家和一定历史时期的法律制度中，而不以人们怎样认识它和如何评价它为转移；其主观性是指在制定法律和实施法律过程中，人们的理论、思想和认识能力起着重要的作用。尽量使主观与客观相一致，是保证法的精神科学与进步的重要条件，也是法律工作者、政治家和学者们的重要任务。

法的精神既是应然的，也是实然的。法的精神的应然性决定于法调整对象的一般规律和法自身的特殊本质。例如法应当以人为中心，应当是为人类谋幸福的工具；个人与社会不应绝对分离与截然对立；利益与道德都是人类不可或缺的需要与追求；效率与公平必须兼顾与协调；权利义务应当以权利为本位。法体现正义，法要求平等，是法之所以为法的必然要求。所有这些都具有超时空的性质。法的精神的实然性则受时空的限定。它受制于一定历史发展阶段和一国具体国情的经济、政治、文化等客观条件（其中经济的发展水平与制度性质具有决定性影响），也受制于人们的伦理观念与认识能力。在某些条件下与范围内，法的精神的应然性与实然性完全背离，这就是法的精神的异化。在古代，奴隶制把人作为工具可以任意买卖，封建制"轻视人，蔑视人，使人不成其为人"；在近代，这种现象在个别国度与某个时期或一定程度上依然残存，就是例证。

（二）现代法的精神的价值取向

现代法的精神与古代法的精神相区别的根本条件是市场经济、民主政治与理性文化。东西方之间由于在上述社会条件的三个基本方面有共同点，因而其现代法的精神的价值取向有它们的一致性。同时，由于文化背景、历史传统与具体国情不同，东西方之间现代法的精神又具有多样性，有时会呈现相反而又相成的面貌。

在法与人的关系上，现代法的人本主义(我赋予这个概念以人文主义、人道主义大体相同的含义）精神已经或正在实现中，法的应然与实然的人本精神正由古代法的异化而逐步实现复归。一切从人出发，把人作为一切观念、行为与制度的主体，尊重人的价值与尊严，实现人的解放和全面发展，保障所有人的平等、自由与人权，提高所有人的物质生活与精神生活水准，已经或正在成为现代法律的终极关怀，成为现代法制文明的主要标志，成为现代法律创制与实施的重要特征，成为推动法制改革的巨大动力。法的工具性价值与伦理性价值，已经或正在得到双重尊重，法由奴役人和压迫人的工具，已经或正在改变成为全人类谋幸福的手段。这一法的根本价值取向，正在成为越来越多的人的共识。世界上绝大多数国家和地区，尽管理性认识有高有低，道路方法有同有异，措施力度有大有小，实际进步有快有慢，但都已走上或正在走向这一现代法制文明的发展大道。

在历史传统上，东西方法的精神既有共性，也有特性。西方思想与制度史上，经历过由神性到人性、由君权到民权、由神权到人权的漫长而曲折的发展过程。文艺复兴时期人文主义的兴起与传播，在世界范围内发生过巨大的影响。但不能因此得出结论或产生误解，以为中国历史上没有人文主义、人道主义传统。中国古代的"民之所欲，天必从之"、"仁者爱人"、"民贵君轻"、"爱人利人者，天必福之，恶人贼人者，天必祸之"、"水可载舟，亦可覆舟"、"人为万物之灵"、"己所不欲，勿施于人"，一直到"法乃天下之公器"，要以"天下之法"取代"桎梏天下人之手足"的"一家之法"

等，源远流长。中国文化传统中重人、爱人、以人为本的特点，在中国法的精神中起过重大的积极作用；其内容之丰富，在世界文明发展史上也是不多见的。我们首先要继承与发扬自己国家历史上具有民主性与人民性精华的人本主义优良传统，同时也重视借鉴与吸取其他国家一切具有科学成分与进步因素的人文主义的历史财富，来为建设我国的现代法制文明服务。

市场经济是现代法的人本主义精神赖以存在与发展的主要社会基础和巨大推动力量。发展市场经济的根本目的和意义在于，它通过对价值规律与竞争机制的运用，以更快地促进经济、科技与文化的发展，以更好地实现人们的物质生活的满足与精神生活的充实。现代市场经济的特性在于，市场主体独立自主，契约自由，进行等价交换，坚持公平诚信原则，这就可以大大培养与增进人们的主体意识、权利意识、自由思想与平等观念。市场经济与计划经济相比较，社会关系还将发生各种重大变化，如实现从身份到契约的转变，改变"大国家、小社会"的状况，形成利益多元与文化多元的格局。以上所有这些，都将大大有利于促进对人性的认同，对人格的尊重，对人道的肯定，对人权的保障。

在个人与社会的关系上，东西方历史文化的差异，对现代法制也有重要的影响。西方古代有相对发达的简单商品经济，以民营为主要特点；加之城邦国家的分立、交往与融合，对个人地位的肯定，对个人权利的保障比较重视；公民意识也比较发达。中国古代不同，自给自足的农业自然经济占据统治地位，虽有简单商品经济的存在，但以官商为主要特点。它重家国，崇宗法。此种情况一直延续了几千年。这就产生了两方面的结果：一是重视国家的整体利益，重视民族的团结凝聚，因而运用整体力量的优势，创造了伟大的文明。一是个人不能获得自主与自由、个人的地位与权利得不到应有的承认与保护，因而极大地束缚了生产力的发展与社会关系的改革。这正反两个方面传统对现代中国法制建设都有影响。扬其所长，弃其所短，有利于个人与社会得到和谐的发展。

在经济体制转型过程中，依据市场经济的客观要求，我们正在寻求个人与社会更好的和谐存在与协调发展，并为此对政策的侧重点作出重要的调整。过去运用整体力量的优势，曾经取得了科技、教育、文化及社会权利保障等诸多方面的重大成就；但是由于历史文化背景的负面影响，执政党的特殊历史经历以及经济与政治体制中权力的过度集中，也存在有重视个人权益保障不够的弊端，因而已经或正在采取一系列措施来解决这一问题，包括在保障社会秩序的同时，着重加强对个人自由的保护；在保障社会安全的同时，着重加强对个人权利的保护。在建立市场经济法律法系中，固然是以权利保障为其出发点；在众多公法领域也如此。以正在酝酿修改的刑事诉讼法为例，诸如，收容审查制度的否定，无罪推定原则的肯定，律师的提前介入，庭审方式的改革，类推制度的存废，非法证据的处理，免予起诉制度是否合理等等，都在研讨之中。这些都同加强个人权利保障有关。

利益与正义关系的处理，在中外历史上都是一个富有争议的问题。西方法理学三大主流派，特别是自然法学派与社会法学派（受功利主义学说影响很大）的论争，是同这个问题密切相关的。前者强调正义，后者强调利益。它们的兴衰起伏，都有特定的社会历史条件为其背景。中国古代"利义"之争中，儒家主张重义轻利，法家则主张重利轻义；但墨子（"兼相爱，交相利"）和荀子（"义与利者，人之所两有也"）却倾向两者并重。实际上，中国历史上占据主导地位的是儒家的主张。从孔夫子的"君子喻于义，小人喻于利"，到朱熹的"存天理、灭人欲"，不仅支配过古代人们的思想与行为的模式，也影响到现代。这都有其发生作用的社会经济、政治与文化条件。实行市场经济以来，人们既感受到了在物质上带来的重大好处，也看到了在道德领域诱发的种种消极现象，从而引起了广大公民、官员与学者的普遍关注和意见分歧。在建立市场经济法律体系及完善司法与执法体制中，如何使利义两者协调一致与和谐发展，大家的认识是比较一致的，也正在采取措施予以解决。然而对政策侧重点的选择，人们的看法仍然有距离。这同效率与公平的关系问题又是密切相关的。

效率与公平同自由与平等，有一定区别，又有内在联系。在全球范围内，这都是政策与法律论争的一个焦点。美国是自由主义占上风的国家，但两党政策分歧的重点还是这个老问题。瑞典是福利国家的典型。它的社会学家强调福利政策还要强化，而经济学家则持批判态度。原因在西方个人自由不缺，而社会平等过少，问题成堆。工业发达国家日益走向福利国家，这是总趋势，是人类文明进步的一个重要表现。与此趋势有所不同，中国大陆执政党早已把经济建设作为中心任务，党的十四大又把"效率优先，兼顾公平"写进了正式文件。这里的现实情况是，"平等"过头，走向了平均主义；自由过少，束缚了各方面的手脚。改革开放一系列政策和措施，用一句话可以概括，就是"松绑"，给地方、企事业单位和个人以更多的自由，借以调动各方面的积极性、主动性和创造性，加快物质文明与精神文明建设。这也符合生产力的提高是人类社会各方面进步与发展的最终决定性力量的原理。

权利与义务的关系问题，在西方并非热点。尽管现今世界是一个权利的时代，对权利的研究分析为学者所普遍关注。但权利与义务的相互关系问题在实践中并不十分突出。近代西方的工业与政治革命已完成由义务本位向权利本位的转化，近几十年又已实现或正在实现由个人权利本位向"个人——社会权利本位"的转变。中国情况有所不同。近几年来，大陆学者中主张权利本位论、义务重心论、权利义务并重论的三种观点进行了热烈的讨论。但是有两个因素和事态发展强有力地支持了权利本位论：一是市场经济模式得到了人们广泛的认同和支持，而市场经济法律自然要以权利的设定与保障作为出发点和落脚点；二是人权理论与观念的肯定与深入研究法律权利实际上就是人权，虽然在某些具体法律关系中的权利义务并不完全属于人权的范畴。人权理论中一系列基本原理，诸如：任何人都应享有人权；人权依其本义是一种基于人的价值与尊严所应当享有的权利，不是任何外界所恩赐；权利产生权力，权力作为手段是为保障人权服务的，等等，都为权利本位观提供了坚实的理论依据。在立法与司法实践中，如何以权利为重心而不是以"管理"、"义务"为重点，是一个亟待进一步解决的问题。

我曾给人权下过两个定义：一是"人权是人作为人依其自然的和社会的属性所应当享有的权利"；二是"人权是受一定伦理道德所支持和认可的人应当享有的各种权益。"据我个人对人权概念的内涵与外延的理解，本文所涉及的问题都是人权问题，或与人权问题密切相关。人权的实现程度是人类文明进步的综合性标尺。"享有充分的人权，是长期以来人类追求的理想。"人权是个"伟大的名词"，是无数仁人志士矢志不渝地为此而努力奋斗的崇高目标。即将到来的 21 世纪是一个和平与发展的时代，也是一个人权受到空前关注与尊重的时代。促进与保障人权的充分实现，是各国政府的神圣职责，也是人人都应参与的无上光荣的事业。

无论是在自然界、人类社会或人们的思想中，差异、矛盾、冲突与斗争是始终存在的。但是，万事万物又都处于一个统一体中而彼此一致、相依、共存与和谐。国家与国家之间要和平共处，民族与民族之间要凝聚团结，群体与群体之间要诚信相处，个人与个人之间要友爱相待，我们这个世界才会变得更美好。真善美与假丑恶是对立的，斗争不可避免也十分必要。但斗争只是手段，并不是目的。况且，矛盾与冲突还可以更多地经过沟通、协商、互谅、互让等等各种形式来解决。相依、和谐、共荣，既是万事万物发展的原动力，是它们的理想存在状态，也是处理本文所涉及的种种问题的总的指导原则。通过人们的共同的长期的努力，建设一个人的全面解放、人的全面自由发展，人的需要全面满足，人人平等与共同富裕、制度和文化多姿多彩的大同世界这一人类理想，是一定能够实现的。

后记：这是作者为 1995 年 7 月在台北市举行的"海峡两岸社会问题研讨会"提交的论文，后刊登在《法学》杂志 1997 年第 6 期。《新华文摘》1997 年第 10 期全文转载。"法的精神"的概念可参见作者的《法的应然与实然》、《法的内容与形式》（《法律科学》1997 年第 3 期）。作为一个法理学上的概念，"法的精神"的提出只是近几年的事情。1994 年 8 月部分法理学专家（包括作者在内）在大连市召开的研讨会第一次提出这一命题并对现代法的精神的内容作了初步探讨。但"法的精神"这一概念的基本的内涵是什么？它同法的内容与形式是什么关系？它在法理学体系中如何定位？迄今尚无其他学者论及。

六、良法之真善美

法律是治国之重器，良法是善治之前提，制定良法是依法治国的基础。全面推进依法治国，总目标是建设中国特色社会主义法治体系，建设社会主义法治国家。法治的最终目标是保护人民自由、平等、安全和权利，维护社会稳定。实现这些目标，基本前提是制定良好的法律，确保制定出来的法律符合社会发展规律、反映人民意愿。法律良好是现代法治的本质要求，是社会主义法治的基本标志。判断一部法律是不是良法有多种标准，可以从真、善、美的角度来考察。

（一）真——反映事物规律，符合时代精神，体现国情特点

良法之真首先要求其必须符合客观规律。法律是社会关系的调节器，各种社会关系都有其自身性质和发展规律。作为人们行为准则的法律规范，如果不符合不尊重这种客观存在的事物本质和发展规律，就不能发挥正常的法律调节功能，相反会阻碍社会进步。马克思说，法律是人的行为本身必备的规律，法律只是在自由的无意识的自然规律变成有意识的国家法律时才起真正法律的作用。例如，权力不受制约必然导致腐败，这是不以人的意志为转移的客观规律。所以，法律要监督制约权力行使，把权力关进制度的笼子里。一些法律也是基于对社会规律的把握制定的。比如我

国《婚姻法》之所以规定禁止近亲结婚，也是出于尊重客观规律，以达到优生优育的目的。

随着社会变迁和人们对规律认识的深入，改革不适应生产力发展要求的生产关系和不适应经济基础的上层建筑是必然的。在现代法治社会，这种改革也需要纳入法治轨道，用法律来保障改革、促进改革。我国正处在全面深化改革的关键时期，应当注意将改革实践中的成功经验和有效做法及时用立法的形式固定下来，同时法治领域的很多问题也需要通过改革来解决。如此，才能保证法律真正体现事物自身性质和发展规律。2011年，中国特色社会主义法律体系形成。完善这一体系还需要综合运用立、改、废、释多种立法形式，适应不同的立法需求和立法任务：变更制度，就要改法；规定过时的，就要废法；有些新的问题需要制定规范的，就要制定法律；实践中有理解偏差的，就要解释法律。这是提高立法质量的重要方式。

良法之真要求其必须符合时代精神。时代精神反映一个时代人类社会发展变化的基本趋势，符合人类共同利益和愿望。我国的法治建设是同改革开放的时代精神和历史进程相适应的。法治是现代社会治理的基本方式。推进治理体系和治理能力现代化，关键是以创新精神解决法治建设领域与改革发展不相适应、不相符合的问题，充分发挥法治的保障作用。当前，全面建成小康社会进入关键阶段，改革进入攻坚期和深水区，党面临的提高执政能力和执政水平的任务还很艰巨。解决党和国家事业发展面临的一系列重大问题，迫切需要全面推进依法治国，从法治上为解决这些问题提供制度化方案，在法治上采取切实措施、迈出坚实步伐。

良法之真要求其必须从本国具体国情出发。法治是现代国家治国理政的基本方式，但由于各个国家的具体国情各异，经济文化发展水平不同，民族、宗教、历史情况等存在差异，法治的实现形式和过程会有很大区别。因此，法律的制定必须符合本国具体国情，充分反映一个国家的实际需要，而绝不能照搬照抄别国模式。中国是拥有十三多亿人口的发展中社会主义大国，有自己的悠久历史和独特国情，绝不可能指望用别国法律来指导自己发展。中国法治创造了中国特色社会主义法律体系，坚持党的领导、人民当家作主、依法治国有机统一，强调依法治国、依法执政、依法行政共同推进，法治国家、法治政府、法治社会一体建设，等等。这些都是中国法治道路具有独特秉性的体现，也正是在这些符合中国国情的选择上体现了良法之真。

（二）善——符合人民利益，实现社会公正，保障促进发展

良法之善要求其必须符合广大人民群众根本利益。以民为本、立法为民是社会主义法治的精神追求。良法需要从人出发，尊重人的价值与尊严，实现人的解放和全面发展，保障人的平等、自由与人权，提高人的物质生活与精神生活水准。以民为本成为现代法律的终极关怀和现代文明的主要标志，成为现代法律创制与实施的重要特征，成为推动法治改革的巨大动力。立法就需要牢牢把握以民为本，把一心为民作为根本指导方针，切实维护人民群众合法权益，切实防止和纠正各种侵害群众利益的现象。

良法之善要求其必须维护社会公平正义。公正是法治的生命线。实体法要切实达到发展成果由人民共享的目的，程序法必须体现法律面前人人平等的原则。无论是普通群众还是领导干部，法律面前人人平等，不得有超越于法律之外或者凌驾于法律之上的特权。公平正义的最终实现，要靠制度保障。必须坚持法治建设为了人民、依靠人民、造福人民，保护人民依法享有广泛权利和自由、承担应尽义务，维护社会公平正义，促进共同富裕。逐步建立以权利公平、机会公平、规则公平为主要内容的社会公平保障体系，营造公平公正的社会环境。

良法之善要求其必须保障和促进发展。法律具有伦理和工具的双重价值。法治是社会文明的重要标志，法律又是认识和改造世界的工具。法律既能集中多数人的智慧，又能调动多数人的参与，从而更好地推动党和国家事业的发展。全面推进依法治国，就是要用好法治手段、法治方式，用

法保证国家统一、法制统一、政令统一、市场统一，实现经济发展、政治清明、文化昌盛、社会公正、生态良好。

（三）美——宏观结构严谨和谐，微观结构要素完备，概念内容清晰无误

良法之美要求法的宏观结构严谨和谐。法律制定出来以后，其体系必须严谨、和谐、协调，各法律部门不能相互矛盾、抵触和冲突。一国法律会涉及几十个部门，包含成千上万的法律规则，各种法律共同构成一个有机联系的统一整体，即"体系"。不能平面地、机械地看待法律体系，而应综合研究国家法律应当有哪些法律部门，它们的划分标准是什么。法律体系还是一个立体的动态结构，即它的上下、左右、内外、前后应做到有机统一。下位法不能与上位法相抵触与冲突。各部门法之间界限应当清晰，不能相互矛盾，实体法与程序法不能彼此脱节。国内法与国际法在实体内容与程序规则上应衔接好，不能彼此矛盾。新法与旧法之间要做到不脱节，力求立一个新法的同时废除或修改旧法或其中的有关条款，或者对其做出新的解释。

良法之美要求法的微观结构要素完备。每个法律规则、规范或每部法律应具备三个基本要素：即行为主体、行为内容和行为后果。也就是明确法律对什么人适用，在什么情况下适用，以及违反了法律有什么样的后果。我国在立法实践中存在一些法律条文可操作性不强的问题，主要原因就是对行为后果的设定包括制裁或奖励规定不明。应当深入推进科学立法、民主立法，增强法律法规的及时性、系统性、针对性、有效性，努力使法律立得住、行得通。

良法之美要求法律条文准确无误。也就是法条涉及的概念和内容必须科学严谨，避免人们对该规则产生误解。要使人们准确理解法律的内容和要求，严格按照法律办事，就必须使法律条文的概念明确无误、表述准确严密，否则就会导致人们在适用法律时无所适从。应针对现行法律中存在

的规定不明、表述不准确问题进行法律修订或者解释，保证法律的权威性、一致性。

后记：本文原载于《人民日报》2015 年 5 月 25 日。

七、依法治国首先要依法治官

中央这次把依法治国写进《宪法》，意义重大，需要我们首先正确理解依法治国的科学含义。依法治国，就是通过建立完善的法律制度来治理国家，属"法治"论，是相对于"人治"而言的。

中外历史上存在着法治和人治两种不同的治国理论与方略。我国法学界在 1979 年至 1982 年对此有过一场学术争鸣。"人治论"主张或默认组织和个人的权威高于法律，权大于法，认为国家的安定和兴旺在于国家领导人是否贤明；而"法治论"则认为治国主要依靠建立完善的法律制度。经过多年的争鸣和实践检验，如今人们的认识渐趋统一，即"法治"优于"人治"，党和政府近年来又多次予以肯定，尤其是党的十五大确立"依法治国"方略，这次又准备写进《宪法》，表明我国走向法治的坚定决心。

依法治国：治"民"还是治"官"？我认为既治民也治官，但根本目的、基本价值和主要作用应当是治官。有一种错误认识认为，法律只是一种治理老百姓的手段，它已成为某些干部的一种思维方式和行动准则。产生这种想法有深远的历史背景。古代的统治者都把法律当作主要是治民的工具，这是由当时的经济和政治条件所决定的。实际上从法律本身来看，它的核心作用是解决权利与权力这两个问题，即保障个人的合法权利不受侵犯，对个人、集体与国家相互之间的利益冲突进行合理的分配与调节；同时，对政府的权力和行为作出规定，以防止其权力过大和滥用权力。公民个人权利与国家权力的主要区别在于：公民的权利产生政府的权力，而非相反。权力只是手段，它以保障公民（也包括集团与国家）的权利为目的。其重要的特点是：权力同管理与服从相关联，权利则同利益的享有与负担相关联。其实现方式是：政府既不可越权，也不能失职；权利可以放弃，义务则必须履行。

在一个法治国家里，老百姓当然要守法，但根本的问题是政府要依法办事，因为直接治理国家的不是"民"而是"官"。强调依法治国首先要依法治"官"，能从一个侧面反映和体现出现代法治文明的真谛。当前，官员腐败成为我国最主要、最突出的社会矛盾之一。这就是我们强调依法治"官"的一个重大现实意义。官员腐败最主要的原因是权力缺乏完善的监督和制约机制，而且一些制度本身就包含着治"民"而不治"官"的因素。我国有80%以上的法律要通过行政机关制定，而行政机关立法却存在着难以克服的局限性，往往从部门利益、行业利益或地方利益出发，造成部门垄断、行业割据和地方保护等不正常现象。而对于这种情况，我国目前尚无完善的解决办法。因为人大机构虽有监督权，但还无法真正限制政府部门滥用权力。另外，由于政府部门的权力地位难以受到监督、约束，因此很多政府部门及有关官员侵犯其他单位或个人利益时，就难以得到真正的解决。我们强调法治重在治"官"，一方面是为了加强党和政府官员的法治意识；另一方面也为今后完善我国的有关法律制度准备思想基础。

改革总是带有超前性，往往会同一些现行法规相抵触。如何处理那些有锐意改革精神的官因"改革"而违法的问题？改革的超前性与法律的滞后性都是客观存在的，解决这个矛盾同样靠加强法治，可以从四个方面考虑：

第一，是中央和地方立法权的划分。该集中到中央的应坚决集中，该下放地方的应尽快下放。目前，权力过于集中和下放过多两方面的问题都存在；第二，是应加强宪法和法律的解释工作。可成立专门的机构，使法律法规的界限更清晰，能够得到人们更深入、更准确的了解，从而保障其顺利实施；第三，是对与法律冲突的事情如何裁决。既要考虑法律的严肃性和稳定性，又要通过细致的研究分析，对那些明显不利于国家和人民整体利益的要依法处理，而对国家和人民有利的改革可寻求灵活的解决办法，比如通过法定的特殊措施加以保护，必要时甚至可以依法修改法律条文；第四，凡不属于中央专属立法权的事项，地方可以先行立法，即有的地方可先用法律形式对符合地方实际情况和需要的改革措施进行确认与规范，一旦中央有了该事项的立法法律，应该按中央的规定执行。

对于如何防止官员违法，对国家权力实行制约，真正实现依法治"官"，我认为有四个原则和渠道：

第一，以国家法律制约国家权力。如重点解决行政程序立法问题，一些行业部门可以先单独制定本行业部门的程序法规，以后总结经验再制定一部国家行政程序法，使行政部门所有活动都法制化；第二，以国家权力制约国家权力。如尽快制定监督法规，加强全国人大对"一府两院"的监督，赋予检察、审计等部门更大的监督权，加强对行政机关和审判机关的制约等；第三，以社会权力制约国家权力。让各民主党派、社会团体更多地参与监督工作，并进一步法律化、制度化；第四，以公民权利制约国家权力。切实保障公民的参政、议政、监督和知情权等，包括充分利用新闻媒体行使监督权等。

后记：本文发表于1999年3月8日《中国经济时报》。原为答该报记者冀文海问。本文曾被《文摘报》转载。

八、依法治国重在依宪治国

1999年3月，九届全国人大二次会议已经将"依法治国，建设社会主义法治国家"的治国方略和奋斗目标庄严地记载在我国的《宪法》中。从此，依宪治国的问题更加引起了人们的关注。理所当然，这个问题也到了该正式提上我国政治生活议事日程的时候。

所谓依法治国重在依宪治国，意思是在我国实施依法治国方略的历史性进程中，依宪治国具有十分重要的意义。为什么呢？

首先，这是由宪法的性质和地位所决定。宪法的主要内容是规定一个国家的基本政治和法律制度，立法、行政与司法机关的相互关系，各项国家权力的界限及其行使程序。同时，详细规定公民的基本权利和义务以及为实现这些权利所应采取的基本方针和政策。宪法是国家的根本法，在一国的法律体系中处于最高的法律地位，具有最高的法律效力；它是所有国家立法的依据，也是指导人们各种行为的根本准则。依法治国首先是要保证宪法所规定的国家的各种基本制度和政策具有极大权威而不致遭受任意违反与破坏，并进而影响到国家的各种具体制度和政策的贯彻与落实。宪法无权威，自然会影响到各种具体法律的权威。只有依宪治国，才能从根本上保障人民的利益、社会的稳定和国家的长治久安。"建设社会主义法治国家"作为一项奋斗目标，有其具体的要求和标准。作者于1999年4月6日发表在《人民日报》上的《依法治国新的里程碑》一文，将其归结为"法制完备"、"主权在民"、"人权保障"、"权力制衡"、"法律平等"、"法律至上"、"依法行政"、"司法独立"、"程序公正"、"党要守法"等10项。事实上，这些标准和要求的原则精神与具体规定，都已经明确地、全面地体现在我国的现行宪法中。例如，宪法对人民代表大会制度作了详细规定，这一根本政治制度就是人民主权（即人民是国家的主人）原则在我国的集中体现。宪法对公民的基本权利和义务所作的全面规定，就是人权保障原则的具体化、法制化。宪法对我国国家机构各个组成部分所作的权力界定，也体现了现代"权力分立与制衡"的原则精神。《宪法》规定"中华人民共和国公民在法律面前一律平等"，"人民法院依照法律规定独立行使审判权，不受行政机关、社会团体和个人的干涉"、"人民检察院依照法律规定独立行使检察权，不受行政机关、社会团体和个人的干涉"，是"法律平等"与"司法独立"原则在我国宪法中的具体表述。《宪法》有关"人民法院审理案件，除法律规定的特别情况外，一律公开进行"。被告人有权获得辩护等规定，则是"程序公正"原则的宪法化。《宪法》序言规定："全国各族人民、一切国家机关和武装力量、各政党和各社会团体、各企业事业组织，都必须以宪法为根本的活动准则，并且负有维护宪法尊严、保证宪法实施的职责。"这里所指"各政党"，自然包括"执政党"在内。这一规定，就是"法律至上"（即法律具有至高无上的权威）和"党要守法"原则的准确而清晰的表达。以上这些宪法规定，虽然具有一定的"中国特色"，但它们同全人类所共同创造的现代法治文明的价值与取向是一致的。虽然，我国现行《宪法》在今后依法治国的历史性进程中还会不断丰富和完善，但现行《宪法》为我国法治国家的建设规划了一幅清晰的蓝图和指明了前进的方向，则是无疑的。真正树立起宪法的权威，切实依照《宪法》的基本精神和具体规定办事，就能有力地推进依法治国的历史性进程。

其次，这同"依法治国首先是依法治官"的现代法治精神相关联。换句话说，我们今天强调要依宪治国，还内含一个基本的精神和主旨，这就是要求国家的各级领导人要带头遵守宪法和法律，对他们的违宪和违法行为不能熟视无睹和置之不理。这对早日实现依法治国，把我国建设成为社会主义的法治国家，具有非常重要的意义。依法治国，既要治民，也要治"官"。但在现代，其根本目的、基本价值和主要作用，主要是治"官"。长期以来，我们之中流行一种错误，认为法律只是一种治理老百姓的手段，甚至成了某些干部的一种思维方式和行动准则。这种思想有其深远的历史背景。在古代自然经济和专制政治的体制下，统治者势必把法律看作主要是治民的工具。到了近代，这种情况发生了根本的变化。建立在市场经济之上的民主政治，其理论基础和基本原则是"人民主权"思想和理念。既然"主权在君"已为"主权在民"所替代，国家的一切权力就应当属于全体人民。但是全体人民又不可能都去直接参与执掌政权和管理国家，如此就出现了"代议制"，即由有选举权的公民行使选举权选举国家机构（如议会或总统），由这些民选机构代表人民行使管理国家的职权。然而，民选出来的政府有可能权力无限和滥用权力，或者不好好为人民服务，按人民的意志和利益办事，这就需要一种具有最高权威和法律效力的根本性大法，来规定国家机构的产生和权限以及职权的行使程序，以防止国家权力的腐败与异化；同时，详细列举公民应当享有的权利，要求政府采取积极的作为，满足公民在经济、社会、文化方面的权利需求；采取消极的不作为，以保障公民的政治权利与自由不受侵犯。这种根本性大法就是宪法。在"主权在君"的古代，不可能出现现代意义上的宪法。在"主权在民"的近代与现代，如果没有一部规范政府权力与保障公民权利，以维护民主、法治、人权、自由与平等的，具有极大权威的宪法，所谓"人民当家作主"就完全有可能成为一句空话。从现代宪法产生的历史背景及其基本使命可以清楚看出宪法制定和实施的根本目的、基本价值和主要作用是约束国家机构及其领导人员，要正确行使权力和保障公民的权利，即上面通俗的说法——"治官"。广大公民当然要遵守宪法和法律，但掌握管理国家权力的，不是民而是"官"。所谓依法治国，首先自然是要求国家工作人员，尤其是各级领导人必须依法办事、依法治国。一般法律的实施是这样，宪法的实施就更应当是这样。我们今天强调要依宪治国，必将有力地推动各级领导人认真承担起实施依法治国方略的职责。

再次，今天强调要依宪治国，也与我国宪法缺少应有的权威、宪法的实施并不理想、宪法的作用尚未得到充分发挥这一现实状况有关。中国历史上缺少民主与法治传统。新中国成立后，由于僵化的计划经济模式和权力高度集中的政治体制，在很长一个时期里导致法律虚无主义和人治思潮盛行。法的权威受到严重损害，宪法当然也不例外，以致在十年"文化大革命"中出现过那种根本大法"根本无用"的局面。这方面的失误成因，宪法和法律是相同的。但宪法的实施不理想，宪法的作用未能充分发挥，还有某些特殊原因：其一是在理论上对宪法的性质与功能缺少全面认识，如否认或忽视宪法的法律性和规范性，把宪法仅仅看作是具有治国安邦的宣言和纲领的性质，不具有直接适用的法律效力。正是由于以上一些客观和主观方面的原因，影响了宪法的权威和作用。例如，现行《宪法》规定，全国人大常委会有权"撤销国务院制定的同宪法、法律相抵触的行政法规、决定和命令"，有权"撤销省、自治区、直辖市权力机关制定的同宪法、法律和行政法规相抵触的地方性法规和决议"。但20年来全国人大常委会从未行使过这一权力和履行过这一职责。显然，这方面不是没有问题。宪法规定，全国人大常委会有权"解释宪法，监督宪法的实施"，但我国却一直没有建立这方面的专门机构和具体程序。宪法的司法化问题也只是最近两年才有这方面的实践和理论探讨。因此，长期以来，宪法在实践中远远没有能够发挥它应当也可以发挥的重大作用。

怎样才能提高宪法的权威和充分发挥依宪治国的作用？笔者提出以下几点看法：

第一，要肯定宪法具有法律性和规范性。长期以来，我们虽然承认宪法是普通法律的"立法基础"，但却否认宪法具有法律性和规范性，认为它只有"指引"人们行为的功能，却"规范"人们行为的功能；认为宪法只具有"宣言"和"纲领"的性质，仅起引导国家前进方向的作用。宪法不仅不能进入司法领域，即使司法机关在无法可依的时候也不可以援引宪法的原则精神和具体规定来裁决某些具体个案。同时认为，建立一套监督宪法实施包括违宪审查制度的理论、机制、程序也没有什么必要。这主要是受了苏联宪法观念的影响，1954年《宪法》的制定和后来的实施，就存在这方面的缺失。到制定1982年现行《宪法》时，学者们开始提出和重视这个问题。如笔者在1981年11月2日至12月18日期间，曾在《人民日报》连续发表多篇文章，对当时正在进行的宪法修改提出意见和建议。其中一篇是《宪法的规范性》。该文说："宪法虽然是国家的根本大法，但它也是一种法律。宪法规范是法律规范的一种；规范性应该是宪法的基本特性之一。一般说来，宪法的序言没有规范性；宪法的条文则应当具有规范性。以宪法是根本大法为理由，否认宪法的规范性，或者不重视宪法的规范性，这无疑是不正确的。"肯定宪法的规范性，也就肯定了"宪法制裁"的存在和意义。因此该文又指出："宪法制裁，虽然不同于刑事制裁、民事制裁、行政制裁，有其自身的特点；但违宪应有制裁，这是必须肯定的。否则，违反宪法而不招致任何法律后果，那么宪法的条文规定就难于成为宪法规范，那整部宪法也就很难发挥它的最高的和直接的法律效力了。"肯定宪法的法律性和规范性，是宪法进入司法领域和建立违宪审查制度的理论前提。

第二，要探讨什么是违宪，并明确与此相关的理论和概念。这是建立违宪审查制度和监督宪法实施首先必须解决的问题。表面看来事情很简单，其实问题很复杂。例如，什么是违宪的主体？公民个人有没有违宪问题？社会团体与企业事业组织存不存在违宪问题？如果只是限于国家机构及其工作人员，什么样级层的机构及人员的行为才存在违宪问题？我国《宪法》不仅规定了中央一级国家机构及其负责人员的职权职责和工作程序，而且还对地方各级人民代表大会和地方各级人民政府以及民族自治地方的基本制度作了规定。这涉及违宪审查和宪法监督或宪法诉讼的对象。又如，什么是违宪的客体，即违反宪法的哪些内容和规定才是违宪。无论宪法序言是否具有直接的法律效力，它同宪法的条文是有区别的。在宪法条文中，有的内容为宪法所独有；有的内容法律应作但未作具体规定；有的内容法律已作具体规定。审判公开问题，宪法和诉讼法都有规定，如果不按法律规定进行公开审判，算不算违宪？再如，宪法监督的程序是什么？什么样的组织或个人可以提出控告，依照怎样的程序提出？有没有时效要求，专门机构根据什么标准接受控告和立案调查？按什么程序进行审理，有哪些违宪制裁形式？其裁决的效力又如何，等等。这些问题过去研究很不够。我们应该参考国际的经验和中国的具体国情，建立起我国自己的一套理论和概念。

第三，要建立起专门的宪法监督机构。现在世界上绝大多数国家都建立有宪法监督制度及其相应的机制和程序。其具体模式主要有：以美国为代表的由司法机关负责；以法国为代表的由专门的政治机关（通常称宪法委员会）负责；以奥地利为代表的由宪法法院负责；以英国为代表的由立法机构负责。前三种模式已成世界性潮流。虽然它们的机构设置、程序设计和具体任务差异很大，但有两点是相同的：一是其专门性，二是其权威性。实践证明，它们对维护各自国家宪法的权威和国家法制的统一，对充分发挥宪法的功能，起了举足轻重的作用。新中国成立五十多年来，我国还未曾有过处理违宪案件的例子，这在国际上是少有的。笔者曾建议，设立一个同现在 9 个专门委员会的性质与地位大体一致的，对全国人大及其常委会负责的宪法监督委员会（参见 2001 年 11 月 2 日《法制日报》），是一个比较稳妥的方案。它只会对国家政治的稳定起重大促进作用，而不是相反。从 1982 年现行《宪法》颁布至今已 20 年，学者们一直在呼吁早日解决这一问题。在已经确立依法治国方略和建设社会主义法治国家奋斗目标的今天，是政治家们审时度势、认真考虑如何解决这一问题的时候了。有一点是可以肯定的，宪法监督机制和程序的设立，将成为在我国实行依宪治国的决定性步骤。

后记：本文原载于《中国人大》2002 年第 17 期。

九、社会主义民主和法制的里程碑

　　最高人民法院特别法庭对林彪、江青反革命集团的公开审判是举世瞩目的我国政治生活中的一件大事。它将以人民的公正判决，把林彪、江青一伙永远钉在历史的耻辱柱上；它将以对这伙罪犯的依法惩处，打击敌人，保护人民，伸张正义，显示国家法律的尊严；它将以社会主义民主、法制的胜利检阅，表明我国社会主义政治制度正在稳步地走向完善，进一步激励全国各族人民同心同德向四个现代化奋勇进军。

　　对林彪、江青反革命集团主犯进行公开审判，这是人民的伟大胜利、民主和法制的伟大胜利、社会主义的伟大胜利。民主和法制是国家的根本性问题。民主、法制的状况如何，直接影响政权的性质、国家的前途。我国作为人民民主专政即无产阶级专政的社会主义国家，应当具有高度的民主、完备的法制。但是，由于我国有二千多年封建社会的历史，封建传统根深蒂固，由于我们建设社会主义的时间还不长，中间又经过"文化大革命"的严重破坏，社会主义民主和法制还很不健全。林彪、江青一伙正是利用我国政治制度上的这一重大缺陷，明目张胆地诬告、陷害党和国家领导人，肆无忌惮地迫害、镇压广大干部和群众，疯狂地进行推翻我国无产阶级专政的国家政权的反革命犯罪活动，把本来就很不健全的民主、法制破坏殆尽。然而，我国的社会主义民主和法制，在它的前进道路上，尽管充满艰难险阻，但它的发展终究不是任何反动势力所能根本扭转的。

　　在社会主义制度下，生产资料是公有的，即原则上属于全体劳动人民所有，这个事实从根本上决定了我们国家的政治生活和社会生活必须是民主的。所以社会主义民主的发展，并不是人们主观的善良愿望，而是社会历史发展的必然趋势。人民从来是而且永远是历史的主人，绝非任人宰割的消极力量。在社会主义制度下，人民可以在一个时期内由于种种原因遭到反民主的反社会主义的反动力量的迫害，甚至遭受十年动乱期间所受的那样的迫害，但是历史表明，人民终究会战胜种种困难走向自己的胜利。当中国人民一旦从林彪、江青反革命集团的法西斯暴行中看清了他们的真面目，懂得了社会主义民主和法制的极端重要性，就以大无畏的革命精神，用各种形式，为民族的生存、国家的前途，奋起同他们展开了争取民主、保卫法制的殊死搏斗。1976 年 4 月 5 日，在全国发生的以天安门广场事件为中心的亿万人民的伟大民主运动，就是这样可歌可泣的斗争的集中表现和威武雄壮的篇章。这场运动是以广大共产党员、共青团员和同他们团结在一起的广大革命青年为骨干的，当时大批老干部由于被打倒，不可能直接参加，而是通过他们的子女、亲属以及同他们有联系的群众来参加的。1975 年，邓小平同志主持党中央和国务院工作期间，同"四人帮"进行了针锋相对的斗争，对各条战线的工作进行了卓有成效的整顿。这对于提高人民群众的觉悟，认识"四人帮"所作所为的反革命性质，增强人民群众的斗争意志和信心，起了重要的作用。这场运动以创造历史、推动社会前进的伟大力量，进一步为同年十月粉碎"四人帮"准备了思想基础和群众基础，为今年公开审判林彪、江青一伙创造了必要的前提条件。林彪、江青反革命集团的兴亡史，中国共产党领导下的全国各族人民同这个反革命集团的斗争史，生动地证明：对林彪、江青反革命集团的审判，是按照全国各族人民的意志进行的，这是十亿人民的审判，这个审判在本质上是民主的，它又一次证明人民必胜，民主和法制必胜，社会主义必胜，这是一条铁的历史定律。

人们也许要问，在中国大地上横行十年之久的"四人帮"，被中国人民打倒已经四年多了。为什么到今天才把林彪、江青一伙押上人民的审判台？这是因为，他们是在"文化大革命"中形成和发展起来的反革命集团，而"文化大革命"是一个十分复杂的社会历史现象。林彪、江青反革命集团的主犯当时所采取的是反革命两面派手法，因而能够钻进党和国家的领导核心，并且在相当长的时期里，是以党和国家领导人的面貌进行活动的。这就呈现出更加复杂的局面，需要耗费必要的时间和人力，来进行十分繁重而复杂的工作。举其大者来说，一是大量的问题需要审查、调查、验证、核实；一是两类不同性质的社会矛盾即工作性质和其他性质的错误同反革命犯罪需要在弄清事实的基础上严格区分。这两项工作是紧密联系在一起的。如果不是对林彪、江青反革命集团的大量活动进行周密的、严肃的、精确的、负责的审查、调查、验证、核实，就不可能对这个案件所牵涉的人和事，正确地区分不同性质的矛盾，正确地区分犯罪与错误。对于林彪、江青反革命集团的主犯，也要区分违反党纪和触犯刑律这两种不同情况，分别处理。对前一种情况，要根据我们党的章程，在党内对他们进行实事求是的审查，并分别作出相应的处理；而对于他们的超出党纪范围，属于触犯国家刑律的问题，则要由国家司法机关依法审理。这次对他们的公开审判，就是审判他们的反革命犯罪问题，追究他们的刑事责任，而不涉及错误。

正确地、严格地区分和处理犯罪与错误这两种不同性质的问题，是一个原则性的问题。对于任何曾经担任党和国家领导职务的人来说，尤其如此。一般说来，工作中的错误是难以避免的，包括一切革命政党及其担负领导责任的人，工作中发生错误以至发生严重错误，也都是难以完全避免的。一切无产阶级政党及其领导人，为了实现无产阶级所肩负的历史使命，都必须适时地正确分析革命形势，估量阶级力量变化，作出战略决策，制定战略、战术、方针、政策，不断地把革命事业推向前进。然而，各国的情况千差万别。世界上没有也不可能有适用于任何国家的革命和建设的通用模式。要把马克思主义的一般原理同本国具体实践结合起来，找出适合本国情况的通向胜利的道路，是一项十分艰巨的任务。任何革命政党和革命领导人，都要受历史的和认识的局限和其他主观和客观条件的制约，都难以避免在工作中产生这样或那样的错误，直至产生指导方针上的严重错误。完全不犯错误的政党和领导人是没有的。在我们党的历史上，就曾经出现过多次严重错误。例如 1924 年到 1927 年出现过陈独秀右倾错误，1931 年到 1934 年出现过王明"左倾"错误。尽管前者导致轰轰烈烈的第一次国内革命战争的失败，后者使白区党的组织几乎损失殆尽，苏区损失也极其严重，但是，人们只要站在革命的立场，用历史唯物主义的观点看问题，就理所当然地把这种指导方针上的错误看成是革命队伍内部、人民内部的是非问题，看成是在争取民族的、阶级的革命利益的漫长的艰难道路上犯的错误，看成是由于在认识上离开了客观实际，也离开了马克思主义的基本原理而产生的错误。这些错误的产生甚至与个人作风品质上的某些缺点有关，但是这种错误同反革命犯罪在本质上是不同的，因而只能采取包括应有的党纪处分在内的惩前毖后、治病救人的方法来解决，而绝对不能允许把这种性质的错误同反革命犯罪混为一谈。这是我们党长期采取的经过实践检验的正确方针。历史已经充分地证明，这样做完全符合革命的利益，符合党和人民的利益。

毛泽东同志在他的晚年，特别是在他亲自发动和领导的"文化大革命"中，也犯了错误，给党和人民带来了不幸。当然，不只是毛泽东同志犯错误，我们党内其他一些同志在不同程度上也有过错误。但是，这种错误同林彪、江青反革命集团的阴谋活动，在性质上是根本不同的。当我们在谈论犯罪和错误的区别这样的问题的时候，还必须指出，即使是林彪、江青反革命集团中的人，他们的活动，也并非全部都是反革命犯罪，其中也有一部分是属于各种错误。正因为"文化大革命"中存在着上述这种错误与犯罪并存并且互相交错在一起的复杂情况，能否正确地和严格地区分错误与犯罪，就成为一个非常重要、非常突出的问题，成为一个关系到党和人民根本利益的问题。

林彪、江青反革命集团中的人的犯罪，同其他人的错误根本的不同在什么地方呢？我们主要可以从三个方面来看：

第一，它们的性质不同。所谓错误，从根本上说是指主观与客观相分离，违背客观规律的行为。犯罪是指一切依照法律应当受刑罚惩处的危害社会的行为。而反革命犯罪则是以推翻无产阶级专政的政权和社会主义制度为目的的、危害中华人民共和国的行为。因此，错误是属于批评教育、吸取教训、党纪政纪的范畴，而犯罪则是属于应追究刑事责任、受刑罚惩处的范畴；错误是是非问题，属于人民内部的社会政治矛盾，而犯罪中的反革命罪则属于敌我矛盾（并不是一切犯罪都属于敌我矛盾）。根据我国《刑法》规定，颠覆政府，分裂国家，策动叛乱，以反革命目的杀人、伤人等等，都是按照《刑法》规定严惩不贷的反革命犯罪。林彪反革命集团经过精心策划，根据 1971 年 9 月 8 日林彪手令，发动武装政变，妄图夺取全国政权，或另立中央，分裂国家，同时密谋用火焰喷射器打火车，派飞机轰炸，杀害毛泽东主席；江青反革命集团经过周密准备和策划，根据张春桥、王洪文 1976 年 9 月底的指令，于同年 10 月 8 日在上海策动武装叛乱等等，都是罪大恶极的反革命犯罪，而不是什么错误，这是很清楚的。人们对此不会有什么疑问。像他们的这些犯罪行为在世界上任何国家依据法律，都不可能不构成严重犯罪。像谋杀、政变、分裂国家、武装叛乱这样的反革命犯罪，同我们上面说到的革命队伍内部、人民内部的是非问题，在为争取民族的、人民的利益的道路上犯的错误，包括造成严重后果的错误是不相干的，是性质根本不同的两回事，这也是容易理解的。

第二，它们的手段不同。实施错误行为的手段，一般是符合正常的工作程序和组织原则，为当时的政策、法律所允许。而实施犯罪行为的手段，则是非正当的、为国家刑律所禁止的。林彪、江青一伙为达到篡党窃国的罪恶目的，是不择手段，无所不用其极。除了搞谋杀、政变、叛乱以外，还采用各种阴谋手段陷害党和国家领导人，镇压广大干部和群众。一是蓄意诬告。按照林彪的安排，由叶群口授，雷英夫执笔，林彪批转江青，无中生有地捏造诬告材料，蓄意置刘少奇同志于死地，就是一例；二是制造伪证。比如，江青一伙对孟用潜、丁觉群进行逼供，制造"叛徒"伪证，并非法扣压孟、丁多次更正、申辩材料，对上严密封锁，明目张胆地以假乱真，就是蓄意用伪证来达到其陷害国家主席的罪恶目的；三是刑讯逼供。他们为了陷害好人、杀人灭口，按照他们的"棍棒底下出反革命"的法西斯信条，设刑室，兴冤狱，实行惨无人道的肉体和精神折磨，使千千万万革命者死于他们的酷刑之下；四是打砸抢抄抓。他们用赤裸裸的法西斯暴力镇压广大干部、群众的反抗，死伤之多，难以数计。仅1967年8月由王洪文直接指挥、张春桥亲自支持的围攻"上柴联司"的武斗事件，就打伤一千多人，绑架八百多人，关押判刑五人；五是特务活动。张春桥的手下配有武器，拨有活动经费，取有代号的"游雪涛小组"，就是一个专门从事盯梢、绑架、抄家、监禁、秘密刑讯的特务组织。这一切充分表明，不仅他们陷害党和国家领导人，镇压干部、群众是预谋的反革命犯罪活动，而且为此所采取的种种手段也无一不是我国《刑法》所严禁的犯罪行为。显然，这同人们按照正常的组织系统、工作程序和工作手段所犯的错误，包括严重错误，毫无共同之处。

第三，它们的目的不同。犯错误，一般说是好心的，要革命的。而犯罪则相反，反革命犯罪则是有明确的反革命的目的。从法学观点看，一个人的行为是否构成反革命犯罪，是以行为人的主观有无反革命的直接故意，即反革命的目的为必要条件。根据我国《刑法》规定，这个目的就是"推翻无产阶级专政的政权和社会主义制度"。而林彪、江青一伙所实施的一切犯罪行为正是以此为目的。只要我们全面地分析一下他们所提出的"改朝换代"的反革命纲领；他们所实施的谋害毛泽东主席，发动武装政变，策划武装叛乱；有组织、有预谋地陷害党和国家领导人，镇压、迫害广大干部和群众的全部犯罪事实，就可以清楚看出，他们的目的就是妄图推翻人民政权，建立封建法西斯"朝代"。这同其他人从我们党和国家不变颜色的良好愿望出发而犯的工作错误和指导方针错误是截然不同的。

综上所述，可以准确无误地作出判断，林彪、江青反革命集团不是什么犯错误问题，而是触犯了《中华人民共和国刑法》，分别犯有颠覆政府、分裂国家，武装叛乱罪，反革命杀人、伤人罪，反革命诬告陷害罪，组织反革命集团罪，反革命宣传煽动罪，刑讯逼供罪，非法拘禁罪。依法追究他们的刑事责任，完全是执行"违法必究"的原则。

对林彪、江青反革命集团的审判，严格区分了反革命犯罪和错误的原则界限，只审他们的反革命罪行，而不涉及错误，这完全符合我国社会主义法制的基本要求。这样做，对于正确地、严格地区分敌我矛盾和人民内部矛盾这两类不同性质的矛盾，分清罪与非罪，准确地制裁反革命罪犯，剥夺林彪、江青反革命集团的一切借口，充分揭露他们的反革命面目，使他们难逃法网；对于发扬我们党采取惩前毖后、治病救人，批评和自我批评，以及必要的党纪政纪处分等方法，处理犯了错误包括严重错误的同志的优良传统；对于我们党和国家的兴旺发达，都有着明显的利益。

林彪、江青反革命集团罪恶之大，危害之烈，迫害的人之多，为古今中外所罕见。他们擢发难数的罪行，给我们的国家、我们的民族、我们的人民，造成的灾难是无法估计的。但是，我们是社会主义国家，马克思主义是指导我们思想的理论基础，我们对待林彪、江青反革命集团，不是从什么永恒的正义、不变的道德和义愤出发，而是严格根据体现着人民意志的社会主义民主和法制原则，通过法定的司法程序，对他们依法治罪。这次审判就是依照我国现行法律的基本精神和具体规定办事，经得起历史的检验，经得起子孙后代的检验。

这次审判贯彻了司法工作的独立原则。尽管此案案情特别重大，许多极其复杂的情况在前一阶段已经过党内的审查，但仍然由人民公安机关对他们独立进行侦查预审，然后才由人民检察机关独立进行检察起诉，由人民法院独立进行审判。最高人民法院鉴于林彪、江青反革命集团是特别重大案件，根据《法院组织法》第 31 条第二款关于最高人民法院可以设置"其他需要设的审判庭"的规定，建议成立特别法庭审理此案主犯，人大常委会对此作出了相应决定，并任命特别法庭的庭长和审判员，这是对自己法定权限的行使，而不是对司法事务的干预。对林彪、江青反革命集团主犯的审判，对被告人的定罪、量刑，完全由最高人民法院特别法庭独立决定，任何个人和组织均无权非法干涉。最高人民法院特别法庭由三十五位法官组成，除了绝大多数是专职法官之外，还有少数非专职法官，这部分法官还能起陪审的作用，这对保证案件的公正处理是有利的。

这次审判贯彻了司法工作的民主原则。对林彪、江青一伙的审判，完全依照《刑事诉讼法》规定，公开进行。为了保证参加旁听的群众具有更大的普遍性，由各省、自治区、直辖市、各党派、各人民团体、国家机关、人民解放军推举代表参加旁听，鉴于这次审判涉及国家机密，因此，外国记者不便参加。在审判中，被告人的辩护权将得到充分保障。他们除了自己行使辩护权以外，还可以聘请律师充当自己的辩护人。辩护人完全可以根据事实和法律，提出证明被告人无罪、罪轻、或者减轻、免除其刑事责任的意见和材料，以维护被告人的合法权益。在审判过程中，被告人的其他法定民主权利，也将受到切实的保障。

这次审判贯彻了司法工作的实事求是原则。整个诉讼过程，都将完全以事实为根据，以法律为准绳。是就是，非就非。是他们的罪行，一分不能少；不是他们的罪行，一分也不能多。重证据，不轻信口供。对林彪、江青一伙的诉罪，依据的都是经过验证的原始书证材料和原始物证，如档案、信件、日记、笔记、讲话记录和录音等。真理是在人民手里。我们绝不搞林彪、江青一伙所惯用的"一人供听、二人供信、三人供定"那一套。我国《刑事诉讼法》规定："只有被告人供述，没有其他证据的，不能认定被告人有罪和处以刑罚；没有被告人供述，证据充分确实的，可以认定被告人有罪和处以刑罚。"这次审判将根据这个原则行事。

这次审判贯彻了司法工作的革命人道主义原则。我们决定对被告人适用新刑法就充分体现了这一点。大家知道，关于"反革命罪"，早在1952年《惩治反革命条例》中就有明确规定。它同五届人大二次会议公布的《中华人民共和国刑法》的规定，精神是一致的。但是，《惩治反革命条例》是在全国刚刚解放，镇压反革命运动正处在高潮中制定的，对各种反革命罪所规定的刑罚都比现行刑法规定的为重。根据我国《刑法》第九条规定，"中华人民共和国成立以后本法施行以前的行为"，"如果当时的法律、法令、政策认为是犯罪"，但本法"处刑较轻的"，适用本法。对林彪、江青反革命集团主犯的定罪量刑，我们将根据这一规定适用新的《刑法》。这不是追溯既往，而是在运用新旧法律上贯彻从轻原则。这样做有利于被告，充分体现了革命人道主义精神。

这次审判贯彻了法律面前人人平等原则。这一原则，是封建特权的对立物，是社会主义法制原则的核心。它的基本精神是：人人享有依法规定的权利，也应尽法律规定的义务；任何人都没有凌驾于法律之上、超越于法律之外的特权；不管谁犯法都要依法受到制裁，无论被告人的政治地位、社会成分、职务高低有何不同，适用法律一律平等。这次审判林彪、江青一伙，就坚决贯彻了这一原则。这十名主犯，九名曾是党的政治局委员，他们曾经是所谓"大人物"，但并未逃脱我国刑律平等地适用到他们身上；这十名主犯，个个罪大恶极，为全国人民所切齿痛恨，但并不会因此而剥夺他们作为被告人在诉讼过程中依法应当享有的一切权利，也并不会因此违背法律规定去加重其刑罚。这次审判将为坚持法律面前人人平等的原则树立一个典范。社会主义法律是人民意志和利益的体现，是不可侵犯的。一切组织，从党中央、国务院到每个基层单位；一切个人，从党的主席、国家的首脑到每一个党员、每一个公民，都必须受自己同人民一起制定的宪法和法律的约束。任何人以身试法，违法犯罪，都将毫无例外地受到同样的制裁。在社会主义的中国绝不容许置身于法律之外的特殊公民逍遥法外。

对林彪、江青反革命集团的审判，是我国民主和法制发展道路上的一个引人注目的里程碑。它充分体现了以法治国的精神，坚决维护了法律的崇高权威，认真贯彻了社会主义民主和法制的各项基本原则，在国内外引起了强烈反响，具有除旧布新的重大意义。这次审判将以令人信服的事实向全世界宣告：中国人民胜利地清除了历史的垃圾，正团结一致、满怀信心地沿着民主和法制的轨道勇往直前，用自己的全部智慧，为把祖国建设成高度民主、高度文明的社会主义现代化强国而努力奋斗。

后记：本文原载于 1980 年 11 月 22 日《人民日报》，署名"特约评论员"。《历史的审判》（群众出版社 1981 年版）一书收入了本文。这篇文章是应邀撰写，目的是为审判林彪、江青反革命集团这一历史性事件作一总结。当时作者在中共中央书记处研究室工作，具体负责这篇文章的撰写。鉴于任务重大，特邀请中国社会科学院法学研究所王家福同志共同执笔。文章在起草过程中，滕文生同志参与过讨论，并由林涧青同志最后定稿。本文总结的这次历史性审判所体现的五项法治原则中，"司法独立"的提法，可参见叶剑英在《宪法修改委员会第一次会议上的讲话》。该讲话也是提"司法独立"。但个别领导人并不同意这一概念和提法，认为只能提"法院独立行使审判权"、"检察院独立行使检察权"。

十、坚持公民在法律上一律平等

1954 年颁布的《中华人民共和国人民法院组织法》第 5 条规定："人民法院审判案件，对于一切公民，不分民族、种族、性别、职业、社会出身、宗教信仰、教育程度、财产状况、居住期限，在适用法律上一律平等。"这一规定是必要的、正确的。但是，在后来的一个相当长的时间里，却被一些人说成是错误的，是没有同资产阶级的"法律面前人人平等"划清界限，是"没有阶级观点"，是主张革命与反革命"一律平等"。这种说法必须予以澄清。

"法律面前人人平等"的口号，是资产阶级在反对封建主义的斗争中提出来的。封建主义的法律是以公开维护等级与特权为特征的。它不仅确认地主阶级可以根据土地多少、官职大小、爵位高低享有不同的封建特权，而且使地主阶级的各级官吏和封建帝王的皇亲国戚超脱于法律的约束之外。资产阶级提出的"法律面前人人平等"，作为资产阶级民主制度和法律制度的一个重要原则，在摧毁封建专制主义的斗争中，曾经起过革命的作用。然而，资产阶级的统治是建立在资本主义生产关系上面的，资产阶级的法制是以财产不平等为基础的。它们说一切公民都有平等选举权，但同时又用居住期限、教育程度以至财产资格来加以限制。这就决定了广大劳动人民不可能在事实上享有同资产阶级一样的平等权利。因此，在资产阶级专政的条件下，所谓"法律面前人人平等"，实际上是虚伪的。

无产阶级所要求的平等，归结为废除阶级。社会主义的法制是建立在生产资料公有制基础之上的，它规定不劳动者不得食。因而，社会主义法律既不承认任何等级特权，也不允许财产等等的限制，真正做到公民在法律上一律平等。毛泽东同志在讲到我国第一部《宪法》的时候，曾经说过："原则基本上是两个：民主原则和社会主义原则。"在我国社会主义的经济制度和社会主义民主的政治制度下面，公民在法律上一律平等，是必须做到的，也是能够做到的。坚持这一原则，不是什么人喜欢不喜欢的问题，而是历史发展的必然，是社会进步的客观要求。根据这一原则，凡属我国的公民，按照宪法和法律，一律平等地享受他们应该享受的权利，履行他们应该履行的义务。不承认有任何享受特权的公民，也不承认有任何免除法律上义务的公民。这是对封建专制主义和等级特权观念的彻底否定。如果我们不是这样做，而是抛弃这一原则，认为公民在法律面前应该是不平等的，那就是允许一部分人享有特权，默认有人可以置身于法律之外，高踞于法律之上，那么，社会主义法制的民主原则就无从体现，宪法和法律就会遭到破坏，人民的民主权利就没有保障。

公民和人民，是两个不同的范畴。在我国，公民是指具有中华人民共和国国籍的人，也就是通常所说的国民。我们讲公民在法律上一律平等，着重是从司法方面来说的，主要是指公民在适用法律上一律平等。至于立法，我们并不规定所有公民都平等，人民和阶级敌人是必须区别的。在立法上，占人口百分之九十五以上的人民是平等的，《宪法》规定："中华人民共和国的一切权力属于人民"，"国家坚持社会主义的民主原则，保障人民参加管理国家，管理各项经济事业和文化事业"。而对于"一切叛国的和反革命的活动"，对于"一切卖国贼和反革命分子"，对于"新生资产阶级分子和其他坏分子"，则不是讲什么平等，而是要镇压他们的破坏活动。这些规定，反映了无产阶级的意志，充分体现了法律的阶级性。但在司法上，我们讲公民在适用法律上一律平等。这里的"公民"，是既包括人民，也包括敌对阶级的人在内。即使对于还没有改造好的地主、富农、反动资本家，只要他们不违法，不触犯刑律，我们就只是依法剥夺他们的政治权利，其余的权利和义务，例如"人身自由和住宅不受侵犯"，"劳动的权利"，"休息的权利"等，以及"遵守宪法和法律"，"爱护和保卫公共财产"，"遵守劳动纪律"等，则是同其他公民一律平等的。而人民内部的人，如果触犯了刑律，也同样要依法制裁，直至判处重刑。国家机关在执行和适用法律上，必须对一切公民平等，不允许任何特殊，才能保证宪法和法律的严格执行。这样做，完全符合无产阶级的利益。怎么能够说，"主张公民在适用法律上一律平等，就是没有同资产阶级的'法律面前人人平等'划清界限"，就是"没有阶级观点"，就是主张革命和反革命"一律平等"呢？

反对"在适用法律上一律平等"，必然认为法律只能管一部分人，不能管另外一部分人。这样，就必须使一部分人可以凌驾于法律之上，可以任意破坏民主，践踏法制。有些人总是喜欢搞"一言堂"，喜欢独断专行，认为别人犯法才算犯法，自己犯法就不算犯法，这哪里还有什么法制？由于中国几千年来封建主义的流毒，以及林彪、"四人帮"反动思想的影响，在我们的队伍中，至今还有一部分人存在着特权思想和等级观念，要彻底清除这种病毒，还是一项长期的战斗任务。我们不仅要大力宣传公民在适用法律上一律平等的原则，而且要在实践上坚决贯彻执行。一个人不管职位多高、功劳多大，如果犯了罪，都要同普通老百姓一样地依法惩处，不能有任何特殊。最近，我们的党组织和司法机关，依法给原来曾是相当高级的领导人以党纪国法的严厉制裁，受到了全国人民的衷心拥护。这一事实充分说明，只要我们真正做到"法不阿贵"，社会主义法制就一定会得到切实加强。

后记：本文原载于《人民日报》1978 年 12 月 6 日，是政法界"文化大革命"后第一篇拨乱反正的文章，是建设法治国、保障人权的第一声呐喊。

十一、司法独立的几个问题

依法治国，建设社会主义法治国家，作为中国人民的一项治国方略和奋斗目标，已被庄严地载入我国《宪法》。司法独立是现代法治国家的主要标志，是现代"依宪治国"的重要内容，是我国现行《宪法》的一项基本原则和制度。1997 年，党的十五大报告又进一步强调，要"推进司法改革，从制度上保证司法机关依法独立公正地行使审判权和检察权"。现在，我国的司法改革正在广泛的范围内深入展开。保证司法独立是司法改革的一项极为重要的任务。本文拟着重从司法独立的理论层面谈一些个人的看法，以就教于学术界和实务界同仁。

（一）司法独立的产生与历史发展

研究问题的科学方法之一，是对某一理论、原则或制度进行历史的考察，看它在历史上是怎样产生的，它经历过什么样的发展阶段，这样才能更好地把握该事物的性质、价值和未来的发展方向。

司法独立作为国家机构的一项重要原则和制度，是近代民主革命的产物。它是建立在"主权在民"和分权理论的基础上的。在古代，无论是西方还是中国，国家的立法、行政和司法等各项权力，都是高度集中于君主和地方长官一人之手。这是奴隶制和封建制的专制主义政治的重要特征。其理论基础是"主权在君"。既然"普天之下，莫非王土；率土之滨，莫非王臣"、"朕即国家"，为了实现君主一人的统治，国家权力的高度集中就成为很自然的事情。随着封建主义生产关系的没落和资本主义生产关系和市场经济的兴起，"主权在民"理论应运而生。但是人民很难直接管理国家，而只能通过选举产生政府，由政府代表人民管理国家。为了防止被选举产生的政府权力腐败与异化，启蒙思想家们建议未来的政府应当实行权力分立与权力制衡，这就是司法独立产生的社会条件和历史背景。这里，笔者需要顺便指出的是，人们通常认为，司法独立的理论基础是"权力分立"理论，这无疑是正确的，但还不够全面。"权力不受制约必然腐败"的原理，具有超时空的性质，因此，古代就有了朦胧的权力分立与制衡的思想。西方古代权力分立理论的出现和中国古代"三省"制度和"监察"制度的设置就是例证。但那时候不可能产生司法独立的理论、原则和制度，这是"主权在君"观念和专制主义政治制度所决定的。肯定这一点，对深刻理解"司法独立"的价值是十分必要的。

通常认为，西方古代的分权思想起源于古希腊思想家亚里士多德。他认为："一切政体都有三个要素，作为构成的基础。"这三个要素是：议事机能、行政机能和审判机能。倘使三个要素都有很好的组织，整个政府将是一个健全的机构。[①] 比亚氏晚两个世纪的古罗马史学家波里比亚斯继承与发展了他的这一思想。在《罗马史》这一著作中，波里比亚斯提出，罗马的政权分为三部分：第一是执政官，代表君主势力；第二是元老院，代表贵族势力；第三是平民会议，代表人民的势力。任何一部分过重，都会影响政体的平衡。执政官需要元老院通过法律，才能获得经费；执政官签订条约与媾和，也要经平民会议通过；元老院有关死刑的判决需经平民会议批准；而平民会议通过建筑执照和雇佣税吏等法案又必须经元老院同意。只有三者相互制衡，才能避免政制衰败。[②] 古代西方的分权思想比中国发达，是由古希腊存在城邦国家等具体历史条件所决定。

近代西方的分权理论是由英国的洛克和法国的孟德斯鸠等思想家奠定的。洛克的一生是在英国革命时期度过的，其思想深受这一革命的影响。他认为，每个国家都有三种权力，即立法权、行政权、对外权。每一种权力都要由一个特定的机关来掌握，而不能集中在君主或政府手里。如果一个机关同时享有立法权和执行权，就会促使他们去获取权力并滥用权力，在制定法律时只顾自己的利益，而在执行法律时免受法律的约束。他认为，在国家权力体系中，立法权最高，行政权和财政权应处于次要的和服从的地位。其目的是提高议会的地位以抑制王权。但他也强调，立法权也要受限制：它应以正式公布的法律来治理国家，"国家的法律应该是不论贫富、不论权贵和庄稼人都一视同仁"[③]；这些法律应以为

---

① 西方法律思想史编写组：《西方法律思想资料选编》，北京大学出版社 1983 年版，第 56 页。

② 张金鉴：《西洋政治思想史》，台北三民书商印行 1976 年版，第 92 页。

③ [英] 洛克：《政府论》下篇，丰俊功译，商务印书馆 1964 年版，第 88 页。

人民谋福利作为最终目的，未经人民或其代表同意，不得对其财产课税；立法机关制定法律的权力不能转让。① 他认为，以上三权应当分立并相互制约。依照现代的观念和制度来说，洛克实际上是主张两权分立。他没有提出"司法独立"，同英国革命具有妥协性有关。当时贵族院居于最高法院的地位，司法权由英王掌握。在近代，完整的"三权分立"理论是孟德斯鸠提出的。彻底的法国资产阶级大革命造就了他的思想观念。孟德斯鸠说："一切有权力的人都容易滥用权力，这是万古不易的一条经验。""从事物的性质来说，要防止滥用权力就必须以权力约束权力。""如果同一个人或是由重要人物、贵族或平民组成的同一个机关行使这三种权力，即制定法律权，执行公共决议权或裁判私人犯罪或争治权，则一切便都完了。"② 虽然孟德斯鸠在政治立场上趋于保守，1789 年法国大革命否定了他的君主立宪方案，却采纳了卢梭的"人民主权"理论，建立了法兰西共和国。但是，他是被公认为"三权分立"学说的正式提出者，是系统地论述"司法独立"的第一人。他的"三权分立"理论被1787 年制定的《美利坚合众国宪法》和1791 年法国宪法所采纳。此后，司法独立的原则和制度被世界上很多国家所沿用。尽管由于历史背景和文化传统不同，分权制衡的具体形式各有千秋，例如美国有总统制、英国有内阁制、法国有总统内阁混合制，从而司法独立各有差异，但其原则精神是完全相同的。

值得注意的是，近几十年以来，司法独立的原则和制度在全世界得到了更为广泛的传播，其基本特点是它已经进入国际法领域，从而开始了一个新的发展阶段。有关司法独立的国际文件主要是：1982 年 10 月 22 日在印度新德里举行的国际律师协会第十九届年会通过的《司法独立最低标准》、1983 年 6 月 10 日在加拿大魁北克蒙特利尔举行的司法独立第一次

---

① 西方法律思想史编写组：《西方法律思想资料选编》，北京大学出版社 1983 年版，第 205 页。

② [法]孟德斯鸠：《论法的精神》上册，张雁深译，商务印书馆 1961 年版，第 154 页。

世界会议通过的《司法独立世界宣言》、1985 年 8 月至 9 月在意大利米兰举行的第七届联合预防犯罪和罪犯待遇大会通过的《关于司法机关独立的基本原则》、1989 年 5 月 24 日联合国经济及社会理事会通过的《关于司法独立的基本原则：实施程序》、1994 年 1 月 20 日在西班牙马德里举行的国际法学家委员会通过的《关于新闻媒体与司法独立关系的基本原则》、1995 年 8 月 19 日在中国北京举行的第六届亚太地区首席大法官会议通过的《司法机关独立基本原则的声明》等。这些有关司法独立的国际文件，具有以下特点：第一，这些文件概括了世界上不少学者和政治家的看法和主张，反映了很多国家的意见和政策，体现了全人类的价值追求，表达了各国人民的共同意志，因而具有很高的权威性与影响力；第二，这些文件对司法独立概念的科学内涵作了深刻揭示，对司法机关与其他国家机关、执政党及新闻媒体的关系作了准确定位，对法官的资格、任免、培训、服务条件与任期、权利与义务等作了全面规定，对司法机关内部的关系作了分析。所有这些对世界各国确定与建立司法独立的原则和制度，具有重要的指导意义与参考价值；第三，这些文件中的一部分对联合国成员国具有约束力。例如，《关于司法机关独立的基本原则》曾经过联合国大会 1985 年第 40/32 号决议和 40/146 号决议认可。《关于司法机关独立的基本原则：实施程序》由联合国经济及社会理事会第 1989/60 号决议通过。这些文件都是联合国成员国必须遵守的，并自 1988 年起负有"每五年向秘书长通报一次在实施基本原则方面所取得的进展情况，包括基本原则的宣传，纳入国内立法的情况，在国内实施原则时所面临的问题和困难以及遇到的各种阻碍，同时还包括可能需要的国际社会的援助等"。我国是联合国安理会五个常任理事国之一，有责任和义务在实施这些原则与制度方面采取行动和作出表率。

（二）司法独立的价值与现实意义

对于司法独立的价值与现实意义，我们不应局限于从司法制度自身去思考，而应从更广阔的视野，即从"依宪治国"的角度去考察。司法独立的原则和制度是"依宪治国"十分重要的内容和必不可少的组成部分。各国学者和政治家对"依宪治国"的内涵存在种种不同见解，其定义不下几十种，在我国，同样有各种说法，如"宪政是什么？就是民主的政治"。①"所谓宪政就是合乎宪法规定的国家体制，政权组织以及政府和人民相互之间权利义务关系而使政府和人民都在这些规定之下，享受应享受的权利，负担应负担的义务，无论谁都不许违反和超越这种规定而自由行动的这样一种政治形态。"②"按照立宪主义的基本精神，国家的政治、经济、文化及其社会生活必须依据宪法精神来加以控制和治理，而这种控制与治理的基本要求与手段则是对国家权力的有效控制与人权保障。"③有人主张"民主＋宪政＝理想的政制"④，也有人提出"宪政"与宪法是一个概念。⑤笔者个人认为："可以给宪政下这样一个定义：宪政是国家依据一部充分体现现代文明的宪法进行治理，以实现一系列民主原则与制度为主要内容，以厉行法治为基本保证，以充分实现最广泛的人权为目的的一种政治制度。根据这一定义，宪政这一概念，包含三个基本要素，即民主、法治、人权。"⑥下面我们分别就司法独立在民主、法治和人权中的地位与作用，作一概要分析。

现代民主这一概念的内涵，大致上包括一个核心和四个方面的内容。一个核心是指"人民主权"原则。它是现代民主的理论基础和根本原则。我国现行《宪法》规定："中华人民共和国的一切权力属于人民"⑦，就是"人

---

① 《毛泽东选集》第二卷，人民出版社 1952 年版，第 726 页。

② 张友渔：《宪政论丛》上册，群众出版社 1986 年版，第 97 页。

③ 韩大元：《亚洲立宪主义研究》，中国人民公安大学出版社 1996 年版，第 7 页。

④ 张文显、信春鹰：《民主＋宪政＝理想的政制——比较宪政国际讨论会热点述评》，载《比较法研究》1990 年第 1 期。

⑤ 陈云生：《民主宪政新潮》，人民出版社 1988 年版，第 1 页。

⑥ 李步云：《走向法治》，湖南人民出版社 1998 年版，第 2 页。

⑦ 《中华人民共和国宪法》（1982 年）第 2 条。

民主权"原则在宪法上的体现。四个方面的内容：一是指公民的民主权利，包括选举权、参政议政权、监督权、知情权，等等。二是指政治权力的民主配置，包括执政党和在野党、合作党的关系；执政党和国家机构的关系；国家机构内部立法机关、行政机关、司法机关的关系；各国家机关内部领导者个人和领导集体的关系等等，都要按照分权与制衡的原则作出合理安排。三是指民主程序，包括政治决策、立法、执法和司法等都要有民主程序。四是指民主方法，包括民主集中制、群众路线、批评自我批评、不搞"一言堂"、让人讲话等等。司法独立是属于政治权力民主配置这一范畴，但又同民主的其他内容密切相关。为什么在国家权力的分立与制衡中要强调司法机关的独立性呢？被尊称为"美国宪法之父"的约翰·汉密尔顿有一段话讲得好。"司法部门既无军权，又无财权，不能支配社会的力量与财富，不能采取任何主动的行动，故可正确断言：司法部门既无强制，又无意志，而只有判断；而且为实施其判断亦需借助于行政部门的力量。"[①] 由于它在国家机构体系中的这种弱势地位，它的任务只是搞清案件的事实和正确适用法律，以及它的地位的这种中立性。因而司法机关对社会的危害性也最少。而司法机关又是维护社会正义的最后屏障和防线。因而保证司法的工作不受来自任何外界的干预和影响，以保障和维护法律崇高权威，是十分必要的。司法独立不仅是一个国家权力结构民主体制的重要一环，而且对保证公民政治权利的实际享有、维护民主程序的正常运行也有关键性作用。因为在民主与法治的社会里政治权利与民主程序一旦遭受侵犯和破坏，应当得到司法机关的救济。如果一个国家的行政机关和法律真正体现人民的利益和意志，同时又有一个独立公正的司法机关能够维护法律的尊严，那么"主权在民"原则的实现就可以得到根本的保证。世界各国的历史和实践已经证明，司法独立是现代民主制度不可或缺的重要一环。

---

① 《联邦党人文集》，商务印书馆 1982 年版，第 392 页。

司法独立是法治国家一个必不可少的主要标志,已得到国际上的普遍赞同和认可。虽然民主原则、平等原则、程序公正、依法行政、法律至上等都是现代法治的必备要素,但是司法独立不仅有其自身的独立价值(国家权力结构的分权与制衡),而且还是实现上述这些原则的重要条件。例如,行政诉讼和对行政抽象行为的司法审查,对保证行政机关依法行政具有重要作用。司法机关独立行使职权,不受行政机关的抵制和干预,是保证行政诉讼和司法审查依法进行的前提条件。又如,形式平等与实体平等是相互关联的。如果适用法律不平等,必然导致公民与法人在权利与义务的享有和履行上的不平等。而对司法的不当干预,正是影响适用法律不平等的重要因素。另一方面,从司法机关内部的体制、程序、审判方法等等来看,司法独立的地位和作用是显著的。这可以从我国当前司法改革所面临的形势和任务看得很清楚。公正与效率是我国司法工作在未来一个时期里的两大主题。它们都同司法独立密切相关。从总体看,现在我们出现错案的主要原因,除了金钱案、关系案这些腐败因素之外,一是司法人员的素质不高,一是外部的非法干预,这已是不争的事实。至于地方保护主义和部门保护主义影响司法公正,更是与司法不能独立、存在体制上的局限和弊端有着直接的联系。同时,这个批条子,那个打招呼,使司法人员左右为难,犹豫不决,也成了影响办案效率的一个重要原因。依据有关司法独立的国际文件的要求,国际实践经验以及我国目前的现实情况,实现司法独立,需要在法官的任免、遴选、培训以及保障其权利等方面进行改革,以保证司法官员做到德才兼备、精通业务、公正无私、廉洁自律。这也是司法工作实现客观、公正、廉洁、高效的重要条件。只有实现真正的司法独立,才能摆脱地方保护主义的束缚及其他体制方面的障碍,这方面的改革才有可能取得最大的成效。

司法独立同人权保障密切相关是近几十年以来的事情。人权保护进入国际领域始于20世纪中叶。第二次世界大战后,德意日法西斯践踏基本人权、灭绝种族的暴行，激起了世界各国人民的极大愤慨，人们普遍提出了保护人权的强烈要求，保障人权开始被确立为一项公认的国际法准则。大批国际人权文书（包括宣言与公约）被通过，其中就包括一些有关司法独立的国际文书。从人权保障的角度来重视司法独立的原则和制度，并制定出国际标准力求在全球范围得以实现，这是以前未曾有过的。司法独立与人权保障的密切关系，包括两层含义：第一，司法独立原则本身就是一项人权。《世界人权宣言》第 10 条规定："人人完全平等地有权由一个独立而不偏倚的法庭进行公正的和公开的审讯，以确定的权利和义务并判定对他提出的任何刑事指控。"① 换句话说，它的意思是：当一个人受指控时，他（或她）享有由一个合法设立的独立的法庭进行审理的权利。第二，司法独立制度是保障人权的一种重要手段，这在《关于司法机关独立的基本原则》等文件的序言中讲得很清楚：保障人权是制定这些文件以普及司法独立的原则和制度的背景和目的。这里又包括两类人权：一类是诉讼人权，如辩护权、申请回避权、公开审判权、上诉权等等。司法独立、法律平等、无罪推定等原则同这些权利的保障直接有关；另一类是各种实体法中公民可以享有的各种权利。司法独立原则通过公正的审判对它们起着间接的保障作用。保障人权是实行权力分立与制衡体制的根本目的，也是厉行法治的根本目的。

（三）中国司法独立观念的反思

1949 年中华人民共和国成立以来，我们在司法独立的原则和制度问题上，曾走过一条曲折的道路。1978 年党的十一届三中全会到现在，随着民主与法制建设进入一个新的历史时期，司法独立在原则的实施与制度的建设方面已经取得一定的进步。但是，从建设社会主义法治国家的目标

---

① 《公民权利和政治权利国际公约》第 14 条、《关于司法机关独立的基本原则》序言第二段和《司法机关独立基本原则的声明》（即"北京声明"）第 2 条都对此作了相同内容的规定。

来看，这一原则和制度还存在不少问题和差距。究其原因，除了政治体制的改革需要有一个发展过程外，某些理论观念相对陈旧与落后，是其中的一个重要因素。这是需要我们运用邓小平的理论加以反思的。

新中国成立后我国的第一部宪法即 1954 年《宪法》第 78 条规定："人民法院独立进行审判，只服从法律。"这一规定清楚地、准确地表述了人民法院实行司法独立的原则，即人民法院审判案件是独立的，它只服从法律，不受任何干涉。但是这一原则后来在很长一个时期里遭到了批判和否定。一次是 1957 年的反右派斗争。当时，"法律面前人人平等"，"被告人有权获得辩护"、"司法独立"等法制原则和"法律可以继承"等理论主张，都被批判为"宣扬资产阶级法律观点"，独立审判被说成是"反对党的领导"，是"以法抗党"。不少法官和理论工作者还因此被划为右派。在这种背景下，始于 20 世纪 50 年代初"镇压运动"中的"党委审批案件制度"得以进一步强化；公检法相互制约的制度也被"一长代三长"、"一员顶三员"所代替。① 这些都侵犯了宪法赋予人民法院的审判权。到 60 年代初这些"左"的错误才开始得到纠正。1962 年 5 月，当时任中共中央副主席、国家主席的刘少奇在一次重要讲话中指出："有的党政负责人随便批准捕人，根本不要公安局、检察院这一套。甚至有的公社、工厂、工地也随便捕人。"他说，"这种破坏法制的行为，必须坚决制止。"② 针对当时有些地方的党组织和行政机关非法干涉法院独立办案的情况，他还明确指出："法院独立审判是对的，是宪法规定了的，党委和政府不应该干涉他们判案子。"还说："不要提政法机关绝对服从各级党委领导。它违法，就不能服从。如果地方党委

---

① "公检法三机关相互制约"指公安机关、检察院、法院在办理刑事案件中"分工负责、互相配合、互相制约"的制度。"一长代三长"、"一员顶三员"指公安局长、检察长、法院院长实行"分片包干"，一个地区的案件，由其中一长负责主持办理，他可以代行其他两长的职权。侦查员、检察员、审判员也可以互相代行职权。参见张穹、蒋惠岭：《法院独立审判问题研究》，人民法院出版社 1998 年版，第 145 页。

② 《刘少奇选集》下卷，人民出版社 1985 年版，第 450 页。

的决定同法律、同中央的政策不一致，服从哪一个？在这种情况下，应该服从法律，服从中央的政策。"① 后来，最高人民法院在这一思想指导下制定了《关于人民法院工作若干问题的规定》，情况有很大好转。

但是好景不长，1966 年开始"文化大革命"并持续十年之久。司法独立第二次遭受批判和否定。第四届全国人民代表大会第一次会议通过的1975 年《宪法》，取消了"人民法院独立审判，只服从法律"、"公民在法律面前人人平等"、"被告人有权获得辩护"等法制原则，并撤销了检察机关，把所谓"群众专政"也写进了法院的审判程序。其结果是公民的权利遭到肆意践踏，冤狱遍于国中。1976 年 10 月"四人帮"被粉碎后，这一法制原则才再一次得到确立。1978 年 12 月召开的党的十一届三中全会，标志着我国的民主法制建设进入一个新的春天。全会的公报指出："检察机关和司法机关要保持应有的独立性；要忠实于法律和制度，忠实于人民利益，忠实于事实真相，要保证人民在自己的法律面前人人平等，不允许任何人有超越于法律之上的特权。"② 1979 年 7 月，五届人大第二次会议通过《刑法》、《刑事诉讼法》、《人民法院组织法》、《人民检察院组织法》等七个法律。其中修正的《人民法院组织法》，恢复了"人民法院独立进行审判，只服从法律"这一原则。1979 年 9 月，中共中央发布《关于坚决保证刑法、刑事诉讼法切实实施的指示》（即著名的"六十四号文件"）。该文件指出，这些法律"能否严格执行，是衡量我国是否实行社会主义法治的重要标志"。但是，在我们党内，由于新中国成立以来对建立和健全社会主义法制长期没有重视，否定法律，轻视法制，以党代政，以言代法，有法不依的做法，在很多同志身上已经成为习惯；认为法律可有可无，法律束手束脚，政策就是法律，有了政策可以不要法律等思想，在党员干部中相当流行。因此，该文件提出："加强党对司法工作的领导，最

---

① 《刘少奇选集》下卷，人民出版社 1985 年版，第 462 页。

② 《中国共产党第十一届中央委员会第三次全体会议公报》，见《三中全会以来重要文献选编》，人民出版社 1982 年版，第 12 页。

重要的一条，就是切实保证法律的实施，充分发挥司法机关的作用，切实保证人民检察院独立行使检察权，人民法院独立行使审判权，使之不受其他行政机关、团体和个人的干涉。国家法律是党领导制定的，司法机关是党领导建立的，任何人不尊重法律和司法机关的职权，这首先就是损害党的领导和党的威信。"同时，这一文件还作了一个重要的决定，即"取消各级党委审批案件的制度"。①1982 年 9 月，党的十二大召开，在这次大会上通过的新党章明确提出："党必须在宪法和法律的范围内活动"。党的十二大报告针对这个规定指出："这是一项极其重要的原则。从中央到基层，一切党组织和党员的活动都不能同国家的宪法和法律相抵触。"②1986年 6 月，邓小平同志在中央政治局常委会上也指出："属于法律范围的问题要用法制来解决，由党直接管不合适"、"党干预太多不利于在全体人民中树立法制观念"。③ 他还说："不管谁犯了法，都要由公安机关依法侦查，司法机关依法办理，任何人都不许干扰法律的实施。"④1992 年 10 月，江泽民同志在党的十四大报告中又重申："要严格执行宪法和法律，加强执法监督，坚决纠正以言代法、以罚代刑等现象，保障人民法院和检察机关依法独立进行审判和检察。"⑤ 所有这些文件和讲话，对纠正和克服"反右斗争"，特别是"文化大革命"中在司法独立上的错误观点和立场，对恢复与坚持司法独立的原则和制度，起了重大作用。

1982 年制定的现行《宪法》是一部好宪法。它为我国新的历史时期民主、法治建设和人权保障奠定了基础，其中包括在《宪法》中重新确立了司法独立原则。但是这部《宪法》对司法独立原则的表述是否准确、全面，是可以研究和讨论的。这部宪法规定：人民法院依照法律规定独立行

---

① 张慜、蒋惠岭：《法院独立审判问题研究》，人民法院出版社 1998 年版，第 133 页。
② 《十二大以来重要文献选编》上卷，人民出版社 1986 年版，第 68 页。
③ 《邓小平文选》第三卷，人民出版社 1993 年版，第 163 页。
④ 《邓小平文选》第二卷，人民出版社 1994 年版，第 292 页。
⑤ 《中国共产党第十四次全国代表大会文件汇编》，人民出版社 1992 年版，第 34 页。

使审判权，人民检察院独立行使检察权，"不受行政机关、社会团体和个人的干涉"。"干涉"是个贬义词。我国的司法机关要接受党的领导，接受人大的监督，这些原则在《宪法》中已经有十分明确和具体的规定。然而，"干涉"和"领导"、"监督"不是同一个概念。各级党组织及其领导人、各级人大及其领导人，也不能随意对司法机关独立行使审判权和检察权加以干涉。但事实上，这种干涉是客观存在的。因此，1982年《宪法》规定，这种独立审判权和检察权，只是不受"行政机关"的干涉是不严谨的。在这部《宪法》制定过程中，就有一些学者对此提出过意见，并建议还是用1954年《宪法》关于"人民法院独立进行审判，只服从法律"的规定为好。可是，这一建议未被采纳，从而为后来党中央关于"取消党委审批案件的制度"的指示① 不能得到落实，地方党组织和领导人干涉司法机关对具体案件的审理时有所见；人大监督与司法独立的关系不能得到正确理解和处理，地方人大及领导人干涉司法机关对具体案件的审理常有出现，留下了宪法原则依据的缺失。

以上问题的出现，同人们包括有些领导同志对"司法独立"原则存在不同理解与认识有关。例如，1981年第一次全国政法工作会议上，一位领导同志就曾提出要批判"司法独立"、"无罪推定"、"有利被告"、"自由心证"这四个原则和制度。这位领导同志的看法是："司法独立，还要不要党的领导？这是一个老问题。有人提出，法院独立审判，只服从法律，任何机关、团体、个人不得干涉和施加影响。这样讲，还要不要受党的领导？还要不要对人民代表大会及其常委会负责？公检法互相制约，也是一种干涉，不允许吗？工青妇对审判发表一点意见，也是影响，这都不行？甚至审判是个人都要独立，不受审判委员会、院长、庭长的领导，只能他

---

① 当时宪法起草委员会秘书处负责人胡乔木同志曾要求中国社会科学院法学研究所对1982年《宪法》草案提修改意见。该所孙亚明、王家福、李步云、刘海年、张仲林等五位同志提出过这一建议。

一个人说了算。那怎么行呢?"① 其实,"司法独立"不能提,只是这位领导的个人意见,同时他个人的看法也不是一贯的主张。例如叶剑英同志任宪法修改委员会主席代表中共中央在该委员会第一次会议上讲话时,就曾提出,坚持司法独立是这次宪法修改的一项指导原则。又如,撰写代表党中央意见的《社会主义民主和法制的里程碑——评审判林彪、江青反革命集团》的《人民日报》特约评论员文章,② 就是这位领导同志提出的建议并审阅定稿。这篇文献总结的这次世纪审判贯彻了五项法制原则,其中一项就是"司法独立"。可见,认为"司法独立"的提法不能用,并不是中央领导集体的意见。当然,问题的关键不是提法和用词问题,而是涉及到法的基本理念,是对"司法独立"这一法治原则的科学内涵的理解与把握。认为执政党的各级党组织和领导人员可以"干涉"司法机关独立办案,这是无论如何也说不通的。它既同邓小平的理论主张不符合,也和世界各国通常的理念与制度相背离,还同《关于司法机关独立的基本原则》这一国际人权文件的精神与规定相抵触。该文件的第 2 条规定:"司法机关应不偏不倚、以事实为根据并依法律规定来裁决其所受理的案件,而不应有任何约束,也不应为任何直接间接不当影响、怂恿、压力、威胁或干涉所左右,不论其来自何方或出于何种理由。"③

党对司法工作的领导主要是路线、方针、政策的领导,是监督司法机关严格依法行使职权和依法办案。在一定意义上,法律集中体现了执政党的方针、政策。司法机关内部也有党的组织在起领导和监督作用。因此,司法机关严格依法办案,就是体现了党的领导作用。司法独立是一项宪法原则,司法机关的权力是宪法赋予的。而像党委审批案件一类制度④是违

———————————

① 《彭真文选》,人民出版社 1991 年版,第 416 页。

② 李步云:《走向法治》,湖南人民出版社 1998 年版,第 615 页。

③ 中国社会科学院法学研究所编:《国际人权文件与国际人权机构》,社会科学文献出版社 1993 年版,第 300 页。

④ 李步云:《走向法治》,湖南人民出版社 1998 年版,第 326 页。

反宪法的。如果司法机关之上或之外还可以有某个组织或个人对具体案件的定罪量刑作最后裁决，这就剥夺了我国宪法赋予司法机关独立办案的权力。我一贯主张在我国建立违宪审查制度。① 如果这一制度建立起来，而某一案件是司法机关之上或之外的某一机关或个人所最后定夺，那么当事人就可以提起宪法诉讼，违宪审查机构就必须受理，而违宪审查机构也很难作出这不是违宪的裁决。这也不失为是保障司法独立的一种有效办法。

后记：本文原载于《法学研究》2002 年第 3 期。

十二、建立违宪审查制度刻不容缓

依法治国，建设社会主义法治国家，作为我国人民的一项治国方略和奋斗目标，已被庄严地载入《宪法》。宪法是国家的根本大法，是全国各族人民、一切国家机关和武装力量、各政党和各社会团体、各企事业组织的根本活动准则。依法治国的根本是依宪治国；依法办事首先应当依宪办事。不重视宪法的作用，就会丢失立国的根本；不树立宪法的权威，就难以树立法律的权威。

1982 年制定的我国现行《宪法》，后来又经过多次修正，是一部好宪法。这部《宪法》制定以来，广大干部和群众的宪法意识已经有了提高。但是也必须看到，我国宪法的实施不能说没有问题了。新中国成立已五十多年，还从来没有处理过违宪案件。我们既没有设置具体负责受理与审查违宪案件的专门机构，没有制定具体的违宪审查的特别程序，也没有设计出一套进行选宪审查的理论和原则。例如，在我国什么叫违宪？它应有哪些构成要件？违宪的主体可以是哪些机关和个人？违宪的客体应是什么样

---

① 李步云：《建立违宪审查制度刻不容缓》，载《法制日报》2001 年 11 月 2 日。

的行为？违宪行为有无时效？什么样的组织和个人可以提出进行违宪审查的要求或控告？违宪审查机构是"不告不理"还是可以主动审查？它以什么形式进行裁决，其效力又如何？如此等等，在我国理论界和权力机构中，都还没有明确和统一的认识。

世界各国违宪审查机构的设置，大体上可以分为四大类：

一是由立法机构负责违宪审查。通常认为英国和苏联是采用这种方式的代表。英国实行"议会至上"的宪政体制，内阁和法院由议会产生并对其负责，议会可以制定、修改和废止任何法律，包括各种宪法性文件：任何一部法律如果违宪，也只能通过议会才能修正或废止。由于英国采用这种体制有其历史的特殊性；而这种体制有一重要弱点，即"自己监督自己"，因此西方国家效仿它的极少。

二是由司法机关负责违宪审查。首创这种体制的是美国。它建立在"二权分立"的政治哲学基础上，它的直接渊源是著名的马伯里诉麦迪逊案这一判例。在世界范围内这一判例也开创了违宪审查的先河。早在此判例确立之前，阐释三权分立学说最有力，也称为"美国宪法之父"的汉密尔顿就说过："法院必须有权宣布违反宪法明文规定的立法为无效。如无此项规定，则一切保留特定权利与特权的条款将形同虚设。""解释法律乃是法院的正当与特有的职责。而宪法事实上是，亦应被法官看作根本大法。所以对宪法以及立法机关制定的任何法律的解释权应属于法院。"现在全世界效仿美国模式的有60多个国家。但是大多数国家还是依据本国的具体国情作出某些规定。例如，只有最高法院才能审查违宪的立法，法庭组成人员要吸收法学教授、政治家参加，审查程序也不同于一般的法院审案程序。

三是由专门的政治机关负责违宪审查。法国是实行这种体制的典型。法国现行宪法规定："宪法委员会的成员为九人，任期九年，不得连任。宪法委员会成员每三年更新三分之一，基中三名由共和国总统任命，三名由国民议会议长任命，三名由参议会议长任命。除上述规定的九名成员外，各前任共和国总统是宪法委员会当然的终身成员。"其主要职责是："宪法委员会监督共和国选举。""各组织法在公布前，议会两院的规章在施行前，都必须提交宪法委员会，宪法委员会应就其是否符合宪法作出裁决。"为了同样的目的，各个法律在公布前，可以由共和国总统、总理、国民议会议长、参议院议长、六十名国民议会议员或者六十名参议院议员提交宪法委员会。此外，该委员会还有权裁决议会两院议员选举中的法律争议以及监督全民公决等等。该委员会活动是秘密的，开会只公布结果，不公布理由和内部讨论内容。法国宪法委员会具有很强的政治性和很高的权威性，各国完全效仿的不多，但很重视它的某些长处和经验。

四是由宪法法院负责违宪审查。这种模式由奥地利于1920年首创，后来德国、意大利、西班牙等大多数欧洲国家都相继设立了宪法法院。不少亚、非、拉国家也采用这种制度。奥地利的宪法法院由12名正式成员和6名替补成员组成。院长、副院长及6名正式成员和3名替补成员，由联邦政府提名；国民议院和联邦议院各提出3名正式成员，1名替补成员。以上名单均由总统任命。所有宪法法院的成员和候补成员均需有法学或政治学学历，并且担任法学或政治学专业职务不少于10年。奥地利宪法还规定："任何政党的雇员或其他工作人员均不得被任命为宪法法院成员。"宪法法院职权通常包括：解释宪法；裁决国家机关之间的权限争议；审查各种法律、法规、法令的合宪性；审理或监督审理高级官员包括总统的弹劾案；审查公民个人提起的宪法诉讼等等。

世界各国违宪审查制度对树立宪法的权威和维护国家法制的统一，对保障民主、法治与人权，对维护国家政治与社会的稳定，都起了重要的作用，其具体经验也是我们可以借鉴的。但是，在我国建立违宪审查制度，必须从我国的具体国情出发。人民代表大会制度是我国的根本政治制度，立足于我国的政治体制来建立违宪审查制度是首先必须坚持的。民主与法治的健全与完善是一个长期的发展过程，不能想当然去追求那些所谓的"理想"模式。

基于以上考虑，我们建议：全国人民代表大会设立宪法监督委员会。它受全国人民代表大会领导；在人民代表大会闭会期间，受全国人民代表大会常务委员会领导。宪法监督委员会由主任委员、副主任委员两人和委员十二至十五人组成，其主任、副主任人选举大会主席团在副委员长中提名，委员人选在代表中提名，大会通过。宪法监督委员会的组成人员中，应当有适当数量的法学专家。在大会闭会期间，全国人民代表大会常务委员会可以补充任命缺额的副主任或委员。宪法监督委员会可以聘请若干法学专家担任顾问，顾问由全国人大常委会任免。顾问列席会议，但无表决权。宪法监督委员会的职责如下：（一）对宪法解释，提出意见和建议；（二）对现行法律、行政法规和地方性法规、自治条例和单行条例是否同宪法相抵触，提出审查意见；（三）对报送全国人民代表大会常务委员会备案的地方性法规是否同宪法和法律相违背，提出审查意见；（四）对报送全国人民代表大会常务委员会批准的自治区的自治条例和单行条例是否同宪法和法律相抵触，提出审查意见；（五）对全国人民代表大会及其常务委员会授权国务院制定的行政法规，或者授权省级人民代表大会及其常务委员会制定的地方性法规是否同宪法和法律相抵触，提出审查意见；（六）对国务院裁决的省级地方性法规同行政法规相抵触、省级地方性法规同国务院部门规章之间有矛盾的处理意见，提出审查意见；（七）对中央一级国家机关之间的权限争议，提出处理意见；（八）对中央一级国家机关的重大政策和决策是否违宪，提出审查意见；（九）对全国人民代表大会选举的中央一级国家机关领导人员的罢免案，提出审查意见；（十）全国人民代表大会及其常务委员会交付的其他工作。以上机构的设置及其职权的设定，同我国现行宪法的原则精神和具体规定是完全一致的。

在1982年现行宪法制定的时候，学者们就曾呼吁建立我国的违宪审查机制，中央对此也作过认真考虑，但是鉴于当时"经验不足"而未能实现。20年后的今天，我国在制宪行宪方面已积累了相当多的经验。广大干部和群众的法制观念和宪法意识已有很大提高。政治体制改革和民主政治建设已取得长足的进展。为了预防和消除权力腐败和权力异化，民主监督体系正在加强。我国已经加入世界贸易组织，社会主义市场经济将进一步完善。建设社会主义法治国家的奋斗目标已经确立，正在步伐坚定地向前迈进。由于党的路线、方针和政策正确，党的威望日益提高，党的执政地位空前巩固。所有这一切，都为今天在我国建立违宪审查制度，提出了迫切要求和提供了现实条件。如果本届人大能在自己的任期内建立起违宪审查制度，将为党的十六大和新一届人大，为新世纪的民主法治建设献上一份厚礼。

后记：本文原载于 2001 年 11 月 2 日《法制日报》。

十三、党必须在宪法和法律的范围内活动

新《宪法》的序言规定："全国各族人民、一切国家机关和武装力量、各政党和各社会团体，各企业事业组织，都必须以宪法为根本的活动准则，并且负有维护宪法尊严、保证宪法实施的职责。"这里所说的"各政党"，当然包括中国共产党在内。在国家的根本大法中强调中国共产党也必须以宪法作为自己根本活动准则，这在新中国的立宪史上还是头一次。

胡耀邦同志在党的十二大报告中指出："新党章关于'党必须在宪法和法律的范围内活动'的规定，是一项极其重要的原则。从中央到基层，一切党组织和党员的活动都不能同国家的宪法和法律相抵触。"这是我们党总结了新中国成立三十二年来正反两方面的历史经验所得出的一个崭新的结论，也是在新的历史时期我们党决心采取的一条十分重要的方针。这一规定从原则上明确了党的领导同国家政权的关系，不但给党的建设的理论增添了新的内容，也给马克思主义的国家与法的学说增添了新的内容。

现在，这一原则又庄严地记载在宪法里。运用宪法来保证切实做到这一点，对于加强和改善党的领导，对于维护宪法的统一和尊严，对于发扬民主与健全法制，都有重大的现实意义和深远的历史意义。

强调各级党的组织必须以宪法作为自己的根本的活动准则，会不会贬低党的领导地位，削弱党的领导作用呢？我们认为不会。社会主义的法律是党领导人民制定的，是党的路线、方针、政策的具体化、条文化、定型化，是党的主张和人民意志的统一。党通过领导国家的立法机关、行政机关和司法机关，制定、贯彻和执行法律，把先进阶级的意志上升为整个国家的意志，并且运用国家强制力保证其实施，这正是巩固与加强党的领导地位，而决不是降低或削弱党的领导作用。既然党的路线、方针、政策，通过法律的形式成了全国人民的共同意志，成了全体公民都要严格遵守的行为准则，因此，要求各级党组织在宪法和法律的范围内活动，严格依法办事，不仅不会削弱党的领导，而且更有利于党的路线、方针、政策在全国范围内和在全体规模上得到最严格的和统一的贯彻执行，从而有利于加强党的领导地位，更好地发挥党对国家生活和社会生活各个方面的领导作用。事实证明，以党代政、以言代法、以政策代替法律，大小事情都凭各级党组织和领导人说了算，只能削弱党的领导。当党提出的意见、主张和方针政策为国家的权力机关所接受，形成国家的法律和制度以后，各级党的组织就应该为维护这些法律和制度而斗争，并且带头遵守这些法律和制度，还要教育和引导广大干部和群众遵守这些法律和制度。从这个意义上说，各级党的组织遵守国家的宪法和法律就是坚持和加强党的领导。

强调各级党的组织必须以宪法作为自己的根本活动准则，会不会给党的工作带来"麻烦"和"不方便"，从而降低党的工作效率呢？我们认为不会。社会主义的法律，是党领导人民，运用马克思主义的理论作指导，在总结实践经验的基础上按照事物发展的客观规律制定出来的。正如马克思所说，立法者"不是在制造法律，不是在发明法律，而仅仅是在表述法律，他把精神关系的内在规律表现在有意识的现行法律之中"。① 宪法和各部门法不仅要反映各种社会规律，即社会现象中经济、政治、文化、军事等各方面的必然联系，还要反映自然规律，即各种自然现象彼此之间的必然联系，以及人们在生产斗争中人和自然界的种种必然联系。因此，各级党组织严格依法办事，实质上就是严格按客观规律办事，使党在各方面的工作增强自觉性，减少盲目性。同时，社会主义法律可以使全国各方面的工作有一个统一的行为准则，使一切党政机关和公民从法制中知道做什么和怎样做是国家允许的或不允许的。这样就可以使党组织在各种问题上容易做到思想统一、行动一致，避免许多由于领导成员彼此之间认识不同，而互相扯皮的现象，从而增强党组织的战斗力。

强调各级党的组织必须以宪法作为自己的根本活动准则，会不会束缚自己的手脚，使党组织不能充分发挥领导作用呢？我们认为也不会。正如毛泽东同志曾经说过的那样，"按照法律办事，不等于束手束脚"，"要按照法律放手放脚"。② 因为，有的法律规定是比较有原则的，如何具体执行，需要领导者去灵活运用。有的法律规定比较具体，但需要领导者进行大量的工作去组织实施。而且，即使法律制定得再完备，任何时候也不可能包罗一切；许许多多的问题，仍然需要领导机关和领导人员，在不违背宪法和法律总的精神的前提下，按照实际情况去处理、解决。这一切，都要求各级党组织放手大胆地工作，以充分发挥自己的领导作用。任何一种法律都是有一定"束缚"作用的。但是社会主义的法律决不会束缚那些为人民谋利益的正确思想和行动，它只是对那些习惯于个人专断或蔑视法律的人，玩忽职守、对人民的生命财产漠不关心的人，利用人民给予的权力搞特权或贪赃枉法的人，才会有所束缚。这样的"束缚"，只会使党组织的肌体更加健康强壮，使党在人民群众中的威望更高。

---

① 《马克思恩格斯全集》第 1 卷，人民出版社 1972 年版，第 183 页。

② 《毛泽东选集》第三卷，人民出版社 1991 年版，第 359 页。

　　要求各级党的组织必须以宪法作为自己的根本活动准则，是发扬社会主义民主的必要条件。在我国，国家的一切权力属于人民，人民行使国家权力的机关是人民代表大会。社会主义的法律是国家权力机关通过一定的民主程序制定或认可的行为规范。党的意见和主张只有经全国人大和它的常委会通过和决定才能成为法律，成为国家意志。各级党组织严格地以宪法作为自己的根本活动准则，就集中鲜明地表明我们党真正尊重国家权力机关的地位和作用，尊重人民管理国家的权力，尊重社会主义民主，切实按照民主原则办事。而且，既然社会主义的宪法和法律是体现了全国人民的共同意志，因此，党组织严格依法办事，就是意味着严格地按照人民的意愿办事，表明自己没有也决不享有超越宪法和法律的特权，就能进一步提高党在人民中的威望。同时，法律是明文公布而人人周知的行为规范。要求党组织在法律范围内活动，就能更好地把各级党组织的工作置于广大人民群众的监督之下；就可以更有效地约束各级党的组织和领导人员按民主程序办事，认真发扬民主作风，切实尊重人民群众的民主权利。

　　要求各级党的组织必须以宪法作为自己的根本活动准则，是维护社会主义法制应有权威的可靠保障。过去，由于种种原因，我们没有能把党内民主和国家政治生活的民主加以制度化、法律化，或者虽然制定了法律，却没有应有的权威，这是"文化大革命"得以发生和进行的一个重要条件。我们必须认真记取这个教训。而要维护法制的应有权威，关键是各级党组织要带头遵守法律，严格依法办事。我们党是执政党，在全国各条战线、各个部门和所有基层单位中，党的组织都是处于领导者的地位。如果党的组织随随便便地把法律抛在一边，自己发布的决议和指示，可以任意和宪法与法律的原则精神或具体规定相违背，那就会严重损害法律的权威性，就难以教育自己的党员切实遵守法律，就无法要求其他社会组织严格依法办事。

　　要求各级党的组织必须以宪法作为自己的根本活动准则，也是加强与改善党的领导的有效措施。我们的党是全国人民的领导核心，这种领导地位得到了《宪法》的认可与保障。坚持党的领导作为坚持四项基本原则之一，已经庄严地记载在《宪法》的序言中。任何人否认或反对党的领导，都是违反我国《宪法》的。但是，党对国家的领导，如果没有法律作出明确的、具体的、详细的规定，党就难以领导好国家。国家要由党领导，但是党不是凌驾于国家和法律之上，而是通过民主的程序实施领导。对于宪法和法律，任何一级党组织都不能想立就立，想废就废，愿执行就执行，不愿执行就不执行。如果某些法律规定已不适应形势发展的需要，党组织应通过民主的、合法的程序，建议立法机关对某些法律进行补充、修订，而不能任意予以变更或不遵守。同时，党在对国家事务和各项经济、文化、社会工作的领导中，必须正确处理党同其他组织的关系，从各方面保证国家权力机关、行政机关、司法机关和各种经济、文化组织有效地行使自己的职权，保证工会、青年团、妇联等群众组织主动负责地进行工作。这是改善党的领导的重要一环。而要切实做到这一点，各级党的组织就必须严格依法办事，真正尊重宪法和法律赋予这些组织的职权。

现在，各级党组织都应以宪法作为自己根本的活动准则，已作为一项重要原则在新《宪法》中正式确认下来。怎样才能保证各级党的组织都切实做到这一点呢？

第一，党中央在这方面要首先作出表率。党中央是全党的领导核心。党中央领导人民制定宪法和法律，也领导人民遵守宪法和法律。粉碎"四人帮"以后，特别是三中全会以来，党中央领导全党和全国人民为发展民主与健全法制而斗争；今后也一定能在严格遵守宪法和法律方面，为全党和全国人民作出榜样，这是维护宪法的权威与尊严最重要的保证。

第二，各级党的领导干部要真正树立起法制观念，坚决克服与法制观念不相符合的各种错误思想、认识、作风和习惯。在这方面，最重要的是要树立起法治思想，坚决克服"权大于法"的现象。

第三，各级党的领导者必须认真学习法律，要执行好法律必先熟悉法律。如果根本不懂法律，也就无法保证党组织的活动符合宪法和法律的规定和要求。现在各级党的领导者中，熟悉法律的人还不是很多。采取各种办法提高他们的法学知识水平，是十分必要和非常迫切的。

第四，一切国家机关、各民主党派、各社会团体，都有权对各级党的组织是否严格依法办事实行监督。采取各种组织的、法律的、制度的措施，来保证这种监督切实有效，是非常重要的。过去，我们只讲或者只强调党组织对国家机关和社会团体是否守法实行监督这一面，是不全面的。

第五，维护宪法尊严，保证宪法实施，人人有责。依靠广大群众对各级党组织是否在宪法和法律的范围内活动进行监督，也是十分必要的。

后记：本文原载于 1982 年 11 月 22 日《光明日报》。《新华文摘》1983 年第 1 期转载。1984 年 10 月获《光明日报》"优秀理论文章"二等奖。本文作于 1980 年 8 月，并投《光明日报》。该报认为事关重大而未发表，直到中央明确肯定这一原则方才刊登。收入本书的这篇文章，已对在《光明日报》发表时的内容作了少许增改，并收入作者的《新宪法简论》（法律出版社 1984 年版）一书。本文观点可参见 1981 年 6 月 27 日《关于建国以来党的若干历史问题的决议》与党的十二大通过的新党章总纲最后一段。

十四、论党的政策和国家法律的关系

在社会主义制度下，国家法律同共产党政策的关系，是一个十分重大的理论与实践问题。新中国成立以来，我们在这个问题上，有着正反两方面的经验教训。党的十一届三中全会以来，经过思想理论上的拨乱反正和认真总结三十多年来的经验教训，在政策与法律的关系问题上，我们得出了一些重要结论，并且正在用这些结论来指导我们的立法和司法实践。

（一）国家法律必须以党的政策为指导，但党的政策只是在原则上指导法律，而不能取代法律

共产党在社会主义国家中处于执政党的地位，这种地位是由社会主义国家的阶级性质决定的，是在革命斗争历史中形成的。历史已经证明，没有共产党就没有新中国；没有共产党，我们的国家就不可能沿着社会主义道路前进、直到最终实现共产主义。党对国家的领导，主要是路线、方针、政策的领导，党通过制定正确的政策，并且通过国家政治生活的民主程序，使这些政策为国家权力机关和其他国家机关所接受，成为全国人民的行动指南。这是党对国家实行领导的基本方法。坚持国家法律以党的政策为指导，这是保证我国法律符合人民利益，不偏离社会主义轨道的根本条件，是保证党对国家实行政治领导的重要手段。因此，以党的政策指导我国法律的制定和实施，这是我们坚定不移的一项原则，任何否定和反对这一原则的思想和行为，都是错误的和不能允许的。

但是，党的政策只能是原则上指导法律，而不能取代法律。我国自1957年以后，由于党在指导思想上的"左倾"错误，我们没有能够正确处理好党的政策和国家法律的关系，其主要表现就是以政策代替法律。当时认为，法律容易束缚自己的手脚，是可有可无的，只要有党的政策就行了。因此，在很长一个时期里，我们没有重视法律的制定，也没有重视维护法律的权威与尊严，致使我国的法制建设遭受了重大损失。而民主与法制不健全，终于成了"文化大革命"得以发生和发展的一个重要条件。党的十一届三中全会以后，我们党认真总结并吸取了这一沉痛教训，抛弃了以党的政策代替国家法律的错误观念，提出了健全社会主义法制的口号和任务，采取了各种实际步骤来加强立法工作、完善各项法律，并且从各方面采取措施来维护法律的权威和尊严。近几年来，我们制定了《刑法》、《刑事诉讼法》等一系列重要法律，用了两年多时间对1978年《宪法》作了全面修改，这种立法工作的规模和速度是空前的。它充分说明，我们的

国家已经摆脱了政策取代法律的旧轨道，进入了一个以法治国的新时期。

从理论上说，党的政策只能指导法律，而不能取代法律，其原因，一方面是由于法律同政策相比，具有自己的特性。它的作用是党的政策所绝对不能代替的，概括地说，法律具有国家意志的特性，具有强制执行的特性，具有行为规范的特性，具有相对稳定的特性。这些特性，把法律同党的政策区别开来。法律的重大社会功能，也是由法律的这些特性所决定的。把党的政策和国家法律简单地等同起来，以为党的政策可以取代法律，就势必导致法律虚无主义，使国家的政治、经济、文化和社会生活各个领域都无法可依、无章可循，势必促使各级国家机关工作人员在工作中滋长主观随意性，不能严格按照客观规律办事；势必造成那种把领导人的话当作法律，国家的治理完全随领导人的看法的改变而改变的局面，使国家不能得到稳定的发展。另一方面，既然党的政策对法律起指导作用，法律是党的政策的具体化、条文化、规范化，那么，从某种意义上说，国家的法律是实现党的政策的重要手段。以政策取代法律，实际上不利于党的政策在全国人民中间贯彻执行，不利于真正加强党的领导。

党的政策不能取代法律，但法律需要有党的政策作指导。在我国，法律是党的主张和人民意志的统一。这里所说党的主张，实际上也就是指党的政策。党的政策、主张只有通过国家权力机关一定形式的民主立法程序，为人民代表大会所接受和采纳，才能转化成法律。在这个过程中，党的正确政策被国家权力机关完全接受，个别不正确的政策被否定，一些不够完善的政策则得到修正和补充使其更为完善。例如，1982年12月4日通过的《中华人民共和国宪法》，就是按照这一原则制定出来的。这部宪法不仅是由宪法修改委员会具体主持起草，由全国人民代表大会认真讨论和庄严通过，而且还组织了近四个月之久的全民讨论。通过全民讨论，充分发扬了民主，更好地集中了群众智慧，使得党的主张和人民意志在新《宪法》中达到高度统一。我国的其他法律，如《刑法》、《刑事诉讼法》的制定，也是这样。总之，我国的宪法和法律体现了党的政策的原则精神，但又不是简单地照搬党的政策，是党的政策同全国人民意志的有机结合。

（二）法律一旦生效后，在适用范围上比党的政策更广泛，并具有相对的独立性和稳定性

在我国，法律同党的政策相比，它的适用范围更广泛。这有两方面的含义：首先，党的政策大致可以分为两部分：一部分是调整党组织自身的各种关系的政策，例如，关于党的组织建设的政策，关于党的思想建设的政策，关于执行党的纪律的政策，等等。这些政策只适用于党内，只对各级党组织和全体党员有约束力；另一部分是党的关于国家的政治、经济、军事、文化以及社会生活等各方面的政策，各级国家机关就应当接受，作为开展各项工作的指导原则，认真贯彻执行。只有这一部分政策才适用于全国。其次，即使是这后一部分政策，通过国家权力机关的认可，可以成为国家政策，其中有的可以制定成为法律，但是这要经过法定的立法程序。而且，党的政策往往是比较原则的规定或号召。法律则不同，它具有严格的规范性。它明确地、具体地规定人们应该做什么、不应该做什么。因此，它比政策更便于遵守和切实执行，这也决定了国家法律比党的政策适用范围更广。

在我国，国家法律同党的政策相比，在适用时间上更为稳定。这是因为，第一，并不是党的所有的政策都要制定成法律，而只是那些被认为是比较成熟的政策和具有相当稳定性的政策才被制定成法律；第二，党的政策在制定成法律的过程中将日益完善而更具有稳定性。因为国家法律一般是在总结贯彻党的政策的实践经验基础上，更加集中群众的智慧而制定出来的。因此，总的说来，国家法律同定型为法律之前的政策相比，总是更为成熟。从分析客观形势，总结实践经验，提出党的政策，到总结执行政策的经验，制定成某些法律，再到总结实施法律的经验，修改和完善各项

法律，这是党的政策运动发展的过程，是一个实践——认识——再实践的过程。在这一过程中，党的政策发展到定型化为法律的时候，就具有了更为成熟因而也更为稳定的性质。由于上述两个方面的原因，国家法律比党的政策在适用时间上更为稳定。当然，这是相比较而言的。法律的稳定性，自然具有相对性。随着客观条件的变化和客观需要的出现，随着人们认识水平的不断提高和实践经验的逐渐积累，法律总会发展变化。但是，注意和保持法律的稳定性是十分必要的，因为它对维护法律的权威与尊严具有重要的意义。现在，我们的党和国家很重视法律的稳定性。这次新《宪法》的制定就是一个例子。本来，这部《宪法》计划在1981年的五届人大四次会议上通过。后来时间延长了一年，即1982年12月的五届人大五次会议才通过，这主要是为了使这部宪法制定得更为成熟，从而使它具有更大的稳定性。

在我国，国家法律还具有相对的独立性。中国共产党是我们国家的领导核心，国家法律的制定和实施，都必须坚持党的领导。但是，党又不能自己制定或修改法律，这一权力，只有国家的权力机关才能行使。法律具有国家意志的特性，它是统治阶级意志的体现。我国社会主义的法律是无产阶级和广大人民的利益和意志的集中反映，而不是统治阶级中某个人、某个集团的意志的表现。在我国，国家的一切权力属于人民，人民行使国家权力的机关是各级人民代表大会。党的主张和人民的意见只有经过全国人大和它的常委会讨论通过，才能成为法律，成为国家意志。法律一旦制定，也只有国家权力机关才能修改。这就是法律的相对独立性。随着客观条件和主观认识的发展变化，当党提出了新的政策，需要对某些法律进行修改时，就应当通过一定的民主程序，以新的政策为指导及时地修改法律。如果对法律不作及时修改，而让党的新政策和现行法律产生重大矛盾，势必影响法律的尊严，也势必影响政策的权威。这种情况是我们应当力求避免的。过去，我们在这方面存在不少问题。现在，我们的党和国家已经总结和吸取了这一教训。国家法律同党的政策的关系是这样，国家法律同党政领导人的关系就更应当是这样。正如邓小平同志所指出的："为了保障人民民主，必须加强法制。必须使民主制度化、法律化，使这种制度和法律不因领导人的改变而改变，不因领导人的看法和注意力的改变而改变。"① 过去，我们在这方面也存在不少问题，往往把领导人说的话当作"法"，不赞成领导人说的话就叫作"违法"，领导人的话改变了，"法"也就跟着改变。在这种情况下，当然就谈不上有什么法律的相对独立性，更谈不上法律有什么权威和尊严。现在，我们的党和国家已经总结和吸取了这一教训。

（三）党要在宪法和法律的范围内活动

中国共产党十一届三中全会通过的《关于建国以来党的若干历史问题的决议》明确指出："党的各级组织同其他社会组织一样，都必须在宪法和法律的范围内活动。"胡耀邦同志在党的十二大的报告中也强调，这是"一项极其重要的原则"，"从中央到基层，一切党组织和党员的活动都不能同国家的宪法和法律相抵触"。而且党的十二大还把这一原则庄严地写进了新党章。这一原则是中国共产党总结了新中国成立三十二年来正反两方面历史经验所得出的一个崭新的结论，也是我们决心采取的一条十分重要的方针。坚持这一原则，对于正确处理党同国家的关系、党同法律的关系、政策同法律的关系，具有决定性意义。

坚持党的组织在宪法和法律的范围内活动，就能正确处理好党和国家的关系。党的政策和国家法律的关系问题，实质上是一个党和国家的关系问题。要正确处理好政策和法律的关系，关键是必须正确处理好党和国家的关系。党是国家和人民的领导力量，但它不能也不应当凌驾于国家和人民之上。党的十一届三中全会以来，我们的党和国家认真地总结了这一教训，并积极采取措施来改正这方面的失误。这次新《宪法》的制定，就体

---

① 《邓小平文选》第二卷，人民出版社 1994 年版，第 136 页。

现了这一精神。例如，新《宪法》在序言中强调了我们的国家必须坚持党的领导，但是在具体条文中又果断地取消了 1978 年《宪法》的第 2 条"中国共产党是全中国人民的领导核心。工人阶级经过自己的先锋队中国共产党实现对国家的领导"；第 19 条"中华人民共和国的武装力量由中国共产党中央委员会主席统率"；第 22 条"根据中国共产党中央委员会的提议，决定国务院总理的人选"；第 56 条"公民必须拥护共产党的领导"。这些具体条文表面看来是有利于加强党的领导，实际上是党政不分、以党代政的法律化，客观上有损于党的领导。

要坚持党组织在宪法和法律的范围内活动，正确处理好政策与法律的关系，一个十分重要的条件，是提高各级人民代表大会的权威，使它们成为名副其实的国家权力机关。我国的最高国家权力机关是全国人民代表大会及其常务委员会，宪法和法律（这里是指狭义上的法律）是由这一权力机关制定的；地方性法规则是由各省、市、自治区的人民代表大会及其常务委员会制定。在各级人代会中，不仅有党员代表，而且有众多的非党员代表。只有各级人代会充分发扬民主，独立决定一切国家大事，才能保证这些机关所制定出来的法律真正是党的主张与人民意志的统一。过去，我国的人民代表大会制度不够健全，有时长期不召开会议，开会时也没有充分发扬民主。三中全会以来，我们认真总结了这方面的教训。《关于建国以来党的若干历史问题的决议》在谈到我国新的历史时期建设高度民主的社会主义政治制度的任务时，曾明确指出："必须根据民主集中制的原则，加强各级国家机关的建设，使各级人民代表大会及其常设机构成为有权威的人民权力机关。"1982 年通过的新《宪法》也采取了一系列健全人民代表大会制度的措施。例如，扩大全国人大常委会的职权；充实全国人大代表权力；在全国人大增设财政经济委员会，外事委员会，教育、科学、文化、卫生委员会，华侨委员会等专门委员会；扩大省一级人代会及其常委会的职权，赋予它们以制定和颁布地方性法规的权力，等等。所有这些规定，都有利于进一步完善人民代表大会制度。

党组织必须在宪法和法律的范围内活动，不仅表现在立法上，而且应当体现在法律实施的过程中。按照这一原则，不仅每个党员（不管他们现在地位多高，过去功劳多大）都要严格依法办事，切实遵守法律，而且各级党的组织（上自党的中央，下至党的基层支部）的活动都不能同国家的宪法和法律相抵触。过去，我们强调过党员个人应当守法，但是很少讲过各级党组织也要严格依法办事。而事实上，过去有不少党组织缺乏法制观念，它们只重视对党的方针政策的宣传与贯彻执行，却十分轻视对国家法律的宣传与贯彻执行；他们不大注意自己作出的各种决议和下达的各种指示是否和国家的宪法和法律相抵触，有的甚至认为即使相抵触也是允许的，这就有损于国家法律的统一与尊严。现在，我们的党中央和各级党组织正在采取各种措施来改变这种状况。

由于党中央采取了正确的方针，通过法学界的认真讨论，对于以上几个问题，人们的认识已经基本一致。但是，在政策与法律的相互关系上，有些问题大家的认识还不尽相同；有些问题只是刚刚提出，未作深入研究；有些问题则尚未提出，或没有引起人们重视。下面，我就其中的几个问题，谈谈个人的一些看法。

1. 当党的政策和国家法律发生矛盾时，是按党的政策办事，还是按国家法律办事？

首先应当肯定，从全局和整体来说，党的政策同国家法律是完全一致和高度统一的，在内容上不会发生太大的矛盾。今后，随着法制的日益健全，政策规定与法律规定不一致的情况将越来越少。但是，要绝对避免出现这种情况是不可能的。因为政策与法律既相统一，又相矛盾，它们是在对立统一中运动着，在不断克服矛盾的过程中得到统一并不断向前发展。如果它们之间出现不一致，应当怎样办，现在人们有三种不同的回答：第一种意见是主张按政策办；第二种意见是主张按法律办；第三种意见则认为，要"从实际出发，具体情况，具体分析，既不能在法律已有明显错误的情况下，坚持执行法律，也不应在政策有着明显错误而又与法律相违背的情况下，坚持执行政策，而是应该在分清是非的前提下，加以妥善解决"。这后一种意见表面看来十分稳妥，实际上是回避了问题。如果你不能判断政策与法律谁是谁非，那又怎么办呢？如果自己认为哪个正确就按哪个办，也势必影响执行政策与法律的严肃性，并出现各自为政、自行其是的混乱现象。

我们认为，从原则上说，当政策与法律出现矛盾的时候，应当按法律办。早在 1949 年，党中央就明确指出："在人民的法律还不完备的情况下，司法机关的办事原则应该是：有纲领、法律、命令、条例、决议规定者，从纲领、法律、命令、条例、决议之规定；无纲领、法律、命令、条例、决议规定者，从新民主主义的政策。"① 这一指示很明确，有法律时从法律，无法律时才从政策。党的十二大通过的新党章又规定，"党必须在宪法和法律的范围内活动"，这一原则也是明确要求党不能推行与现行宪法和法律相抵触的政策，要求党的现行政策和国家的现行法律发生矛盾时，应当按宪法和法律办事。之所以必须这样做，根本的原因是在于：党虽然在国家的政治生活中处于领导者的地位，国家制定法律要以党的政策为指导，但党是国家的一部分，是处于国家之中，而不是凌驾于国家与法律之上的。法律是党的政策和人民意志的统一，党的政策只有通过民主程序，为国家权力机关所接受，才能上升成为国家意志，被制定成法律。因此，就其适用效力来说，国家法律当然要高于党的政策。政策和法律都不是一成不变的，都要随着客观条件和形势的发展变化而发展变化。一般说来，法律比政策具有更大的稳定性。如果党组织认为根据客观形势和条件的发展变化或者实践经验的不断丰富与认识的不断提高，需要变更某项政策，或制定新的政策，就应当及时建议国家权力机关，通过法定的程序，修改或废除过时的法律。如果在法律没有正式修改前，党的组织可以随意

---

① 《中共中央关于废除国民党的六法全书与确定解放区的司法原则的指示》，1949 年 2 月 22 日。

把法律抛在一边而推行与现行法律完全相抵触的新政策，或允许党员可以借现行法律的某些内容已不适应新的情况而擅自加以废弃，就势必破坏法律的权威和尊严，从而也损害党的威信。党的政策与国家法律是在对立统一的矛盾运动中向前发展的。党领导法制建设的重要任务之一，就是要根据它们的发展规律，采取措施，以经常保持党的政策与国家法律的和谐一致。解决新的政策与过时法律的矛盾的办法主要是，加强日常的立法工作，使党的新的政策能够及时地体现在国家的法律中，而这一点是应该做到也是不难做到的。在现实生活中，现行政策与现行法律出现某种矛盾，而领导机关并没有注意到，这种情况也是有的。因此，每一个干部和群众都有义务向各级党的组织和国家机关反映这种情况，以便及时地妥善地解决这种矛盾。

2.党的政策与国家政策有什么联系和区别？

有的同志认为两者完全是一回事，没有任何不同，这种看法值得商榷。我们的党是执政党，这种领导地位得到宪法的认可与保障。党的政策是国家一切活动的依据。为了实现党对国家的领导，根据实际需要，党的政策一般都要由国家机关制定或认可为国家政策。因此，党的政策与国家政策是密切联系和不可分割的，它们在本质上、内容上都是一致的。但是我们不能把党的政策和国家政策完全等同起来。党的调整党内各种关系的政策，同国家政策无关，它们也只对各级党的组织和广大党员有约束力。党关于治理国家的政治、经济、文化、外交、军事等各方面的政策（这是党的政策中的主要的基本的部分）则要通过一定形式转变为国家政策。这部分党的政策和国家政策的区别在于：党的政策是由党的领导机关所制定的，国家政策则是由国家的领导机关所制定的；党的政策表现在党的各种文件以及党的领导人的政策声明中，国家政策则表现在国家机关的各种文件（如政府工作报告、决议等）以及国家领导人的政策声明中。关键的问题是，这里需要有一个党的政策通过一定的民主程序，为国家机关所接受和采纳（包括全部接受、部分接受、作若干补充修改等），从而转化为国家政策的过程。这一过程的程序是否民主，是国家政治生活民主化的一个重要内容，它将随着整个国家政治生活民主化的进程而日益走向完善。党是国家的领导力量，但党不是向群众发号施令的权力机关，也不是行政机关或司法机关，党不能代替国家组织去执行国家机关的职权。

3. 怎样辩证地理解党的政策是制定法律的依据？

共产党的领导是我们国家必须坚持的四项基本原则之一，而且是其核心。党的政策是党对国家实行领导的重要手段之一，它对国家机关的一切活动都起着指导作用，立法也要以党的政策为指导。党的政策是制定法律的依据，这是从总体上来说的。在这里，还需要作具体分析。党的政策与国家法律都是一个具有多层次的结构体系。党的政策有总政策和具体政策之分，国家法律也有宪法和具体法律之别。我国新的历史时期全党的总任务和总政策是，团结各族人民，自力更生，艰苦奋斗，逐步实现工业、农业、国防和科学技术的现代化，把我国建设成为高度文明、高度民主的社会主义国家。党的具体政策是党在某一方面为贯彻总政策而制定的行动准则。它由总政策所决定，从属于总政策。如我国现阶段党的经济政策、统一战线政策、知识分子政策、外交政策、文化政策、民族政策、华侨政策、军事政策等，相对于总政策来说，都是具体政策。但这些具体政策又分为若干等级层次。如按劳分配是经济方面的一项根本性政策，而资金发放政策，则是从属于按劳分配这一根本政策的具体政策。法律也是这样，它有宪法、基本法律、法律、行政法规、地方性法规的等级层次。宪法的制定要以党的总政策和党在经济、政治、文化、外交、军事等方面的根本性政策作为依据，而党的关于各个领域的一些具体政策的制定，又必须以宪法和基本法律作为依据。这样讲，比单纯说党的政策是制定法律的依据要全面，也有利于贯彻执行"党必须在宪法和法律的范围内活动"的原则，有利于维护法制的权威与尊严，有利于使党的政策与国家法律保持和谐一致。

4.就党的政策与国家法律的相互关系来说，哪是目的，哪是手段？

党的政策与国家法律都是社会主义上层建筑的重要组成部分，都建立在社会主义经济基础之上，它们的内容归根到底是由社会主义经济基础决定的。反过来，它们又共同为社会主义的经济基础服务，积极地帮助自己的经济基础的建立、巩固和发展。从相对于巩固、发展经济基础和提高社会生产力来说，党的政策和国家法律都是一种工具和手段。党的政策和国家法律都是在马列主义、毛泽东思想的指导下，集中广大人民的共同意志，根据事物发展的客观规律制定的。它们的作用，都是为了统一人们的思想和行动，以更好地指导人们认识世界和改造世界，更好地治国安邦。它们的历史任务都是要消灭剥削、消灭阶级和阶级差别，建设社会主义和实现共产主义。从这个意义上看，党的政策和国家法律也都是一种工具和手段。

但是，就党的政策和国家法律彼此之间的相互关系来说，两者是互为手段与目的的。党的政策是制定国家法律的依据，国家法律体现了党的政策的精神和内容，因此，从实质上讲，执行国家法律，就是执行党的政策。法律比政策明确、具体，法律是政策的具体化、条文化、规范化、定型化。因此，制定和实施法律，就能更好地使所有国家工作人员和广大人民群众理解、掌握、执行和遵守党的政策。法律是国家意志的体现，具有普遍约束力。因此，党的政策一旦被具体化为法律，政策本身也就具有了国家意志的特性，这有利于党的政策在全国范围内更好地得到一体遵行。法律还具有强制执行的特性，因此，政策一旦被制定成法律，政策就不仅可以依靠党的纪律来保证实施，而且还可以依靠国家强制力来保证实施。党的政策被具体化为法律的过程，是一个不断总结实践经验，集中党内和党外各方面人士的意见，使党的政策更加完善的过程。从上述意义来说，国家法律是实现党的政策的一种手段和工具。但是，我们也要看到，党的政策同时又是实现国家法律的一种手段。党的政策不仅指导法律的制定，而且指导法律的实施。有了一套比较好的和成熟的党的政策,我们制定法律就有了比较可靠的依据,就在很大程度上能够保证制定出比较符合事物发展的客观规律、比较符合现实情况的法律来。党是整个革命和建设事业的战斗司令部,是国家的领导核心。没有党的政策作指导,我们在制定国家法律的时候,就难以统一思想和认识,就会出现讨论无中心、工作效率不高的情况。有党的政策作指导,就能更好地保证我国法律的社会主义性质。同时,以党的政策作指导,也有利于国家法律的正确执行。

从上述意义来说,党的政策又是实现国家法律的手段和工具。现在,我们的法学讲义和文章,只讲国家法律是实现党的政策的一种工具,不讲党的政策同时也是实现国家法律的一种工具,是不全面的。这种片面性,本质上是反映了我们在这个问题上的观念还没有从过去那种轻视法律的旧轨道上完全摆脱出来。这种观念没有全面地正确地反映出党的政策和国家法律的相互作用,不利于恰当地确切地认识党和国家、党的政策和国家法律的地位及其相互关系,不利于加强社会主义法制。

5.怎样认识实施法律也应以党的政策为指导?

有的同志以制定法律时已经体现党的政策为理由,否认实施法律也应以党的政策为指导,这是不妥当的。由于党的政策是国家法律的灵魂,因而只有理解党的政策,才能使我们正确地、全面地掌握法律的基本精神和内容,帮助我们更好地实施法律。同时,由于法律同政策相比具有更大的稳定性,因此,在执行法律时以党的政策为指导,才能够保证我们根据不同时期不同形势的需要,正确地执行和运用法律。这里有两种不同情况:一种情况是法律规定有一定适用的幅度,在法律规定的幅度内,需要按照政策的精神来灵活掌握。例如,我国《刑法》分则中对各种罪行都规定有一定的量刑幅度。根据近几年社会治安状况不好的形势,党提出了严厉打击刑事犯罪、依法从重从快惩处那些严重危害社会治安的现行刑事犯罪分子的政策。这是完全必要的。但是,我们也不能不顾法律的规定,不按《刑法》和《刑事诉讼法》的规定办事,随意改变诉讼程序和突破量刑幅度;

另一种情况是，法律的规定比较死，但在执行和掌握法律的规定时，可以按照一定时期党的政策精神，通过宣传教育工作来贯彻执行。例如，我国《婚姻法》规定的结婚年龄是男二十二岁、女二十岁。但党又提出有晚婚政策。这一政策的贯彻执行，就只应通过说服教育来实施。总之，我们要把严格依法办事同坚持党的政策为指导统一起来，而不能把两者割裂开来。我们既不能以强调严格依法办事而否定党的政策的指导作用，从而影响法律的正确实施；又不能以强调党的政策的指导而否定严格依法办事，从而破坏宪法与法律的权威和尊严。

后记：本文原载于《法学季刊》1984 年第 3 期。原题为《政策与法律关系的几个问题》。某教育领导机关的一份刊物曾发表一份有关法学界"资产阶级自由化"言论的材料。该材料曾摘引本文的若干观点。某大学一位教授亦曾撰文批判本文的某些观点。

十五、党委审批案件的制度需要改变

党委审批刑事案件的制度要不要改变，是一个极需讨论解决的问题。我认为，实行这一制度，弊病很多，主要有九：

（一）党委审批案件，名义上是党委集体讨论决定，实际上往往是由管政法工作的书记说了算。党委要管的事情很多，党委成员不可能仔细审阅案情，他们对法律的各种具体规定也不熟悉。在很多情况下，决定于政法书记或第一书记的个人意见。有时候，有的地方，党委实际不管，而由书记个人负责审批。这样，就往往出现那种以个别领导人的"长官意志"定罪量刑的状况。

（二）过去公开说，审判人员主要是负责把案件的事实搞清楚；而处理是否恰当，则由党委负责。这样的讲和做，都是不科学的。"事实是根据，法律是准绳"，两者密切相关。一个具体案件从提起公诉到最后判决，要经历一个复杂的调查研究过程，只有亲自参加办案的人最了解案情；也只有对案情最了解，才能作出符合法律规定的正确判决。把掌握案情同适用法律割裂开来，就难免要出现或枉或纵的差错。

（三）强调运用法律由党委"把关"，也容易造成审判人员不负责任。如有的审判人员就说："党委掌舵我划船。我们把事实搞清楚就行了，适用法律正确不正确是党委的事。"如果党委不过问具体业务，认定事实和适用法律都由各级法院和审判人员全部负责，就能大大提高各级法院和具体办案人员的责任感，更好地调动他们的积极性和主动性。

（四）党委审批案件，也往往使某些审判工作的重要环节包括公开审判在内，容易流于形式。实行公开审判的作用，不仅可以把法庭变成一座很好的学校，使审判活动起到宣传教育作用；更重要的是，它可以把人民法院的审判活动，置于广大人民群众监督之下，以进一步提高审判工作的质量。但是，案子如何处理，经过党委审批后，实际上已经拍板定案。因此，无论是"先批后审"，还是"先审后批"，都往往使开庭审理和宣判，尤其是公开审判，只是走走过场。

（五）党委审批案件，也不利于切实搞好公检法三机关的相互制约。搞好三机关的相互制约，对于搞清案件事实真相，正确地适用法律和政策，以提高办案质量，十分重要。三机关对案件的分歧意见，到了党委那里，往往形成最后裁决；并且一经决定，即使具体办案人员还有不同意见，因为要"绝对服从党的领导"，也就只好不再坚持，马虎了事。更重要的是，有些案子是"先批后审"。在同级党委已事先审批的条件下，三机关相互制约，包括检察院对法院在审理案件中定罪量刑如持有不同意见可以"抗议"的法律规定，是很难行得通的。

（六）党委审批案件，还不利于严格按照法律的规定定罪量刑，以维护法律的严肃性。过去建立审批制度，一个重要理由是，党委最了解全局，最了解当时当地的阶级斗争形势；案件由党委审批，就可以使审判工作更好地为中心工作服务。一般说来，党委比较强调办案要配合当时当地的斗争形势，要服从中心工作；法院的审判人员则是比较强调办案是否合乎法律的规定。实践证明，过去强调办案要为当时当地的形势和中心工作服务，是存在不少问题的。如某市有一社员仅仅偷了生产队五斤粮食，为了所谓"保卫三秋"，竟判了他两年徒刑。过去有人甚至这样说：由于时间、地点和阶级斗争形势不同，一个案件，在甲地可以判处死刑，在乙地可以无罪释放。如果这种论点能够成立，那还要《刑法》干什么？

（七）党委审批案件，也不利于人民群众对法制实行监督。比如，在我们的诉讼制度中有"回避"制度，即当事人如果认为审判人员对本案有利害关系或其他关系不能公平审判，有权请求审判人员回避。这是保证审判工作公正进行的一项重要制度。但是，党委审批案子，是一种不公开的内部实行的制度，从来不搞也不可能搞什么"回避"，这就难以从法律和制度上有效地避免由于某种原因而出现某些徇情枉法的情况。

（八）由党委审批案件，实际上是国家的审判权不完全掌握在审判机关手里，而是在很大程度上掌握在同级党委手里。这同《人民法院组织法》关于"人民法院独立进行审判，只服从法律"，以及新《宪法》关于"国家的审判权由人民法院行使"的法律规定是相矛盾的。实行这种同宪法与法律的规定相矛盾的、仅仅是内部实行与掌握的制度，就必然使国内和国外的人们认为，我们的国家"法外有法"，各级党的组织有超于法律制度之上的特殊权力。

（九）有人说，取消党委审批案件的制度，就是"不服从党委领导"、"向党闹独立"。这是一种奇怪的逻辑。强调"人民法院独立进行审判，只服从法律"，目的是使审判工作更好地执行法律，怎么是"向党闹独立"？而且，我们的各级司法机关都有党组织和大批党员在其中从事领导和进行工作，难道这就不体现党的领导吗？现在的情况是，无论工业、农业、商业、教育、文化、科技还是政法，各条战线都存在着党委的权力过于集中、党委对各方面的具体工作大包大揽的问题。这方面，确实需要来一个很大的变革。

后记：本文原载于 1979 年 3 月 6 日《人民日报》的"理论宣传动态"第 62 期。同一天，该报的《情况汇编》第 1038 期转载此文，报中央领导同志参阅，受重视。1979 年 9 月 9 日中共中央《关于坚决保证刑法、刑事诉讼法切实实施的指示》正式决定取消这一制度。这是我国在司法制度方面实行的一项意义深远的重大改革。作者曾参与这一文件的起草。1985 年 2 月 12 日，本文获中国社会科学院优秀研究报告奖。

十六、法治中国的十项标准

1999 年，"中华人民共和国实行依法治国，建设社会主义法治国家"这一治国方略和奋斗目标被庄严载入《宪法》后，我应邀为《人民日报》撰写了《依法治国的里程碑》一文，发表在这一年的 4 月 6 日。为了使国家工作人员和广大公民易于理解、掌握和记忆，我把这些标志和要求概括为十条共四十个字，即：法制完备、主权在民、人权保障、权力制约、法律平等、法律至上、依法行政、司法独立、程序正当、党要守法。前五条是讲法律要良好，后五条是强调法律要有权威。这十条得到了学术界的广泛认同。

党的十八届四中全会在起草《中共中央关于全面推进依法治国若干重大问题的决定》（以下简称《决定》）过程中，我又提出了建设法治中国新的八条标准，它们是：人大民主科学立法、执政党依宪依法执政、政府依法行政、社会依法自治、法院独立公正司法、完善法治监督体系、健全法治保障体系、弘扬法治文化。我之所以要提出新八条替代过去的老十条，是由于我在参与"法治湖南"及"法治余杭"的创建活动中感觉到老十条过于抽象，不太好落实到责任单位。《决定》发布后，我通过认真阅读和思考这一重要文件，把法治中国的八条标准又增加了两条，即：运用法治保障人权，坚持党的领导、人民当家作主和依法治国的有机统一，成为法治中国的新十条标准。下面，我对这十条标准的理论内涵和主要内容作一简要说明。

一是人大民主科学立法。时代是在不断发展变化的，因此，世界上任何国家的立法工作都是一种常态，只有进行时。正处在伟大变革时代的中国，情况就更应如此。民主是社会主义的本质要求。民主和科学立法是制定良法的手段和保证。正如《决定》所强调的，"要恪守以民为本、立法为民理念"、"实现立法和改革决策相衔接，做到重大改革于法有据、立法主动适应改革和经济社会发展需要"。同时，要制定出良法，又必须科学立法，即善于运用马克思主义的世界观和方法论来指导立法。

二是执政党依宪依法执政。依宪执政的科学内涵，可概括为坚持"人民民主、依法治国、保障人权、宪法至上"。前 12 个字是依宪执政的实体内容，党要在宪法法律范围内活动是其形式要件和具体保证。

三是政府依法行政。关键是要做到，"法无授权不可为"，行使权力要严格按程序办事，也不能该作为而不作为。

四是社会依法自治。建设法治社会，是党的十八大以来提出的一个新概念、新目标。它和法治政府相对应，基本要求是：实行"政社分开"，充分实现各种社会组织工作的自主性、主动性、积极性和创造性，要健全各类社会组织自身的各种规章制度，并保障其应有的权威。重点发展涉法的社会组织，如法律援助组织、人民调解组织等。

五是法院独立公正司法。《决定》的一大亮点是党对国家的领导作出了一个全新的表述，即"必须坚持党领导立法、保证执法、支持司法、带头守法"。"支持司法"即党要更加坚定和明确地保证法院、检察院独立行使审判权和检察权。

六是完善法治监督体系。权力不受制约必然腐败，绝对的权力导致绝对的腐败，这是一条已被人类文明史反复证明了的铁的规律。这一法治监督体系，我们现在已经部分建成，包括：以国家权力监督国家权力，主要是国家的检察、监察和审计机关、执政党的纪检机关，同时还有人大对"一府两院"的监督，以及党政领导体系内领导成员的相互监督等；社会权利对国家权力的监督，主要是各种社会组织和广大公众通过媒体、信访等渠道对国家机关和执政党及其工作人员的监督等。

七是健全法治保障体系。其主要内容包括律师、公证、法律援助、人民调解等制度。

八是弘扬法治文化。包括宪法日和宪法宣誓制度的确立、法治理论的创新以及法治教育的普及等。

九是运用法治保障人权。《决定》将此作为法治建设的一项根本原则予以特别强调，明确提出"必须坚持法治建设为了人民、依靠人民、造福人民、保护人民，以保障人民根本权益为出发点和落脚点"。

十是坚持党的领导、人民当家作主和依法治国的有机统一。《决定》明确指出，要全面推进依法治国，实现"建设中国特色社会主义法治体系，建设社会主义法治国家"这一总目标，其首要原则就是"坚持中国共产党的领导。党的领导是中国特色社会主义最本质的特征，是社会主义法治最根本的保证"。民主和法治互为手段和目的，实现其有机结合就是要做到民主法治化和法治民主化。

党的十八大以来，新的中央领导集体提出了"四个全面"战略布局。其中，全面推进依法治国既是目的，又是手段。因为，法治是现代人类文明的主要标志，它又是全面建成小康社会、全面深化改革、全面从严治党的制度保障。

后记：本文原载于《光明日报》2016年8月1日。

第三章　保障人权

一、社会主义人权的基本理论与实践

全人类的人权能得到最充分的实现，是社会主义的一个本质特征。在国内，逐步建立起卓有成效的人权保障机制、使每个人的人身人格权、政治权利与自由以及经济、社会、文化权利都能得到全面的切实保障；在国际上，积极广泛地参与人权的国际保护，坚决支持被压迫人民和民族争取人权的斗争，是在我国建设有中国特色的社会主义政治的一个重要目标。

人权作为一种社会关系，是自有人类社会以来就有的。然而，以自由、平等与人道为主要原则的近代意义上的人权，却是资产阶级革命的产物。资产阶级以民主对抗专制，以人权反对神权、王权和等级特权，在历史上具有重大的进步意义。资产阶级共和国及其人权制度的建立，标志着整个人类社会文明向前迈进了一大步。在民主革命中，资产阶级以实现普遍人权为号召，曾极大地动员广大人民群众参加斗争，并保证革命取得了胜利。但是资产阶级的政治法律制度是建立在资本主义生产资料私有制的经济基础之上。这就使得广大劳动人民很难同资产阶级一样平等地享有普遍的人权。

　　从资产阶级革命取得胜利到现在，资本主义国家的经济、政治和文化已经发生重大变化。由于科学技术的迅速发展，社会生产力水平的普遍提高，人类精神文明的巨大进步，资本主义国家的统治者采取和建立了诸如股份制、社会福利保障和工人参加企业管理等一系列新的政策和制度，广大劳动人民的人权状况得到了显著的改善。但是，只要资本主义生产资料私有制不作根本性质的改变，社会就将存在两极分化和对立；诸如种族歧视、男女不平等、大量无家可归者的存在就不可避免；第三世界国家的生存权、发展权等等集体人权也难以得到保障。

　　社会主义制度是在分析资本主义社会基本矛盾、批判与扬弃资本主义制度种种弊端的基础上建立和发展起来的。社会主义人权制度是整个社会主义制度的有机组成部分。社会主义人权的内容包含在社会主义的经济、政治与文化之中。同时，作为一种相对独立的社会现象，社会主义人权是以社会主义的生产关系作为自己赖以建立与发展的经济基础；它受社会主义法律制度的确认和保障，受社会主义政治与文化的支持与维护。因此，从根本上说，社会主义人权的性质和特点是由整个社会主义制度所决定。同资本主义的人权相比，社会主义人权制度的优越性，突出地表现在如下三个方面：一是它的广泛性。享受人权的主体是全体公民，它不受民族、种族、性别、职业、家庭出身、宗教信仰、教育程度、居住期限等等的限制；人权的客体不仅包括人身人格权、政治权利与自由，而且包括经济、社会和文化权利；不仅包括个人人权，而且包括集体人权。相对来说资本主义国家对公民经济社会文化权利的保障和对集体人权的维护是不重视的。二是它的公平性。社会主义消灭了剥削制度和剥削阶级，这就不仅实现了公民在经济地位上的平等，保证了公民在享受社会和文化权利时是平等的，而且公民在享受各种政治权利与自由时不再受金钱和财产状况的影响。三是它的真实性。由于社会主义制度和意识形态的本质和特点所决定，社会主义国家愿意也能够为公民个人和少数民族、妇女、儿童、残疾人等各类社会群体实际享受各种人权提供充分的物质保证和其他方面的条件。

　　要使先进的社会主义人权制度不断巩固、发展和完善，需要有正确的人权理论作指导。在制定和提出社会主义人权的基本理论时，必须遵循以下原则：第一，要以马克思主义的基本理论为指导。马克思、恩格斯对人权问题有过不少精辟论述，特别是他们观察人权问题的立场、观点和方法，是我们需要学习、掌握和运用的。但是，我们应从马克思主义的整个学说，特别是科学社会主义理论的总体把握中去深刻理解人权的本质、特点、意义和发展规律。那种以为革命领袖有关人权问题的直接的和系统的论述不多，因而认为马克思主义不强调人权的重要性；或者以为马克思主义创始人深刻地批判资本主义社会人权的虚伪性与局限性，就是意味着社会主义可以不讲人权；或者仅把马恩有关人权问题的言论加以编排整理，以为这就是马克思主义的人权观；或者以"左"的面貌出现，用片面的形而上学的方法对待马克思主义，曲解与否认马克思主义人权观的全面性与科学性，如此等等。这些看法与做法都是不正确的。第二，要全面地，实事求是地总结社会主义人权制度的实践经验。它无疑有成功的一面。它从一个重要侧面显示了社会主义制度的优越性，并有力地调动了广大人民群众建设社会主义的积极性。同时，它也有过种种失误。由于社会主义的经济制度和政治制度在实践过程中存在种种弊端以及指导思想上的严重错误，社会主义制度的先进性在人权保障上并未充分地表现出来，甚至出现过像苏联30年代"肃反扩大化"和中国六七十年代"文化大革命"那样的历史悲剧。社会主义人权保障的正反两方面经验都应是制定社会主义人权理论的重要依据。第三，要从社会主义国家的社会现实和整个世界的现实状况出发。现在，社会主义的观念和制度正在经历一场深刻的变革；世界物质文明与精神文明已发展到一个崭新阶段，国与国之间的经济、政治与文化的联系日益密切；争取人权的斗争已成为全世界人民共同关心的大事，保障人权已成为国际法的一项重要原则。所有这一切都同一百多年前马克思与恩格斯提出科学社会主义理论时有了很大不同。马克思主义者应当回答当代国内人权与国际人权面临的种种重大问题，对人权理论作出新的概括。第四，要敢于和善于吸收和借鉴人类社会创造的人权理论与人权制度的一切文明成果。对以往和当今西方的人权理论和人权制度不应简单否定，一笔抹杀。对于其中具有科学性、人民性的合理因素与成分要为我所用。

根据以上原则，社会主义人权基本理论的主要内容是：

（一）人权是人按其自然属性和社会本质所应当享有的权利

人权的主体，既包括自然人，即世界上所有的人——全人类；也包括人的延伸，即国内的集体如民族、种族、妇女、儿童、残疾人，和国际的集体如国家、地区。人权的客体，既包括基本人权，也包括非基本人权，即人应享有的一切权利。人权的本原——即人为什么应当享有各种权利？人权产生的根源是什么？马克思主义认为，人权的产生是由人自身的本性或本质所决定。正如恩格斯所指出："一切人，作为人来说，都有某些共同点，在这些共同点所及的范围内，他们是平等的，这样的观念自然是非常古老的。但是现代的平等要求是与此完全不同的；这种平等要求更应当是，从人的这种共同特性中，从人就他们是人而言的这种平等中，引申出这样的要求：一切人，或至少是一个国家的一切公民，或一个社会的一切成员，都应当有平等的政治地位和社会地位。"[1] 人的本性或本质，包括人的自然属性和社会属性，这两个方面是统一的不可分割的。人人都要求生存、要求自由、要求过好的物质生活和精神生活，这是由人的生理的和心理的自然属性所决定，是人的一种本能。人们始终把人权作为自己追求的根本目标，归根结蒂是为了满足自身的各种需要和利益。这是人权发展的永不枯竭的动力。另一方面，人的本质是"一切社会关系的总和"。因为人不是孤立地生活在世界上。人和人之间，群体和群体之间，个人、群体

---

① 《马克思恩格斯全集》第 20 卷，人民出版社 1956 年版，第 113 页。

与社会之间，存在着各种错综复杂的社会关系。人就是生活在各种各样的社会关系之中。既然人不是脱离各种社会关系而孤立地存在，就必然存在着人与人之间的各种利益矛盾与冲突，需要有权利与义务这种形式去加以调整，这样，也就产生了人权问题。所以，社会关系的存在是人权存在的前提。在各种性质不同的社会关系中，以经济关系、财产关系为主要内容的生产关系是最基本的和主要的关系，它最终影响与决定着政治的文化的和其他性质的社会关系。而人类社会一定历史阶段（如奴隶社会、封建社会、资本主义社会）人们之间各种社会关系的性质与状况，决定着人权的性质与状况。同时，人权意识对人权制度具有反作用，一定的人权制度是依据人们一定的人权意识建立的。但人们的不同的人权意识是人们在各种社会关系中所处的不同地位所决定，一定的生产力与生产关系构成一定的社会生产方式。而人类社会一定历史阶段的人与人之间各种社会关系的性质与状况，以及与之相适应的人权制度的性质与状况，最终是由该社会的生产方式所决定。这就是马克思主义关于人权本原问题的完整学说。只有它能全面地深刻地说明人权的产生及其发展规律，并同各种不正确的理论划清界限。"天赋人权论"将人权看成是上帝或"自然神"所赋予固然不对，从片面的人性论出发，以"自然法"为论据来阐明人权的本质也不正确。因为它只强调了人的自然属性，而否定了人的社会本质，因而它必然否认人权的社会性和历史性，把人权看成是永恒不变的。它无法说明，为什么在人类社会发展的不同历史阶段，人权的性质和状况会发生根本性变化。把人权看成是"法律所赋予"的理论之所以错误，在于人权的本来含义是一种"应有权利"，它的存在并不以法律是否确认为转移。如果说，法律是"统治阶级意志的体现"，那就等于是承认，资本主义国家里劳动人民享有一定的权利，也不过是资产阶级的一种施舍。把人权视为人作为人依其自身的自然属性和社会本质所应当享有的权利，否认人权是任何外界的恩赐，这就为一切被压迫人民和被压迫民族以及社会上的各种弱者，为争取和维护人权而斗争，提供了一种最强有力的思想武器。

（二）人权是受一定伦理道德所支持与认可的人应当享有的各种权益

这是人权的本质。权利的基础是利益。人们之间的权利义务关系，本质上是一种利益关系。这里所说的利益，其内涵是极其广泛的。它既包括物质利益和精神利益，也包括人身人格利益。无论是国内人权还是国际人权，总是意味着在个人与个人之间、群体与群体之间、个人、群体与社会之间存在的利益互相矛盾与冲突中一定权利主体在利益上的追求、享有和分配。"人们所追求的一切都同他们的利益有关"。离开"利益"讲人权是没有意义的，也不可能正确理解在人权问题上经常存在的种种矛盾与斗争的实质。但是，人权又要受人们的一定道德观念的支持与认可。什么样的个人或群体应当享有什么样的人权，法律是否和应当如何确认和保护某项人权，由于人们的道德观念在某些方面存在着差异，因而其看法与做法也往往不一致。支持与认可人权的伦理道德观念的核心是人道主义，但人们对人道主义的理解也不完全一样。在存在着阶级对抗的社会里，由于人们所处的阶级地位不同，不同阶级之间存在着利益上的矛盾与冲突，人们的道德观念也受其阶级地位的决定与影响。因此，在阶级社会里，人权具有阶级性。社会主义是绝大多数人所参与并为绝大多数人谋利益的自觉的运动。社会主义消灭剥削，建立以公有制为主体的经济制度，保证生产力得到更快的提高，其目的是为了更好地保障绝大多数人的人权。这是社会主义人权的一个重要立足点。当然，这并不意味着对极少数敌对分子应当受保护的人权不予保护。社会主义者承认阶级对抗社会的人权具有阶级性，正是为了消灭人权制度上阶级不平等，实现人人自由、平等和共同富裕的共产主义。阶级性是阶级对抗社会里人权的重要属性之一，但它不是人权的本质，而是人权本质的异化。在人类历史上，随着奴隶社会、封建社会、资本主义社会与社会主义社会的更迭，人权的阶级属性在广度上和深度上都日渐减弱，这是人类文明不断进步的一个重要标志。在未来的共产主义社会里，人权的阶级性将彻底消灭，人权将进入一个最理想的境界。

（三）人权是共性与个性的统一

无论是国内人权还是国际人权，既有个性，也有共性。这是我们制定人权政策的重要理论依据。人权的个性与共性的基础是，在利益的追求与享有和道德价值的判断与取向上，全人类有着共同的一致的方面；而在不同的个人、群体、国家或民族彼此之间又存在着差异、矛盾与冲突。在一国范围内，任何人都享有生命不可剥夺、身体不受伤害、思想自由不受禁锢、人身自由不受拘禁、人格尊严不受侮辱等等最基本、最起码的人权，是共性人权的突出表现（对某些罪犯剥夺其人身自由甚至判处死刑，那是另外一个问题）。在存在阶级对立的社会里，不同阶级和阶层的人对经济、政治、文化与社会等方面权利的实际享有存在着不平等；在社会主义制度下，极少数敌对分子不能同广大人民一样平等地享有人权，是人权个性的明显表现。在现今的国际社会里，不同社会制度的国家普遍承认和尊重《联合国宪章》提出的保障"全人类之人权及基本自由"的宗旨以及《世界人权宣言》和"国际人权公约"所确认的保障一系列基本人权与自由的原则；共同签署某些国际人权条约；共同采取行动制裁某些践踏人权的国际罪行，都是人权共性的反映。在尊重和维护国家主权原则的基础上，不同国家和民族在人权观念、人权政策与人权制度上可以采取不同的立场和做法，是人权个性的体现。人权的共性与个性的界限不是绝对的，而是相对的；它们的内容与表现形式都将伴随着整个人类社会的经济、政治与文化的发展变化而不断演变。人权的共性不断扩大，人权的个性将日益缩小，这是历史发展的总趋势，是人类文明进步的重要标志。社会主义者要站在这一历史潮流的最前列，为促进与加速这一历史进程作出自己应有的贡献。

（四）经济权利与政治权利的统一性

人权的内容是广泛的，它主要包括三个基本的方面：即人身人格权利，政治权利与自由，经济、文化和社会权利。社会主义人权观认为，这些权利具有同等重要意义。在人类文明已经发展到现今的条件下，人应当全面地享有这些权利。从历史发展看，在前资本主义时期，人们所要争取的主要是人身人格权，包括生命权、人身安全权、人身自由权、人格尊严权，等等。资本主义革命时期，资产阶级所要争取的主要是政治权利与自由，包括选举与被选举权、言论与出版自由、集会与结社权，等等。在社会主义革命时期，无产阶级领导其他劳动人民所要争取的则主要是经济、社会与文化权利。这一革命已经不满足于人的"政治解放"，而是要求人的"社会解放"。它不是要求以一种相对先进的私有制来代替另一种相对落后的私有制，而是要消灭私有制本身，从政治平等提高到经济平等，并为全人类能够全面地享有最广泛的人权创造条件。这一人权的历史发展轨道表明，它是一个人权由较低层次向较高层次发展、上升与进步的过程。许多西方学者也都公正地承认，社会主义革命的人权要求较之资产阶级革命的人权要求高出整整一个时代；社会主义者为推进全人类的人权运动作出了历史性贡献。从现今资本主义国家的现实情况来看，由于生产力水平与文化发展水平有了很大提高，社会主义思潮的影响日益广泛和深入，这些国家的政府被迫从法律上、政策上采取了各种措施，使公民在经济、社会与文化方面的人权状况有了显著改善，但他们不愿对资本主义的经济制度作根本性质的改变，劳动人民群众就不可能享有广泛的人权。正如列宁所说："只要剥削还存在，就不会有平等。"与资本主义制度不同，社会主义社会的最大优越性，在于它为公民享有一切权利，提供了一个现实的经济、社会和文化基础，开辟了广阔的发展前景。但是，社会主义在实践过程中，也出现过种种挫折和失误。从人权的角度看，问题不是在平等的经济、社会与文化权利的实际享有，而是在政治权利与自由的充分保障上。

这有复杂的原因，除了革命斗争的客观环境和指导思想上存在着失误外，经济体制与政治权力的过于高度集中，是其中一个很重要的因素。这是社会主义国家在经济体制改革特别是政治体制改革中需要着重研究的一个重要课题。

与此密切相关的另一个重要问题，是要正确处理好自由与平等的矛盾与冲突。自由和平等都是现代人权的重要原则。两者既有相互依存与促进的一面，又有相互矛盾与冲突的一面。社会主义制度在实践中出现的主要弊端，是"平等"过头而走向了平均主义，"自由"太少而束缚了各方面的手脚。社会主义制度（首先是经济制度，同时也包括政治制度和文化制度）的改革所要解决的一个重要问题是，克服平均主义，打破"铁饭碗"、取消"大锅饭"；扩大各方面的自由，给地方、企业事业单位和劳动者个人"松绑"，借以调动广大劳动者的主动性、积极性和创造性，以生产出更多的物质财富和精神财富，使人民摆脱普遍贫困。同时，在高速度发展物质生产与精神生产的前提条件下，采取各种措施，防止两极分化，实现共同富裕。从保障人权的角度和意义上看，采取这一方针，也就意味着要在平等与自由这两项主要人权原则的价值取向上，作出向自由倾斜的重要调整。只有这样做，才能保证社会主义国家的全体公民能切实享有最广泛的人权。

（五）个人人权与集体人权的一致性

社会主义人权观强调个人人权与集体人权的统一性和一致性，主张国家和国际社会对两类人权予以同样的重视与保护。集体人权有两类：一类是国内集体人权，如民族种族权利、妇女儿童权利、残疾人的权利、人犯与罪犯的权利，等等；另一类是国际集体人权，其主体主要是国家，也包括一些地区和国家集团。这后一类也称之为民族人权。

一般来说，个人人权与集体人权的相互关系是：个人人权是集体人权的基础，集体人权是个人人权的保障。一方面，任何集体都是由个人组成的。任何集体从国家或国际社会的人权保护中所获得的权益，其出发点都是组成这个集体的个人，其落脚点即实际受益者也都是个人。否则，集体人权就成了一个空洞的抽象而失去任何意义和存在价值。同时，任何人权的争取与获得也要依靠组成这一集体的个人的共同努力；另一方面，由社会的性质与组织结构的特点所决定，集体人权的出现又是必然的和必要的。它是人类权利追求与实现的一种重要形式，对个人权利的保障具有十分重要的意义。国内集体人权是这样，国际集体人权就更是这样。在一个国家内，少数民族与种族需要作为一个整体从国家那里得到法律上、政策上的权利保障和物质的与文化的特殊具体帮助，其成员才可能获得各种实际权益。在国际上，如果一个国家不独立，这个国家的人民各方面的权利保障就无从谈起。

资本主义国家比较重视个人人权而轻视集体人权的保障，是一个不可否认的事实。尽管在国内集体人权的保障方面，资本主义国家近几十年来采取了一些法律的政策的措施与实际行动，在国际社会也签署了不少有关保障民族自决权、发展权等等方面的国际公约与条约，但它们侧重强调保障个人人权的基本立场与态度，并未作根本性质的改变。这有历史的和制度本身的多种原因。资产阶级领导的民主革命本质上是一场政治革命，是以政治上反对三权和等级特权，争取个人的民主、自由权利为主要目标；在思想上则提倡个性解放，主张个人至上，崇尚个人主义，以反对封建专制主义的思想禁锢。资本主义经济是一种私有制自由经济：雇佣自由、买卖自由，强调保护个人权利是必然的。

从政治上的个人解放运动，发展到经济上、政治上的阶级解放运动，再发展到国际上的民族解放运动；从资产阶级人权强调保护个人权利，发展到社会主义人权既重视个人权利的保障，又重视集体权利的保障，进而发展到以保障民族自决权发展权等为主要内容的国际集体人权是人权发展两次历史性飞跃。社会主义革命对此都作出了重大贡献。社会主义人权观强调个人人权与集体人权的高度统一，是由社会主义的"人的全面解放"

学说与理想所决定。正如《共产党宣言》所指出，共产主义社会将是一个"以每个人自由发展是一切人的自由发展的条件"的联合体①。那种认为社会主义只应重视集体人权，不应强调个人人权；或者认为集体人权高于个人人权的观点，是不正确的。毋庸讳言，在以往社会主义的实践中，我们在处理个人人权与集体人权的相互关系时，确实存在过有忽视和轻视保障个人人权的倾向。"文化大革命"的出现就是例证。这场灾难正是以"反修防修"为借口而肆意践踏上至国家主席、下至黎民百姓的个人权利且长达十年之久。正因为如此，党的十三届三中全会以后，党和国家才采取一系列政策和法律措施来全面加强对个人人权的保护。事实上，这个问题在所有社会主义国家中普遍存在。在社会主义制度的自我完善过程中，彻底解决好这个问题，对于充分体现与发挥社会主义制度的优越性，在全世界人民的心目中提高社会主义的威望，是至关重要的。

（六）人权具有权利与义务的不可分割性

实现人权在权利与义务上的高度统一，是社会主义人权制度的一个重要特点。马克思主义认为："没有无义务的权利，也没有无权利的义务。"②这个一般原理，为现代人权观念所公认。正如《世界人权宣言》所强调的："人人对社会负有义务，人人在行使他的权利和自由时，只受法律所确定的限制，确定此种限制的唯一目的在于保证对旁人权利和自由给予应有的承认和尊重。"权利与义务的统一性，由人权自身的社会属性所决定，因为人权只能在人与人的社会关系中存在。在个人与个人，群体与群体，个人、群体与社会的相互关系中，某一主体享有某项权利，就意味着要求其他主体有尊重并不得侵犯这项权利的义务。否则，任何人的人权都无法得到保障。但是，权利与义务又有可分性的一面。因为权利与义务

① 《马克思恩格斯选集》第1卷，人民出版社1972年版，第273页。
② 《马克思恩格斯选集》第2卷，人民出版社1972年版，第137页。

是两个相对独立的概念与范畴。就它们的实际行使来说，有的主体可能只享有权利而不尽义务；有的主体则可能只尽义务而不享有权利。

权利与义务相分离，是一切私有制社会所共有的特征。它反映了阶级剥削与阶级压迫的不平等关系。不过，这种分离的性质与程度在奴隶制社会、封建制社会和资本主义社会里又是有区别的。它随着人类社会的不断进步而不断改变自己的形态。权利与义务由完全分离逐步走向统一，是人类社会文明不断发展与提高的一个重要标志。

社会主义社会是权利与义务实现高度统一的社会。在这里，任何人在法律上既是权利的主体，也是义务的主体；任何人在法律面前，既享有平等的权利，又承担平等的义务。社会主义公有制的建立，经济剥削与政治压迫的废除，阶级对立的消失，使权利与义务的分离失去了社会根基。但是，这并不意味着在社会主义制度下不再存在任何权利与义务相分离的情况。社会主义社会的经济、政治与法律的制度为权利与义务实现高度统一提供了社会条件与法律保障，但有的人并不一定按法律规定行使权利与履行义务。反对只享有权利而不尽义务的特权思想与特权人物，是所有社会主义国家都面临的一项重要任务。如何从制度上法律上防止与杜绝这类特权人物存在，是社会主义制度自我完善的一项重要课题。在那些缺乏民主与法制传统的国家里，情况更是如此。

人权的认可与享有不是绝对的；权利与义务的设定与实现是有界限的。这种界限应由法律作出明确具体的规定。如果国家可以任意剥夺或肆意侵犯人应当享有的权利，那是专制主义；如果允许权利主体可以超越人权的合理界限而滥用权利，那是无政府主义。这两种倾向都是应当防止和反对的。在那些缺少民主与法制传统的社会主义国家里，防止与反对各种形式的专制主义是主要的。此外，还应准确地把握和合理地确定权利与义务的界限。它取决于三个最基本的因素：一是立法者需要洞悉社会的现状与趋势，准确把握权利赖以产生与制约的经济、政治与文化条件；二是立法者需要正确处理个人、群体与国家三者利益的协调，其合理配置应能在保证效率的前提下实现社会公正；三是立法者应具有适应时代精神要求的道德价值判断和取向。

（七）人权的实现是一个过程：受多种条件的决定与制约

人权的三种基本存在形态是应有权利、法定权利、实有权利。人权的本义是"应有权利"。法定人权是人们运用法律这一工具使人的"应有权利"法律化、制度化，使它的实现能够得到最有效的保障。实有权利是指人们已经享有和能够享受到的权利。应有权利存在本身有一个发展过程。最基本的人身人格权，如生命权、人身安全权、人身自由权、人格尊严权是人类社会一存在就应当享有的；而政治权利和经济、文化、社会权利则主要是随着社会生活日益丰富、社会关系日益复杂、多样、广阔以及人类物质文明与精神文明日益进步而不断丰富和扩展的。这里所说的"人权的实现"，是指从应有权利转化为法定权利，从法定权利转化为实有权利。保证应有权利能为人们所享受，有各种社会因素和力量，其中法律手段是最基本的和最有效的。一项应有权利为法律所确认和保护，就是表示应有权利的实施迈进了一大步。但是法律确定了某项人权，并不等于人们就已经或实际能够享受到这一人权。因此，由法定权利转变为实有权利是人权实现的另一过程，而且是最困难也是最主要的过程。要在法律中对人权的内容作出全面规定，并不十分困难；而要使法定权利为人们所切实享有，则不是很容易能够做到的。评判一个国家的人权状况，主要看这后一条。在我国，人权保障存在的问题，固然在立法上有很不完善的地方，但主要的还是法律所确认的权利得不到最有效的保障。

人权的实现，取决于以下四个方面的基本条件：一是商品经济的发展状况。人类历史表明，人权的发展同商品生产的发展是有密切联系的。自由与平等的观念主要来自商品经济。资本主义人权制度与意识，建立在资本主义商品生产的经济基础之上。社会主义商品经济的发展，将为社会主义人权的实现提供最有利的经济条件；二是民主政治的发展程度。作为专制政治对立物的民主政治，是现代人权制度赖以建立与发展的政治基础，公民的民主权利与自由是人权内容的组成部分；同时，整个民主制度包括其国家制度、政治制度在内，又是人权实现的可靠保障。法治是现代民主政治的重要内容。法治的基本标志是要有完备的并能充分保障人权的法律；这种法律又要有极大的权威，以保证它能得到最切实的执行与遵守；三是经济文化发展水平。社会的物质产品与精神产品越丰富，人们享有人权的可能性就越大。它们既是经济权利、文化权利与部分社会权利的实体内容，又是发展社会经济政治结构在物质和思想方面的必要条件，对人身人格权利和政治权利的实现有间接的重要作用；四是人权意识的发展水平。人权制度的建立与实施，离不开正确的先进的人权理论作指导。广大公民要为争取自己的权利而斗争，也需要有科学的、进步的人权意识为基础。以上四个方面的条件对人权实现的决定性作用，适合于不同社会制度的国家，具有普遍意义。我国之所以出现过十年"文化大革命"人权遭受肆意践踏的历史悲剧以及现在仍然存在人权问题的原因，今后健全人权制度的途径，应当从这四个方面去寻找。单纯强调经济、文化发展水平的作用是错误的。

（八）人权的彻底实现以人的全面解放、人的全面自由发展、人的需要的全面满足为标志

只有共产主义社会才能实现这一最理想的人权。社会主义社会是通往这一理想境界的一个阶段。资本主义社会的人权以资本主义生产资料私有制为基础，财产权是其一切权利的核心，"平等地剥削劳动力，是资本的首要人权"。这种人权的最大局限性，在于它本质上是资产阶级的特权，对无产阶级来说，人权有它不真实的一面。社会主义革命要消灭阶级、消灭剥削、消灭压迫，要以比资本主义更快的速度发展生产力并最终实现共产主义。这一理想社会是一个"自由王国"，是全面发展的自由人的联合体。只有这样的社会，人权才能彻底实现。实现彻底的真正人权，是共产

主义的最终目的，消灭私有制是达到这一目的的根本手段。把消灭私有制当作目的而把人权当作手段的理论观念是完全错误的。人道主义是人权的重要理论基础。一切为了人的解放，一切为了人的幸福，是马克思主义的出发点和最后归宿。从某种意义上可以说，共产主义者应当是最进步的人道主义者，也是最彻底的人权主义者。马克思主义者应当把"人权"这两个大字书写在共产主义旗帜上，并高高举起它。

以上八点就是社会主义人权理论的主要内容，是马克思主义者观察与处理一切人权问题的基本立场，也是在我国建设有中国特色的社会主义人权制度的指导思想。

后记：本文原载于《法学研究》1992 年第 4 期，后作为"导言"收入《当代人权理论与实践》（吉林大学出版社 1996 年版）一书。曾由日本铃木敬夫教授译成日文，刊登在《北海学园大学法学研究》第 31 卷第 3 号。本文于 1996 年 9 月获中国社会科学院法学研究所、政治学研究所 1992—1994 年度优秀科研成果奖。

二、人权制度与理论的历史发展

人权制度与人权理论并不是凝固不变的，而是历史地发展的。它们为什么会发展变化？人类历史上经历过什么样的发展阶段？从这种发展变化中我们能得出哪些有益的启示？探讨这些问题是很有意义的。

为了回答这些问题，我们首先要搞清楚，什么是人权制度和人权理论两者之间的相互关系。人权制度包括人权本身以及人权得以实现的各种制度，主要是人权立法制度与人权司法制度。人权立法与人权司法是伴随着人权的不断发展而演变的。在这里"人权"是指人应当享有的生命权、自由权、平等权等等具体权利的总和。人权理论是人权意识、人权思想的主要的和核心的内容。

那么，人权制度与人权理论是什么关系？不少人认为，先有人权理论，后有相应的人权制度。这种看法显然是不正确的，因为它违背了存在决定意识这一唯物主义原理。当然两者是紧密联系和相互依存的。由于意识具有相对独立性，因此，在有的情况下，也可以是先有某种先进的人权理论，而后才根据这种理论建立起相关的先进的人权制度。但是，从总体上讲，应当是先有人权及与其相应的有关制度，而后才有相应的人权理论。

此外，还要看到，人权有广义与狭义之分。广义的人权，是自有人类社会存在以来就有的。因为，享有人权是人的心理与生理的一种要求，是人的自然属性；而只要有社会存在，人与人之间就会存在这样那样的利益冲突，就需要有权利与义务为内容的社会规范去调整，否则这个社会就无法存在下去。狭义上的人权也即是近代意义上的人权，它以自由、平等、人道为其主要原则和基本调整，则是资产阶级革命的产物。这一界限，既有它的绝对性，又有它的相对性。我们不可想象，资产阶级革命的某一天，人权会突然从天而降，而在此之前人类社会是根本不存在任何"人权"的。

我们可以把推动人权不断向前发展的动力归结为内因与外因两个方面。内因即内在根据，是指人的自然属性和社会属性，即人的物质的与精神的各种生活需求以及人们生活在其中的各种社会关系的性质与状况。外因即外部条件，是指人类社会当时当地已经达到的物质的与文化的发展水平。总之，人们能够实际享受到的人权的数量与质量，人权发展的广度与深度，是由人类社会整个的物质文明与精神文明所决定的；同时，人权的发展状况，又是人类文明发展的重要标志和综合性标尺。

从人权的广义看，资本主义社会出现以前的人权，可以区分为两个发展阶段。一是原始社会。由于当时经济与文化发展水平极其低下，人们所能享有的权利当然是极其有限的。但是，人们也并不是在当时的社会里一点"权利"都没有。例如，根据摩尔根经历四十余年对易洛魁古代氏族制度的研究，当时的先民在原始氏族社会里就享有生存权、名称权、财产继承权、选举与罢免酋长和首领的权利、参加氏族会议的权利等，这些权利通过氏族习俗来维系。马克思在摩尔根《古代社会》一书的摘要中对摩尔根的研究成果和结论予以充分的肯定。马克思、恩格斯循着这一思路还对古希腊、罗马人的氏族制度作了进一步的研究，肯定了原始氏族社会中存在十多项权利与义务。二是奴隶社会与封建社会。同原始社会相比，一方面，由于这一历史阶段的经济与文化发展水平已经大大提高了一步，因而人们在实际能够享有人权的广度与深度上向前迈进了一大步，一些人的生命权、人身安全权、人身自由权、财产权等，能得到法律的保护。这是人权发展史上的一个进步；另一方面，由于私有制和阶级对立的产生，出现了社会不平等，一部分人权的主体，主要是奴隶，农奴和农民，基本上或大部分被剥夺了他们本应享有的权利。这一时期人权的重要特点之一是权利与义务的分裂。正如恩格斯所指出的："如果说在野蛮人中间，像我们已经看到的那样，不大能够区别权利和义务，那么文明时代确使这两者之间的区别和对立连最愚蠢的人都能看出来，因为它几乎把一切权利赋予一个阶级，另一个方面却几乎把一切义务推给了另一个阶级。"这是人权的异化。从这一角度看，这又是人权的一个退步。

　　狭义的，即近代意义的人权，是同资本主义商品经济联系在一起的。资本主义的商品经济是近代人权产生的经济基础，资本主义民主政治是近代人权存在的政治基础，18世纪的资产阶级革命则充当了近代人权降世的助产婆。恩格斯在阐述资本主义人权与资本主义商品经济的关系时曾指出："大规模的贸易，特别是国际贸易，尤其是世界贸易，要求有自己的、在行动上不受限制的商品所有者，他们作为商品所有者来说是有平等权利的，他们根据对他们来说全部是平等的（至少在当地是平等的）权利进行交换。从手工业到工厂手工业的转变，要有一定数量的自由工人……他们可以和厂主订立契约出租劳动力，因而作为契约的一方是和厂长权利平等的。最后，似有的人的劳动——因为它们都是人的劳动并且只就这一点而言——的平等和同等效用。""由于人们……生活在那些相互平等地交往并处于差不多相同的资产阶级的独立国家所组成的体系中"，因而，资产阶级反对封建等级和特权的要求"就很自然地获得了普遍的，超过国家范围的性质，而自由和平等也很自然地被宣布为人权"。① 这就是说，资产阶级的经济要求，即自由与平等的权利要求，采取了包括一切人在内的"人权"形式。资产阶级革命以自由、民主、人权为号召，在革命胜利后又立即用法律的形式和手段，来确认和保障自己以及那个争得的权利。美国的《独立宣言》和法国的《人权与公民权利宣言》，是资产阶级人权文献的代表作。同时，在这些文献中，也确立了资产阶级民主政治的原则和基础，并以此作为资产阶级人权赖以存在与发展的政治条件。

人们通常将近代意义上的人权区分为三个发展阶段：人权的第一个发展阶段是指资产阶级革命时期以及这一革命在全世界取得全面胜利以后一个很长时期里的人权。这一时期人们所要争取和实际已经逐步争取到了的人权，主要是人身人格的权利和政治权利与自由，其具体内容主要是言论、信仰、结社、通讯、宗教等自由以及免受非法逮捕、公正审判等权利，它的诞生和基本确立是以美国的《独立宣言》和法国的《人权与公民权利宣言》为标志的；人权的第二个发展阶段，主要是受 19 世纪初反抗剥削与压迫的社会主义运动和革命的影响，其基本内容是经济、社会和文化方面的权利。它在宪法上的表现，在东方是以苏联的《被剥削劳动人民权利宣言》为代表，在西方是以德国的《魏玛宪法》为标志；人权的第三个发展阶段，主要是从第二次世界大战以后反对殖民主义压迫的民族解放运动中产生并发展起来的，其内容包括民族自决权、发展权、和平权、自然资源永久主权等等国际集体人权。它已经为一系列国际人权文书所确认。

---

① 《马克思恩格斯选集》第 3 卷，人民出版社 1972 年版，第 144—145 页。

在近代人权发展的三个历史性阶段中，人们可以清楚看出，社会主义运动对此作出了重大贡献。西方不少有识之士对此都有肯定的评价。例如，联合国教科文组织人权与和平官员、著名人权理论家 P.S. 马克斯公正地指出："社会主义和马克思主义著作的哲学和政治的观点，对 19 世纪由于滥用第一代权利而反对剥削的社会革命，起到了很大的促进作用。这些变革导致了一代新的人权的出现。这代新人权与第一代'消极的'权利有着本质的区别。第一代的各种自由对广大的工人阶级和被占领土地上的人民来说，意味着被剥削和被殖民的权利，这些权利被视为忽视了现实社会物质权利的'形式'上的自由。在墨西哥和俄国反对剥削的革命斗争后于1917 年通过的宪法、国际文件，特别是 1919 年国际劳工组织的组织法和国际劳动标准，开创了第二代人权。这是一代经济、社会和文化的权利，是一代以国家干预而不是国家弃权为特征的权利。"[1] 实际上，马克思主义理论与社会主义运动不仅是第三代人权的直接动力，也是第三代人权的间接动力，因为它对 20 世纪汹涌澎湃的殖民地半殖民地国家的民族独立运动起了巨大的鼓励和指导作用。在过去的一个很长时间里，一些人曾把人权当作是资产阶级的口号，认为社会主义与人权无关，这是完全错误的。马克思主义的创始人虽然对资本主义社会的人权制度和人权观念作过很多的尖锐的批评，但他们从来没有对其作简单的全面的否定，而是充分肯定它在历史上的巨大进步意义和作用。他们更没有因为对资本主义社会的人权持批判态度而否定人权本身。他们只是认为资本主义社会的人权具有阶级的历史的局限性，社会主义和共产主义应把人权推进到更高的阶段。现在，也仍然还有一些人坚持资本主义与社会主义绝对对立的思维模式，认为资本主义社会的人权制度是完全虚伪的，无人权可言；对西方的人权理论也是采取一笔抹杀的态度。这也是不符合客观情况的。事实是，二百多年来，资本主义社会的人权制度是在不断发展与进步的；其人权理论也包

---

[1] 王德禄、蒋世和:《人权宣言》，求实出版社 1989 年版，第 161—162 页。

含有一些合理的和科学的成分在内。对此，我们都应当给予实事求是的分析和评价。

　　资产阶级的人权理论与人权制度是相互依存与相互作用而一起发展的。资产阶级第一次人权运动发端于 17 世纪的英国资产阶级革命，它的人权理论的第一个杰出代表就是英国思想家洛克。然后，这种人权理论经历了"天赋人权"说、"法律权利"说和"社会权利"说这三种主要理论形态的演变。"天赋人权"说的主要代表除了洛克，还有美国的潘恩和法国的卢梭。它以自然法学和人性论作为自己的理论基础；它强调人生而平等、自由，人应享有的权利不可转让和放弃，也不能被剥夺。以天赋人权反对天赋王权，这是它的历史进步意义。但是它片面强调人的自然属性，否定人的社会属性，因而是不全面的。"法律权利"说的主要代表是边沁、戴西和密尔等人，实证主义和功利主义是其理论基础。它强调人权不是生而有之，而是法律所赋予。他们认为，按照功利主义的逻辑，人权产生与存在的合理性与合法性，是完全可以证明的。它否认人权的伦理性，而强调人权的利益性。这一学说批评了天赋人权理论的"自然状况"的虚构性和自然法的神秘性。如边沁说："权利是法之子，自然权利是无父之子。""在一个多少算得上文明的社会里，一个人所以能够拥有一切权利，他之所以能抱有各种期望来享受各种认为属于他的东西，其唯一的由来是法。"这种理论有它的合理因素，但它完全否定人权的伦理性，不承认人权本身的目的与根本价值，仅仅把人权看作是人类避苦求乐的一种手段，则是片面的不正确的。在本来的意义上，人权是一种应有权利，法律权利不过是人们运用法律手段对应有权利加以确认和保障。因而法律权利说在人权本原问题上是完全非科学的。"社会权利"说又称"福利权利"说。它从人是"政治动物"、"社会动物"的观点出发，认为人的社会性是人权产生和存在的依据。既然人们彼此之间存在错综复杂的社会关系与利益矛盾，这就需要有以权利与义务为形式的社会规范去调整。人权的产生就是基于这样的需要。既然人权来源于社会，人权是社会的产物，而社会是发展变化的，因而人权也是发展变化的，人权具有历史性。它认为，社会愈是落后与野蛮，人权就愈狭小而难以实现；社会愈是进步与文明，人权就愈能得到切实保障。由此亦可证明，自然权利与天赋人权理论没有根据。社会权利说的一个重要特点，是承认经济社会权利也是基本人权，从而使人权发展成为不仅是一种"消极的受益关系"，即个人因国家的不作为而得到人身人格与政治方面的权益，而且是一种"积极的受益关系"，即个人因国家的作为而得到经济文化社会方面的权益。社会权利说产生于 20 世纪初，它是资本主义社会科技与生产力高度发展与社会矛盾进一步激化的产物，也深受社会主义运动与马克思主义思想的重大影响。如果说，以天赋人权反对天赋神权与等级特权，是资产阶级在革命时期人权领域的主要理论表现，法律权利说反映了资产阶级在巩固了自己的统治地位后强调要以法律手段来维护已经建立起来的人权制度，那么社会权利说则反映了在新的历史条件下资产阶级愿意在个人与社会、自由与平等的相互关系问题上作出调整以适应与满足广大劳动阶层的权利要求。作为一种意识形态，人权理论具有相对独立性，有它自身的发展规律。资产阶级人权理论的三种主要形态的演变，在一定程度上，反映了在深度与广度方面理论认识的深化与扩展。在当代，天赋人权说仍在西方占有主导地位，但社会权利说对人权实践越来越发挥着重要的作用和影响。资产阶级人权理论的三种重要形态都包含有一定的合理因素和成分，但都存在有各自的片面性。只有马克思主义人权理论才是最完整的学说。

后记：先有人权理论还是先有人权制度，就像先有鸡还是先有鸡蛋一样，有点难以捉摸。早年，著名哲学家王若水在《人民日报》发表的《桌子的哲学》的文章，论证过先有桌子还是先有桌子的观念。毛泽东对该文颇为欣赏，曾约见王若水作过交谈。归根到底，这是一个存在与思维的关系问题。

三、人权的主体

人权的主体是指什么人可以和应当享有人权。西方传统的观点是，人权主体仅仅是指个人。但是，随着时代的发展和人权实践的演进，这一传统观念正在发生变化。社会群体以至民族，一国人民和全人类都已成为人权的主体，已经成为客观事实，一系列国际人权文书也已肯定这一事实。

（一）个人

人权一词，在英语里为"human rights"，英语"human"最基本的，首要的语义是"人的或关于人的"。这里的人，主要是指单个的"人"。人权的主体即人权的具体"享有者"和行使者，主要是指个人，即有生命的自然人。只要他（或她）是人，就是人权的主体，就应当享有人权。《世界人权宣言》指出："人人有资格享受本宣言所载的一切权利和自由，不分种族、肤色、性别、语言、宗教、政治或其他见解、国籍或社会出身、财产、出生或其他身份等任何区别。"并且"不得因一人所属的国家或领土的政治的、行政的、托管领土、非自治领土或者处于其他任何主权受限制的情况之下。"（第2条）人权概念经历过古代人权的朦胧意识，到近代的人权思想，再到现代的人权理论，人权的主体主要是个人，而且只要他（或她）是人，就是人权的享有者。尽管人权的主体在实践中经过很大的发展变化，现代人权主体已存在多元化趋势，但人人都应当享有人权，个人是人权的基本主体，这一理念是不变的。显然，这同自然权利理论和"人人平等"观念是密切联系在一起的。

在古代西方，"自然权利"说是"天赋人权"论的早期形态。换句话说，那时候的所谓"人权"或朦胧的人权意识，就是指的"自然权利"。而这种权利的主体，纯粹是个人。自然法学说最早产生于古希腊城邦国家的部落时期。在亚历山大皇帝建立起庞大的帝国、人们不再生活在以往那种自给自足的经济生活中，斯多葛派主张，把伦理、政治、法律思想的研究重点，从过去的国家至上，转移到个人、人性与人的幸福。该学说认为，人人都有共同的人性，人人都是上帝的儿子，因而彼此之间都是兄弟。古罗马的西塞罗及后来的塞涅卡等人继承与发展了自然法理论，但其基本论点，仍然是每个人都享有某种程度的人格尊严，一切人都是平等的。他们所说"自然权利"的享有者，都是指个人。

在近代西方，从荷兰的格老秀斯，到英国的霍布斯，继承与发展了自然法学说。特别是英国的洛克使自然法理论更臻系统与完善，倡导以人权反对神权、君权与特权，使其成为资产阶级革命的主要武器。他们所说的自然权利的享有者，也仍然是指个人。洛克对自然状态、自然法、自然权利的周密论证，成了美国《独立宣言》和法国《人权与公民权利宣言》的直接的主要思想渊源及理论基础。而标志着近代人权产生的这两个文件，其所指人权的享有者，也是个人。如《独立宣言》说："我们认为这些真理是不言而喻的：人生而平等，他们都从他们的造物主那边被赋予了某些不可转让的权利，其中包括生命权、自由权和追求幸福的权利。为了保障这些权利，所以才在人们中间成立政府。"《人权和公民权宣言》指出："在权利方面，人们生来是而且始终是自由平等的，只有在公共利用上面才显出社会上的差别。"（第 1 条）"任何政治结合的目的，都在于保存人的自然的和不可动摇的权利。这些权利就是自由、财产、安全和反抗压迫。"（第 2 条）

近代西方人权及与此相适应的人权观念，同资本主义社会重视个性解放、个人权利、个人自由有关。有人据此认为，以集体主义为基本价值取向的社会主义，不应强调人权的主体主要是个人。所谓强调个人权利必然导致个人主义，损害集体利益和公共利益。这是不符合马克思主义基本立场与观念的。集体、社会、人类只能在普遍的个人之中存在。离开了个人，集体、社会、人类却不过一种空洞的抽象。正如马克思所说："任何人类历史的第一个前提无疑是有生命的个人的存在。"①"人类的历史始终是他们的个体发展历史"。② 这里所说的"个人"、"个体",也就是马克思所讲,是"有感觉的、有个性的、直接存在的人",是"从事实际活动的人",是"可以通过经验观察到的发展过程中的人。"③

人权同公民权或"公民的基本权利"不是一个概念,不能混为一谈。中国在 80 年代中期,曾有不少学者曾混淆过这两个不同的概念。如有的同志说:"什么是人权?简言之,人权就是人民的权利,或者叫公民的基本权利。在资本主义国家里,人权,一般是公民基本权利的通称,即公民的基本权利也可以叫作人权。"④ 不少学者曾以此为理由,反对在中国讲人权,或认为没有必要在中国讲人权。这在逻辑上和事实上都是不能成立的。所谓公民,通常是指具有一个国家的国籍、根据该国宪法和法律,享有权利和承担义务的自然人。国籍的取得,要具有一定的条件,国籍也可以丧失,包括自愿丧失与非自愿丧失。所以,几乎世界上的任何一个国家都可能有非公民生活或工作在那里。居住在某一国家里的"外国人"应当享有他(或她)们所应当享有的人权,因灾害或战争而流落异国的难民,也应当享有居住国或国际社会给予的救助以及这些人应当享有的权利。世界上还有"无国籍人"生活或工作在某些国家,联合国还专门为以上这些人制定了一些人权文书,以保障其权利,如《关于难民地位的公约》(1951)、《关于无国籍人地位公约》(1954)、《减少无国籍状态公约》(1961)、《难民地位议定书》(1967)、《非居住国公民个人人权宣言》(1986),等等。如果"人权就是公民权,"那么这些人就与人权无关,就不应当享有人权。这显然是不正确的。

---

① 《马克思恩格斯选集》第 1 卷,人民出版社 1972 年版,第 321 页。
② 同上书,第 322 页。
③ 同上书,第 436 页。
④ 乔伟:《论人权》,载《文史哲》1989 年第 6 期。

（二）社会群体

人权的主体主要指个人，但也包括某些社会群体。这是"人"作为人权主体的延伸。这些群体包括：妇女、儿童、残疾人、少数种族或民族、消费者、失业者的权利，甚至还包括犯罪嫌疑人以及罪犯的权利在内。这些社会群体权利的出现，在历史上有一个发展过程。在 20 世纪中后期，这些群体权利逐步由国内进入国际，现已得到不少国际人权文书的认可，如《消除对妇女一切形式歧视公约》（1979）、《儿童权利公约》（1989）、《清除一切形式种族歧视国际公约》（1965）、《关于促进就业和失业保护公约》（1988）、《囚犯待遇最低限度标准规则》（1955），等等。

在一国范围内，群体权利也可称为集体人权。国际上和国内的学者中有人否认上述这些群体权利是集体人权，认为它们同个人人权没有什么区别，仍应属于个人人权的范畴。这种观点是不正确的。我们认为，两者的区别主要表现在如下三个方面：一是这类人权同个人人权相比，在人权的主体和内容上都有不同。个人人权的主体是任何一个个人，而国内特殊群体权利的享有者是其中的某一部分人群（如妇女、儿童、少数民族等）；在内容上，后者不仅享有个人应享有的个人权利，而且享有自己作为特殊群体的一员应享有的特殊权利；二是特殊群体通常会通过法律从国家得到整体上的特殊权利保障。如我国对少数民族通过民族区域自治法在经济、政治、文化等各方面给予他们以各种特殊权利；属于这些特殊群体的个人，也主要是通过国家对这类群体的特殊权利保障得到某些特殊利益；三是代表特殊群体利益的一些民间组织或半官方组织，如妇女组织、工会组织、残疾人组织，可以在法律上代表该群体向国家提出一定的权利要求，或在政治上施加这方面的影响；某些特殊群体组织甚至可以为寻求权利救济而能够代表该群体诉诸法律。

上述特殊群体的一个共同特点是属于社会弱势群体的范畴。其权利保障的理论基础是正义理念与人道原则。尽管妇女同男人在人口比例上相差无几，但由于自身生理的以及历史的文化的（包括民族的、宗教的）种种原因，她们是社会上的"弱者"。"罪犯"这一群体情况更为特殊。尽管"罪犯"对社会实施过种种危害，但他们已经得到应有的惩罚。因此在服刑期间，他们的应有权利仍然须得到应有保障。犯罚嫌疑人被指控后，人身自由受到限制，但这类人群也不一定就实施犯罪，由于其应有权利易受侵犯，故也应受到"无罪推定"原则及其他措施的特别保护。随着人类物质文明、精神文明、制度文明的不断发展和进一步提高，社会特殊群体的权利保障将日益加强。

（三）民族、一国人民、全人类

1.同个人人权相对应的集体人权，分国内集体人权与国际集体人权两类。后者主要包括：人民自决权、自由处置天然财产和资源权、发展权、和平与安全权、环境权、食物权、人道主义援助权等等。这类国际集体人权的主体，分别是某些民族、一国人民或全人类。民族人民自决权首先由《给予殖民地国家和人民独立宣言》（1960）所确立，后在国际人权两公约的第一条共同予以肯定，使这项人权由没有强制约束力的宣言转变为有强制约束力的公约所确立。这项人权是在60年代非殖民地运动中被提出来的，但在上述宣言与公约中均未对"人民"和"民族"下定义，因此对此项权利的内容及其权利主体的理解一直存在分歧。这种分歧在非殖民地运动结束后争论更为激烈。一些学者与国家则认为，这项权利仅仅限于殖民地人民和被外国压迫的民族；另一些学者和国家为权利持有者包括主权国家里少数者或土著人团体。本书作者的解释倾向前者。

2.一国人民作为国际集体人权的主体，主要反映在"发展权"中。《发展权利宣言》（1986）规定："确认发展权利是一项不可剥夺的人权，发展机会均等是国家和组成国家的个人一项特有权利。"（序言）"发展权利是一项不可剥夺的人权，由于这种权利，每个人和所有各国人民均有权参与、促进并享受经济、社会、文明和政治发展……"广义上的发展权是"各国人民"都应当享有的权利；狭义的发展权是一种各国人民都有"发展机会均等"的权利，是发展中国家的一项"特有权利"。因为它是发展中国家提出并力主其实现的权利，是针对不合理的国际经济与政治旧秩序而提出的，而在后来逐步形成的狭义发展权的具体内容，在诸如世贸组织中的"普惠制"，减免穷国债务，发达国家与国际组织对发展中国家的各种援助等等中，可以肯定这一点。《发展权利宣言》序言中所说的"国家"，应理解为是第一条中所说"各国人民"，因为"国家"、"政府"都不能成为人权的主体。就人权而言，"国家"与"政府"都是义务主体。所谓"国家"、"政府"的权利，那是另一个范畴的问题。

3. "全人类"或"各国人民"作为国际集体人权的主体，主要反映在环境权以及和平与安全权中。《人类环境宣言》规定："人类有权在一种能够过尊严和福利的环境中，享有自由，平等和充足的生活条件的基本权利……"《非洲人权和民族权宪章》规定："一切民族均有权享有一个有利于其发展的普遍良好的环境。"（第 24 条）环境问题直接涉及全人类所有人的共同利益，如大规模污染空气与海洋，其受害者将是全人类。又如，《人民享有和平权利宣言》（1984）指出："全球人民均享有和平的神圣权利"。在一些国家拥有核武器的现今时代，局部战争特别是引发全面战争的时候，全人类的人身与财产等安全势必遭受严重损害。第二次世界大战给人类带来的灾难，绝不能允许再度发生，这是全世界人民的根本利益。全人类作为国际集体人权的主体，其义务主体最为广泛，包括各国政府、联合国系统的所有机构以及其他国际组织。

（四）人权主体的历史性

人权由人与权利两个基本要素构成。人权的主体与人权的内容，是人权的两大组成部分。而两者都有其历史性，在现实存在和思想理论上，它们都是一种发展的社会现象与观念形态。这是因为，什么人可以享有权利和每个人可以享有多少权利，都要受到当时当地经济、政治、文化条件的影响与制约，都要由一定历史时代物质文明、精神文明与制度文明的发展程度所决定。在这个问题上，我们应当将应然与实然、理想与现实统一起来予以认识和把握。例如，只要是"人"，不论其性别、种族出身、财产状况、教育程度、思想信仰等等有何差异，都应当平等地享有各种权利，这是一种应然的理想的状态。但是现实情况并非完全如此。这里有两个问题需要加以分析：一是人们不能超越一定的历史条件去评价或要求那些不可能实现的人权状况；二是人们又必须去否定和批判那些本来可以实现，但又没能实现的人权状况。人权的彻底实现，有一个合乎规律的发展过程；同时它又需要无数仁人志士为其实现而不懈奋斗。

人权主体的历史演变，主要有两个发展过程：其一是从古代的单纯以个人为人权主体的状况，发展到近代的人权主体以个人为主，同时又出现了国内集体人权；再发展到二战后人权保护进入国际领域，出现了国际集体人权；其二是个人作为人权的基本主体，经历了一个从非普遍性到普遍性的发展过程。而后一个过程比前者更显艰难。

公元前 5 世纪，自然正义观已在古希腊自然哲学的基础上发展起来，并开始了人权意识的历史传统。最早使用人权字眼的希腊悲剧作家欧里庇德斯认为，根据自然的法则，奴隶和自由民应该是一样的，奴隶之所以成为奴隶，不是因为他们愚笨，而是社会制度和城邦法律所造成的。[①] 当时的雄辩家阿尔西玛达也说，"神使人生而平等，自然并未使任何人成为奴隶"。但是，现实生活中，古希腊与罗马都普遍实行奴隶制，而且这种把人视为工具，可以随意买卖的奴隶制，还得到一些著名思想家的肯定，如亚里士多德就认为，"世上有些人天赋有自然的本性，另一些人则自然地成为奴隶，对于后者，奴隶既属有益，而且也是正当的"。[②] 这种平等思

[①] 张宏生、谷春德：《西方法律思想史》，北京大学出版社 1990 年版，第 4 页。

[②] ［法］皮埃尔·勒鲁：《论平等》，王久道译，商务印书馆 1988 年版，第 78 页。

想与人权意识同主流的不平等思想和生活现实的不平等斗争了近一二千年，直到近代资本主义商品经济产生与发展起来，社会发展根本转型，个人作为人权的主体，从非普遍性向普遍性的转变，才得以完成。然而，在近代这一根本性转变的过程中，理想与现实、应然与实然的冲突，仍表现得十分激烈。以英国为例。它是最早实现近代民主、法治、人权的国家。然而，澳大利亚被英国以无主地的方式占有之后，其土著人在种族灭绝、奴役和压迫的噩梦中还生活了 200 多年，直到 1967 年，公民投票同意在人口普查中将土著人计算在内，才给予土著人公民身份。在这之前，他们是被视若无物的。① 又如美国。1776 年的《独立宣言》曾被马克思视为世界上"第一个人权宣言"，但它所说"人人生而平等"，并不包括奴隶在内。其起草者杰斐逊本人就是奴隶主。1791 年的马里兰州的法律甚至宣布："如果一个受监护的未成年人的动物由诸如奴隶、能够干活的牲畜、所有种类的动物、木制家具、藏书等组成，法院……可于任何时候通过命令予以出卖。"②《独立宣言》所称"人"，也被解释为不包括妇女在内，直到 1920 年第 19 宪法修正案被通过后，妇女才获得普遍的平等选举权。再如法国。其《人权与公民权宣言》也被推崇为是人权产生的标志，但它所称"人们生来是而且始终是自由和平等的"中所用的"人"也把妇女排除在外。当时被排除在"人"之外的还有"革命的敌人"。在法国大革命中还大规模地用被斩首者的皮肤来制作皮革。根据 1794 年 9 月 20 日的一份报告，默东的一个制造商专门从事这项工作。国民公会以 45000 法郎作为对该项工业的支持。③ 这些事实说明，杰斐逊等人的人权思想与业绩是伟大的，但人权现实则不可能不受历史条件的局限。

---

① [瑞士] 胜雅律：《从有限的人权概念到普遍的人权概念——人权的两个阶段》，王长斌译，见沈宗灵、黄楠森主编：《西方人权学说》下，四川人民出版社 1994 年版，第 216 页。
② 沈宗灵、黄楠森：《西方人权学说》下，四川人民出版社 1994 年版，第 250—278 页。
③ 同上。

后记：作者在人权教学中还经常遇到学生提出这样的问题：死人、克隆人有没有人权？对前者，我的回答是有；对后者，我的回答是，现在没有哪个国家允许克隆人，因此，现在不好回答。人权主体问题的复杂性还表现在生命权的讨论中，如何界定"胎儿"，学者看法和各国政策都不一致。

四、人权的内容

作者曾给人权下过这样的定义：人权是人依据其自然属性和社会本质所应当享有的权利。那么，这里的"权利"究竟是指什么？这一概念的内涵与外延到底应当怎样界定？这是人权理论必须回答的根本问题之一，而人们对此又存在很大争议。搞清楚这个问题，无论是在理论层面还是实践层面都有重要意义。

（一）人权内容的含义

人权的内容也可称其为人权的客体，是指人可以和应当享有的权利。那么，什么是权利？它的基本构成要素是什么？中外学者存在各种意见和主张。我们认为，所谓权利，其最主要的构成要素是三个：即权威、利益、自由。权利就是指由特定权威所认可、支持与保护的权利主体能够自由支配的各种利益。首先，权利的基础是利益。这里的利益含义很广，不仅指物质利益，还包括精神利益、人身利益以及行为自由等。离开利益这一最本质的东西，权利这个概念就会变得毫无意义。其次，不是所有利益都是权利，某种利益必须得到一定的社会上的权威所认可、支持与保障才能成为权利。由国家法律所认可与保障的公民或法人享有的利益就是法律权利。由政党组织的权威所认可与保障的党员所能享有的利益，就是某一政党党员的权利。由工会组织的权威所认可与保障的工会会员的利益，就是该工会会员的权利。再次，权利主体所享有的这种利益自己还可以通过作为或不作为予以自由支配和处置。否则，某种权利主体可以享有的利益也不能够实现。至于这种利益遭到侵害，是否一定要达到可以通过司法机关得到保护方可称之为权利，我们在"积极权利与消极权利"一节中将会论述。由此可见，不是所有的权利都是人权。人权中的"权利"有其特定的含义。这从本书所给人权下的一般性定义中可以清楚看出。第一，权利的主体，它不是某种社会组织的成员，甚至也不是指某一国家的公民，而是泛指一般的"人"，即只要他（或她）是"人"就可以享有人权。当然这里的人除了"个人"，还包括国内或国际范围某些特定的群体（或集体）。第二，人权是一种人"应当"享有的权利，而应不应当是个道德问题。因此人权的另一特点是，人所享有的利益是由以正义为核心的人类所共同持有的一整套伦理道德准则所认可、支持和保障的。第三，权利的内容也具有一般性，它的内容不是某些人或某个组织彼此之间的任意相互"约定"。

在国内外学者中，对人权内容的理解，存有过于狭窄和过于宽泛的两种倾向。例如，有人认为，"人权概念无论是在被发明出来的时候，还是现代的使用中，都不指涉和涵盖公民的全部权利，而仅指涉那些基本的和普遍的权利"，或者说，"屈指可数的主要的权利"。[1] 人权，"指人身自由和其他民主权利。"[2] 但是，将人权的内容局限于"公民的基本权利"是不对的。宪法规定了"公民的基本权利"，各种法律还会规定各种"非"基本权利。公民基本权利与非基本权利是一个相对概念，其界限有其不确定的一面。现在联合国系统制定的 70 多个主要人权文书所确认的人权内容，远远不止各国宪法所规定的"基本"权利。残疾人的某些特殊权利，对健康人不适用；消费者的权利，生产者不能享有；罪犯的某些特殊权利，对

---

①　张光博：《坚持马克思主义的人权观》，载《中国法学》1990 年第 4 期。

②　《法学辞典》，上海辞书出版社 1984 年版，第 8 页。

一般公民不适用；犯罪嫌疑人的某些权利，对未受刑事指控的人不适用。这些可以视为公民的非基本权利，但都无疑是属于人权的范畴。

在人权内容的界定上，需要防止的另一种倾向，是对它理解得过于宽泛，即对"人权的泛化"。我们固然不能把某些社会团体或组织中的成员在其所在组织中的权利与义务中"权利"视为人权，也不能将国家机构中某些人民代表（或议员）或工作人员的某些特定权利称之为人权。例如我国的各级人民代表享有"言论免责权"和"人身特殊保护权"就不是人权。法官检察官及政府行政工作人员都有某些在其特定行业与岗位上所享有的特定权利，那也不是人权。在法律权利（或法定权利）中，哪些是人权，哪些不是，就更要注意区分。人权主要存在于宪法与法律的一般性规定中，而在某些具体法律关系中，双方当事人的权利就不是人权。比如，在一个买卖合同中，缔约双方所自主约定的"权利"，就不是人权。又如，在我国实行的农村联产承包责任制中，农民同政府签订的合同，农民一方所享有的一些权利，一般说来也不能被理解为是人权，最多只能说是"财产权"的延伸，因为其中的有些权利的内容是自主约定的，是可以这样也可以那样约定与改变的。

（二）人权内容的本质

为了概括与揭示人权的本质，我们可以给人权下这样一个定义：人权是受一定的伦理道德所认可、支持与保障的人应当享有的各种权益。这是就人权的内容而言。人权的这种"权利"，最为本质的东西，一是利益，二是道德。任何"权利"的基础都是"利益"。不过人权所内含的利益极为多样与广泛。它不仅包括经济的、文化的、政治的和社会生活中的各种利益，也包括人身人格的各种利益，还包括思想与行为的各种自由。利益既可能是个人的，也可能是群体的；既可能是权利主体自身的，也可能是与主体相关的他人的。从国际人权文书所列举的人权清单中，各种具体人权所反映和体现出来的利益非常丰富与宽泛。可以说，任何一种具体人权，无不同人的利益相关，而人类生活在这个星球上，其利益需求将日益丰富、多样。这种需求、幸福，在未来都有可能表现为人权。人权另一最为本质的要素是道德。人们说"人权是人所应当享有的权利"。这里的"应当"就是一个伦理的和道德的概念。当然，这里的道德是指进步的道德，而且为人类所公认。过去曾有人认为，只有阶级的道德，没有所谓人类的共同道德。这种看法显然是不对的。尽管人们对伦理道德的认可会有差异，在人类历史上道德也是一个不断发展的概念，但以正义和人道为核心的包括平等、公平、公正、公道、正直、宽容、同情、怜悯、友爱、奉献、礼让等等，都是建立在人性的基础上，一直是人类所共同尊崇的。人应当享有各种权利，是同这种人类道德分不开的。西方许多人权学者都把人权看作是一种"道德权利"。例如美国政论家克兰斯顿（M.Cranston）认为："这里的问题是：自然权利和人权或人的权利，是什么意义的权利，回答是：自然权利是一种道德权利而且仅仅是一种道德权利，除非它由法律强制执行。"① 英国伦敦大学哲学教授拉斐尔（D.D.Ranhael）认为，《独立宣言》和洛克所讲的那些权利"之所以称为自然权利，就因为人们认为它们引自'自然法'或上帝的法律。但现在不必再在这些权利观念中包含形而上学或神学的预言了，'自然法'不过是说明道德的原则方式。它们就像实在法一样，关系到权利和义务。自然这个形容词是用来区别道德原则和权利同非自然的或人造的法律和权利"。② 中外学者强调人权是"道德权利"，一是将它同法律权利区别；二是强调人权是受道德认可与支持的人应享有的一种权利。"义"与"利"是全人类所共同追求的两件最宝贵的东西。如何使两者协调一致，是中外历代思想家与政治家所始终注意探讨的。而"人权"，正是两者共同拥有并使其协调一致的一个伟大的名词。

---

① 沈宗灵：《人权是什么意义上的权利?》，见《当代人权》，中国社会科学院出版社1992年版，第19页。

② ［法］拉斐尔：《政治哲学问题》，转引自沈宗灵：《人权是什么意义上的权利?》。

为了更深入了解人权的本质，必须将公民的权利与国家的权力严格地和清楚地加以区分。而中国的不少公众，包括有些学者，常常将权利与权力混为一谈，或分不清楚。有的法理学教科书，将权力视为权利的组成部分。其实，权力与权利是必须严格区分的。就国家权力与公民权利而言，主要有如下 8 点区别：

1. 国家的职权与职责相对应，公民的权利与义务相对应。前者往往是统一的，表现在同一规则中，即授予某一机关或个人以一定的职权，亦表示它们应承担一定的职责。后者往往是分离的，即权利就是权利、义务就是义务。一部分学者认为"劳动权"与"教育权"，既是权利也是义务，即使此论点成立，那也只是某种个别例外。

2. 职权不可以转让或放弃，否则就是违法与失职，故有所谓渎职罪；权利则有的可以转让或放弃，如财产赠予或放弃投票，但有的是不可以转让的，如各种自由。

3. 国家职权伴随着强制力，有关个人和组织必须服从；而权利在法律关系中彼此是处于平等地位。

4. 职权的本质是权威，这是维系任何一种群体生活所必需的组织手段；权利的本质则是利益，当然其含义十分宽泛。

5. 职权在某种特定意义上可以反映与体现公共利益，但不能代表个人利益；权利则既可体现个人利益，也可体现国家的或集体的利益。

6. 在职权与职责的对立关系中，职责是本位，所谓"责任政府"的概念由此而生；在权利与义务的对应关系中则权利是本位，这从人权的意义可以说明。

7. 公民的权利产生国家的权力，如公民行使选举权产生政府；而不是国家的权力产生公民的权利，权利（人权）是人所应当享有的，不取决于法律是否规定，不是任何国家或政党所恩赐。

8. 国家权力是手段，它存在的意义就是为全体人民谋利益；公民权利是目的，它体现人类的人格、价值与尊严，任何社会组织及行为规范的存在，都是以实现人类的幸福为依归。[1] 总之，搞清楚这些问题，对深刻认识人权的本质及其意义是十分重要的。

（三）权利的社会文化制约性

如果说人权的主体受社会、经济、文化条件的影响和制约，那么人权的客体即人权的内容，情况就更是如此。恩格斯说过，"权利永远不能超出社会的经济结构以及由经济结构所制约的社会的文化发展"。这也就是说，人权的主体和客体都具有历史性。人权的主体从"有限的人权概念到普遍的人权概念"，其根本性转变始于近代。到现在这一转变已经完成，即在理论与实践上，人权主体的普遍性已得到普遍的承认与尊重。但是人权的内容——权利，人们的认识，特别是在实现上，在不同的国家和不同的地区，不同的思想、宗教、政治信仰的人群之间，差距是很大的。现在与未来，情况都会如此。下面，从几个主要的方面作概要的具体的分析。

1. 经济的发展

人活着，首先要吃饭穿衣，然后才能从事政治和文化艺术等活动。物质生活的基本保障及其不断提高，是人的第一需要。同时，经济的发展又是教育、文化、卫生、体育等事业发展的基础。发展中国家强调生存权和发展权是首要人权，认为"经济社会文化权利"比"公民权利和政治权利"更重要，这同那些国家的经济文化发展的相对落后有关，在基本原理上也是站得住的。这方面的权利保障日益受到整个国际社会的重视，而且其发展也会持续下去，这是人类三大文明日益提高的必然。

2. 制度的因素

近二百多年来，资本主义（又称自由主义与个人主义）与社会主义的

---

[1] 李步云：《关于信息公开的几个理论问题》，见李步云：《信息公开制度研究》，湖南大学出版社 2002 年版，第 2 页。

两大思潮及其相对应的制度模式，深刻地推动与制约着人权的发展。资本主义重自由，社会主义重平等，这正是人权的两大支柱。现在，两大思潮与制度有彼此吸收与融合的趋势。其集中表现是西方的"福利国家"和东方的"市场经济"的出现与发展。

3. 文化的差异

与其他社会现象相比，无论过去、现在与未来，人与人之间、群体彼此之间，其差异始终将是最为多元化的。现在，对同性恋、堕胎、安乐死等存在广泛的争议，就是明证。宗教信仰的不同，对各种权利的认同，其差异也是非常显著的。历史传统的作用亦不可忽视。例如，在东亚的国家文化中有社会和谐的哲学与社会伦理传统；在西方，主要是希腊罗马的人文传统中，有重个人自主性与个体利益的特点。即使在今天，这些都是建立现代人权观念及制度可供继承与利用的积极因素。

权利的社会文化制约性，是人权特殊性的理论基础，是各国制定人权政策的重要依据，也是国际社会应当彼此尊重各自人权主张的重要原因。但是，也要首先肯定人权自身的特点与价值；肯定人权的普遍性及共同标准；肯定对人权的尊重与追求，是经济、政治、文化和社会制度存在的意义；肯定人权的发展是人类文明进步的综合性标尺；肯定人权观念与制度的发展，是社会各种制度设施与规范安排以至政治法律思想不断进步的推动力量。

后记：作者在以往的各种演讲中，在谈到人权的社会文化制约性时，常举的一个例子是新加坡的"鞭刑"。作者在1992年访问该国时，曾前往监狱观看行刑人员执行鞭刑的示范表演。其残酷和可怕，令我们代表团的一位女团员当场掉泪。这也使我想起了我的一贯主张，国与国之间，民族与民族之间，不同政治集团之间应倡导"政治宽容"。

五、论人权的三种存在形态

人权是人按其本性应当享有的权利。简单说，就是"人的权利"。在现代，人权的内容十分广泛和丰富。它可以从不同角度作多种分类。例如，从人权内容的不同性质看，可以分为人身权利、政治权利、经济权利、文化教育权利、社会权利等；从人权的不同主体看，可以分为个人权利、集体权利、民族权利；从人权的不同保障方式看，可以分为国内人权与国际人权。这些都是现在人们经常使用的分类方法。此外，笔者认为，我们还可以从人权的实现和存在形态这个角度进行区分，把它分为应有权利、法定权利、实有权利。本文试图就此问题作一论述。

（一）人权概念的外延

为了说明这个问题，首先需要搞清楚人权这一概念的外延。笔者以为，不少同志对这一概念，包括人权的主体和客体，在理解上偏于狭窄。

有的同志说："什么是人权？简而言之，人权就是人民的权利，或者叫公民的基本权利。在资本主义国家里，人权，一般是公民基本权利的通称，即公民的基本权利也可以叫作人权。"[①]"人权概念无论是在被发明出来的时候，还是现代的使用中，都不指涉和涵盖公民的全部权利，而仅指涉那些基本的和普遍的权利"，或者说，"屈指可数的主要的权利"[②]。人权，"指人身自由和其他民主权利"。[③] 笔者认为，把人权的内容仅仅理解为"公民的基本权利"是不妥当的。尽管人权的内容是伴随着人类社会的物质文明与精神文明发展水平的不断提高而逐步扩展与丰富的，人权的概念在历史上是处于不断发展变化之中，现在人们对人权内容的理解也还有

---

① 乔伟：《论人权》，载《文史哲》1989 年第 6 期。
② 张光博：《坚持马克思主义的人权观》，载《中国法学》1990 年第 4 期。
③ 《法学辞典》，上海辞书出版社 1984 年版，第 8 页。

差异，但在现今的国际社会中，认为人权就是指人的"权利"，包括人的一切权利，已经越来越成为一种共识。到目前为止，国际上已经制定了六十多个有关人权保障的文件，其内容十分广泛，几乎无所不包，而不仅仅限于基本人权。就一国范围来说，基本人权一般是通过宪法规定的"公民基本权利"来表现其内容的。基本人权与非基本人权，公民的基本权利与公民的非基本权利，其界限既是绝对的、确定的，又是相对的、不确定的。所谓公民的基本权利，是相对于公民的非基本权利而言的。公民的基本权利主要由宪法规定，而公民的非基本权利则由普通法律来予以确认。从逻辑上说，公民的非基本权利自然也应当是人权的内容。从所涉及的范围看，基本人权如生存权、自由权、平等权只是人权的一小部分，而非基本人权的内容则要广阔得多。保护公民的基本权利固然重要，但不能认为公民的非基本权利就不重要，就可以被排除在人权概念之外。残疾人的某些特殊权利，对健康人不适用；消费者的权利，生产者不能享有；罪犯的某些特殊权利，对一般公民不适用。这些都是公民的非基本权利，但这些无疑都是重要的，都应属于人权的范畴。在民事的、刑事的与行政的法律关系以及诉讼法律关系中，当事人与关系人的各种权利，有的是自由、平等、安全等基本人权的引申、展开与具体化，但有的则不是，如律师的权利、监护人的权利，如此等等，内容十分广泛，这些也无疑应是属于人权的范畴。如果我们把公民的非基本权利排除在人权概念之外，这在理论上是不正确的，在实践上是有害的。

当然，把人权区分为基本人权与非基本人权是十分必要的。无论是在一国范围内还是在国际主义社会里，我们首先需要强调的并着重予以保障的是基本人权，这是一个问题；而人权这一概念应当包括基本人权与非基本人权在内，则是另一个问题。在许多国际文件与人权约法中，经常使用"基本人权"这一概念，其目的与作用也是为了强调保障基本人权的重大意义，但它并不是意味着人权就仅仅是指"基本人权"。

有的同志提出：人权就是公民权。在我国，持这种观点的人相当多。

笔者认为，这在逻辑上和事实上都是不能成立的。所谓公民，通常是指具有一个国家的国籍、根据该国宪法、法律享受权利、担负义务的自然人。国籍的取得，要有一定条件；国籍也可以丧失，包括自愿丧失与非自愿丧失。因此，几乎任何国家都可能有非公民生活与工作在那里。如果"人权就是公民权"，那就意味着这些人与人权无关，不应享有人权。由于各种政治原因，一个国家的公民出逃，作为难民而留居在别一国家，这种情况非常多。近年来，仅越南、阿富汗、伊拉克的难民，就都以百万计。现在世界上还有许多并非难民的无国籍人，他们不是任何一个国家的公民。如果"人权就是公民权"，那么这些难民和无国籍人，就与人权无关；他们的应有权利在居住国就难以受到保护。自 1951 年以来，有关国际组织已经制定不少公约，如《关于难民地位的公约》（1951）、《关于无国籍人地位的公约》（1954）、《减少无国籍状态公约》（1961）、《难民地位协定书》（1967）、《非居住国公民个人人权宣言》（1985）等等，来保障难民与无国籍人的应有权利。国际社会普遍认为，这些都是世界人权约法的重要组成部分。

自马克思主义出现以来，尤其是苏联十月社会主义革命以后，人权概念与人权制度已由重视保障个人人权，发展到重视保障集体人权，如阶级的或阶层的权利、少数民族的或种族的权利、妇女和儿童的权利、残疾人的权利、消费者的权利等等，这些都是"群体"的权利，不是个体的权利。而公民则是一个个体概念。显然，"人权就是公民权"的定义，是概括不了这类重要权利的。

再从国际范围来看。第二次世界大战以后，一大批新独立的第三世界国家反对殖民主义掠夺与剥削，要求民族独立、发展民族经济的斗争日益高涨，因而产生了民族自决权、发展权、和平权、环境权等等权利要求。从此，人权的概念与制度由国内法领域进入了国际法领域。这类重要人权已得到国际社会的公认，并制定有一系列国际公约保障这类权利。今天，社会主义和第三世界国家反殖、反霸的内容已经成为我们这个时代的主流。显然，公民权这一国内法的具有个体特征的概念，是包容不了国际范围内民族与民族之间、国与国之间、地区与地区之间的权利关系的。

大家都知道，人权与公民权这两个概念，在资本主义国家的经典文献和马克思主义经典作家的著作中是有区别的。例如，法国 1789 年制定的《人权宣言》，其全名就是《人权与公民权宣言》。马克思曾指出："一个人有责任不仅为自己本人，而且为每一个履行自己义务的人要求人权和公民权。"① 马克思认为，人权的一部分是政治权利，它们属于公民权利的范畴；而人权则是"权利的最一般形式"。

上面，我们从两个方面分析了人权的概念，其权利主体不能局限于"公民"，其权利客体不能局限于"基本权利"。如果采用人权就是"人的权利"这一定义，就能比较恰当地概括出它的全部内容，比较合理地表述这一概念的外延以及它的内涵。这里的"人"是指一切人，不仅指公民，而且包括非公民；不仅指个人，也包括作为人的群体，即国内的集体与国际的民族集体。这里的"权利"是指人的一切权利，不仅指基本权利，而且包括非基本权利。人权这一概念在理论上逻辑上必须严谨。这样，在人权保障的实践中才不致带来各种消极的影响。同时，人权就是"人的权利"这一定义，原则上不涉及人权的本质、制度与政策，能同国际社会的共同看法相协调，也可以在国际交往中避免不必要的障碍和困难。

（二）应有权利

有一些同志在自己的著作中提出，人权就是"人的权利"，"是人作为人享有或应该享有的权利"②；"人权即作为一个人所应该享有的权利。"③但是，持这种观点的同志，有的认为这里所说的"权利"仅仅是指法定权利；有的则没有提出和分析、论证"应有权利"这一概念或者有意回避了

---

① 《马克思恩格斯全集》第 16 卷，人民出版社 1956 年版，第 16 页。
② 董云虎等：《世界人权约法总览》，四川人民出版社 1990 年版，第 75 页。
③ 何华辉：《比较宪法学》，武汉大学出版社 1988 年版，第 60 页。

它。究竟在现实的社会生活中有没有"应有权利"？它是一种什么样的性质和状态，它同西方所谓的"自然权利"又有什么区别？笔者在下面试图对此作一探究。

从本来的意义上讲，人权就是指人的这种"应有权利"。法律规定的权利不过是人们运用法律这一工具使人的"应有权利"法律化、制度化，使其实现能得到最有效的保障。因此，法定权利是法制化了的人权。法定权利同"应有权利"相比，虽然是一种更为具体、明确、肯定的规范化的人权，但不能说，它同"应有权利"是一回事；在法定权利之外，不存在"应有权利"。由于受主观与客观的种种条件的限制，在任何国家里，法律的制定都需要有一个过程。而且由于各种因素的影响与制约，立法者是否愿意运用法律手段去确认与规范人的"应有权利"以及这种权利能否得到合理的与充分的保障，也是不确定的。只有存在人的"应有权利"，才能产生应不应当以及如何去保障它的问题。否认"应有权利"的存在，法定权利就会成为"无源之水"和"无本之木"。

事实上，"应有权利"的存在，并不以也不应当以法定权利的存在与否为转移。举两个例子就能充分说明这一点。世界上第一部成文宪法——美国宪法颁布于 1787 年。当时由于存在不同意见，宪法中没有任何保障人权的具体条款。只是到 1791 年，经过杰弗逊等民主主义者竭力争取，才通过第二修正案，即人权法案，明确规定公民可以享有的一些基本人权。能不能说，美国人民在 1791 年之前，不应享有该修正案所列举并予以保障的那些基本人权呢？！当然不能。我国现行《宪法》颁布于 1982 年。这部宪法的第 38 条规定："中华人民共和国公民的人格尊严不受侵犯。禁止用任何方法对公民进行侮辱、诽谤和诬告陷害。"这在我国是第一次。能不能说，我国人民在这部《宪法》颁布之前不应当享有人格尊严不受侵犯的权利呢？当然不能。运用法律这一社会关系调整器来确认与保障人的"应有权利"要有一个过程，这在任何国家都是必然的。不过，有的过程是合理的，而有的过程则是不合理的。如果认为人权仅仅是指法律规定的权利，不存在人的应有权利问题，那不等于是承认那些专制主义国家蔑视人权、拒绝运用法律手段去确认与保障人权是正常的、合理的吗?!

一人的"应有权利"在法律没有予以确认和保障之前，它们在现实社会生活中是客观存在的。权利义务关系实质上是一种社会关系。法律上的权利义务存在于法律关系（包括抽象法律关系与具体法律关系）之中。法律关系以法律的存在为前提，是一种具有自身特点的特殊的社会关系。人的"应有权利"以及与之相伴随的义务，一部分或大部分被法律化、制度化以后，转变成了法定的权利与义务。而另一部分则存在于现实生活的各种社会关系之中。它们是不难看出与理解的。例如，我国自 1949 年 3 月中共中央发布《关于废除国民党的六法全书与确定解放区的司法原则的指示》以后，旧的法统就在我国大陆中断了。1950 年 4 月制定与颁布了新中国的第一部《婚姻法》。尽管这部法律制定得十分迅速，但仍然在一个短时期内，我国的婚姻家庭关系中的权利与义务没有法律给以确认与保障。然而，在那时的婚姻家庭关系中，夫妻之间与父母子女之间，还是存在着某种权利与义务的关系。在千千万万个家庭中，父母在这样那样地行使教育子女和监护未成年子女的权利；而子女则在这样那样地履行赡养父母等义务。

人的"应有权利"在法律没有给予确认和保障的情况下，它们受着以下一些社会力量与因素的不同形式与不同程度的承认与保护：一是各种社会组织，包括政党与社会团体的纲领与章程；二是各种形式的乡规民约；三是社会的习俗、习惯与传统；四是人们思想中的伦理道德观念和社会政治意识。所有这些社会力量与社会因素对人的"应有权利"的承认与保护，虽然不如国家的法律对"应有权利"的确认与保障那样具体、明确，那样具有普遍性和规范化的特点，没有国家强制力予以支持，但这种承认与保护是人们看得见与感觉得到的，它证明人的"应有权利"在社会现实生活中，在现实的社会关系和社会交往中客观存在，并不是什么虚无缥缈的东西。

有人认为，权利是个法律概念，也仅仅适用于法律领域，并由此而否定或怀疑人的"应有权利"这个概念的科学性。这种看法是不正确的。权利与义务是一个内容极为广泛的概念。其种类不仅包括国家法律上的权利与义务，也包括政党、社会团体、企事业组织等规章上的权利与义务，还包括道德、宗教规范中的义务。法律上的权利与义务同各种社会组织规章中的权利与义务的区别，仅仅是具体内容、适用范围、实施方式的不同而已。它们都具有权利与义务共同的形式特征。人的"应有权利"以及伴随而存在的义务，一部分通过法律原则和条文以及社会组织规章的原则与条款得到具体反映；一部分则通过人们的伦理道德、社会政治观念以及传统、习惯、习俗等等的认可与支持而在现实生活中的社会关系和社会交往中表现出来。例如，在某个国家的某个历史时期，在法律和社会组织规章上没有规定人的人格尊严不受侵犯，但人格权，包括人的人身不受凌辱、名誉不受诋毁、荣誉不受玷污、姓名不受亵渎、肖像不受侮辱等等，虽然会经常遭受破坏与践踏，但在现实的社会关系与社会交往中还是能够多少有所反映和表现，能够多少受到社会上一部分人的承认和尊重。

我们所讲人的"应有权利"同西方天赋人权论所讲的"自然权利"，虽然在形式上有些类似，但是在一系列根本问题上存在着原则区别。天赋人权论以人权反对神权和君权，具有重大的历史进步意义；它的理论基础之一——"自然权利"说也包含有某些合理的因素，即提出了"应然"与"实然"的概念，猜想到了在法定权利之先，有某种人应当享有的权利的存在。但是，整个天赋人权论连同它的理论基础"自然权利"说，是建立在历史唯心论的基础上。具体分析，其区别主要表现在以下几个原则问题上：

一是关于权利的本源。"自然权利"说认为，在国家出现之前，人是处于一种"自然状态"中，那时人与人的关系，由"自然法"调整，"自然权利"是自然法所赋予和固有的。随着国家的产生而出现了人定法，它必须受"自然法"的支配。自然法与自然权利是人与生俱来的。它的本源是"自然"，是人的"理性"，是人性。他们所讲的人性，即人的本性，是一种脱离社会的抽象的人性，实际上是只讲人的自然属性，而不讲人的社会属性。这种理论虽然包含有某些合理的成分在内，但从总体上讲是唯心的，而其历史观则完全是唯心的。

与此种理论截然不同，我们所讲的"应有权利"，其产生与本源有两个方面，即一内因与外因。内因是指人的本性或本质，它包含人的自然属性与社会属性。人的本性和本质是人的自然属性与社会属性的统一。这是人的"应有权利"产生与发展的内在根据。外因则是指人类社会物质文明与精神文明的发展水平。它是人的"应有权利"由低级向高级发展的外部条件。马克思曾经指出，人的本质"是一切社会关系的总和"。他的这一论断是对人的本质学说的历史性贡献。这一观点的提出使人的本质的理论开始建立在真正科学的基础上。人人都要求生存、要求发展、要求理性，要求过幸福的生活，这是由人的生理的和心理的自然属性所决定，是人的一种本能。马克思主义经典作家也曾深刻地论证过，自由与平等都是基于人的本性。权利的基础是利益。人们之间的权利义务关系，本质上是一种利益关系。马克思说："人们所追求的一切都同他们的利益有关。"人始终把人权作为自己追求的根本目标，归根结蒂是为了满足自身的各种需要和利益，这是人权发展的永不枯竭的动力。但是，单纯的利益与愿望构不成权利。因为人不是孤立地生活在世界上，人与人之间，群体与群体之间，个人、群体与社会之间，存在着各种性质不同的错综复杂的社会关系。其中财产关系与经济关系是主要的、基本的关系。整个人类社会是在生产力与生产关系、生产关系与上层建筑的矛盾运动中向前发展的。一定的生产力与生产关系构成一定的社会生产方式，而人类社会一定历史阶段的人与人之间各种社会关系的性质与状况，是由该社会的生产方式所决定的。

人与人之间社会关系作为人的"应有权利"的本源，即人权产生与发展的内在根据，具体表现在三个方面：第一，社会关系的存在是人权存在的前提。如果人是完全孤立存在的，那就不需要有权利与义务这种形式去调整人与人之间的各种利益矛盾与冲突。第二，人类社会一定历史阶段（如奴隶社会、封建社会、资本主义社会）人们之间各种社会关系的性质与状况，决定着人权的性质与状况。第三，人权与人权意识是相互依存和相互作用的。人们在各种社会关系中所处的不同地位，决定着人们的人权意识。而这种人权意识又反作用于人权与人权制度。由此可见，马克思主义关于人的本质的学说与整个历史唯物主义原理，使关于人权本源的理论真正建立在科学的基础上。只有它能够正确地、全面地、完整地说明人权的产生及其发展规律。

二是关于权利的状态。在"天赋人权论"看来，自然法与自然权利存在于人们的思想意识中。康德就把这种自然权利叫作道德权利。他认为在现实社会生活中存在的只是人定法与法定权利。因此，对于人们来说，这种自然权利始终具有一种很神秘的性质。我们所讲人的"应有权利"与此截然不同，它存在于现实的社会关系与社会交往中。在这里，我们必须把"人权"同人权意识严格区别开来。人的"应有权利"在没有法律化制度化之前，虽然有时处于某种不确定的状态，虽然它的存在与状况受一定的道德观念的影响与制约，但它们是存在于现实社会生活中，这种"权利"同人权意识相对而言，它是属于"社会存在"这个范畴，它们的存在并不以人们的意志为转移。

三是关于权利的性质。在天赋人权论看来，自然权利是一种纯抽象的东西。它对一切人都有效，对任何人都一视同仁。因此，它也就没有什么阶级性。即使有的人承认在阶级社会中，阶级划分及其矛盾冲突是一个客观存在（如资产阶级的某些学者），但由于自然权利具有抽象的性质，因此它也仍然超脱于这种阶级矛盾和对立之上而不具有阶级性。我们所讲的人的"应有权利"，在现实生活中是具体的，是存在于各种经济关系、政治关系、文化关系以及其他社会关系中的一个个具体的权利。"应有权利"这个概念，是许多具体权利的抽象，但假若不存在现实生活中各种各样的具体的"权利"，这种抽象也就成了没有内容的抽象，本身就失去了根据和意义。在阶级社会里，权利的具体性必然导致权利的阶级性。应有权利在被法律确认后变为法定权利，固然具有阶级性（因为

"法是统治阶级意志的体现"），而这种应有权利在没有被法律予以确认和保障的情况下，它也仍然具有阶级性。因为，一个人能够实际享有多少权利，是由他在各种社会关系中所处的不同地位决定的；同时，应有权利的享有又受人们观念的影响与制约。由于人们所处的阶级地位不同，对于某项权利，有的人认为"应当"享有，而另一些人则可能认为"不应当"享有。

四是关于权利的演变。在天赋人权论看来，自然权利是不变的，过去是什么样子，现在和今后仍然是什么样子。既然自然权利产生于人的"自然属性"，是"理性"的体现，它又是纯抽象的东西，因此认为自然权利具有不变性是合乎逻辑的。我们所讲的"应有权利"与此不同，它是永远不断发展变化的：一方面，它的性质与状况，是由一定历史时期的社会关系的性质与状况所决定；另一方面，它的实现程度又受整个社会的物质文明与精神文明（包括文化教育设施、科学文化艺术成果以及人们的道德水准等等）的发展水平所影响和制约。

（三）人权保障

人权得到最全面最切实的保障，是现代法治社会的一个根本目标，也是它的基本标志之一。现在，法律日益成为人类社会中最普遍、最权威、也是最富有成效的社会调整手段。法网几乎已经伸及到了社会生活的一切方面；人们行为的选择，无不处在法律的调节和支配之下。在资本主义国家里，资产阶级历来十分重视运用法律手段来保障资产阶级人权。马克思主义经典作家同样重视运用法律来确认与保障人的应有权利。马克思说过："法典就是人民自由的圣经。"列宁也曾指出："宪法就是一张写着人民权利的纸。"

为什么人们会如此重视运用法律手段来保障人权，即把人的"应有权利"转化为"法定权利"呢？基本的原因是，法律既具有重大的工具性价值，同时又具有独特的伦理性价值。作为一种工具，法律具有国家意志性、行为规范性、普遍有效性和强制执行性等基本特性。法律的社会功能就是来源于这些基本特征。人的"应有权利"被法律确认而成为"法定权利"以后，这种权利就会变得十分明确而具体，它就被上升为国家意志，就对一个国家的全体居民具有普遍约束力，国家就将运用强制力量来保障其实现。法律对人权的这种保障作用，是所有社会组织规章、乡规民约以及伦理道德等等手段所无法比拟的。不仅如此，法律本身就是公平与正义的体现，它的本性就要求所有人在它面前一律平等。尽管在阶级对立的社会里法律事实上做不到这一点，但它的这种独特的伦理价值，在千百年的中外历史上为维护人的基本价值和尊严发挥了并将继续发挥着巨大的作用。正是基于这两个方面的原因，在人类文明的发展已经达到如此高度的现时代，我们甚至可以说，哪里没有法律，哪里就没有人权；哪里的法律遭到践踏，哪里的人权就会化为乌有。

当然，我们不应主张法律万能。事实上，人权问题并不单纯是一个法律问题。尽管把"应有权利"转化成法定权利意义十分重大，但终究不能把法律看成是保障人权的唯一手段。我们之所以提出并论证"应有权利"这一概念，目的之一，就在于阐明除了法律这个手段，还有其他一些社会力量和社会因素对保障人的应有权利也有一定作用。如果否认应有权利这一概念，在"法定权利"与"人权"之间画等号，势必把人权问题看成仅仅是一个法律问题。

提出"实有权利"这一概念也不是没有意义的。所谓"实有权利"，是指人们实际能够享有的权利。在一个国家里，法律对人的应有权利作出完备规定，并不等于说这个国家的人权状况就很好了。在法定权利与实有权利之间，往往有一个很大的距离。现时代，在法律中对人权的内容作出全面的规定，并不怎么困难；但要使法定权利得到全面的切实的实现，就不是一件很容易的事情。一个国家的人权状况如何，在很大程度上取决于这一点。

一般说来，在一个国家里，妨碍法定权利变为实有权利的因素主要是：1.法制观念与人权意识。这主要是指国家的各级领导人员的法制观念与人权意识的状况如何。在那些历史上缺乏民主与法制传统的国家，这一点往往成为主要障碍。2.国家政治民主化的发展程度。一个国家制定了比较完备的法律，不等于就是实行法治。法治的基本标志是法律具有至高无上的权威，而法治国家只能建立在民主政治的基础上。3.商品经济的发展状况。马克思曾经精辟地分析与论证过，自由与平等的观念同商品经济有着不可分离的联系。在社会主义制度下，有计划的商品经济的发展，将为人权意识的普及与提高奠定可靠的经济基础。4.社会经济与文化的发展水平。像诸如劳动权、休息权、受教育权等等的充分享有，都直接同这方面的条件有关。

从应有权利转化为法定权利，再从法定权利转化为实有权利，这是人权在社会生活中得到实现的基本形式。但是，这并非唯一形式。因为在人权的实现过程中还有其他社会因素在起作用。这三者之间不是平行关系，而是层次关系，三者的内容有很大一部分是重叠的。随着人类文明的继续向前发展，它们之间在外延上将一步步接近，彼此重叠的部分将日益扩大，但永远存在着矛盾，应有权利永远大于法定权利；法定权利永远大于实有权利。正是这种矛盾，推动着人权不断地得到实现。

后记：本文原载于《法学研究》1991年第4期，后收入《当代人权》（中国社会科学出版社1992年版）一书，曾由林来梵教授译成日文，登载在《立命馆法学》第230号（1993年第4号）上。本文于1995年10月获《法学研究》一百期优秀论文奖。不少日本学者认为，本文的观点在国际人权理论界亦具有创新价值。可参见林来梵教授《日本学者所看到的李步云教授》一文，载刘作翔等主编《法治理想的追求》（中国政法大学出版社2003年版，第302—306页）。

六、论人权的本原

人权的本原是指人权的根源是什么，即人为什么应当享有人权？国家为什么应当保障人权？人权是人作为人自身所应当享有的，还是国家和法律所赋予，抑或是基于别的什么条件或原因？这关系到人应当享有人权的正当性，是必须认真探究和回答的人权的一个基本理论问题。

（一）西方学者的人权本原论

广义上的人权在国家和法律出现之前就有了。但以自由、平等、人道为其重要内容与特征的狭义上的人权，是近代商品经济和民主革命的产物。近代以来，西方的人权本原理论存在着三种基本观点，即"天赋人权"论、"法律权利"说与"社会权利"说。其中天赋人权论始终占据着主导的地位，影响极为广泛与深远，因此我们必须重点加以讨论。

1. 古代的"自然权利"说

天赋人权论源自西方两千年前即已开始产生与存在的"自然权利"说，有时人们甚至把它们看成是一回事。最早，自然法学说诞生于古希腊城邦国家的没落时期。随着亚历山大皇帝建立起庞大的帝国，人们开始不再生活在自给自足的城邦国家里，要求重新认识世界和自己，斯多葛派由此兴起。这派认为，人人都是上帝的儿子，因而彼此之间都是兄弟。人有共同的人性，它同自然规律是基本一致的。上帝有理性，因而人也具有理性，理性也就是自然法则。它"教给人们必须做什么和回避什么，……它是到处适用的公正和正确的标准，它的各项原则是不可改变的，无论统治者还是居民都必须遵守，因而它就是上帝的法律"。他们认为，自然法具有更大的权威，是条例与习俗的准则。古罗马的西塞罗继承与发展了斯多葛主义。他提出，自然法先于国家和法律而存在。它有两个来源：上帝的旨意和人类的本性——理性，它是永恒不变的。依据自然法，每个人都享有一定的尊严，一切人都是平等的。人们如果不尊重彼此的权利，社会就无法长期存在下去。自然法体现正义，任何与其相违背的法律都是不道德的、不合理的。西塞罗的观念对罗马法起过很大影响。古罗马衰落时代的赛涅卡对自然法思想引入宗教起过重要作用。他认为，每个人都是两个共和国的成员：在公民的国家里，他是一个居民；同时，他又因其人性而属于一切有理性的人所组成的更大的国家——它不是法律的和政治的，而是以道德与宗教为纽带。在这个国家里，一切人都是平等的，怜悯、同情、慈善、宽容、仁爱等人道主义精神有着崇高的地位。这些思想后来成了基督教伦理观念的中心内容。

2. 近代的"天赋人权"说

在近代，随着商品经济的发达和人文主义的兴起，自然法学说得到广泛的发展，荷兰的格劳秀斯作出了重要贡献。他也认为自然法的渊源是上帝的意志和人类的理性。但是他开始将自然法引入对市民社会特性与原则的分析中，包括对个人财产的天赋权利与社会契约关系的论证。例如，他说："有约必践，有言必偿，有罪必罚等等，都是自然法"。他认为自然法的一系列原则是不证自明的公理，并由此推演出国内成文法和国际法的一系列原则。继格劳秀斯之后的另一位著名自然法倡导者是英国的霍布斯。他的突出贡献是开始抛弃笼罩在自然法之上的宗教的神秘面纱，力图将自然法学说建立在科学的推理和实证的基础上。他提出，人类天性中包含着求利、求安全和进行侵犯这样三种基本的要素。在自然状态中，人人享有自然权利，但由于人的天性中存在猜疑、争夺等非理性的东西，因此人们又是处于一种战争状态中，其生存与安全得不到保障。因而自然法的第一条原则是寻求与信守和平；第二条原则是每个人都放弃自己的一部分自然权利而组成社会，以实现人类自我保护的目的，社会是契约的产物。由这一观点出发，他又引申出一系列自然法原则，如：遵守信约、宽恕、平等、公道、公平分配、相互尊重等等。他认为，自然法是理性的诚条，只在内心具有约束力，需要有成文法加以保护。成文法不应是主权者主观意志的产物，而应当源自理性，以自然法为其基础和准则。

英国的约翰·洛克是近代自然法理论的集大成者，对后世影响最大。同霍布斯相反，他是性善论者。他认为，在自然状态下，人们的行为受自然法的支配。"人们在自然法的范围内，按照他们认为合适的办法，决定他们的行动和处理他们的财产和人身，而无须得到任何人的许可或听命于任何人的意志"。① 然而，他认为，这种自然状态也有很大缺陷，主要是：没有成文法作为判断是非和处理利益冲突的明确而具体的标准，缺少一些有权来执行成文法以处理各种争议与纠纷的裁决者，也没有一种政治权威与力量来保证执法者所作裁决的执行与遵守。这样，人们就同意通过订立契约来建立政治社会，成立国家。而国家的目的和宗旨是保障公民的生命、安全、自由、平等、财产和追求幸福的权利。公民的这些权利不是外界的恩赐，而是公民应当享有的一种自然权利和天赋权利。人们在政治国家里所放弃的，只是权利不能无限制地行使，也不能自己去处理各种违法行为。如果政府制定严重违背自然法精神的法律，变成侵犯人民权利和压迫人民的工具，人民就有权推翻这个政府。洛克在《政府论》中对自然状态、自然法、自然权利十分严密的分析与论证，使自然法、自然权利思想的发展达到了高峰，并成为后来写入一些具有里程碑意义的权利宣言和宪法的"天赋人权"观念的直接思想渊源。1774 年 10 月 14 日，第一次大陆会议通过的《权利宣言》就认为"自古不变的自然法则"是殖民地获得自身权利的主要依据。1776 年夏通过的美国《独立宣言》指出："我们认为这些真理是不言而喻的：人生而平等，他们都从造物主那里被赋予了某些不可转让的权利，其中包括生命权、自由权和追求幸福的权利。"1789 年 8 月通过的法国《人权和公民权宣言》指出："所有政治结合的目的都在于保存人的自然的和不可动摇的人权。这些权利就是：自由、财产、安全和反抗压迫。""为了保障这些权利，所以才在人们中间成立政府。而政

---

① ［英］洛克：《政府论》下篇，丰俊功译，商务印书馆 1964 年版，第 5 页。

府的正当权力，则系得自被统治者的同意，如有任何一种形式的政府变成
损害这些目的的，那么人民就有权来改变或废除它。"

3. 近代中国学者的"天赋人权"观

"天赋人权"观是清末民初分别经由英美和日本两个渠道传入中国的。
有意思的是，尽管当时中国的经济、政治、文化同西方有很大的区别，中
国学者阐释"天赋人权"也并非鹦鹉学舌，但我们可以发现，关于这一
理论的一些论据，他们之间是如此相同。例如，康有为说："凡人皆天生。
不论男女，人人皆有天与之体，即有自立之权，上隶于天，人尽平等，无
形体之异也。"[①] 康有为所说人的自立（即自由）与平等是一种"天权"，
并非是指人权为上天所赋予，而是指人应当生而平等、生而自由。梁启
超说："人权者出于天授者也，故人人皆有自主权，人人皆平等。"[②] "人也
者生而有平等之权，即生而当享自由之福，此天之所以与我，无贵贱一
也。"[③] "自由者，天下之公理，人生之要具，无往而不适用者也。"[④] "自由
者，权利之表征也。凡人所以为人者有二大要件，一曰生命，二曰权利。
二者缺一，时乃非人。故自由者，亦精神界之生命也。"梁启超所说"天
授"当然也不是指人权是上帝或神明所赐予，而是指自由与平等是生命的
一部分，是与生俱来的，这乃是"公理"。[⑤] 陈独秀认为，人的平等与自
由属于人的人格的范畴，它应当是每个人所"固有"。他说："社会之所向
往，国家之所祈求，拥护个人之自由权利与幸福而已。""解放云者，脱离
夫奴隶之羁绊，以完其自主自由之人格之谓也。我有手足，自谋温饱；我

① 钱钟书：《康有为大同论二种》，三联书店 1998 年版，第 188、93、183 页。
② 梁启超：《国家思想变迁异同论》，见《时论选集》第一卷（上册），三联书店 1960
年版，第 30 页。
③ 梁启超：《论学术之势力左右世界》，见《梁启超选集》，上海人民出版社 1984 年版，
第 271 页。
④ 梁启超：《新民说》，见《时论选集》第一卷（上册），三联书店 1960 年版，第 136 页。
⑤ 梁启超：《十种德性相反相成义》，见《梁启超选集》，上海人民出版社 1984 年版，
第 158 页。

有口舌，自陈好恶；我有心思，自崇所信；绝不认他人之越俎，亦不应主我而奴他人；盖自认为独立自主之人格以上，一切操行，一切权利，一切信仰，唯有听命各自固有之智能，断无盲从隶属他人之理。""法律上之平等人权，伦理上之独立人格，学术上之破除迷信，思想自由"，"此三者为欧美文明进化之根本原因"。① 胡适是着重从人的个性和人格来看待这个问题。他说："社会最大的罪恶莫过于摧折个人的个性，不使他们自由发展。""社会国家没有自由独立的人格，如同酒里少了酒曲，面包里少了酵母，人身上少了脑筋；那种社会国家决没有改良进步的希望。"② 李大钊却从人的价值来阐释这个问题，他说："自由为人类生存必需之要求，无自由则无生存之价值。"③ 罗隆基则是从满足人的需要和幸福来解释人权的本原，他说："人权，简单地说，就是一些做人的权，人权是做人的那些必要的条件。""说彻底些，人权的意义，完全以功用二字为根据。凡对于下列之点有必要功用的，都是做人的必要的条件，都是人权：（一）维持生命；（二）发展个性，培养人格；（三）达到人群最大多数的最大幸福的目的。"④ 中国一些先进思想家有关人权本原问题的上述论断，我们大致上可以用一句话加以概括，就是：人权是人作为人所应当享有的权利，不是任何外界的恩赐；否认人权就是否认做人的权利，没有人权就失去了做人的资格。这些同西方"天赋人权"论所内含的各种道理是相通的。

4.西方的"法律权利"说和"社会权利"观

在西方人权思想发展史上，同"天赋人权"论相对立的有"法律权利"说，或曰"法赋人权"论。这一派的代表人物有边沁、戴西、密尔等人，

---

① 陈独秀：《袁世凯复活》，见《陈独秀著作选》第一卷，上海人民出版社 1984 年版，第 240 页。

② 胡适：《易卜生主义》，见《胡适文萃》，作家出版社 1991 年版，第 741—744 页。

③ 李大钊：《宪法与思想自由》，见《李大钊文集》上，人民出版社 1984 年版，第 244 页。

④ 罗隆基：《论人权》，载《新月》第 2 卷第 58 期。

法学史上属法律规范主义这一流派。它强调人权不是生而有之的，而是法律赋予的。它否认法律与人权的伦理性，认为伦理属于主观的范畴，每个人都有自己的伦理观，其好坏是非难以作出客观的、确切的判断，并批评"天赋人权"论的"自然状态"具有虚构性，其"自然法"具有神秘性，其"自然权利"具有虚假性，因而都是不科学的。如边沁说："权利是法律的产物；没有法律也就没有权利——不存在与法律相抗衡的权利——也不存在先于法律的权利"。①"权利是法之子，自然权利是无父之子"；"在一个多少算得上文明的社会里，一个人所以能够拥有一切权利，他之所以能抱有各种期望来享受各种认为属于他的东西，其唯一的由来是法。"② 从人权的本原这个意义上，这种理论是不正确的，但它也包含有一定的合理因素。人权有三种存在形态，即应有权利、法律权利与实有权利。③ 人权本来的含义是一种依照人的本性和他（她）们的人格和尊严所应当享有的权利。这里顺便指出，我们之所以不用西方学者常用的"道德权利"这一称谓，是因为我们认为"道德"属于主观的领域，而应有权利是人与人之间的一种社会关系，是社会生活中客观存在的现象。法律上的权利只是对人所应当享有的权利的一种认可。美国第一部宪法即 1776 年《宪法》开始制定与通过之时，并未规定有关人权保障方面的内容，只是后来才有《权利法案》作为修正案予以补充。我们不能说美国人民在此之前不应当享有他们应当享有的人权。中国 1982 年《宪法》第一次规定中国公民的人格尊严不受侵犯，我们也不能说，中国公民在此之前不应当享有人格尊严权。宪法和法律是人制定的。立法者可以也可以不在法律中对公民权利保障作出规定，他们甚至还可以运用宪法与法律的形式与手段，来剥夺公民所应当享有的权利。前南非种族主义政权就曾经这样做过。而且，法律对人权保障作出明确规定，公民也不一定能够享受得到；相反，法律对权

---

① H. L. A. Hart. *Essay on Bentham*, Oxford, 1981. p.82.

② 张文显：《当代西方法学思潮》，辽宁人民出版社 1988 年版，第 357 页。

③ 李步云：《论人权的三种存在形态》，载《法学研究》1991 年第 4 期。

利保障不作规定，公民也不一定一点权利都享受不到，因为人应当享有的各种权利，在某种程度上和某些方面能够得到其他社会组织的章程、乡规民约与习俗、宗教与文化传统观念的认可、支持与保护。这就是我们所说"实有权利"这个概念。同时，各种伦理道德观念和各种价值准则，尽管具有相对性，具有理性的人类是完全可以认识与把握的。况且，伦理与其他价值标准在不同的人群那里，既有特殊性，也有共同性，人们对它们也是可以达成共识的。人类的文明发展史已充分证明了这一点。因此，主张在法学研究中将价值与道德性的东西排除出去，认为人性、正义、理性这些东西人们无法把握与求得共识的观点是不正确的。这些是人权本原问题上"法律权利"论的根本错误所在。然而，在现代社会里，用法律的形式与手段将人应当享有的权利明确规定下来，是人权形态中的一种具体的、明确的，并最能得到实现的人权。在这个意义上，"法律权利"说包含有某种合理的与积极的因素与成分在内。

　　另一种同"天赋人权"论相对立的观点是"社会权利"说。这派观点认为，人是一种"政治动物"、"社会动物"。人不能脱离社会而独立存在，人们是生活在各种社会关系之中，他们彼此之间存在着一种连带关系。因而每个人的利益都有可能受到他人或社会组织的侵犯，每个人也可能去侵犯他人或各种社会组织的整体利益，这就需要法律予以调整，这就产生了人权问题。应当说这些看法有其正确的一面。但是，这派观点由此进而否定"天赋人权论"的合理内核，不承认人"生而平等"、"生而自由"；不承认人权来源于"人的本性"、来源于"人的人格与尊严"，则是根本错误的。其实，人权有其历史性、时空性，又有其超历史性、超时空性；有些人权如生命、安全、自由、平等是人生而有之的；有些人权如选举权、罢工权是在一定历史条件下才产生的。还是卢梭说得对："人生而自由，但无往不在枷锁之中。"前者指的是人权的应然性，后者指的是人权的实然性。我们必须善于将应然与实然区别开来，又必须善于将两者统一起来。

　　西方流行的三种人权本原理论，都有其合理的方面，但也各有其局限性。相比而言，"天赋人权"论包括有更多的科学成分在内，因为它相当深刻地阐明了人权产生的内在根据，十分明确地指出人权存在的根本价值。因而它始终处于主流的地位，为越来越多的人民和政府所认可与接受，并被写进各种各样的国际人权文书，从《世界人权宣言》到人权"两公约"，以及各种地区性人权公约，在人权本原问题上，其所表达的无一不是"天赋人权"的理念。

但是，长期以来，中国不少学者对"天赋人权"论采取了完全否定的态度，或者否定了那些不该否定的具有合理的科学的内容与成分。例如，有学者认为："资产阶级人权理论把上帝、人性、理性作为权利的本源，并把权利看成是抽象的、永恒不变的、普遍适用的，抹杀了人权的历史性和阶级性，因而是唯心主义的和形而上学的。所谓天赋人权理论只是一种抽象的假说，只是在观念上和理论上进行论证，而没有科学的根据……"[1]"这种所谓的天赋人权论的实质是什么呢？它是否符合人的本质呢？马克思指出，人的本质在于他是一种社会存在物。"[2]"天赋人权"论的确有它片面的和不正确的地方，它否认了人的社会属性这一面，因而是并不完全科学的，但是它肯定了人的自然属性的一面，则是正确的和含有很大科学成分在内的。

（二）当代中国学者的若干观点

近二十年来，人权的本原是不少中国学者苦苦思索的一个重要理论问题，曾提出过各种各样的不同见解。

1."斗争得来"说

例如，有学者认为："人民掌握了国家主权，才能获得人权，人权是经过革命、经过夺取政权争来的。"[3] 这种看法在 20 世纪 50 年代以后的一

---

① 孙国华：《人权：走向自由的标尺》，山东人民出版社 1993 年版，第 220—229 页。

② 同上。

③ 张光博：《关于宪法学的几个理论问题》，载《人民之友》2000 年第 12 期。

些宪法教科书中比较常见，即中华人民共和国公民的基本权利是"斗争得来"的。当时这种看法比较流行，也同毛泽东讲过的一句话有关，即"自由不是恩赐的，是斗争得来的"。从人权本原角度看，这种观点是不正确的，因为这是两个不同性质的问题。斗争与革命是人权实现的一种形式和方法，同人权产生的根源是两个不同范畴的问题。在人权实现的各种方式中，通过斗争与革命来实现人权是十分重要的，但这里必须有一个前提，即人权是应当属于你、属于我、属于他，否则人们通过斗争去获取不该属于他们的东西，那是既不合理又不合法的。

2."商赋人权"说

持这种看法的人认为，"人权是资本主义商品经济的产物"。在中国20世纪80年代中期，这种观点相当流行。在这些学者看来，"商赋人权"论是马克思主义的、是对抗"天赋人权论"的一种科学理论。的确，近代与现代意义上的人权，是同资本主义商品经济联系在一起的，资本主义商品经济是近代人权产生的经济基础。恩格斯指出，近代"大规模的贸易，特别是国际贸易，尤其是世界贸易，要求有自己的、在行动上不受限制的商品所有者，他们作为商品所有者来说是有平等权利的，他们根据对他们来说全部是平等的（至少在当地是平等的）权利进行交换。从手工业到工场手工业的转变，要求有一定数量的自由工人……他们可以和厂主订立契约出租劳动力，因而作为契约的一方是和厂长权利平等的"。"由于人们……生活在那些相互平等地交往并处于差不多相同的资产阶级的独立国家组成的体系中"，因而，资产阶级反对封建等级和特权的要求，"就很自然地获得了普遍的，超出国家范围的性质，而自由和平等也很自然地被宣布为人权"。[①] 因此，这种观点包含有一定的合理因素，但是从人权本原问题的角度看，它在总体上是不科学的。这是因为：狭义的即近代意义上的人权是近代资本主义经济与政治制度出现以后才有的，但广义的人权却

---

① 《马克思恩格斯选集》第3卷，人民出版社1972年版，第144—145页。

同人类社会共始终。因为人权是人作为人依其本性所应当享有的权利。我们不能说在近代经济与政治出现以前，人不应当也绝不可能享有任何权利。事实上，朦胧的人权意识古已有之。如前文所述，自然权利思想在西方源远流长，即使在古老的中国，人权思想与精神所内含的人本主义思想与人文主义精神，也是十分丰富的，如"仁者爱人"、"天地间，人为贵"、"民贵君轻"、"己所不欲，勿施于人"、"天下为公"、"天下一家"、"均贫富，等贵贱"等等。从制度层面而言，不仅东西方封建专制主义国家所保护的臣民的生命、安全与财产是属于广义人权的范畴，而且在国家与成文法律出现之前的原始社会，氏族成员就已享有不少权利。例如，恩格斯曾引述摩尔根的发现，北美印第安人的易洛魁氏族的权利与义务有：（1）选举和罢免酋长和酋帅的权利；（2）不在氏族内通婚的义务；（3）相互继承已故氏族成员遗产的权利；（4）互相援助和代偿损害的义务，包括血族复仇的义务；（5）给氏族成员命名的权利；（6）参加宗教节日和宗教仪式的权利；（7）有共同的墓地；（8）有议事会，它是氏族一切成年男女享有平等表决权的民主集会。这些既是群体权利，也包含个人权利。"大家都是平等、自由的，包括妇女在内。"① 其次，"人权是资本主义商品经济的产物"之所以不正确，是由于这种观点只是看到了近代人权产生的经济条件这一点，而没有看到和否定了人权产生的内在根据，即它是人性的要求。中国在很长一段时期里曾实行高度集中的计划经济，如果依照上述看法，中国人民是享受不到任何人权的，但实际情况并非如此。

3."国赋人权"说

例如，有学者认为："不是天赋人权，也不是商赋人权，而是国赋人权。"② 近代先进的思想家们几乎一致认为，人权是国家权力的基础和源泉，国家权力的目的和价值应当是保障人权。前者如但丁说："教会的根

① 《马克思恩格斯选集》第4卷，人民出版社1972年版，第93页。
② 张光博：《关于宪法学的几个理论问题》，载《人民之友》2000年第12期。

基就是基督；……而帝国的基石则是人权。'帝国'不能做任何违反人权的事。"①弥尔顿认为："民权是一切君主权力的源泉"，②"人民的权力高于国王的权力"，③"国王只是为了人民才能成为国王，人民则不必为了国王才能成为人民"。④后者如弥尔顿说："人民的权利从自然秩序上来讲便是至高无上的。"⑤"人们组成政体的目的是：'过安全和自由的生活，不受摧残和侵害'。"⑥洛克说："政府的目的是为人民谋福利。"⑦霍尔巴赫说："君主是人民的生命、财产和自由的捍卫者与保护者，只有在这个条件下人民才同意服从。"⑧这些启蒙思想家讲的道理浅显而又深刻地阐明了国家与人权的关系。他们讲"君主"、"国王"应当如何如何，是一种对君主专制主义的批判，从而为民主共和奠定理论基础。"国家应保障人权"同"人权是国家所赋予"完全是两件事。国家不能保障人作为人依其本性所应当享有的权利，国家的存在就失去了意义。国家权力真掌握在人民手里，国家可以保障人权。如果国家权力掌握在独裁者、专制者手里，它就不能保障人权。希特勒运用国家权力蹂躏那时的德国人民和世界人民，就是明证。如果"国赋人权论"可以成立，那么国家不保障人权甚至剥夺或侵犯人权，就成了合理合法的事情，因为人权本来就不是人作为人所应当享有的。既然人权"国赋"，因而国家可以给人民以人权，也可不给人民以人权，显然这是荒谬的。

4. "生赋人权"说

这种观点也可称之为是"生产方式"说。持这种看法的人认为："人

---

① [意] 但丁：《论世界帝国》，朱虹译，商务印书馆 1985 年版，第 75—76 页。

② [英] 弥尔顿：《为英国人民声辩》，何宁译，商务印书馆 1982 年版，第 76 页。

③ 同上书，第 93 页。

④ 同上书，第 49 页。

⑤ 同上书，第 109 页。

⑥ 同上书，第 16 页。

⑦ [英] 洛克：《政府论》下篇，丰俊功译，商务印书馆 1964 年版，第 139 页。

⑧ [法] 霍尔巴赫：《自然的体系》上卷，王荫庭译，商务印书馆 1964 年版，第 291 页。

权不是天赋的，而是社会历史的产物，是社会一定方式的产物，是社会一定经济关系在制度上、政治上和法律上的表现。马克思说：权利永远不能超出社会的经济结构以及由经济结构所制约的社会的文化发展。"①"也可以说，人权是社会一定生产方式或经济关系赋予的，可简称为'生赋人权'"。这种看法正确地肯定了存在"原始人权"，人权并不是资本主义商品经济出现以后才有的。以生产、分配、交换、消费等为主要内容的社会经济结构，在人类历史发展的不同阶段，对人权的不同状况有着重要影响，但这只是人权存在与发展的外在条件而不是它的内在根据。人权的存在是一个由低级向高级发展的过程。除了生命、安全、自由、平等、财产、人格尊严、最低生活保障、追求幸福等是人生而有之的权利，不少人权是历史条件形成的，但其内在根据仍是人的自然属性即人性。这里存在两种不同情况：一是有些人权并非人生而有之。如选举权、罢工权。没有一定的经济条件，就不会出现现代的民主代议制度，就不会出现选举权与被选举权。但是选举权与被选举权存在的内在根据，它的合理性及其价值，仍决定于人性即人的天性、德性和理性。"朕即国家"的"主权在君"是不正义的，国家的一切权力属于人民的"主权在民"则是正义的。选举权与被选举权表现了人的意志自由，反映着公民与政府官员、公民与公民之间的利益关系，体现了人类的理性。国家的大事只有人民说了算，才能更好地认识和改造这个世界。二是有些人权是人生而有之，但其具体内容则随人类物质的、精神的、制度的文明的发展而不断扩大其范围与丰富其内容，如自由与平等。人身自由、思想自由应是与生俱来，而言论、出版、结社、集会游行等自由，则是历史地形成的。平等也是这样。男女平等、种族平等应是与生俱来，而选举平等、法律平等这样一些方面的内容，则是历史地形成的。人们对"自由是人的一种天性"比较容易理解，但平等也应当是人生而有之的，则需做更多的阐述。其实这一点恩格斯已

---

① 叶立煊、李似珍：《人权论》，福建人民出版社 1991 年版，第 225 页。

说得很明白，他指出："一切人，作为人来说，都有某些共同点，在这些共同点所及的范围内，他们是平等的，这样的观念自然是十分古老的。但是现代的平等要求是与此完全不同的；这种平等要求更应当是，从人的这种共同特性中，从人就他们是人而言的这种平等中，引申出这样的要求：一切人，或至少是一个国家的一切公民，或一个社会的一切成员，都应当有平等的政治地位和社会地位，要从这种相对平等的原始观念中得出国家和社会中的平等权利的结论，要使这个结论甚至能够成为某种自然而然的、不言而喻的东西，那就必然要经过而且确实已经经过了几千年。"① 在这里，恩格斯明确肯定了平等源于人与人有"共同特性"，而现代政治地位与社会地位的平等权利是它的必然"引申"，而今天它已成为"不言而喻"的东西，尽管它经历了几千年的发展历史。

（三）人权源自人的本性

中国 1991 年以来，经过一批学者的共同努力研究，多数人已倾向于一种看法，即人权的本原，应从人的自身即人的本质中去寻找，它不可能是任何外界的恩赐。现在的主要分歧是，究竟什么是人的本质？一种观点认为，它包括社会属性与自然属性两个方面；另一种观点认为，它仅是指社会属性，人权仅来源于人的社会属性。②

1.人的社会属性

笔者认为，人权源于人的本性。这种本性包括两个方面：即人的社会属性和人的自然属性。所谓社会属性是指人是生活在各种人与人之间的社会关系中，人的利益与道德，他们的思想与行为都不可能不受各种社会关系的性质与特点的影响和制约。这就是亚里士多德所说，人是一种"社会动物"、"政治动物"。马克思主义也认为，"人是最名副其实的社会动物，

---

① 《马克思恩格斯选集》第 3 卷，人民出版社 1972 年版，第 142—143 页。
② 孙国华：《人权：走向自由的标尺》，山东人民出版社 1993 年版，第 5—10 页。

不仅是一种合群的动物，而且是只有在社会中才能独立的动物"。① 人权是一种社会关系，是社会关系中人与人之间的利益关系与道德关系，是社会生活中受以正义为核心的一套伦理观念所支持与认可的一种人的利益分配、追求与享有。从人权的本原问题上看，人的社会属性对人权的意义有两点：一是，社会关系是人权存在的一个前提条件，如果是一个人生活在这个世界上，即人不是生活在人与人之间的社会关系中，就不会存在人权与人权问题；二是，人权、人权制度和人权思想都受一定历史时期的社会经济、政治、文化制度的影响与制约，人权的内容及其实际能够享有的程度，是伴随着人类的物质文明、制度文明与精神文明的日益发展而不断进步和提高的。

2. 国际人权文书的观点

关于人权的本原，在各种主要国际人权文书中，都有非常明确的规定，而且将其作为人权需要保障的主要理论根据及其正义性和正当性的根本原因所在。例如，《联合国宪章》（1945年）指出："对人类家庭所有成员的固有尊严及其平等的和不移的权利的承认，乃是世界自由、正义与和平的基础。"它肯定了人的尊严与平等是人类所"固有"的，并非外界恩赐。《世界人权宣言》（1948年）指出："人人生而自由，在尊严和权利上一律平等。他们富有理性和良心，并应以兄弟关系的精神相对待。"（第一条）它肯定了人人在"尊严"与"权利"上一律平等以及"理性与良心"在人权本原问题上的意义。《公民和政治权利公约》和《经社文公约》（1968年）也明确指出，人的"权利是源于人身的固有尊严"。第二次世界人权会议于1993年6月25日通过的《维也纳宣言和行动纲领》（以下简称《维也纳宣言》）又重申："人权和基本自由是全人类与生俱来的权利"，"一切人权都源于人与生俱来的尊严和价值"。同时，各种地区性人权公约也对"天赋人权"理论持赞同态度。例如，《美洲人权公约附加议定书》（1988

---

① 《马克思恩格斯选集》第3卷，人民出版社1972年版，第87页。

年）在序言中指出："人的基本权利并非源于某人是某国的国民，而是源于人类本性。"《非洲人权和民族权宪章》（1981 年）也持完全相同的态度。它说："基本人权源于人类本性，此乃国际保护的法律依据。"在这些规定中，使用了许多重要的概念，如人所固有的尊严、价值、理性、良心、平等，这些都可归结为是人类的"本性"。但是，这些"与生俱来"的本性，都是指人的自然属性。这显然是受"天赋人权"论的影响，其缺陷是忽视了人权本原的人的社会属性这一面。我国是联合国的成员国，一贯尊重与遵守《联合国宪章》和《世界人权宣言》的宗旨和原则，已加入《经社文权利公约》和签署《公民与政治权利公约》，对它们所确立的人权本原的理念与原则，从没有也不会作出根本性保留，而只会通过中国学者的深入研究使其科学内涵更为丰富和完善。

3. 人性：天性、德性、理性

所谓人的自然属性，也就是人们通常所说的"人性"。它包括天性、德性与理性这三个基本的要素。

（1）天性

它的具体内容主要是安全、自由、幸福。人的生命不受肆意剥夺，人身安全不受任意伤害；人的人身自由不受侵犯，思想自由不受禁锢；人的最低生活得到保障，人有追求幸福的愿望，这些都是人类"与生俱来"的天性和本能。卢梭说："人性的首要法则就是要维护自身的生存，人性的首要关怀就是对于自身的关怀。"① 在他看来，这种生存欲念甚至是胜于和重于理性和道德的。他说："人最初的感情是对于自己的存在的感情；人最初的关怀就是对于自己的生存的关怀。"② 生命权作为一项首要的人权，道理很简单，如果一个人失去了生命，也就失去了一切。其实，这是无须任何证明的，因为只要我们提出这样的问题：你想活吗？任何人都会回答

---

① ［法］卢梭：《社会契约论》，何兆武译，商务印书馆 1963 年版，第 7 页。

② 北京大学哲学系外国哲学史教研室编译：《十八世纪法国哲学》，商务印书馆 1979 年版，第 154 页。

"我想"。如果某人说"不",那他一定是疯子或由于某种特殊原因而失去了生存欲望的人。空想社会主义者莫尔说:"世界上没有一样值钱的东西像我们的性命那样宝贵。"①

人类天性和本能的第二个主要内容是福利。洛克说:"一切含灵之物,本性都有追求幸福的趋向。"②物质生活的需要是人的第一需求,这也是人们都可以自觉地认识到的一条简单的道理。但是,马克思却正是从这一最简单的道理出发,作出了一个伟大的历史发现。恩格斯《在马克思墓前的讲话》中指出,马克思一生有两个最重要的发现,一是唯物史观,一是剩余价值论。他说:"正像达尔文发现有机界的发展规律一样,马克思发现了人类历史的发展规律,即历来为繁茂芜杂的意识形态所掩盖着的一个简单事实:人们首先必须吃、喝、住、穿,然后才能从事政治、科学、艺术、宗教等等;所以,直接的物质的生活资料的生产,因而一个民族或一个时代的一定的经济发展阶段,便构成基础,人们的国家制度、法的观点、艺术以至宗教观念,就是从这个基础上发展起来的,因而,也必须由这个基础来解释,而不是像过去那样做得相反。"③我们从"人们首先必须吃、喝、住、穿"的人类天性和本能的这样一个"简单事实"中,领悟到人的经济权利在整个人权体系中的基础性地位。

人类天性与本能的第三个主要内容是自由。任何动物都不情愿有人把它关在笼子里而希望能在大自然里自由自在地活动。在这一点上,人与动物是没有什么区别的。但是,人又是有思想、有理性的高级动物。人的思想自由是任何他人所无法干预与剥夺的。受思想自由支配的人的行为自由,仅仅受法律与道德的约束。说法律是限制自由,毋宁说它是保障自由。这种思想自由与行为自由,不仅是人类的天性与本能,而且人的自由与自觉的活动,是人类认识与改造世界的力量源泉。空想社会主义者

---

① 〔英〕莫尔:《乌托邦》,戴镏龄译,商务印书馆1982年版,第40页。

② 〔英〕洛克:《人类理解论》上册,关文运译,商务印书馆1981年版,第236页。

③ 《马克思恩格斯选集》第3卷,人民出版社1972年版,第574页。

马布利说："自然界赋予我们的理性，自然界在我们初生时给予我们的自由，以及自然界在我们心中播下的不可遏止的追求幸福的愿望，是每个人有权反对统治我们的不公正政府的侵犯的三种本能。"① 他还说，自由对于人类来说，"它的重要性与理性相等，它甚至与理性不可分离。自然界赋予我们以思考和判断的能力，而如果没有自由，我们就不能利用自己的理性"。② 有人认为，马克思主义重视平等，忽视自由。这是一种误解。马克思和恩格斯在世时所处的时代是一个"无产阶级革命时代"，其中心任务是反对资本的剥削与压迫。因此这两位马克思主义创始人在人权本原问题上，只强调了人的社会属性，强调人权的阶级性和历史性而忽视了人的自然属性这一面。他们虽然集中力量抨击资本主义的人权制度及与其相适应的人权观的"虚伪性"和局限性，但是马克思主义十分重视自由的价值。他们认为，在共产主义制度下，社会"不再有任何阶级差别，不再有任何对个人生活资料的忧虑，在这种制度下第一次能够谈到真正的人的自由，谈到那种同已被认识的自然规律相协调的生活"，③"这是人类从必然王国进入自由王国的飞跃。"④ 这时，"人终于成为自己的社会结合的主人，从而也就成为自然界的主人，成为自己本身的主人——自由的人"。⑤

（2）德性

人性的第二个基本要素是德性，其主要内容有平等、博爱、正义。人是一种有伦理道德及其无限追求的高级动物，这是人区别于一般动物的一个根本点。人生性就有"仁爱心"、"同情心"、"怜悯心"、"恻隐心"，并在人与人之间相互依存、相互影响的关系和交往中逐渐养成平等、博爱、

---

① 《马布利选集》，商务印书馆 1983 年版，第 113 页。
② 北京大学哲学系外国哲学史教研室编译：《十八世纪法国哲学》，商务印书馆 1979 年版，第 771 页。
③ 《马克思恩格斯选集》第 3 卷，人民出版社 1972 年版，第 154 页。
④ 同上书，第 441 页。
⑤ 同上书，第 443 页。

正义等为核心的一套伦理道德观念。当我们说人权的本来含义是一种"应有权利"时，它就已经包含有道德的意蕴。当我们依人道主义原则救助弱势群体、依现代民主理念既要服从多数又要保护少数时，人权的伦理性也是显而易见的。平等、博爱、正义作为道德基本准则源自人性和人所固有的价值与尊严，在各种重要国际人权文书中都有明确肯定。如《联合国宪章》指出："对人类家庭所有成员的固有尊严及其平等的和不移的权利的承认，乃是世界自由、正义与和平的基础"。《世界人权宣言》规定："人人生而自由，在尊严和权利上一律平等。他们赋予理性和良心，并应以兄弟关系的精神相对待。"这些规定清楚表明，平等、博爱与正义源自于人的本性所决定的人的尊严，而这也是中外历史上的进步思想家们所反复阐明的。

古今中外的学者从伦理道德的视角对人性所作的分析，其观点可归结为如下四种，即性善论、性恶论、性善性恶兼有论、性善性恶皆无论。这四种学说都各有其道理，其中性善论对后世的伦理道德建设起了非常重要的作用而成为主流的理论。因为平等、博爱、正义、人道、宽容这些人类道德的共同的和基本的价值，不是任何外界的恩赐，而只能从"人性善"得到合理的解释。凡严重违背与破坏这些基本价值的恶行，都被人们谴责为丧失"人性"，即是证明。

在古代中国，"性善论"始终占据主导地位，其中儒家思想的影响最为深远，而以孟轲的观点最具代表性，他说："恻隐之心，人皆有之；善恶之心，人皆有之；恭敬之心，人皆有之；是非之心，人皆有之。恻隐之心，仁也；善恶之心，义也；恭敬之心，礼也；是非之心，智也。仁义礼智，非由外铄我也，我固有之也，弗思耳矣。"[①] 他举例说，当一个人见到一小孩将掉进一口井里时，就会产生"恻隐之心"而去相救。他之所以会这样做，不是因为他同孩子的父母有什么交情，不是因为他想得到"乡党朋友"

---

① 《告子上》。

的赞誉，也不是怕别人说他坏话，而仅仅是人皆有"不忍人之心"。① 正是在儒家"性善论"的基础上，形成了中国历史悠久的人文主义传统。诸如："仁者爱人"、"己所不欲，勿施于人"、"天地间，人为贵"、"君轻民贵"、"天下为公"、"世界大同"、"均贫富、等贵贱"、"四海之内皆兄弟"、"无处不均匀、无处不饱暖"，这些格言甚至都已为很多普通老百姓所知晓。这些进步的观念，在今天也仍然可以成为我们建立现代人权理论的重要思想渊源。

虽然中国的人文主义历史传统可以同西方相媲美，但由于古希腊、罗马存在比较发达的简单商品经济以及"城邦国家"这种特殊历史现象，西方的自由、平等、博爱的人文主义传统，对社会政治制度的影响要更为广泛和深刻。而其主要的理论也同样是"性善论"。在古希腊的人性理论中，有三个主要派别：一是以普罗泰哥拉为代表的人性在于人的感性欲望的人性解放论；二是以德谟克里特为代表的理性人性论，即通过理性认识世界以指导自己的行动；三是以柏拉图为代表的理性为人的本性，主张以理智来克制自己的欲望以达到绝对的和普遍的善。例如，普罗泰哥拉提出过"人是万物的尺度"这一著名命题。他认为，神性是人性的一部分，神性是善的，所以人性也是善的。人人都具有公正、诚实、尊敬等政治德行。但他又说，"至于神，我既不知道他们是否存在，也不知道他们像什么东西"。② 后来的亚里士多德则是以前三派思想的集大成者。他是人类历史上第一个从现实生活的实际出发阐释人性的观点，第一次提出人与动物相区别是由于人有"善恶"、"正义"等伦理道德观念。他说："人类所不同于其他动物的特性就在他对善恶和是否合乎正义以及其他的类似的观念的辨认。"③

---

① 《公孙丑上》。

② 北京大学外国哲学史教研室编译：《古希腊罗马哲学》，商务印书馆 1982 年版，第 137—138 页。

③ ［古希腊］亚里士多德：《政治学》，吴寿彭译，商务印书馆 1965 年版，第 26 页。

中世纪的经院哲学，以神性否定人性，使希腊与罗马的人性论传统中断了很长一个历史时期。在宗教神学的思想禁锢下，人丧失了自己的本性。神不仅创造了人和万物，而且神性的存在决定人性的存在，于是神性代替了人性。但是同时，它也为人文主义的产生提供了对立面，也为15、16世纪文艺复兴中近代人文主义的兴起提供了土壤。

在近代启蒙思想家的观念中，以平等、博爱与正义等为主要内容的德性，在人性的概念里占有重要位置。如培根说："我所采取的关于'善'的意义，就是旨在利人者。爱人的习惯我叫作'善'，其天然的倾向则叫作'性善'。这在一切德性及精神的品格中是最伟大的。"[1] 卢梭把人的爱己自利作为人的第一天性和道德基础，但他同时又认为，人不仅有自爱之心，而且还有怜悯之心。他说："把爱己推及他人，就成了美德，一种根源于我们各人心中的美德。"[2]

马克思主义创始人曾描绘与赞美过原始社会自由、平等、博爱的美景，也无情地批判过在阶级对抗社会里这些人类基本价值被异化后的局限性和虚伪性。他们还借用摩尔根的话预言过未来社会的美好前景："管理上的民主，社会中的博爱，权利的平等，普及的教育，将揭开社会的下一个更高的阶段，经验、理智和科学正在不断向这个阶段努力。这将是古代氏族的自由、平等和博爱的复活，但却是在更高级形式上的复活。"[3]

(3) 理性

人性的第三个基本要素是理性。它的主要内容：一是理性（狭义的）即理性认识能力。人可以通过这种能力去认识和改造世界。二是理念，即人类通过理性认识能力所共同创造与享有"精神文明"成果，人类正是运用这些"理论"、"理念"去进一步认识与改造世界。三是理智，即人的克制自己的能力。人可以通过理智，克制自己不去做那些不合情和不合理的

---

① 《培根论说文集》，商务印书馆1958年版，第38页。

② ［法］卢梭：《爱弥尔》，李平沤译，商务印书馆1978年版，第226页。

③ 《马克思恩格斯选集》第4卷，人民出版社1972年版，第175页。

事情，不去谋取那些不正当和不合法的利益。西方学者谈论人性时，用得最普遍的就是这个词，并认为这是人性的重要内容。在人性的意义上使用的理性这个词，是在近代才引入中国的。

在西方，用理性阐述人性，历史很早。例如，苏格拉底说：人的具体德行，如"节制、正义、勇敢、敏悟、强化、豪爽"等等，如果不以知识为指导，就会变得有害无益。如"勇敢而不谨慎，岂不是一种莽撞？一个人若是没有理性，勇敢对他是有害的，但他若是有理性，这对他岂不就有益了"。[①] 柏拉图提出的感觉世界相对应的"理念世界"、"善的理念"，也是属于理性的范畴。亚里士多德认为，人的本性在于理性，人能用理性支配自己的行为，控制自己的欲望，使行为合乎道德，这就是幸福和快乐。"理性的沉思的活动"是"人的最完满的幸福"。他说："对于人，符合于理性的生活就是最好的和最愉快的，因为理性比任何其他的东西更加是人。因此这种生活也是最幸福的。"[②] 伊壁鸠鲁认为："使生活愉快的乃是清醒的理性，理性找出了一切我们的取舍的理由，清除了那些在灵魂中造成最大的纷扰的空洞意见。"[③] 马克思、恩格斯对伊壁鸠鲁评价很高，称"他是古代真正激进的启蒙者，他公开攻击古代的宗教，如果说罗马人有过无神论，那么这种无神论就是由伊壁鸠鲁奠定的"。[④]

欧洲自文艺复兴开始，杰出的人文主义者和后来的启蒙思想家们，高举理性的旗帜，以人性反对神性，以人权反对特权，以民权反对君权，为近代民主革命鸣锣开道。恩格斯曾赞叹："这是一次人类从来没有经历过的最伟大的、进步的变革，是一个需要巨人而且产生了巨人——在思维能

---

① 北京大学外国哲学史教研室编译：《古希腊罗马哲学》，商务印书馆 1982 年版，第 161 页。

② 同上书，第 328 页。

③ 周辅成：《西方伦理学名著选辑》上卷，商务印书馆 1964 年版。

④ 《马克思恩格斯全集》第 3 卷，人民出版社 1972 年版，第 147 页。

力、热情和性格方面，在多才多艺和学识渊博方面的巨人的时代。"① 但丁说："人的高贵，就其许许多多的成果而言，超过了天使的高贵。""我们必须这样来理解：自由的第一个原则就是意志的自由。""这种自由，或者这一个关于我们所有人的自由的原则，乃是上帝赐给人类的最伟大的恩惠；只要依靠它，我们就享受到人间的快乐；只要依靠它，我们就享受到像天堂那样的快乐。"② 斯宾诺莎说："人们唯有遵循理性的指导而生活，才可以做出有益于人性并有益于别人的事情来，换言之才可以做出符合每人本性的事情来。"③ 他还说，民主政治"是最好的政治制度，最不容易受人攻击，因为这最符合人类的天性。……我们离人类的天性愈远，因此政府越变得暴虐"。④ 孟德斯鸠说："是有一个根本理性存在着的。法就是这个根本理性和各种存在物之间的关系，同时也是存在物彼此之间的关系。"⑤ 在他看来，"理性"是指事物的规律，法在调整社会关系时必须反映与体现事物的规律。狄德罗说："我感到有一件事情，好像不管是好人坏人都承认的，那就是一切应当讲道理。因为人不仅是一个动物，而且是一个有理性的动物。因此，……哪个人拒绝追求真理，他就自绝于人类，他就应当被大家看作是一个野兽。"⑥ 费尔巴哈也强调把理性看作人的本质，是人类的人性。他说："人自己意识到的人的本质究竟是什么呢？就是理性、意志、心力。一个完善的人，必定具备思维力、意志和心力。思维力是认识之光，意志力是品性之能量，心力是爱。理性、爱、意志力，这就是完善性，这就是最高的力，这就是作为人的绝对本质，就是人生存的目的。"⑦

① 《马克思恩格斯选集》第 3 卷，人民出版社 1972 年版，第 444—445 页。

② ［意］但丁：《飨晏篇》、《君道论》。转引自姜柱国、朱葵菊：《论人·人性》，海洋出版社 1988 年版，第 435 页。

③ ［荷］斯宾诺莎：《伦理学》，贺麟译，商务印书馆 1958 年版，第 179—180 页。

④ 同上书，第 276 页。

⑤ ［法］孟德斯鸠：《论法的精神》，张雁深译，商务印书馆 1961 年版，第 1 页。

⑥ 《百科全书》，转引自《论人·人性》，第 470 页。

⑦ 《费尔巴哈哲学著作选集》下卷，商务印书馆 1984 年版，第 27—28 页。

总之，上面引证的西方思想家关于"理性"的科学内涵的阐释，从人的自然属性的角度看是正确的。但是，我们还应当将它们连同人的社会属性作为一个统一体来观察与定位。这样，人的本质的概念才是全面的，人权的本原问题才可能得到比较准确的、科学的回答。

4. 几个理论误区

关于人的本质，如果只看到或只承认人的社会属性这一面，就不可能正确认识人权存在的目的与价值，也不可能正确把握其发展规律。自由不仅是人的天性，自由自觉的活动又是人们认识与改造世界的力量源泉。只有提高社会的经济与文化发展，人们才有可能享受更多的人权；但发展经济与文化本身不是目的，而是实现人类幸福的手段。制度的好坏对人权的实际享有起着重要的影响与制约，但这并非人们创造世界的终极目标，而只是人类实现自身利益与社会正义的工具。你想享有人权，就不要去侵犯他人的人权，你想受人尊重，就必须善于尊重别人，如此等等。这些都是人们的理性所能把握的。《世界人权宣言》等国际人权文书中提到的人的人格、尊严与价值，同人权源于人的本性是完全相通的。如果一个人的生命、自由、安全、财产等最基本的人权都得不到承认和保障，那么他（或她）就失去了做人的资格，就将不成其为"人"。在世界上的万事万物中，人应当是最受尊敬和尊重的。人不应该被当作手段而是目的，人世间的一切美好的东西，都应当为人而存在。地球村的一切创造性活动，都应当"以人为本"。如果一个人的基本人权都得不到承认和保障，人将失去自己应有的尊严。人是宇宙中一切有意识的创造性活动的中心主体。人是一切社会文明的创造者，也应当是一切社会文明成果的享有者。这是人的价值。如果一个人的基本权利都得不到承认和保障，人将失去其自身的价值。将人的本质仅仅归结为是人的社会属性，这种观点之所以不正确，主要是在理论上陷入了以下一些认识上的误区：

首先，世界上的万事万物的产生，都有它的内因与外因。人权的产生也有内因与外因两个方面，否认人的自然属性，就必然否定人权产生的内在根据。人活在这个世界上，他（或她）都想活着并且活得好，人人都有过好的物质生活、精神生活和社会公共生活的愿望和需要。归根到底，所谓人权就是要满足人的这种需要。这是人的一种自然本性，是人权产生与存在的根本目的和价值。人的这种需求永不满足，这是推动人权向前发展的永不枯竭的动力。有社会、有人与人之间的各种关系，才会产生权利问题。社会的政治、经济与文化发展水平与各种社会关系的性质与状况，对人权的存在与发展有重要的影响与制约。但终究只是人权存在与发展的外在条件。人不是为各种制度而存在，各种制度倒是为人而存在。只承认人的社会属性，不承认人的自然属性，人人都是没有欲望、没有德性的木头人，人权怎么会存在？人权又有什么意义？

其次，世界上的任何事物，都是共性与个性、抽象与具体的对立统一。人性也是这样。有人说，没有抽象的人性，只有具体的人性。这种看法是不正确的。尽管人与人之间的天性、德性与理性有差异，但人类共同的人性是存在的，也是可以为人们所认识和把握的。有人问，你怎么证明这种共同的、抽象的人性是存在的呢？我们的回答是：正如美国独立宣言所说，这是"不言而喻"、"不证自明"的。人要活，要活得好，这是任何人凭自己的感觉与本性都能回答的。与此同理，说"人权不是抽象的，是具体的"，同样违背辩证法。人权就是人身人格权利、政治权利与自由、经济社会文化权利等各种具体权利的一个抽象。否认这一点，我们今天就"人权"问题所开展的讨论就根本无法进行。如果否认人、人性、人格、人道、人权等等既是抽象的，又是具体的，整个人文社会科学的存在与发展都将不可思议。

再次，人的自然属性与社会属性是一个统一的整体。这也是马克思主义的基本观点。马克思与恩格斯对人的自然属性及其意义曾有许多论述。例如，马克思恩格斯曾指出："我们首先应当确立一切人类生存的第一个前提也就是一切历史的第一个前提，这个前提就是，人们为了能够'创造历史'，必须能够生活，但是为了生活，首先就要衣、食、住以及其他东西。因此，第一个历史活动就是生产满足这些需要的资料，即生产物质生活本身。"① 但为什么中国学术界长期以来只抓住马克思的一句话：人的本质是"一切社会关系的总和"，而将它归结为是人的"本质"的全部内容？这同中国共产党长时期的斗争历史有关，同"以阶级斗争为纲"的路线有关。强调人的阶级性，"人的思想无不打上阶级的烙印"就是一例。很多人过去对人性、人格、人道、人权等概念本身是否科学持完全否定的态度，也是出于这一原因。今天，人们已经很清楚，这种理论观念会给实践带来多么大的危害。

后记：本文原载于《政法论坛》2004 年第 2 期。本文首次提出新"性三品"说，即人性包括天性、德性、理性。人权的人性基础是需要予以特别关注的永恒主题。

七、论个人人权与集体人权

什么是个人人权与集体人权？"集体人权"是不是属于人权的范畴？这两类人权是一种怎样的关系？这些问题无论是在中国国内还是在国际上，人们对此都存在意见分歧。本文试图就这些问题谈一些笔者的看法。

（一）个人人权与集体人权的含义

个人人权与集体人权是依照人权主体的不同而对人权所作的一种分类。个人人权是基于个人基础上的，每一个人都应享有的人权，其权利主体是个人。集体人权是相对于个人人权而言的某一类人所应享有的人权，其权利主体是某一类特殊社会群体，或某一民族与某一国家。

---

① 《马克思恩格斯选集》第 3 卷，人民出版社 1972 年版，第 31 页。

个人人权是传统意义与传统观念上的人权。即使是现时代，个人人权仍然是人权的主要形式。从历史发展看，个人人权的内容是在不断扩展与丰富的。在人类文明已发展到今天的条件下，个人人权的内容已包含如下三个基本的方面：一是人身人格权利，如生命权、健康权、人身自由权、思想自由权、人格尊严权、通讯自由权、住宅不受侵犯权、私生活秘密权等等；二是政治权利与自由，如选举权、被选举权、言论自由权、出版自由权、集体自由权、结社自由权、游行示威自由权、信息权、知情权、监督权等等；三是经济、文化和社会权利，如财产权、就业权、享受劳保福利权、同工同酬权、休息权、受教育权、家庭权、参加工会权、享受社会福利权等等。

集体人权包括国内集体人权与国际集体人权两类。国内集体人权，又称特殊群体权利。这主要是指：少数民族的权利、儿童的权利、妇女的权利、老年人的权利、残疾人的权利、罪犯的权利、外国侨民与难民的权利等等。国际集体人权，又称民族人权，按照现今国际社会通常的理解与承认，它主要是指民族自决权、发展权，此外还有和平与安全权、环境权、自由处置自然财富和资源权、人道主义援助权，等等。

在中国，有的学者主张"把人权主体主要限定于个人"，"并把人权界定为个人权利"，反对把集体人权概念引进国内法领域。[1] 也有的学者认为，少数民族与儿童、妇女等特殊群体的权利，不是集体人权而是属于个人人权的范畴。实际上，也有不少学者只承认国际上有集体人权，即民族人权，而否认国内某些特殊群体权利是集体人权。[2] 笔者之认为一国之内某些特殊群体的权利是属于集体人权的范畴，主要是基于以下理由：一是这类人权同个人人权相比，在人权的主体和内容上都有不同。个人人权的主体是任何一个个人，而国内特殊群体权利的享有者是某一部分人群（如

---

① 张文显：《论人权的主体与主体的人权》，见《当代人权》，中国社会科学出版社1992年版，第36页。

② 孙哲：《新人权论》，河南人民出版社1992年版，第55页。

少数民族、妇女、儿童等等）；在内容上，后者不仅享有个人所应享有的个人权利，而且享有自己作为特殊群体的一员所应享有的特殊权利。二是特殊群体通常会通过法律手段从国家得到整体上的特殊权利保障，如我国对少数民族通过民族区域自治法在经济、政治、文化等各方面给予他们以各种特殊权利，属于这些特殊群体的个人，也主要是通过国家的这类群体特殊权利保障得到益处。三是代表特殊群体利益的一些民间组织或半官方组织，如工会组织、妇女组织、残疾人组织，可以在法律上代表该群体向国家提出一定的权利要求，或在政治上施加这方面的影响；某些特殊群体组织甚至可以为寻求权利救济而能够代表该特殊群体诉诸法律。从长远看，这种发展趋势必将日益加强。因此，笔者认为，把一些特殊社会群体的人权纳入集体人权的范畴，在理论上是可取的，在实践上有利于加强对这一类人权的保障。

在国际上，集体人权概念的出现，是第二次世界大战后的事情。这次大战给人类带来的巨大灾难，极大地促进了全世界人民人权意识的觉醒与提高，从而开始了人权保护进入国际领域的历史性进程。20 世纪 60 年代和 70 年代，许多被压迫民族在反殖民主义的斗争中成为独立国家，这些新独立国家曾为争取民族独立和主权平等作了不懈努力，独立后又因面临的种种困难与困境，产生了改善自己处境的强烈愿望。这对国际人权的发展产生了重大而深远的影响。于是，民族自决权、发展权、和平权、环境权等集体人权分别以各种不同形式，通过国际组织的宣言或决议及一些国际公约被确立下来，并对传统的人权概念（即个人人权）提出了严峻挑战。这些集体人权现在已被国际上许多人士称之为"新一代人权"或"第三代人权"。这类国际集体人权不同于个人人权的主要特点是：1.这类人权的主体主要是民族、社会、国家、国家集团等集体。其中国家是基本的人权主体，因为现今国际社会的基本组成单位是国家，这同个人人权的主体为个人是有区别的。2.国际集体人权的权利诉求对象主要是整个国际社会，它要求国际社会采取协调步骤与国际合作来保障这类人权的实现。而个人人权要求各个国家的政府采取不作为或作为，来保障每个人的人身权利、政治权利以及经济、文化、社会权利的实现。3.国际集体人权还是正在发展与完善过程中的人权：一方面，它主要是通过国际组织的一些不具法律约束力的宣言与决议所认可，还缺少具有约束力的公约来保障，或批准加入的国家还不够普遍；另一方面，权利救济措施与机制还很不健全不完备。总之，这一代新的人权打破了只有个人才是人权的主体，只有个人才能享有人权的传统概念，是人权发展史上一个重要的里程碑。

集体人权与个人人权的界限，并不是绝对的，而是相对的。这主要是指集体人权从某一角度上看，同时也可以是个人人权。无论是国内集体人权、还是国际集体人权都是如此。如在中国，《妇女权益保障法》（1992）对妇女享有的各项政治权利、财产权益、人身权利、婚姻家庭权益作了全面的规定，对法律责任也有详细的条款。其中第48条规定："妇女的合法权益受到侵害时，被侵害人有权要求有关主管部门处理，或者依法向人民法院提起诉讼。"又如《民族区域自治法》规定："民族自治地方的人民法院和人民检察院应当用当地通用的语言检查和审理案件，保障各民族公民都有使用本民族语言文字进行诉讼的权利。"如果诉讼当事人的这种权利受到侵害，他（他或她）就有权得到救济。由此可见，一国内某些特殊社会群体的人权，同时也可以是一种个人人权。当然这一点并不能否认特殊社会群体的人权所具有的集体人权的性质。

国际集体人权在某种意义上同时也是个人人权，这可以从国际人权文书对发展权所作的明确表述看出。例如，1979年1月联合国人权委员会通过的第5（一）号决议，重申发展权是一项人权，指出："发展机会均等，既是国家的权利，也是国家内个人的权利。"联合国大会1986年12月通过的《发展权利宣言》也指出："确认发展权利是一项不可剥夺的人权，发展机会均等是国家和组成国家的个人一项特有权利"，"发展权利是一项不可剥夺的人权，由于这种权利，每个人和所有各国人民均有权参与、促进并享受经济、社会、文化和政治发展，在这种发展中，所有人权和基本自由都能获得充分实现。"发展权作为一项"国家权利"即集体人权，其基本含义是，世界上的任何一个国家，首先是那些发展中国家（即第三世界国家）享有同其他国家"发展机会均等"的权利，它要求整个国际社会及所有国家，首先是那些发达国家，应在国际一级采取政策的、立法的、行政的及其他措施来保障这一权利的实现。发展权作为一项个人人权，其基本含义是，"各国应在国家一级采取一切必要措施实现发展权利，并确保除其他事项外所有人获得基本资源、教育、保健服务、粮食、住房、就业、收入公平分配等方面机会均等。"因为"人是发展的主体"，在一国内应保障人人"成为发展权利的积极参与者和受益者"。

（二）国际集体人权的理论根据

长期以来，国际上一些学者、政府官员甚至有的政府只承认个人人权是人权，不承认国际集体人权也是一种人权。他们的一个主要理由是，国际上的集体人权，并不是一种权利，而是一些人或一些国家的一种利益上的要求、愿望、主张；它抽象而不具体，难以得到法律的保护，无法在权利受到侵害时得到法律的救济。从这样的理由出发，否认集体人权是人权的学者也往往否认一国内人们应当享有的经济、文化、社会权利也是人权。然而，这种理由不能成立。

第一，权利有两种：一是所谓"消极"的权利，即要求国家与社会"不作为"，以保障人的人身人格权利及政治权利与自由诸如生命权、人身自由权、言论自由权、选举与被选举权等不被剥夺或受侵害；二是所谓"积极"的权利，即要求国家和社会的"作为"，以使人们的经济、文化、社会权利诸如就业权、休息权、社会福利权等得以实现。理论上、概念上从"消极权利"到"积极权利"的发展变化，是同实践上"三代人权"的发展变化相适应的。第一代人权受法国资产阶级革命和美国革命的影响，主要在欧美18世纪人权运动中产生。其内容主要是言论、信仰、出版、结社、通讯、宗教等自由以及免受非法逮捕、公正审判等权利，性质主要是属于公民权利与政治权利的范畴。它的诞生是以美国的《独立宣言》和法国的《人权与公民权利宣言》为标志。第二代人权受 19 世纪末 20 世纪初的社会主义运动和革命的影响，主要内容是经济、社会和文化方面的权利。它在宪法上的反映，在东方是以苏联的《被剥削劳动人民权利宣言》为代表，在西方是以德国《魏玛宪法》为标志。第三代人权主要是从第二次世界大战以后的民族解放运动中产生并发展起来的，其内容就是现在我们正在讨论的国际集体人权，包括自决权、发展权等等。

第二，现今的国际集体人权就其性质而言，大致有以下两类：一类是以经济内容为主，如发展权、环境权；另一类是以政治内容为主，如民族自决权、和平权。发展权的内容是全面的，正如《发展权宣言》的导言中所讲，"发展是经济、社会、文化和政治的全面进程"。但在上述诸多因素中，经济的因素具有根本的性质。这从现今发展权的具体权利诉求中看得很清楚。正因为如此，发展权的实现，在现阶段主要是依靠整个国际社会以及世界各国特别是发达国家协调步骤与开展国际合作，首先和主要的是在经济领域，提供与创造各种条件。环境权的情况也是这样。1972 年通过的《人类环境宣言》指出："人类有权在一种能够过尊严和福利的生活环境中，享有自由、平等和充足的生活条件的基本权利，并且负有保护和改善这一代和将来的世世代代的环境的庄严责任。"实现环境权的措施，主要是经济方面的；实现环境权的方式，主要也是依靠国际社会的协调与合作（大规模污染大气和海洋，要为强行法所制止，但这只是局部情况）。

民族自决权与和平权的性质与特点则和发展权、环境权有所不同。实现自决权与和平权的措施，主要是政治方面的；实现自决权与和平权的方式，主要依靠国际社会的强制手段。《公民权利与政治权利国际公约》、《经济、文化、社会权利国际公约》的第 1 条都规定，所有人民都享有自决权。在所有国际集体人权中，只有民族自决权在联合国人权公约中作了规定。根据《联合国宪章》及其他有关国际法文献，早期的民族自决权主要是指："被外国奴役和殖民统治下的被压迫民族有自由决定自己命运、摆脱殖民统治，建立民族独立国家的权利。"在民族自决原则的影响与推动下，大批处于殖民主义统治下的第三世界国家曾经纷纷起来斗争，争取民族独立。到现在为止，先后获得独立的国家已有 100 多个，尚未获得独立的民族已经极少。随着形势的发展，民族自决权的中心思想与侧重点，已经是实施《给予殖民地国家和人民独立宣言》的下述有关条款："所有的人民都有自决权；依据这个权利，他们自由地决定他们的政治地位，自由地发展他们的经济、社会和文化。"、"一切国家应在平等、不干涉一切国家的内政和尊重所有国家人民的主权及其领土完整的基础上忠实地、严格地遵守联合国宪章、世界人权宣言和本宣言的规定"。"任何旨在部分地或全面地分裂一个国家的团结和破坏其领土完整的企图都是与联合国宪章的目的和原则相违背的。"所谓"自决"，本身就是一个政治概念。《给予殖民地国家和人民独立宣言》主张的民族自决权作为国际习惯法确立下来，已为国际社会所普遍认可。阻碍与镇压殖民地人民的独立运动，或阻碍与破坏独立国家实现自决权，要受到国际社会的严厉制裁，这已成为人权国际保护的重要实践。

和平权也如此。《联合国宪章》序言强调指出："欲免后世遭今代人类两度身历惨不堪言之战祸，重申基本人权，人格尊严与价值……并为达到此目的力行容恕，彼此以善邻之道，和睦相处，集中力量，以维持国际和平及安全。"1978 年，联合国大会通过的《为各社会共享和平生活做好准备的宣言》，在国际上第一次将和平作为一项权利加以规定。该宣言"重申个人、国家和全人类享有和平生活的权利"。宣言还规定："每一个国家和每一个人，不分种族、良心、语言或性别，均享有过和平生活的固有权利。尊重此项权利，正如尊重其他人权一样，是全人类的共同利益所在和一切国家（不论大国还是小国）在一切领域获得进展的必要条件。"1981年，非洲统一组织通过的《非洲人权和民族权宪章》也明确地将和平作为一项人权加以肯定。该宪章规定："一切民族均有权享受国内和国际的和平与安全。"1984 年，联合国大会又专门通过了《人民享有和平权利宣言》。

该宣言再一次庄严宣布:"全球人民均有享受和平的神圣权利。"放弃在国际关系中使用武力,以和平方式解决国际争端,已成为公认的国际法基本原则;保障人类享有和平权,已成为国际社会所普遍接受的一项集体人权并受习惯国际法的保护。任何破坏这一原则和侵害这一人权的行为,诸如侵略与非法占领他国领土、武装干涉他国内政、发动侵略战争,都要受国际社会的严厉制裁。联合国对伊拉克武装侵略科威特的制裁就是一个典型例证。

上述分析表明,民族自决权与和平权的性质和特点同发展权是有区别的。它们的实现方式,需要也能够通过国际社会的强制手段来达到。由此可以证明,笼统地讲国际集体人权难以运用法律的强制手段来保证其实现,因而它们不是属于人权的范畴的观点是不正确的。

第三,即使是发展权、环境权这一类国际集体人权,它们的权利诉求和实现途径,也并不是抽象的,而是具体的。以发展权为例,要加速实现发展权,一方面,自然需要各主权国家的政府和人民的共同努力;另一方面,整个国际社会对此也有极其重要的责任与义务(这二点应更为突出)。正如《发展权利宣言》所强调:"各国对创造有利于实现发展权利的国家和国际条件负有主要责任","各国有义务在确保发展和消除发展的障碍方面相互合作",以"促进基于主权平等、相互依赖、各国互利与合作的新的国际经济秩序"。事情很清楚,建立新的国际经济秩序需要国际社会各国的共同努力,但发达国家负有主要责任,联合国国际组织对此也负有重要义务。它们应当采取各种措施,诸如稳定与提高初级产品价格、改进技术转让条件、在不附加任何不合理的政治条件下增加资金和技术援助、抛弃贸易保护主义、减轻发展中国家的债务负担、改善和扩大给发展中国家的普惠制待遇等等。这些具体权利诉求已为过去的一些国际文件如1974年联合国大会通过的《建立新的国际经济秩序宣言》① 和《建立新的国际经

---

① 《建立新的国际经济秩序宣言》,1974 年第 4 条第十至十六款。

济秩序行动纲领》所载明与认可，同时也为最近的一些重要国际人权文书所进一步肯定。例如，1993 年 6 月，第二次世界人权大会通过的《维也纳宣言与行动纲领》的序言第 5 段不仅全面阐明与确认了发展权的基本原则与主要内容，而且在序言的第 6 段中对发展权的某些重要的具体权利诉求作了规定，如重申要"尽一切努力减轻发展中国家的债务负担"。

保障国际集体人权得以实行与实现的机制已经建立，并将在今后继续加强与完善。破坏与侵害民族自决权、和平权的行为，固然要受到联合国大会、安理会、经社理事会以及人权委员会等机构的审议、谴责及制裁；对发展权这一类国际人权的保障，其机制也正在进一步完善中。例如，《维也纳宣言与行动纲领》在其第三部分中强调："世界会议欢迎人权委员会设立关于发展权的专题工作组，并促请该工作组与联合国其他部门和机构协商与合作，为消除执行和实现《发展权利宣言》的障碍立即拟订全面和有效的措施，并提出各国实现发展权的方式方法，以便联合国大会能早日审议。"新设立的联合国人权事务高级专员，其任务是："促进和保护一切人权"。当然，全面保护国际集体人权得以实现，是其根本任务。

从上述分析可清楚看出，国际集体人权并非如某些西方学者所主张的那样，它们不是"权利"而只是一种"要求"、"条件"、"机会"，只有个人人权才是人权。实际情况是，现在国际集体人权的概念已逐步为世界上绝大多数国家所承认与接受。《维也纳宣言与行动纲领》对发展权作了充分肯定，而过去某些不承认发展权是人权的国家，也投票赞成这一宣言，就是证明。

（三）个人人权与集体人权的相互关系

个人人权与集体人权的相互关系，无论是在中国国内，还是在国际上，都是一个普遍存在有意见分歧的问题。笔者一贯主张要强调两者的统一性和一致性，各个国家与国际社会应当对这两类人权予以同样的重视与保护，不宜讲它们之中哪种权利更重要，也不宜强调它们之中哪种权利层次与地位更高。①

一般说来，个人人权与集体人权的相互关系是：个人人权是集体人权的基础，集体人权是个人人权的保障。为什么说个人人权是集体人权的基础呢？这是因为，首先，任何集体都是由个人组成的。任何集体从国家或国际社会的人权保护中所获得的权益，其出发点即最初目的，都是组成这个集体的个人，其落脚点即最终的实际受益者也都是个人。不承认这一点，集体人权就成了一个空洞的抽象而失去了任何实际的意义和存在价值。其次，我们虽不能说，个人人权同时也是集体人权，但可以说，集体人权从一定意义上看，或从一定角度上看，同时也是个人人权。本文在前面曾引用一些国际人权文书证明，像发展权这样的国际集体人权，同时也是个人人权。一国内某些社会群体权利如少数民族权利、妇女权利，在其遭受侵害时个人可以提起诉讼以得到救济。第三，任何集体人权的争取与获得主要依靠组成这一集体的个人作出积极努力和共同奋斗。要做到这一点，只有充分尊重个人权利以最大限度地发挥每个人的改造世界、建设国家与服务社会的主动性、积极性、创造性方有可能。

为什么说，集体人权是个人人权的保障呢？这是因为，首先，由社会自身的性质与组织结构所决定，集体人权的出现是必然的，也是必要的。集体人权是人类权利追求与实现的一种重要形式。在一国内，它要求国家与整个社会为保障某一处于弱者地位的社会群体的特殊权利，而在经济、政治、文化等方面创造权利实现的各种条件和提供各种特殊保护，以使该群体的所有个人受益。在国际上，它要求整个国际社会采取协调步骤和进行国际合作，提供各种社会条件与法律保障，通过保护国际集体人权而使千千万万的个人得到好处。其次，集体人权也是促进和保障个人人权的基本条件。以民族自决权为例，如果一个国家是处于外国侵略、占领和奴役之下，国家的独立与主权遭受践踏，这一国家的人民的个人人权与基本自

---

① 李步云：《社会主义人权的基本理论与实践》，载《法学研究》1992 年第 4 期。

由就根本得不到保障。发展权也是这样，如果不改变旧的不平等的、不公正的国际经济秩序，建立新的国际经济秩序，广大的第三世界国家的经济、社会、文化和政治的发展，就会受到极大的阻碍；这些国家的人民的人权与基本自由就不可能充分实现。第三，把民族、国家和国家集团（如第三世界国家）作为集体人权的主体，也有助于运用其地位与作用，以更好地保障这种权利的实现。例如，60 年代汹涌澎湃的反对殖民主义的民族独立运动以及为争取与实现发展权而努力奋斗的现今广大的第三世界国家，都对国际人权的实现与保障起了重大作用。

在我国国内的学者中，有一种观点强调，集体人权应当高于个人人权。他们认为，"社会主义人权始终强调民族、社会、国家等等集体人权高于个人权利"，"个人权利固然重要，应该受到法律保护，但是，社会的、国家的、民族的、集体的权利更应该受到尊重和保障"，"强调个人权利必然导致个人主义，损害集体利益和公共利益"。笔者认为，这种观点是不正确的。首先，它并不符合马克思主义唯物史观的原理与社会主义原则。马克思曾经说过，"任何人类历史的第一个前提无疑是有生命的个人的存在"，人类的历史"始终是他们的个体发展的历史"[①]。因为，个人的存在不仅是集体、社会存在的前提，而且个人的活动与发展也是整个社会的活动与发展的基础。马克思主义在论述自己的理想社会时，曾有过一个十分著名的论断，即《共产党宣言》所指出的，共产主义社会将是一个"每个人的自由发展是一切人的自由发展的条件"的联合体。

第二，从概念上看，强调集体人权高于个人人权，也是有问题的。所谓"人权"、"个人人权"与"集体人权"，都有其特定的含义。我们所讲的"人权"，其"权利"当然包含着利益的要求、分配与享有这一基本的要素。但是，并非所有的"利益"都可以归结为人权。这就是说，不能简单地在个人利益与个人人权、集体利益与集体人权之间画等号。在一个法

[①]　《马克思恩格斯选集》第 1 卷，人民出版社 1972 年版，第 24、321 页。

治国家里，作为应有权利，个人人权必然外化（转化）为法律上的个人权利，但法律上的个人权利并不都是"人权"。人权存在于抽象的一般的法律关系中。只有当这种抽象的法律关系中的人权受到侵害或出现争议而转变为具体的（即特殊的）法律关系，这时候的权利才是属于人权的范畴。例如，某人与某人或某单位订立一个合同，其具体的权利与义务由双方当事人任意规定（以不违背法律的要求为限度），在这样的具体法律关系中的权利，就不是属于人权的范畴。又如，在国际范围内，一个国家的主权，它的安全与荣誉，它的独立权，是属于民族自决权、发展权等国际集体人权的概念与范畴；但在一国范围内，它就不属人权的范畴。任何个人都需要生活在一定的社会与国家里，个人人权的实现离不开它所生活的集体、社会与国家，个人人权的行使不能损害集体、社会与国家的利益，在不少情况下，个人利益要服从国家利益，但这是另外一个问题。当这种情况出现的时候，国家主权、国家的安全与荣誉等等，都不是作为"人权"来看待。国际上，通常都是这样理解的。从经济方面看，似乎"国家"的财产不得被侵害，这是属国内集体人权的范畴，其实不是。我们只宜说它是属于国家利益的范畴。从法律角度看，国家所有权是属于"权利"的范畴。这种"权利"也并不是人们通常所讲的人权。退一步说，我们把它看作是一国范围内的一种集体人权，一种同个人人权相对应的集体人权，那我们也不宜说集体人权就比个人人权"更高"。因为，我们在法律上不可以按照权利主体的大小高低来确立保护的等级，否则，我们就不能保证不同法律主体在法律面前一律平等。而这正是市场经济所要求的。

第三，从实践经验看，个人人权与个人主义是两个完全不同、互相排斥的概念。伦理意义上的个人主义以追求个人利益而不惜损害他人的、集体的、国家的利益为其特点，这同合理合法的个人利益、个人人权是根本不同的。强调个人人权同产生个人主义之间并没有什么必然的联系。在很长一个时期，中国的实际情况，并不是强调个人人权过了头，而是过分强调了集体权利高于个人权利，加上各种主观与客观方面的原因，中国过去确实存在过有忽视保障个人人权的偏向，在我国，"文化大革命"的出现就是一个例证。这场灾难就是以"反对修正主义"、"防止资本主义复辟"为借口，肆意践踏上至国家主席、下至千百万公民的个人权利。鉴于这一教训，中国共产党和中国政府才决心采取一系列政策和法律措施，如制定《刑法》、《刑事诉讼法》、《行政诉讼法》等各种重要法律，来全面加强对个人人权的保护。特别是，现在中国已经走上了建立市场经济的道路，而市场经济的实行更为重视、保障个人人权创造了现实的经济基础与社会条件。与建立市场经济相适应，中国的民主政治建设也在稳步地向前发展。从此，中国已经走上既重视保障集体人权，又重视保障个人人权的正确发展道路。

如何认识与处理个人人权与集体人权的关系，是同如何认识与处理个人与社会的关系密切联系在一起的。几十年来，中国在自己的革命与建设过程中，由于十分强调与重视社会的整体利益，因而在消除阶级对立，提高广大劳动者的地位；在增进民族团结、增进社会福利、保障妇女儿童权益、提高社会道德水准；在维护社会的正义与公正、维系社会的和谐与稳定、促进社会的发展与进步等方面，已经取得了举世公认的成就。同旧中国相比，在发展经济、科技与文化教育方面，也取得了令人信服的成就。另外也要承认，虽然执政党和政府十分强调国家、集体与个人利益三者之间的统一、协调与兼顾，但实际上，在一个很长时期里，曾经存在有忽视保障个人利益的偏向，因而在很大程度上妨碍与束缚了个人主动性、积极性与创造性的发挥，也延缓了社会的进步。这有三个方面的原因：一是文化背景。中国古代社会曾经有过灿烂的文化，它的人本主义、大同思想、重视社会和谐、崇尚伦理道德，都曾对当代中国社会产生过正面影响。但是，古代中国封建主义的专制思想、家长制思想、特权思想、等级观念、轻视个人地位、缺少权利意识等等，又给当代中国社会带来了负面影响；二是历史原因。今天中国的执政党在取得政权以前，曾经长期处于地下和武装斗争中，在当时严酷的斗争环境下，十分强调整体利益是很自然的；三是制度因素。中国长期实行的高度集中的计划经济，权力高度集中的政治体制，为重视社会整体利益，忽视个人利益，提供了客观条件。近十多年来，执政党和政府一直很重视对这个问题的解决。正在稳步地进行的经济与政治体制的改革，目的之一就是要在个人与社会的关系上，作出重视、保障个人权益的重要调整，以求得个人与社会的和谐与协调发展。

在个人人权与集体人权的相互关系上，长期以来，西方一些发达国家过分强调保护个人利益、个人自由、个人人权，相对忽视集体人权与社会和谐，这有多方面原因。在历史上，17和18世纪的资产阶级革命曾以提倡个性解放、保障个人自由为主要思想武器反对专制主义。在制度上，以私有制为主体的自由经济，其思想基础与价值观念必然以个人为本位。但到了现代，情况已经发生并正在继续发生变化。由于物质文明与精神文明的进步，社会不平等与社会冲突的存在，导致了国家干预经济与社会福利政策的出现，价值取向开始由自由向平等一方倾斜，以求得个人与社会的相对和谐。在这样的历史条件下，西方有的学者在理论上对片面强调个人人权，否认或忽视集体人权的观念提出了怀疑与挑战。如荷尔曼就指出："当西方人把焦点集中在个人权利而忘记社会权利和个人对社会的责任时，他们过于狭隘地定义了人权；当西方人把焦点集中在诸如言论自由、宗教自由而忘记如衣、住、保健等基本的人类需要时，他们也过于狭隘地定义了人权。只有当西方人把他们的见解扩大到不仅包括个人的和精神的，而且也包括公共的和物质的人类和人权观的时候，一种真正普遍的人权观才是可能的。"①

在世界范围内与国际舞台上，长期以来东西方之间与南北方之间在个人人权与集体人权问题上的对立与冲突，是由文化的历史的背景和经济的政治的现实条件的差异所决定，同时也有政治和意识形态方面的原因。现在，世界两极对立与东西方冷战已经结束，世界一体化趋势已经形成，理

---

① 荷尔曼：《人权运动》，纽约1987年版，第6页。转引自徐崇温：《人民的生存权是首要的人权》，见《当代中国人权论》，第148页。

论观念上个人人权与集体人权的对立与冲突，已经趋向缓和并正在求得共识，最明显和突出的表现，就是《维也纳宣言与行动纲领》。这一文件的第二部分第三段指出："所有人权都是普遍、不可分割、相互依存和相互联系的。国际社会必须站在同样的地位上，用同样重视的眼光，以公平、平等的方式全面看待人权。固然，民族特性和地域特征的意义，以及不同的历史、文化和宗教背景都必须要考虑，但是各个国家，不论其政治、经济和文化体系如何，都有义务促进和保护所有人权和其基本自由。"这一共识的达成，既是世界新的格局的必然产物，也是人类理性的重大胜利。

后记：本文系作者为 1994 年 9 月 20 日至 22 日在北京召开的中国与荷兰部分学者参加的国际法学术讨论会提交的论文，刊登在《人权的普遍性和特殊性》一书中。该书的中文版由社会科学文献出版社出版（1996年 5 月），英文版于同年在荷兰由 Martinus Ni jhoff Publishers 出版。本文曾刊载于《中国社会科学院研究生院学报》1994 年第 6 期、《当代人权理论与实践》（吉林出版社 1996 年版）一书。

八、再论人权的普遍性与特殊性

人权的普遍性和特殊性问题，国际上长期以来，学者之间有不同看法，政府之间也存在意见分歧。正确认识和处理这个问题，对于一个国家制定正确的人权政策，加强人权领域的国际合作，都具有重要意义。

（一）人权的普遍性

1.人权普遍性的具体内涵

1993 年 6 月 14 日至 25 日，联合国在维也纳召开了第二次世界人权大会。这次会议是继德黑兰人权会议 25 年后，《世界人权宣言》制定与公布 45 年后举行的。这次会议通过的《维也纳宣言和行动纲领》，是全人类为加强人权保障而奋斗的历史进程中一个新的里程碑。这一文件所取得的重大成果之一，就是强调了人权具有普遍性，也肯定了人权的普遍性和特殊性是统一的，不可分割的。它规定："世界人权会议中所有国家庄严承诺依照《联合国宪章》有关人权的其他国际文书和国际法履行其促进普遍尊重、遵守和保护所有人的一切人权和基本自由的义务。这些权利和自由的普遍性是不容置疑的。""在国家级和国际级促进和保护人权和基本自由应当是普遍性的……"① 根据这一文件和其他一系列国际人权文书，人权普遍性的具体内涵主要表现在如下三个方面：

首先，人权的内容是普遍的，即存在一个各国都应当普遍尊重和遵守的人权共同标准。这些共同标准存在于已经制定与颁布的 90 多个国际人权文书里，尤其是集中体现在由《世界人权宣言》、《公民权利和政治权利国际公约》、《经济、社会、文化权利国际公约》所组成的"国际人权宪章"中。《世界人权宣言》明确指出："大会颁布这一世界人权宣言，作为所有人民和所有国家努力实现的共同标准，以期每一个人和社会机构经常铭念宣言，努力通过教诲和教育促进对权利和自由的尊重，并通过国家和国际的渐进措施，使这些权利和自由在各成员国本身人民及在其管辖下领土的人民中得到普遍和有效的承认和遵行。"② 联合国通过了几十个关于人权的国际文书，是人权普遍性的一种体现，其目的与宗旨就是为各个国家的国家机构、社会组织提供一个保障人权的共同标准。在现今国际社会里，具有不同社会制度和处于不同社会发展阶段的国家，普遍承认与尊重《联合国宪章》提出的保障人权的宗旨，③ 以及《世界人权宣言》和其他一系列

---

① 《维也纳宣言和行动纲领》第一部分第一段、第五段，该文件提到人权具有普遍性的共五处，另三处是序言第七段、第十六段和第一部分第八段。

② 《世界人权宣言》，该宣言系联合国大会于 1948 年 12 月 10 日通过。

③ 《联合国宪章》有关保障人权的条款共有七处，除序言和宗旨两处外，重要的还有第 55 条、第 65 条，宪章的人权条款是国际人权保护制度的核心。

国际人权文书所确认的保障基本人权与自由的原则；共同签署某些国际人权条约；共同采取行动制裁某些践踏人权的国际罪行；各国互相合作在全球范围内确保发展和消除发展障碍；共同参与维和行动和对各种难民的救助进行广泛的国际合作；各国宪法普遍地作出对人权进行保护的规定，如此等等，都是人权普遍性的反映。国内外学者通常认为，人权的普遍性主要是指人权内容的普遍性。

其次，人权的权利主体是普遍的，即人人都应当享有人权。《世界人权宣言》第2条指出："人人有资格享受本宣言所载的一切权利和自由，不分种族、肤色、性别、语言、宗教、政治或其他见解、国籍或社会出身、财产、出生或其他身份等任何区别。"其他重要的国际人权文书对此也都有明确的规定。① 这里的"人人"是指自然人、个人，但也包括由个人所组成的社会群体，如妇女、儿童、残疾人、少数民族与种族等弱势群体，以及罪犯、战俘等特殊群体。② 人权与"公民权"是有区别的。公民（少数国家称"国民"或"臣民"）通常是指具有该国国籍的人。因此，公民权是人权的一部分，但人权不限于公民权。在一个国家里，并非该国公民的外国人、无国籍人、难民，都应当享有自己的人权。

再次，人权的义务主体也是普遍的，即任何国家毫无例外地承担尊重与保障人权的主要责任。国际人权"两公约"都在其序言中明确规定，"各国根据联合国宪章负有义务促进对人的权利和自由的普遍尊重和遵行"。《维也纳宣言和行动纲领》也明确指出："各国按照《联合国宪章》有责任促进和鼓励尊重所有人的人权和基本自由"，"人权和基本自由是全人类有生俱来的权利；保护和促进人权和基本自由是各国政府的首要责任"。几乎所有的国际人权文书，都强调各国政府毫无例外地都是人权的义务主

---

① 《公民权利和政治权利国际公约》第2条；《经济、社会、文化权利国际公约》第2条第二款；《维也纳宣言和行动纲领》序言第五段、第八段。

② 人权的权利主体在国际上还可以是"一国人民"，如狭义"发展权"中的权利主体是发展中国家的人民。"和平与安全权"、"环境权"的权利主体是全人类。

体。这是因为国际法本来就是主权国家所直接或间接制定的一种法律规则，用来处理各主权国家彼此之间的关系，以及规制与约束各国政府的行为。人权的义务主体，除了国家政府之外，还包括联合国组织的所有机构、各国的非政府组织和企事业组织，以及公民个人在内。① 但国家是人权主要的义务主体，这是由国家在人类社会生活中所处的特殊性质、地位与作用所决定。

2. 人权普遍性的理论依据

首先，人权源自人的本性和人所固有的人格、尊严与价值。而人的本性是相通的，任何人都应当有其不可剥夺的尊严与价值。《世界人权宣言》的序言开宗明义就指出："对人类家庭所有成员的固有尊严及其平等的和不移的权利的承认，乃是世界自由、正义与和平的基础"；该宣言第一条又明确指出："人人生而自由，在尊严和权利上一律平等。他们赋有理性和良心，并应以兄弟关系的精神相对待。"这一人权理念，在一系列重要的国际人权文书和区域性人权文书中，都有清晰、明确的表述和规定。② 人有人性，是人同动物的一个根本区别。否认人有共同的人性，人将不成其为人。人有共同的尊严和价值，否定人权的普遍性，势必否定很多人也有其相同的尊严和价值，很多人就要失去做人的资格，也将不成其为人。

其次，全人类有着共同的利益。人的"权利"是受一定权威所认可、支持与保障的某种利益。权利的基础是利益。无论是经济的政治的或文化的权利以及人身人格权利和各种行为自由，都可归结为人的某种权益。受

---

① 《关于个人、群体和社会机构在促进和保护普遍公认的人权和基本自由方面的权利和义务宣言》，联合国大会 1999 年 3 月 8 日第 53 届会议上 144 号决议通过。

② 如《公民权利和政治权利国际公约》和《经济、社会、文化权利国际公约》在其序言中对此作了完全相同的表述："这些权利是源自人身的固有尊严"；《维也纳宣言》和行动纲领规定："一切人权都源于人与生俱来的尊严和价值"。《美洲人的权利和义务宣言》指出："人的基本权利并非源自于某人某一国国民这一事实，而是基于人的人格属性。"《非洲人权和民族权宪章》指出："基本人权源自于人类本性，此乃人权国际保护的法律依据。"

法律的权威所认可、支持和保障的权益，就是法律权利，即法律化了的人所应当享有的人权。不同的社会人群，有着不同的利益。但是全人类也有共同的利益。如生命权、人身安全权、人身自由权、人格尊严权等人生而有之的权利，是关涉到所有人的利益。大规模污染空气和海洋，在一些国家拥有核武器的今天发生世界战争，受害的将是全人类。这就涉及到环境权与和平安全权。全人类的共同利益，使人权共同标准的制定和实施成为必要和可能。

再次，全人类有着共同的道德。人权是受一定的伦理道德所认可、支持与保障的人所应当享有的权益。人权本来的含义是一种应有权利（西方不少学者称之为"道德权利"），它们并不依法律是否规定为转移。法律是人制定的，立法者可以用法律手段去认可与保障人应当享有的权利，他们也可以不这样做，甚至可能利用法律去剥夺人应当享有的权利，如前南非种族主义政权利用宪法与法律全面剥夺有色人种理应享有的种族平等权。不同的社会人群有着不同的伦理道德观念。但是，全人类也有共同的道德准则。例如，正义、博爱、人道、宽容、诚信等伦理观念，是全人类所共同景仰和拥有。这些正是人权产生及其正当性的道德基础。

3. 中国政府的立场与观点

在 1993 年《维也纳宣言和行动纲领》通过之前，中国政府的官方文献和国家领导成员的讲话，很少使用"人权普遍性"这样的提法。但是，中国政府一贯坚持人权具有普遍性的基本理念，并以此指导在国内及国际领域的人权实践活动。早在中国民主革命时期，中国共产党领导的革命根据地政权，就制定过一系列保障人权的法律文件。[①]1949 年新中国

---

① 这些人权法律文件有：《陕甘宁边区施政纲领》（1941 年）。它规定，保障一切抗日人民的"人权、政权、财权及言论、出版、集会、结社、信仰、居住、迁徙之自由权……"，此外还有《陕甘宁边区保障人权、财权条例》（1942 年）、《山东省人权保障条例》（1940 年）、《冀鲁豫边区保障人民权利暂行条例》（1942 年）、《晋西北保障人权条例》（1942 年）、《渤海区人权条例执行细则》（1943 年）等。

的成立，标志着中国人民成了自己国家的主人，人权保障从此揭开了新的篇章。中国政府不仅领导人民在全国范围内取得了人权保障举世公认的重要成就，而且开始参与人权的国际保护，人权具有普遍性的理念也由此逐步树立起来。例如，1955 年 4 月，中国政府总理周恩来在印度尼西亚召开的亚非会议上签署了《亚非会议最后公报》（即《万隆宣言》）。公报宣布亚非会议完全支持联合国宪章中所提出的人权的基本原则，并将"尊重基本人权、尊重《联合国宪章》的宗旨和原则"作为和平共处十项原则的第一条。同年 5 月，周恩来总理在全国人民代表大会常务委员会扩大会议上指出，《万隆宣言》的"十项原则中也规定了尊重基本人权，尊重《联合国宪章》的宗旨和原则……这些都是中国人民的一贯主张，也是中国一贯遵守的原则"。中国外交部长在 1986 年和 1988 年先后召开的联合国第 41 届和第 43 届大会上高度评价了《世界人权宣言》和国际人权"两公约"的历史性地位和作用。①1991 年，中国政府发表《中国的人权状况》白皮书，明确指出："享有充分的人权，是长期以来人类追求的理想。从第一次提出'人权'这个伟大的名词后，多少世纪以来，各国人民为争取人权作出了不懈的努力，取得了重大的成果。但是，就世界范围来说，现代社会还远没有能使人们达到享有充分的人权这一崇高的目标。这也就是为什么无数仁人志士仍矢志不渝地要为此而努力奋斗的原因。"以上事实说明，中国政府对人权具有普遍性的理念，立场是十分明确的。

与此同时，中国政府依据人权普遍性的理念，积极参与国际人权事业、并作出了自己的重要贡献。中华人民共和国自 1971 年恢复在联合国

---

① 中国外长在联合国第 41 届大会发言时说："两个公约对实现《联合国宪章》关于尊重人权的宗旨和原则有着积极的意义。我国政府一贯支持宪章的宗旨和原则。"他在第 43 届联大会议上也说，《世界人权宣言》是"第一个系统地提出尊重和保护基本人权具体内容的国际文书。尽管它存在历史的局限性，但它对战后的国际人权活动的发展产生了深远的影响，起了积极作用。"见《中国人权状况》白皮书第十部分。

的合法席位后，积极参加一些联合国人权机构的工作。自 1997 年开始，中国派代表团作为观察员列席联合国人权委员会会议。1981 年在联合经济及社会理事会第一届常会上，中国当选为人权委员会成员，并连任至今。1984 年开始，中国推荐的人权事务专家连续当选为人权委员会的防止歧视和保护少数小组委员会委员。中国还连续当选为联合国消除对妇女歧视委员会委员，等等。在这些机构的工作中，中国代表与专家作出了积极贡献。同时，中国还积极参加国际人权法律文书的起草和制定工作，包括《儿童权利公约》、《禁止酷刑和其他残忍、不人道或有辱人格的待遇或处罚公约》、《保护所有移徙工人及其家属权利国际公约》、《发展权宣言》、《个人、团体和社会机构在促进和保护普遍公认的人权和基本自由方面的权利和义务宣言》、《保护民族、种族、语言、宗教上属于少数人的权利宣言》等等。特别需要指出的是，中国尊重人权的普遍性原则，还突出地表现在中国政府积极加入有关人权问题的国际公约。截至目前，中国已先后加入了 20 项国际人权公约和议定书①，其中包括国际法上通常所谓“人道法”领域的 4 个日内瓦公约及两个附加议定书②。对已经加入的人权公约，中国政府一贯依照规定，定期提交有关公约执

---

① 中国已批准加入的人权公约，按其生效时间顺序列举如下：1.《消除对妇女一切形式歧视公约》（1980）；2.《消除一切形式种族歧视国际公约》（1982）；3.《关于难民地位公约》（1982）；4.《关于难民地位议定书》（1982）；5.《防止及惩治灭绝种族罪公约》（1983）；6.《禁止并惩治种族隔离罪行国际公约》（1983）；7.《反对体育领域种族隔离国际公约》（1988）；8.《禁止酷刑和其他残忍、不人道或有辱人格的待遇或处罚公约》（1988）；9.《男女工人同工同酬公约》（1990）；10.《儿童权利公约》（1992）；11.《就业政策公约》（1998）；12.《经济、社会、文化权利国际公约》（2001）；13.《〈儿童权利公约〉关于买卖儿童、儿童卖淫和儿童色情制品问题的任择议定书》（2003）；14.《禁止和立即行动消除最有害的童工形式公约》（2003）。

② 有关人道法的 6 个日内瓦公约及议定书如下：1.《改善战地武装部队伤者病者境遇之日内瓦公约》（1957）；2.《改善海上武装部队伤者病者及遇船难者境遇之日内瓦公约》（1957）；3.《关于战俘待遇之日内瓦公约》（1957）；4.《关于战时保护平民之日内瓦公约》（1957）；5.《日内瓦公约关于保护国际性武装冲突受难者的附加议定书》（1984）；6.《日内瓦公约关于保护非国际性武装冲突受难者的附加议定书》（1984）。

行情况的报告，履行自己的责任和义务。① 此外，中国尊重人权的普遍性原则，还表现在同世界人民一道，积极参与国际人权保护多种行动。中国代表在联合国人权机构会议上严厉谴责对阿富汗和柬埔寨的侵略，维护其主权、独立和领土完整；反对美国 1989 年出兵入侵巴拿马，要求从这个国家无条件撤军；反对伊拉克侵占科威特，主张通过和平协商和对话解决彼此争端。中国一贯反对种族歧视和种族隔离政策，并参与对前南非种族主义政权的制裁；一贯支持南非人民和纳米比亚争取自由与解放的正义斗争；中国始终支持巴勒斯坦和阿拉伯人民的正义斗争。支持巴勒斯坦人返回家园、建立自己的独立国家。中国以建设性态度参与筹办或承办世界性或地区性人权会议。1995 年，北京成功地承办了联合国第四次妇女大会和非政府组织妇女论坛，被联合国副秘书长基塔尼赞誉为"联合国妇女史上的一个里程碑"，就是范例。中国积极参与"维和"行动，为维护和平与安全，制止对人权的侵犯，作出了自己应有的贡献。② 中国一贯反对任何形式的恐怖主义，积极参与反恐国际合作。截至目前，在现在 12 项国际反恐公约中，中国政府已签署、批准或加入11 项。③ 以上事实说明，中国切实履行对《联合国宪章》关于尊重与保护人权的庄严承诺，认真实践人权的普遍性原则。

---

① 2003 年，中国政府如期向联合国提交了《经济、社会和文化权利国际公约》首次执行情况报告；此外，也按时提交过《儿童权利公约》、《消除对妇女一切形式歧视公约》等的履约报告。

② 1988 年 12 月 6 日，联合国大会一致通过决议，中国正式加入联合国和平维持行动特别委员会。1999 年开始，中国派观察员参加联合国维护和平行动。1992 年派工程大队800 人赴柬埔寨，1995 年派民事警察参加联合国特派团驻波斯尼亚、黑塞哥维纳。1999 年先后派两批民事警察到联合国东帝汶过渡时期行政当局等。

③ 早在美国"9·11"事件发生之前，中国政府就已倡议和筹备"上海合作组织"，并于 2001 年 6 月召开成立会议，中国、俄罗斯、哈萨克斯坦、吉尔吉斯斯坦、塔吉克斯坦和乌兹别克斯坦六国元首共同签署了《打击恐怖主义，分裂主义和极端主义上海公约》，是国际反恐合作一个里程碑式文献。

（二）人权的特殊性

1.人权特殊性的具体内容

第二次世界人权大会在起草《维也纳宣言和行动纲领》过程中，南方与北方，东方与西方之间有过激烈争论，其中主要问题之一，就是人权的普遍性与特殊性问题。发达国家强调人权普遍性的意义，发展中国家则强调要充分肯定人权的特殊性。[①] 经过与会各国充分协商，该"宣言"在肯定人权具有普遍性的同时，也肯定了人权的特殊性。宣言的第五条规定："固然，民族特性和地域特征的意义以及不同历史、文化和宗教背景都必须要考虑，但是各个国家，不论其政治、经济和文化体系如何，都有义务促进和保护一切人权和基本自由"。中国代表团成员积极地和直接参与了该"宣言"的起草，并对"宣言"关于人权普遍性与特殊性问题的处理表示支持。中国政府代表团副团长金永键指出："宣言"在承认人权具有普遍性的同时，也要求考虑不同国家的历史文化和宗教背景，具有积极意义。

人权的特殊性不仅是一种理论认知，而且也是一种社会现实。后者具体表现在以下几个方面：首先，人权的内容，既有共同标准，也有不同标准。例如，一个国家在批准和加入某项国际人权公约或议定书时，可以对

[①] 在这次世界人权大会召开前夕，1993 年 4 月 29 日，新加坡共和国将该国外交部副秘书基·马赫布班尼先生的一份发言寄往世界人权会议协调员，要求将其作为世界人权会议筹委会第四届会议的文件分发。这位先生写道："从许多第三世界公民的角度来看，人权运动往往都具有一种不寻常的性质。……他们就如置身于一条漏水、拥挤不堪的船上的饥饿和身患疾病的乘客，而这条船将陷入凶多吉少的漩涡激流中，险恶的激流将吞噬其中许多人的生命。……河岸上站立着一大群富裕、无忧无愁、怀有良好意愿的旁观者"，他们随时准备"登船干预"船长的侵权行为，而一旦乘客们"游向两岸投入那些仗义者的怀抱时，却被断然驱回这条船"。他认为，"在二十一世纪前夕，欧洲人对待亚洲人的这种态度必须结束，这种自以为道德上高人一等的意识必须予以摒弃"。转引自信春鹰：《多元的世界会有统一的人权观念吗?》，见刘楠来等主编：《人权的普遍性和特殊性》，社会科学文献出版社 1996 年版，第 32 页。

其中的某些条款作出保留或自己的"解释"。尽管联合国要求各国尽量少作这样的"保留"或"解释",但这种现象仍然相当多。据统计,截至2006年5月8日,已批准加入《经济、社会、文化权利国际公约》的有153个国家,对它的某些条款作出"保留"或"解释"的有45个国家。已批准加入《公民权利和政治权利国际公约》的有156个国家,对它的某些条款作出"保留"或"解释"的有58个国家。即使是各国普遍认同与尊重的人权共同标准,但由于各国具体国情不同,在其实现的方式、方法与步骤、道路上,可以有很大的差异。国际上不可能有也不应当有绝对统一的人权实现模式。其次,人权的权利主体是普遍的,但由于各国的具体国情不同,因而在性别、种族、宗教信仰、经济状况与文化程度等等不同的人群之间,在立法上尤其是在实际生活中,能够享有权利的多少,会有很大差异。虽然,人人却应当享有人权,是理想,是原则,是方向,但这种平等性的实现要有一个过程,各国存在这样或那样的差异,是一种普遍现象,也是国际社会所共同认可的。再次,人权的义务主体是普遍的,但各国在履行自己保护人权的责任时,享有充分的自主权,在确立人权政策、制定法律、采取行政措施等等方面可以有很大的不同。这不仅是由于各国具体国情不同,而且是因为人权的充分实现主要依靠各个国家采取措施和作出努力,主权国家也享有这种自主权。联合国机构在保障人权方面的责任,主要是制定共同标准,组织国际合作,对各国尊重与保障人权实施监督。

2.人权特殊性的理论依据

首先,人权受一个国家经济和文化发展水平的制约。人活着,首先要吃饭穿衣。经济的发展水平,不仅直接决定着一国人民能够实际享有经济、社会、文化权利的多少,也间接影响到该国公民权利和政治权利的发展程度。[①] 发达国家与发展中国家在人权问题上观念与制度的差异,主要

---

① 马克思、恩格斯在《德意志意识形态》中指出:"我们首先应该确立一切人类生存的第一个前提也就是一切历史的第一个前提,这个前提就是:人们为了能'创造历史',必须能够生活,但为了能够生活,首先就需要衣、食、住、以及其他东西。"见《马克思恩格

是由这一因素所决定。正如一位中国学者所形象比喻的那样，"一个急需填饱肚子的人，在一块面包和一张选票之间肯定会选择前者，对他来说，面包是他的人权的优先选择，如果有人指责他的这种选择，说他的选择没有道德意义，他肯定会对这种指责嗤之以鼻。"也正如一位西方学者所指出："在一个大多数人不识字或不会写字的国家，强调出版自由是没有多大意义的。"①

　　其次，人权受一国经济与政治制度的影响。由于人们之间的政治信仰存在差异，现在世界上不同国家实行不同的经济与政治制度，这是由历史的与现实的多种原因和条件所决定。依据自由与平等的政治理念和彼此宽容友爱的伦理精神，不同社会制度国家相互之间依据国际法准则实行和平共处，符合一个多元世界里全人类的共同利益。由于社会制度不同而形成的人权理念及制度上差异，是一种正常现象，也应当彼此尊重。在历史上，西方自由多、平等少；东方自由少、平等多。随着人类物质的、精神的和制度的三大文明的进步，随着西方福利制度和东方市场经济的兴起，东西方之间的这种差异正在朝着相反的方向发生变化。这一事实说明，片面地指责东方国家人权状况不好是不正确的。

　　再次，人权受一国民族与宗教特点的制约。世界在人权发展史上，不少宗教，如基督教和天主教、佛教、伊斯兰教等等，都从不同方面或在不同程度上，对人权思想及相关制度的进步都产生过积极影响。人人都有信教的或不信教的自由，已成为人们的共识。政教分离已成为社会发展的总趋势。但是在如何处理国家、公民和信教人群的相互关系中，不同国家实

斯选集》第3卷，人民出版社1972年版，第31页。马克思还指出："权利永远不能超出社会的经济结构以及由经济结构所制约的社会的文化发展。"见《马克思恩格斯选集》第3卷，人民出版社1972年版，第12页。

　　① 信春鹰：《多元的世界会有统一的人权观念吗？》；荷兰的彼得·R.比伊尔：《人权的普遍性》。以上两文见刘楠来等主编：《人权的普遍性和特殊性》，社会科学文献出版社1996年版，第32、46页。

行某些不同的政策，在不违背国际人权宪章的基本原则和具体规定的前提下，应当是允许的。特别是不同的宗教有不同的教义与戒律，它们对国际人权公约所作种种规定与要求，存在不同的认识和做法，也应当予以尊重。不仅同性恋、堕胎、安乐死等行为是一种权利抑或是对人权的侵犯，在国际范围内都存在广泛的争议，而且笞刑、妇女无选举权这些看似违反国际人权的共同标准，但考虑到宗教等因素，我们还是不可以简单地予以对待。

现在的国际社会，是一个由多种民族与种族所组成的大家庭。我们在尊重与保障"各民族与种族一律平等"这一国际人权法的基本原则的同时，也就必须尊重与保障各国由于民族与种族的不同而导致的人权观念与人权制度上的差异。对此，不少国际人权文书都有明确表述。例如《维也纳宣言和行动纲领》指出："各国有义务依照《在民族、种族、宗教和语言上属于少数人的权利宣言》，确保属于少数群体的人可不受歧视、在法律面前完全平等地充分和有效行使一切人权和基本自由"，"属于少数群体的人有权自由地、不受干预、不受任何形式歧视地享有自己的文化、信仰和奉行自己的宗教，私下和公开使用自己的语言"。国际社会对土著人所持人权特殊性的立场予以特别尊重，也是一个突出的例证。《维也纳宣言和行动纲领》在其序言中就已郑重宣告："喜见 1993 年被定为世界土著人民国际年，国际社会以此重申有决心确保土著人民能享受一切人权和基本自由，尊重他们的文化和特性的价值和多姿多彩。"该宣言在第一部分还提出："各国应依照国际法协调采取积极步骤，确保在平等和不歧视的基础上，尊重土著人民的一切人权和基本自由，承认其独有特性、文化和社会组织的价值和多元化。"

又次，人权还受一国历史文化传统的影响。从世界范围看，西方以古希腊罗马为源头的文化传统，以简单商品经济比较发达和城市国家的普遍存在为社会背景，重"个体"、重"自由"、重"利"、重"分"。东方特别是东亚以古代中国为源头的儒家文化传统，以自给自足的自然经济和政治大一统为社会背景，重"整体"、重"平等"、重"义"、重"合"。这两个文化传统对广义的人权①都曾产生过各自的积极作用。在近代民主革命时期，在反对封建主义和君主专制的历史背景下，西方重"个体"等文化传统，对以公民的人身权利和政治权利与自由为主要内容的第一代人权的产生，曾经起过重要作用。19世纪初，随着社会主义运动的兴起，在它的推动下，出现了以经济、社会、文化权利为主要内容的第二代人权。"第二次世界大战"以后，在发展中国家和社会主义国家的推动下，又出现了以国际集体人权如自决权、发展权等为主要内容的第三代人权。②在第二代和第三代人权形成和发展的过程中，东方特别是东亚的重"整体"重"平等"、重"义"、重"合"的文化传统起了重要的作用。很明显，这种不同的历史和文化传统，对不同国家的人权观念和制度的特殊性的形成，影响是深远的。

再从不同区域看，由于某些独特的历史文化传统而导致的人权的特殊性，也是应当予以肯定和尊重的。这从区域性人权公约和宣言可以清楚地看出。例如，1981年由非洲统一组织通过的《非洲人权和民族权宪章》序言明确指出："考虑到他们（非洲人民）历史的传统美德和非洲文明的

---

① 这里所谓广义的人权，是指人权既包括自由，也包括平等；既包括公民的人身权利和政治权利，也包括经济、社会、文化权利；既包括个人人权，也包括集体人权。这一概念是具体针对西方不少学者不承认经济、社会、文化权利是人权，以及只有个人权利才是人权，没有"集体人权"的那种狭义的定义而言。后者在今天已被证明是一种狭隘的理解。

② 前联合国教科文组织人权与和平司官员、著名人权理论家P.S.马克斯曾公正地指出："社会主义和马克思主义著作的哲学和政治的观点，对19世纪由于滥用第一代权利而反对剥削的社会革命，起到了很大的促进作用。这些变革导致了一代新的人权的出现。这代新人权与第一代'消极的'权利有着本质的区别。第一代的各种自由对广大的工人阶级和被占领土地的人民来说，意味着被剥削和被殖民的权利，这些权利被视为忽视了现实社会物质权利的'形式'上的自由。在墨西哥和俄国反对剥削的革命斗争后于1917年通过的宪法、国际文件，特别是1919年国际劳工组织的组织法和国际劳动标准，开创了第二代人权。这是一代经济、社会和文化的权利，是一代以国家干预而不是弃权为特征的权利。"马克斯：《正在出现的人权》，见王德禄、蒋世和编：《人权宣言》，求实出版社1989年版，第161—162页。

生活价值理应启发他们对人权和民族权概念的思考，并且理应使他们的思考具有自己的特色"。该宣言强调，"满足经济、社会、文化权利是享有公民权利和政治权利的保证"，"每一个人对权利和自由的享有同时也意味着对义务的履行"；"人人对其家庭和社会、国家和其他合法认定的社区及国际社会负有义务。"1948年，美洲国家组织通过的《美洲人的权利和义务宣言》指出："每个人履行其义务，是一切人的权利的前提。权利和义务在人类的全部社会和政治活动中是相互关联的。权利促进个人自由，义务则表达这种自由的尊严。"1966年，美洲国家间人权特别会议通过的《美洲人权公约》指出："只有在创造了使人可以享有其经济、社会和文化权利以及享有其公民和政治权利的条件下，才能实现自由人类享受免于恐惧和匮乏的自由的理想。"该公约第一章即规定了人的"一般义务"，这表明他们主张义务先于权利。1993年，亚洲各国外长和代表通过的《曼谷宣言》指出："尽管人权具有普遍性，但应铭记各国和各区域的情况各有特点，并有不同的历史、文化和宗教背景，应根据国际规则不断重订的过程来看待人权。"它强调："亚洲国家以其多姿多彩的文化与传统能对世界会议（世界人权大会）做出贡献。"在一个很长时期里，西欧与北美的一些发达国家主张，政治权利重于经济权利，权利重于义务；而不少亚洲、非洲与拉丁美洲的发展中国家则持相反的立场。这种特殊性的成因之一，就是不同区域国家之间历史文化传统的差异。

即使是在西欧和北美一些发达国家之间，其人权的特殊性也是存在的，不可能完全是一个模式。例如，政治权利的实现，英国奉行"议会至上"，而美国实行典型的三权鼎立制度。人权的司法保障，也有以德国、法国为代表的大陆法系和以美国、英国为代表的普通法系之间种种具体制度的差异。有的国家废除了死刑，多数国家还没有。① 这种人权特殊性的

---

① 截至目前，全世界废除死刑的国家共57个，多数为发达国家。但美国、日本等尚未废除死刑。

存在，也和历史文化传统不同有关。

（三）人权是普遍性和特殊性的统一

世界上的万事万物，都是一般与个别、共性与个性、普遍性与特殊性、绝对性与相对性的辩证统一。对立面的一方是以另一方的存在为条件。没有个别，就无所谓一般；没有一般，也无所谓个别。依据对象、时间、地点、条件以及人们的思想与行为主要倾向的不同，对立面的一方可以成为矛盾的主要方面，可以着重予以强调或加强。但是，在任何情况下都不应当将两者完全割裂和绝对对立起来，只承认或只强调一个方面，而否定或忽视另一个方面。观察和处理人权问题，也应当是这样。与其他事物和现象不同之处只是在于，人权的普遍性和特殊性有其特定的具体内容、表现形式和理论依据。已于前述。这应当成为人们观察和处理人权问题的思维方法，应当成为各国政府制定与实行国内与国际人权政策的一项指导方针。

长期以来，西方或北方某些国家和学者，只承认或片面地过分地强调人权的普遍性，而一概否定或极力贬低人权的特殊性。正是在这种思想与理论指导下，出现了一系列错误的人权政策，诸如宣扬"人权无国界"、国际人权保护绝对高于国家主权；对南方特别是东方国家搞人权的政治化和意识形态化；从狭隘的国家利益出发，奉行人权的"双重标准"政策；以人权问题为借口，无理干涉他国内政；在国际舞台上寻找一切机会挑起人权争端，无理指摘他国的人权状况。所有这些都不利于人权的国际合作与发展，也有损于自己的国际形象。另一方面，也必须强调，南方和东方国家的某些政府和学者，应当充分肯定和尊重人权的普遍性，积极采取立法、行政和司法的措施，为实现国际人权的共同标准作出最大努力，而不应以种种"具体国情"为借口，拒绝做那些应当做也能够做的不断改善人权状况的事情。只有世界各国都能够切实做到既尊重人权的普遍性，也尊重人权的特殊性，并保持其合理的平衡，各自克服自己在某一方面的片面性，才能有利于消减彼此之间的冲突，维护全人类的共同利益。

就人权管辖事项而言，人权是有国界的，又是没有国界的，但从根本上说它是有国界的。在一般情况下，一国出现人权问题，应由该国政府自主处理，任何他国或国际组织都不应当非法干预。在某些特殊情况下，如一国存在诸如殖民主义、贩卖奴隶、种族歧视、种族隔离、种族灭绝、外国侵略和非法侵占他国领土、国际恐怖活动等情况，国际社会是需要也是可以进行干预的。因为这些行为是对国际法准则的根本违背，不仅严重侵犯人权，而且危害世界和平与安全。国家主权独立和不干涉内政原则，是国际法的一项根本原则。《国际法原则之宣言》和《关于各国内政不容干涉及其独立与主权之保护宣言》明确规定："第一，任何国家，不论任何理由，均无权直接或间接干涉任何其他国家之内政、外交；第二，任何国家均不得使用或鼓励使用经济、政治或其他措施胁迫他国，以谋自该国获得主权行使之屈服，或取得任何利益；第三，任何国家都不得组织、协助、制造、资助、煽动或纵容意在以暴力手段推翻另一个国家政权之颠覆、恐怖或武装活动，或干涉另一个国家之内乱；第四，使用武力以消除一切民族之特性构成对于该民族不可褫夺权力之侵犯以不干涉原则之破坏；第五，各国均有权不受任何国家任何方式之干涉，自择其政治、经济、社会及文化制度之不可褫夺之权力。"①

联合国大会于1981年12月9日通过的《不容干涉和干预别国内政宣言》也明确指出："各国有义务避免利用和歪曲人权问题，以此作为对其他国家施加压力或在其他国家集团内部或彼此之间制造猜疑和混乱的手段。"这些规定同《联合国宪章》的宗旨和原则是完全一致的。该宪章第二条第七款规定："本章不得认为授权联合国干涉在本质上属于任何国内管辖之事件……"。西方有学者认为，人权并不属于宪章在这里所说的国内管辖事项，这是没有根据的。这里所说"本质上"应当理解为"基本上"

---

① 《国际法资料选编》，法律出版社1982年版，第14—15页。

或"主要是",即在绝大多数情况下,人权是属于国内管辖事项;只有在某些特殊情况下,国际社会才可以进行干涉和干预。如今的国际社会是由近200个主权平等的国家所组成。尊重国家主权,是在国际范围内进行经济、政治、文化合作的基础,是有效地实现人权国内保护的根本前提,也是减少对抗、顺利地实施人权国际保护的基本条件。

国际上人权的共同标准,具体反映在一系列国际人权宣言、公约和议定书中。这些国际人权文书应当体现和反映世界各国人民的共同意志和利益。它们必须通过充分的民主协商进行制定、修改和解释,个别或少数国家不应当通过各种渠道、采取各种办法将自己的意志和人权模式强加于别人,也不应当强行用自己的人权模式作标准去评判其他国家。在国际关系中,人权共同标准的理解与执行,应当坚持其平等性和公正性,不能对这个国家是一个标准,对那个国家又是另一个标准;对某个国家这个时期是一个标准,该国的政府或政策变了又实行另一个标准。这种完全以是否符合自己狭隘的国家利益和政策路线为转移,实行人权双重标准的做法,把人权作为推行某种政策以达到某种自私目的的工具,其本身就是同人权的伟大精神完全背离的。

在国际讲坛上,中国政府一贯反对人权的政治化和意识形态化。这在理论上是正确的。人权有政治性和意识形态性的一面,也有超政治和超意识形态(主要指政治意识形态)的一面,这同人权的普遍性和特殊性是密切相关的。有的人权,如选举权、言论与结社自由等政治权利,同政治和意识形态关系密切,它的内容、形式及实现方式与程度,主要受一个国家的国家制度、政党制度及政治意识形态的决定和影响。有的人权,如生命权、人格尊严权等基本人权,以及残疾人和妇女儿童等弱势群体权利,还有难民、灾民和无国籍人等属于人道主义援助范畴的权利,就不应受不同党派、不同政见的影响而应予以与同等的尊重与保障。把任何人权问题都同政治意识形态扯在一起,就是人权的政治化和人权的意识形态化。从人权具有普遍性的深刻内涵看,人权应当是世界上最少政治性的一种社会现象。人权的政治化和意识形态化，有各种表现。在国内，如有人主张，任何人权都有"阶级性"，认为"人性"、"人道"、"以人为本"这些概念中的"人"是不讲阶级分析，因而是错误的。从这样的观念出发，必然在实践中导致种种"左"的举措和行为。在国际上，如某些国家在外交政策中，不适当地注入人权的因素；在经济与技术合作和援助中，不适当地把人权问题作为重要条件；利用人权问题无节制地进行意识形态的论战，甚至肆意地干涉本应由主权国家自主管辖和处理的人权问题。

人权观念是由人们所处的一定社会的政治、经济和文化环境和条件的产物。人与人之间、国与国之间，在人权问题形成共识的基础上，存在一定分歧，是完全正常的。国际社会维护和促进人权事业的正确途径，是各主权国家在平等和相互尊重的基础上，开展人权领域的对话和合作。彼此之间的分歧，应当本着彼此宽容、相互理解、求同存异的精神，通过平等对话来求取共识。国际组织在促进与监督人权的实现方面起着重要作用，但归根到底，人权的实现主要依靠各主权国家采取立法、行政和司法的措施方能达到。人权概念的政治化和在人权问题上搞政治对抗，无助于增进理解，缩小分歧；而只会扩大矛盾，加剧纷争。《维也纳宣言和行动纲领》十分强调："促进和保护人权必须按照联合国的宗旨与原则，特别是作为联合国的一项重要目标的国际合作的宗旨。"近年来，中国领导人已经郑重地提出了构建"和谐世界"的口号和战略目标。这既是中国历史上"和而不同"的哲学思想、"天人合一"的宇宙观、"世界大同"的社会理想、"和为贵"的处世原则、"己所不欲，勿施于人"的伦理精神等等优秀文化传统的传承，也是新中国成立以来中国一贯奉行和平外交政策，以及中国进入改革开放新时期后，国内逐步实行民主"依宪治国"和建设"和谐社会"发展战略的必然选择。笔者坚信，中国提出的构建"和谐世界"的思想理念和政治主张，必将在全球范围内为正确处理人权的普遍性与特殊性的辩证统一作出典范，从而为促进和保障人权作出重要贡献；必将为解决当今世界人与自然之间、富人与穷人之间、发达国家与发展中国

家之间、种族与种族之间、这种宗教信仰与那种信仰之间的冲突和对抗
作出重要贡献。

后记：本文原为庆贺我的朋友、原丹麦人权研究所所长莫尔顿教授 50
华诞而作，以英文版本刊登在他的纪念文集 *Implementing Human Rights* 一
书中，合作者为杨松才教授。中文版后在《环球法律评论》2007 年第 6
期发表。此文是在《论人权的普遍性和特殊性》一文的基础上发展充实而
成，故称"再论"。

九、人权的政治性和超政治性

（一）人权的政治性

什么是政治？人们的看法是很不一致的。在中国古代，有所谓"政
者，事也"、"治者，理也"、"在君为政，在民为事"，有统治者如何治理
国家的意思。① 孙中山先生说："政治两字的意思，浅而言之，政就是众
人的事，治就是管理，管理众人的事便是政治。"② 列宁说："如何理解政
治呢？要是用旧观点来理解政治，就可能犯很大的严重的错误。政治就
是各阶级之间的斗争，政治就是反对世界资产阶级而争取解放的无产阶
级的关系。"③ 我国《辞海》一书将政治定义为："在有阶级的社会里，政
治就是各阶级之间的斗争"；"包括阶级内部的关系、阶级间的关系、民
族关系和国际关系。其表现形式为阶级、政党社会势力和社会集团关于
国家生活的活动。"人们对"什么是政治"这个问题在观念上的巨大差异，

---

① 皮纯协：《政治学教程》，河南人民出版社 1983 年版，第 1 页、第 19—20 页。
② 《孙中山选集》下册，人民出版社 1956 年版，第 661 页。
③ 《列宁选集》第 4 卷，人民出版社 1995 版，第 370 页。

使得我们在分析与认识人权与政治（包括"阶级"）的关系上会遇到很大的困难。

人权的政治性是指人权这种社会关系和社会现象同政治存在着某种必然联系，它的存在及其实现必然受政治的决定和影响的那种性质。为了说明这个问题，有一种分析方法是必须运用的，它就是应然与实然这一对哲学范畴。当我们讲人权是有还是没有政治性的时候，主要是从应然这个角度来说的，但也要联系它的实然状态来观察。同时，还有一种分析方法也是需要注意的，就是政治性同阶级性的关系。一般说来前者的含义要宽泛一些，并不是任何政治性都一定具有阶级性。此外，具体情况应当具体分析，人权的内容十分广泛，不作具体的和历史的分析，简单地、笼统地说人权是有还是没有政治性、阶级性，是不科学的。

从应然与实然的角度看，人权的历史发展，是一个人权理想与人权现象的矛盾运动。人的自由得到全面发展，人的需要得到全面满足，人人都享有平等的人权，这是人权的理想。但是，人权理想的实现都受到政治、经济、社会、文化、宗教、民族等等客观环境与条件的影响和制约。在阶级对抗社会里，在经济上和政治上占统治或优势的阶级、阶层、利益集团有可能通过立法与执法来影响人权的确认以及人权的实际享有。按照人权的理想，人权不应存在阶级差异；然而，在阶级对抗社会里，很多人权又具有阶级性。但是，政治性同阶级性同人权并非有普遍的或必然的联系。人权从本质上排斥任何国家、国家集团、阶级阶层、政党、社会群体或个人利用它作为政治私利的手段。这种理想与现实的矛盾正在并将继续伴随着整个人类社会物质文明、精神文明和制度文明发展水平的日益提高而逐步得到解决，最后达到人权的理想境界。这虽然是一个长久的历史过程，但这理想境界的最终实现是毋庸置疑的。就每个人都应当和可以享有的普遍性人权而言，它们大致可以分为三类：即人身人格权、政治权利与自由，还有经济、社会和文化权利。其中以第二类同政治有密切联系。如选举权和被选举权，言论、出版、集会、结社等自由，其实现方式和实现程度，在一国内的不同政治派别、不同政治见解的社会群体之间，分歧往往很大，因为这些政治权利与自由直接关系到这些不同政党和政见的人群的政治利益。而国际上，在具有不同政治制度与意识形态的国家之间，争执也往往最多。这些分歧的后面，涉及不同阶级、阶层与利益集团之间的不同利益，有时还涉及到不同国家之间的不同利益。后者在"冷战"时期表现得非常突出，即使是冷战结束后的现代，这种情况没有也不可能发生根本性变化。相对而言，另外两类人权同政治与意识形态之间关系并不直接与密切，它们主要受社会三大文明的发展程度所影响和制约。

（二）人权的超政治性

所谓人权的超政治性，首先是人权主体的超政治性。人权是人作为人所应当享有的权利，而不论其性别、种族、出身、信仰……有何区别。为什么应当如此？恩格斯作过深刻说明："一切人，作为人来说，都有某些共同点，在这些共同点所及的范围内，他们是平等的"，这一关于人权的"非常古老"的观念，发展到现代，其平等要求则是，"一切人，或至少是一个国家的一切公民，或一个社会的一切成员，都应当有平等的政治地位和社会地位。"①《联合国宪章》、《世界人权宣言》及其重要国际人权文书所反复载明。而且，每个人都是人权的主体这一原则与理念已在全世界公认，而不论其国家的政治制度与意识形态有何不同，也不论其政党的纲领和政策有何差异。

人权的超政治性还表现在某些人权的内容上。最不应具有政治性的人权，一类是在社会紧急状态、国家危难和战争等局势下，也不可以"克减"的权利。《公民和政治权利公约》中规定的不得克减的权利包括：生命权（第6条），禁止酷刑（第7条），禁止奴役和强迫劳役（第8条），禁止因

---

① 《马克思恩格斯选集》第3卷，人民出版社1972年版，第142页。

欠债而被监禁（第 15 条），禁止有溯及力的刑法（第 15 条），被承认在法律前的人格（第 16 条），思想、良心和宗教自由（第 18 条）。另一类是被国际人权习惯法所确认的一些权利。尽管对《世界人权宣言》是否是国际习惯法尚未完全定论，但它包括禁止奴隶买卖和奴隶制，种族歧视、种族隔离、种族灭绝，国际恐怖、国际贩毒、国际劫机等所涉及的权利，这也为各国政府和学者所公认。再有一类关涉国际人道主义法。以海牙公约为代表的对作战手段和方法的限制和以四个《日内瓦公约》及其附加议定书并没有规定可克减的权利，未解除当事国尊重国际法的义务。这些国际人道主义法所涉及的人的权利，是属于广义人权法的内容。还有一类是国内由自然等灾害而造成的灾民，享有国家一级及国际一级的救助的权利，这也是属于人道主义性质的一种权利。以上这些权利的承认与保障，不应当受各国政治制度和主流意识形态的差异或一国内不同政党间的政治主张的不同而受影响。

一国内，公民的人身人格权以及经济、社会文化权利，一般说来不应具有政治性和意识形态性。即使有，也应当尽量弱化。因为生命权、人身安全权、人格尊严权，它们所涉及的每个人的利益是相同的。一国内不论什么政党执政，其主张大致相同，而且也不直接涉及不同阶级、阶层和利益集团彼此之间的利益冲突。经社文权利的认可与实现可能受到政治的影响会比人身人格权多一点，其主要制约因素是一国内经济与文化的发展水平。

国际集体人权，如自决权、发展权、和平安全权、环境权、人道主义援助权等等，是否具有超政治性，学者的看法可能会有很多分歧，但本书作者倾向于没有，或者说有一定程度的政治性，即不同国家之间会有某些政策上的分歧甚至对立，但它们会摆脱政治与意识形态的支配与影响则是必然的。例如，人民（或民族）自决权，已为国际人权宪章的各项文书所一致确认，各国政府与学者几乎一致认为这项权利是绝对不可否定的。发展权是否是人权，"南北"和"东西"不同国家之间一直存在分歧与对立，但 1993 年的《维也纳宣言》经过争论后已将它明确规定下来而达成广泛的共识。该文件规定："世界人权会议重申，《发展权利宣言》所阐明的发展权利是一项普遍的、不可分割的权利，也是基本人权的一个组成部分。"像环境权与和平安全权都关系到全人类的共同利益，自然应当摆脱狭隘的国家利益与政党利益的影响与支配。

（三）人权的"政治化"与"意识形态化"

近代多年来，中国政府的代表在国际政治舞台的各种会议上，多次批评某些国家在人权问题上搞"双重标准"，其理论根据是，在人权问题上不应将人权"政治化"和"意识形态化"。这种立场和观点，符合全人类的共同利益，符合人权的根本价值，也符合人权自身的本质与发展规律。所谓"化"，就是绝对化，人权的"政治化"和"意识形态化"，就是将人权的政治性和意识形态性视为一种绝对的和普遍的现象，否认很多人权应当是超政治或非政治性的，人权应摆脱不同国家和不同政党之间意识形态分歧与对立的羁绊，真正把人权看作是全人类伟大的共同事业和共同价值。将人权"政治化"和"意识形态化"在理论上必然导致的一个恶果，就是在国际人权问题上搞"双重标准"。

在国际人权上搞双重标准的主要表现是：对他国，人权调门很高，以人权卫士自居；而本国批准与加入的国际公约人权公约却很少，保留条款也多。在制定与实施国际人权公约时，力图用自己的立场和观点强加于他国。对自己国家的人权问题遮遮掩掩，对他国的人权问题却喜欢指手画脚。在经济技术援助与合作中，以对自己国家的"国家利益"为准则划线，即使是某些人权记录很糟糕的国家，只要对自己国家友好就予以大力援助。基于意识形态与政治制度的不同，而经常干涉他国内政，如此等等。任何国家在人权问题上搞"双重标准"，在国际上都是不得人心的。因为这违背人权自身的精神，也不符合国际法的准则，是与历史潮流背道而驰的。

在人权同政治、意识形态的关系这一问题上，国内学者存在着两种截然不同的观点。多数学者倾向于本书所持立场，而少数学者认为，任何人权问题都同政治密不可分，任何一种人权及其相关的制度都具有政治性和阶级性。这同在法律本质问题上存在两种截然对立的观点是相对应的。少数学者认为，社会主义法还仍然是"统治阶级意志的体现"，任何法律都有阶级性，即使是交通法规，包括"红灯停，绿灯行"，也不例外。作为法律的基本内容与主要价值的人权，自然也不例外。不过持这种观点的学者在我国已越来越少。

后记：长期以来，国内部分学者坚持认为，任何人权都是具有政治性，不承认人权还具有超政治性的一面。一位主管人权事务的处长曾对我说，"这是帮倒忙"。因为我们经常批评美国在人权问题上搞双重标准，其理论依据就是，他们将人权"政治化"和"意识形态化"。

十、国家主权与人权国际保护

为了很好地理解国际人权规范及保护机制，以便正确而有效地开展这方面的工作，必须对人权国际保护的科学概念及相关理论进行阐释。其中有些理论，如人权国际保护与国家主权的关系问题，自 20 世纪 80 年代以来，已为各国政府与许多学者所普遍关注。

（一）人权国际保护

1. 人权国际保护的历史发展

人权保护进入国际领域主要是 20 世纪的事情，它标志着人权的发展进入了一个全新的阶段。从根本上说，人权国际保护的出现，是人类物质文明、精神文明与制度文明发展水平极大提高和国与国之间在经济、政治、文化方面相互交往日益密切的产物，它是一种不依人的主观意志为转移、不依某些偶发事件为依据的必然现象和历史的进步过程。

20 世纪以前，人权保护几乎完全是一国的内政，一国政府如何对待它的国民，纯属该国的内部事务。后来，随着国家、民族、地区之间人们的交往日益增多，各国在人权领域相互隔绝的状态渐渐地被打破。首先是，一国如何对待外国人，受到了外国的关注；后来是，一国如何对待本国人，也开始受到外国的关注。这是人权走向国际领域最初的情形。最早出现的"外交保护"，就意味着一国如何对待其境内的外国人，已不再纯粹是其内部事务，即如果受害者得不到当地的救济，其所属国家就会行使外交保护权。但是，这种保护主要是出于维护自己国家的尊严，而不是出于对该受害者，或一般"人"的权利的保护。

17、18 世纪时没有人权国际保护的概念与理论，但已有了事实方面的萌芽，即出现了少数几个国家之间签订的为数极少的涉及人权国际保护的条约和条款。例如，1606 年匈牙利国王与特兰西瓦尼亚君主之间的《维也纳条约》，1648 年的《威斯特伐利亚和约》，1660 年《奥利瓦条约》，1789 年奥匈帝国与土耳其的《君士坦丁堡条约》等。均认可不同宗教派别之间享有平等权利；1785 年美国和普鲁士签订的友好条约，它载有对战俘应给予正当待遇的条款。

19 世纪，因为奥斯曼土耳其帝国残暴地对待其统治下的少数民族和基督教徒，因而引起欧洲列强的干预。1821 年希腊人民掀起的争取希腊独立的起义遭到奥斯曼帝国的镇压，激起西欧各国的愤怒，导致 1827 年俄英法三国在伦敦签署"希腊绥靖"公约，被奥斯曼的苏丹拒绝后，三国联合出兵干预，迫使其签订 1829 年的和约，承认希腊独立。同时，和约把尊重该国境内穆斯林宗教自由也肯定了下来。1856 年巴黎条约要求土耳其苏丹承诺给予其臣民不分种族或宗教的平等待遇。1876 年在保加利亚爆发的反抗奥斯曼帝国的起义遭到镇压与屠杀，又一次引发欧洲国家的干预。1891 年和 1895 年沙皇俄国对其领土内犹太人实行大屠杀，西欧列强也曾出兵进行干预。这就导致了一种新的国际政治理论的出现，称为"人道主义干预"。它的基本含义是，如果一国政府对其本国国民实行残暴统治，剥夺他们的基本人权，其严重程度足以"震撼人类的良心"，其他国家就有权干预，包括使用武力。但是，这种"干预"仍带有"外交保护"的痕迹，因为其出发点与目的依然主要是关注被干预国境内受害居民同本国居民在民族或宗教上的特殊亲缘关系。而且这种"干预"常常出现强国出于私利而欺凌弱国。然而，"人道主义干预"终究突破了在主权的庇护下任意对待其国民的情形，表现出人权问题已经不再单纯是一国的内部事务，而要考虑国际社会的反应。因此，它对人权保护走向国际的积极推动作用是应该充分肯定的。

从19世纪到20世纪中叶，国际上出现的废奴运动和劳工保护以及第一次世界大战，对人权保护进入国际领域，起了重要的推动作用。1890年各国签订《布鲁塞尔公约》，正式禁止奴隶制度和奴隶贸易，并建立了两个协调反对奴隶贩运的国际机构。1926年制定的《禁奴公约》重申禁止一切形式的奴隶制度。至此，奴隶制度问题被公认为已属国际社会有权干预的事项。世界劳工组织成立于1919年。到二战前夕，它一共通过了67个有关劳动保护的公约。它们标志着劳工保护已进入国际人权保护领域，并为人权国际保护的发展起了重要的推动作用。1864年的《改善战地陆军伤者境遇日内瓦公约》和1899年《陆战法规惯例公约》为国际人道主义法奠定了基础。国际联盟于1919年通过的《国际联盟盟约》、1929年国际法协会通过的《国际人权公约》以及《国际人权宣言》，都是这一时期的重要国际人权文书。

第二次世界大战以后，人权国际保护进入一个全面发展时期，保障人权开始被确立为一项公认的国际法准则。这次大战后，德意日法西斯践踏基本人权、灭绝种族的暴行，激起了世界各国人民的极大愤慨，人们普遍提出了保护人权的强烈要求和愿望。1945年，联合国成立并通过了《联合国宪章》，在人类历史上第一次将人权规定在一个具有很大权威的国际组织的纲领性文件中。它庄严宣布：决心免除"后世再遭今代人类两度身历惨不堪言的战祸，重申基本人权、人类尊严和价值，以及男女大小各国平等权利的信念"，并规定联合国的宗旨之一是"促成国际合作，……不分种族、性别、语言或宗教，增进并激励对于全体人类和人权及基本自由之尊重"。根据该宪章的要求，联合国于1946年成立了人权委员会并于1948年通过了《世界人权宣言》，1966年制定了《公民和政治权利公约》和《经社文公约》。在战后40多年里，联合国还制定和通过了71个有关的宣言、公约和协议书，其内容涉及社会生活各个领域。从此，国际人权保障体系初步建立起来。尽管有关人权保障的国际文件是各种政治力量斗争和妥协的产物，但从总体上看，它们反映了全世界人民渴望充分保障人权的共同意愿，是各国人民为争取人权而不懈努力奋斗所取得的重大成就。

2. 人权国际保护的科学含义

人权国际保护有它自身特定的含义，是指各国应当按照国际社会公认的国际法原则、国际人权宣言与公约，承担普遍的或特定的国际义务，对基本人权的某些方面进行合作与保证，并对侵犯人权的行为加以防止与惩治。所谓特定的国际义务，是指国际人权公约的缔约国必须承担贯彻实施这些公约的义务，即缔约国应当在其国内采取相应的立法、司法、行政措施，保证公约条款的实现并按公约的规定进行国际合作。换句话说，这种特殊义务对那些非缔约国来说，是不适用的。所谓普遍的国际义务，是指作为国际组织（包括普遍性国际组织和区域性国际组织）的成员，必须依照该组织的章程承担保护人权的义务。如《联合国宪章》中涉及人权保障的7个条款，所有联合国的会员国都有义务为促进其实现而努力。普遍性的国际义务的另一内容是指，国际社会的所有成员都要承担由国际人权宣言、原则、规章、规则等组成的国际人权习惯法所确认的保护人权的义务。国际习惯法是国家自愿同意的行为规范，它们对所有国家都有约束力。

与此相适应，人权国际保护有两种基本的方式：一是强制性的监督和制裁方式。这类方式包括如下两种情况：某些国际人权公约的缔约国，不履行自己承担的义务，公约的其他缔约国和国际社会可以对这些国家实施强制性的监督与制裁；或者国际社会的某个成员恶意违反国际法基本原则和强行法规则，如在政策上、法律上和实践上实行、鼓励或纵容诸如种族灭绝、种族隔离和种族歧视、奴隶买卖和奴隶制、侵略与侵略战争、国际恐怖、国际贩毒等国际犯罪行为，国际社会可以对其实行强制性的国际监督与制裁，如以前对南非的种族隔离、对伊拉克侵犯科威特所实施的制裁；二是非强制性的指导和协助方式。除上述两种情况外，都采用这类方式。如就实现发展权、环境权实行国际合作，对由于战争或内乱造成的难民进行人道主义援助，对某些侵犯人权的事件与行为进行批评或谴责。

3. 人权保护的国际共同标准

人权的共同标准或称人权的国际标准，是实施人权国际保护的准绳。如果没有一种人权共同标准，人权国际保护就将无所遵循。究竟国际人权有没有"共同标准"？我们的回答是肯定的。这种"共同标准"是人权的共性在国际人权领域的基本表现，它的基础是全人类在人权领域存在着的共同的利害关系与利益追求，是全人类在人权问题上存在的共同的道德的价值判断和价值取向。这种共同标准具体体现在以《世界人权宣言》与《国际人权公约》为核心的整个国际人权文书里，体现在《国际人权公约》的许多具体规范中。很多国家都宣布尊重联合国宪章维护人权的根本宗旨，都拥护《世界人权宣言》的基本原则，共同制定或签署不少国际人权约法，在国际人权的保护中采取共同立场和行动，就充分证明国际上存在一种适用于所有国家的普遍性准则，否则，上述一切就会不可思议。事实上，《世界人权宣言》就明确确认了这种"共同标准"的存在，而制定这一宣言的目的正是为世界各国制定一个共同遵守的准则。《世界人权宣言》指出："发布这一世界人权宣言，作为所有人民和所有国家努力实现的共同标准……"随着全人类物质文明的不断发展与进步，国际人权的"共同标准"的内涵将日益丰富，其外延将日益扩大。同时，我们也要承认，各个国家与民族还应有各自不同的人权标准。这由不同国家与民族的不同经济、政治制度及历史文化传统和其他的具体国情所决定，由不同国家与民族的不同利益和不同认识所决定。这是人权个性在国际人权领域的具体体现。

承认与尊重这种国际人权的共同标准，是各国在国际人权领域进行合作的前提和基础。这种共同标准，不仅应由各国人民共同制定，要体现各国人民的共同利益和协调意志，任何国家都不能把自己的主张强加于人，而且在人权的实施上，任何国家都不能采取实用主义态度，对这种共同标准任意歪曲。不能对自己是一套标准，对别人是另一套标准；对一个国家是一套标准，对另一个国家是又一套标准。只有这样，才能坚持国际人权共同标准的统一性、客观性与公正性，才能建立起国与国之间的和谐友好与合作的关系。同时，我们又不能否认目前世界各国的情况存在着重大差异。应允许各个国家采取某些具体的不同做法，如是否签署某些公约，或在签署某些人权约法时，保留其中某些具体条款。各国在制定本国的法律和人权政策时，尽量使本国的法律规定与人权政策同国际上普遍接受的原则相一致，另一方面又有权在不违反国际上普遍接受的原则的前提下，根据本国的具体情况作出不同规定，实施自己的具体人权模式。

（二）国家主权

1. 国家的概念

在国际法的观点看来，国家是定居在特定的领土之上，并结合在一个独立自主的权力之下的人的集合体。《奥本海国际法》认为："当人民在他们自己的主权政府下定居在一块土地之上时，一个正当意义的国家就存在了。"①1933年，在蒙得维的亚签订的《美洲国家间关于国家权利和义务的公约》第1条规定："国家作为一个国际人格者必须具备下列条件：固定的居民；确定的领土；政府；与他国交往的能力。"②

现今国际上绝大多数学者认为，构成国际法上的国家应当具备如下四个要素：

（1）固定的居民。国家必须由一定的固定居民即在国家领土上长久定居的人所组成，否则将不成其为国家。一个国家里可能存在定居在那里的外国人或无国籍人，但国家必须有依法确定的即享有这一国家国籍的固定居民——本国国民（或称公民、臣民）。至于它是否有多个民族或种族，它的人口有多少，并不影响它作为一个国家而存在。

（2）确定的领土。领土是国家存在与发展的前提，是国家行使排他性权力的空间，是确立国家属地管辖权的基础。至于它的领土面积大小，并不影响作为一个国家而存在。同时，有的国家边界没有完全划定，或者大片领土被外国占领，也不影响它是一个国家。

（3）政府。政府的存在也是构成国家的必备要素。这里所谓"政府"是广义的，不单指行政机关，也包括立法机关和司法机关，亦即指构成国家在政治与法律方面公共权力组织的整体。只有在一个政府的有效统治与管理下，这个国家的居民才能有序地生活。在国际关系中，政府能代表国家进行国际交往，享有国际法上的权利和承担国际法上的义务。由于内战或国与国的战争而导致政府无法在全部领土上行使全部权力或政府流亡海外，但国家依然存在。

（4）主权。主权是指国家所具有的对内的最高权力与对外的独立权力。没有主权就不成其为独立的国家，就不是或不完全是国际法的主体，就不能与他国或其他国际法主体独立地交往，就不能独立地承担国际法律

---

① ［英］罗伯特·詹宁斯、阿瑟·瓦茨：《奥本海国际法》（第9版）第一卷第一分册，王铁崖等译，商务印书馆1971年版，第92页。

② 邵律：《国际法》，北京大学出版社、高等教育出版社2000年版，第35页。

义务。主权的对内最高权包括对其境内的人与物的属地优越权，以及对其国民（或公民、臣民）的属人优越权。主权的对外独立权表现为该国家在国际社会的独立地位，不受任何他国的管辖与支配。

2. 国家的基本权利和义务

在国际社会里，任何一个国家都应享有它应当享有的权利，也应尽一定的义务，这种主张与原则，最早出现于 18、19 世纪。到了 20 世纪，这种主张与原则已得到学者们的广泛认可，并在一些国际文件中得到确认。虽然各种国际文件或国际法著作关于国家基本权利和义务的看法与主张不尽相同，但都承认国家有基本权利与义务。而 1949 年联合国大会通过的《国家权利和义务宣言草案》是一重要的国际文件依据。

（1）国家的基本权利

它既是国家作为国际人格者所应当享有的，也是由国家主权必然引申出来的，是国际法所确认的，不可侵犯的和不可剥夺的权利。否认一国的基本权利，就是否认一国在国际上的独立地位与国际人权，"就等于否认它的主权"。[1] 正如 1933 年美洲国家《关于国家权利和义务的公约》第 5 条所指出："国家的基本权利不得以任何方式加以侵犯。"[2] 根据有关国际文书规定，国家的基本权利主要包括如下几项：

a. 独立权。它是国家主权在国际关系中的体现。其具体内容是，国家可以按照自己的意志处理其对内与对外事务而不受任何外来干涉，可独立自主选择其经济的、政治的、社会的制度，可以采取立法的、司法的、行政的措施，决定它的对内对外政策，处理各种国际事务。

b. 平等权。它是指每个国家在国际法上和各种国际事务中都享有平等的地位，国家无论大小或强弱，无论其实行何种经济、政治与社会制度，也无论其社会发展水平如何，它们在国际社会里，可以平等地交往，平等

---

[1]　周鲠生：《国际法》上册，商务印书馆 1976 年版，第 77 页。

[2]　《国际条约集》(1924—1933)，世界知识出版社 1961 年版，第 545 页。

地共同处理国际事务，在法律上地位都平等。如《联合国宪章》第1条规定：应"发展以尊重人民平等权利及自决原则为根据之友好关系"；第2条规定："本组织系基于各会员国主权平等之原则"。

c. 自卫权。它是指当一国遭到外来武力攻击时，有权实施单独的或集体的武装自卫以保卫国家。如《联合国宪章》第51条规定："联合国会员国受到武力攻击时……本宪章不得认为禁止行使单独或集体自卫之自然权利。"但该条又同时要求：自卫只能在安理会采取维持国际和平与安全的措施之前进行；将采取的自卫措施立即向安理会报告，并且不得影响安理会采取必要行动。

d. 管辖权。它通常是指对立法、司法与执法行使管辖权。根据国际条约和国际习惯，国家行使管辖权的原则主要有下列四种：一是属地管辖——国家对其领土内的一切人和物，包括对领土本身有统治权。一切境内的人，无论是本国国民，还是外国国民和无国籍人，都必须服从该国的属地管辖，依国际法享有豁免权者除外。二是属人管辖——国家对具有本国国籍的人的管辖，而不论其行为发生在哪里。三是保护性管辖——国家为了保护本国的独立、安全或其他重大利益，包括本国国民的生命、财产，而对外国人在该国领域之外对该国国家或其国民的极为严重的犯罪行为实行管辖。四是普遍管辖——对国际法上规定的严重危害国际社会共同利益的犯罪行为，如海盗罪、战争罪、反人道罪，任何国家均有管辖权，而不论罪行发生在哪里。

（2）国家的基本义务。国家依据国际法必须承担一些基本的国际义务，是同它们享有一些基本权利相关联的。这种义务主要涉及国际社会的和平与安全、民主与发展的根本利益，各国必须遵守。依据《联合国宪章》、《国家权利和义务宣言草案》（1949）、《国际法原则宣言》（1970）等国际文件的规定，国家基本义务的主要内容是尊重别国主权和由此引申出来的各项基本权利。它们是：a. 不得使用武力或武力威胁，或以同联合国宗旨不符的任何其他方式侵犯别国的领土完整和政治独立；b. 不得以任何理由和方式直接地或间接地干涉别国的内政；c.用和平的方式解决本国与他国的争端；d.善意履行依公认的国际法原则与规则以及有效的国际条约所承担的义务。

3.国家主权概念

（1）主权概念的基本内涵

主权这个概念最早是由16世纪中叶法国哲学家让·博丹提出来的。他在其名著《论共和国》（1577）指出，主权是国家内的最高权力，除了受上帝的诫条和自然法的限制外，不受任何限制。他的观点显然受当时很流行的自然法观念的影响。19世纪以后，实在法观念流行时期，主权的性质是绝对的还是相对的，就开始出现争论。在国际关系中，主权的概念是伴随国际法的出现而必然出现与发展的。因为国际法是规范主权国家的关系的，它自身又是根据各主权国家的明示或默示的同意或接受而形成的。既然主权是国家存在的要素之一，因而也是国家作为国际法主体所固有的和不可缺少的属性；而国际法效力的根据就在于各国的主权的意志。正是由于这一根本理由，尊重国家主权的原则，得到了《联合国宪章》的确认和保障。宪章的序言庄严宣布："大小各国平等权利之信念"；第2条明确肯定："本组织系基于各会员国主权平等之原则"，并且郑重声明："不干涉在本质上属于任何国家国内管辖之事件"。中华人民共和国政府在1954年倡导的，作为国际关系指导原则的"和平共处五项原则"（即互相尊重主权和领土完整、互不侵犯、互不干涉内政、平等互利、和平共处），就是从贯彻与实施国家主权原则为出发点，切实实施这些原则，对维护国家主权原则具有重大意义。中国政府一直信守这五项原则，也为现代国际法基本原则和丰富与发展作出了重要贡献。

国家主权原则作为国际法最重要的基本原则，其重要的理论与现实意义已为国际关系的历史经验所证实。每个国家应当根据自己的主权行事，不接受任何其他权威的命令与强制。历史上曾经有过的不少所谓"保护国"、"附庸国"就是因违反这一原则而纷纷解体。在一个主权国家内不得有任何外来权威行使部分主权，即主权具有排他性。因此像过去那些强加于人的不平等条约，在别国领土内行使领事裁判权，是对主权原则的破坏而逐步成了历史陈迹。在通常情况下，国家只有自愿，其主权的行使才受限制。如一国永久中立，意味着其国家缔约权受到限制，这就必须出于国家自愿。主权国家也不能被强制把它的国际争端提交仲裁或司法解决，如此等等。①

（2）主权概念的绝对性与相对性

自 19 世纪末叶以来，国家主权与国际法的关系已成为国际法学一个争论十分激烈的问题。既然国家主权是对内的最高权和对外的独立权，而国际法对各国有约束力，这两者之间是不是有矛盾？是不是绝对对立，如何解决这个矛盾？围绕这一问题，学者之间存在着各种不同见解，而不同的观念有时受不同国家的政治立场与外交政策的影响；不同的观念反过来又对不同国家的政治立场与对外政策发挥作用。本书作者认为，国家主权同国际法的约束力之间的矛盾是客观存在，从理论上说清楚这个问题，必须承认国家主权是绝对性与相对性的统一。必须肯定两者既对立又统一，必须合理平衡与具体问题具体分析和处理好两者的关系。为此，必须反对两种极端倾向：其一是主张彻底否定主权概念；其二是把主权概念绝对化。

波利蒂斯是西方国际法学者中第一个主张彻底否定主权观念的人。他说：主权的观念多年支配了国际法理论，它意味着国家的一种绝对的而无问题的权力，使得国家可以按照自己的意思在对外关系上采取行动，除自愿外不受任何限制。但是事实是，随着国际法的发展，国家的行动继续受到限制。这个现象说明，如果国家的意志真是主权的，它就不能为强制性的规则所限制。他认为，承认主权可以削减，就是承认它不存在，有限制的独立就已经不是独立。于是他提出，在国家主权与国际法两者之间必择其一：要么，主权观念必须放弃；要么，国际法的约束性必须否定。规范

---

① 周鲠生：《国际法》上册，商务印书馆 1976 年版，第 176 页。

法学派的创始者凯尔逊也持同样的观点。他认为，国家是不是主权的这一
问题是与国际法是不是高于国内法的问题一致的。主权如果意味着一个无
限制的权力，它是肯定同国际法不相容的。国际法既然课国家以义务，那
就限制了国家的权力。为了避免误解，最好关于国家完全不使用这一模糊
的名词"主权"。现代国际法学家绝对地反对主权概念的，尚有社会连带
主义学派的塞尔和法国巴黎大学的卢梭。① 这种观点之所以不正确，从哲
学上看，任何事物都是绝对与相对的统一。即使像"独立"这样的概念，
也同"自由"、"平等"一样，都有其相对性的一面，不能认为有一点"限
制"，独立、自由与平等就不存在和不应当存在了。从国际法自身的原理
看，国家主权应当同国际法是并行不悖的。因为一方面国际法对主权国
家有约束力；另一方面国家也就是国际法的制定参与者。主权国家遵守
国际法就是履行它自愿同意承担的国际义务。虽然两者有时有冲突，但
并不存在理论与实践不可解决的矛盾。再从实践看，国际法是由各国的
主权的意志所形成，国家主权是国际法的基石，否定国家主权就势必动
摇国际法的基础。即使未来国际法的运用与权威有扩大的趋势，但国家
主权概念永远不会消失，否则国际法自身也就失去其基础而变质。作为
维护国际法律秩序根本条件的国家主权原则一旦遭到全面否定，那将会
出现世界无宁日。

　　另一种极端的观点，也是从否定国家主权概念具有一定的相对性出
发，得出国家主权绝对不容限制的相反结论。持这种观点的学者虽然不
多，但国内外都有。其实，把国家主权解释成为是没有相对性的绝对，
也就否定了国际法。坚持国家主权原则，并不意味着一个国家可以在对
外关系上为所欲为。国家主权所受限制，可以归结为两种不同情况：一
是自愿性限制。例如，任何国家都有尊重他国主权的义务；参加了联合
国，就要受《联合国宪章》的约束；自愿批准加入某些国际公约或签订某

① 周鲠生：《国际法》上册，商务印书馆 1976 年版，第 178—180 页。

些双边与多边条约，就有遵守那些公约或条约的义务；要受到国际法院判决的限制；在区域性国际组织中，参加国的主权也要受制于有关的章程和协议；依国际法与国际惯例，某类人员在他国领土内享有一定的特权与豁免，所在国管辖权的行使就受限制；等等。二是强制性限制。如果一国严重违背了国际法准则而构成国际犯罪的行为，如种族歧视、种族灭绝、发动侵略战争、实行国际恐怖等等，不论其是否是联合国成员国，或者是否已批准加入某些国际公约，其他国家或国际组织都可对其采取制裁措施。

（三）人权国际保护与尊重国家主权

1. 不干涉内政原则与人权国际保护的关系

要在人权问题上正确开展国际合作和正确实施国际保护，一个极为重要的问题是必须在理论与实践上处理好促进人权国际保护与尊重国家主权的关系。西方的一些理论家和政治家宣扬"人权高于主权"，"人权无国界"，是错误的和有害的。这种理论和观念，违背了联合国宪章和一系列国际人权约法的宗旨和原则，违背了国际法的公认准则。我们反对将人权的国际保护与国家主权对立起来，主张两者的协调一致和高度统一。

国家主权原则是一项公认的国际法准则。《联合国宪章》第 2 条第七款明确规定："本宪章不得认为授权联合国干涉在本质上属于任何国内管辖之事件，且不要求会员国将该事件依本宪章提请解决。"1965 年通过的《关于各国内政不容干涉及其独立与主权之保护宣言》也郑重宣告，任何国家不得以任何理由直接或间接干涉任何其他国家的内政、外交。1970年通过的《关于各国依据联合国宪章建立友好关系及合作之国际法原则宣言》又重申上述原则。国际上，对于人权是否属于"内政"范畴，是否属于《联合国宪章》第 2 条第七款所说的"本质上属于国内管辖事项"一直存在着意见分歧。其中有三种主要的见解：第一种意见是绝对的肯定认为是属于内政；第二种意见是绝对的否定，认为人权已完全不属内政问题；

第三种意见认为,《联合国宪章》第2条第七款在起草时不包括内政,后来人权国际保护在实践中发展后,人权已不属于内政的范畴。我们认为,在一般情况下,人权属于内政范畴,属于国内管辖事项,国际社会不应也不能干涉;但在某些情况下,它又不属内政范畴,不属国内管辖事项,国际社会可以干预。"在本质上"应被解释为"在一般情况下"、"在多数情况下"。这样解释比较符合实际,也易为国际社会所普遍接受。现今的国际社会由二百多个平等的主权国家所组成。尊重国家的主权,是在国际范围内进行政治、经济与文化合作的基础,也是有效地实现人权的国内保护与国际保护的根本条件。

人权问题在一般情况下,属于国内管辖事项,应由各个国家自主处理。人权的促进和保障,主要依靠主权国家通过在法律、政治、经济、文化与社会等各个领域创造条件予以实现;在人权遭受侵犯的情况下,也主要依靠主权国家通过国内立法、司法、行政措施加以救济。国际人权文件承认主权国家有权根据本国安全的需要,通过法律对某些人权加以合理限制;国际人权公约规定的国际监督程序,未经一个国家的明示同意,对它不发生拘束力;在一国为某项国际人权公约当事国的情况下,也只有在用尽国内救济办法以后,有关国际人权机构才能处理有关该国侵犯人权申诉的程序。因此,人权的国际保护应当也只能以充分尊重国家主权为基础。从国内范围看,国家主权是实现人权的手段和保证;但从国际范围看,国家主权又是该国人民人权的实际内容和集中体现。某些国家或国际组织超出国际人权保障的合理界限而侵犯某些国家的主权,就是侵犯了该国人民的根本利益,就是对该国人民的人权的侵犯。

同国家主权原则一样,人权国际保护也是一项重要的国际法准则。按照《联合国宪章》和《国际人权公约》的规定以及联合国组织的有关决定,在某些特定情况下,联合国及其会员国对某些国家侵犯人权的行为,诸如侵略战争、种族灭绝、贩卖奴隶等等有权进行干预;对《国际人权公约》的缔约国故意违反公约的规定,不履行公约义务,其他缔约国可按公约规定的程序加以追究。所有这些,都不构成对一国国家主权的侵犯和对他国内政的干涉。

因此,我们既反对笼统地讲"人权高于主权",也反对笼统地讲"主权高于人权",因为这两种理论观念都不符合客观现实。我们强调,维护国家主权和加强人权国际保护,都是国际法的重要原则,两者是统一的,并不相互矛盾。如果一定要讲谁高谁低,那就应作具体分析。当人权问题是属于一国国内管辖事项,国际社会与其他国家不应干预时,主权高于人权;当人权问题超出了一国管辖范围,国际社会或其他国家可以进行干预时,人权就高于主权。我们反对所谓"人权无国界",也不泛泛地讲"人权有国界"。因为实际情况是,在一般情况下,人权是属于国内的管辖事项,它应当是有国界的;在特殊情况下,国际社会对某些国家严重侵犯人权的行为可以实行各种形式的制裁和干预,人权又是没有国界的。片面强调国家主权原则或片面强调人权的国际保护,都不符合世界人民的根本利益和共同愿望。

2. 国际社会可以干预的人权问题

中国政府在理论上明确承认,有些人权问题国际社会是可以干预的。例如,国务院新闻办公室 1991 年发表的《中国的人权状况》白皮书就指出:"对于危及世界和平与安全的行为,诸如由殖民主义、种族主义和外国侵略、占领造成的粗暴侵犯人权的行为,以及种族隔离、种族歧视、灭绝种族、贩卖奴隶、国际恐怖组织侵犯人权的严重事件,国际社会都应进行干预和制止,实行人权的国际保护。"在实践上,新中国成立以来,中国政府已尽力参与了国际上各种人权的国际保护。

按照有关国际人权法的规定,国际社会可以和应当进行干预和制止的,并受到普遍关注和比较突出的人权问题有以下各类:

(1)殖民主义。根据 1960 年制定的《给予殖民地国家和人民独立宣言》,被压迫民族有反对殖民主义的民族自决权。该宣言第四项尤其具有重要意义,即要求制止对解放运动采取一切武装行动和镇压措施。在该实证主义指导下，联合国曾有力地推动了殖民地解放运动。中国是这一运动的坚强后盾。

（2）种族歧视与种族隔离。根据 1963 年通过的《联合国消除一切形式种族歧视宣言》及以后制定的《消除一切形式种族歧视国际公约》、《禁止并惩治隔离罪行国际公约》等国际人权文书，联合国采取了各种有力措施包括制裁措施，维护了种族与民族的平等权。其典型是对前南非种族主义政权的制裁。从联合国安理会自 1960 年 3—4 月首次介入南非问题起，后来它的几乎所有机构，包括大会、经社理事会及下属的人权委员会、安理会、国际法院等，都参加了这一实践。中国不仅批准了上述反种族歧视与隔离的两公约，也积极参与了对前南非种族主义政权的制裁。

（3）外国侵略与占领。这首先是严重地直接地违背了联合国维护人类和平与安全的根本宗旨和原则；同时也是对各国人民享有和平与安全权的严重侵害。《联合国宪章》第 2 条第 4 款规定：各会员国在其国际关系上不得使用威胁或武力，或以与联合国宗旨不符之任何其他方法侵害任何会员国或国家之领土完整或政治独立。《国际法原则宣言》重申了这项原则，并对其具体内容作了详细规定。《非洲人权与民权宪章》是明确将和平与安全权作为各国民族与人民应当享有的一项人权的第一个国际文件。该宪章第 23 条规定："一切民族有权享受国内和国际的和平与安全。"之后，联合国又专门通过了《各国人民享有和平权利宣言》，它"庄严宣布全球人民均在享受和平的神圣权利"，并明确规定"维护各国人民享有和平的权利和促进实现这种权利是每个国家的根本义务"。前伊拉克政权侵略科威特，构成了严重侵犯他国人民的和平与安全权，因而遭到联合国的制裁。中国政府对其绝大多数制裁措施都投了赞成票。

（4）国际恐怖。《国际法原则宣言》规定，各国有义务避免组织或鼓励组织非正规军或武装团队侵入他国领土，或在他国发动、煽动、协助或参加内争或恐怖活动，或默许在其本国境内从事此种活动。这方面最新最典型的事例，就是联合国对前阿富汗塔里班政权的制裁，中国政府对其中的大多数制裁措施也投了赞成票。

(5)人道主义灾难。由于内战或自然灾害等原因，而出现大规模逃离或大批难民或类似事件，不提供援助就会造成大批人死亡，这些人群就有权享有国际一级的人道主义援助权。这种人道主义救援早已出现，而近些年来出现的"维和"行动也与此密切相关。中国已积极参与了诸如东帝汶、柬埔寨等国家的维和行动。

(6)大规模污染空气与海洋。全人类都有在一个良好自然环境下生活以保护其心身健康的权利。国际环境法作为国际法的一部分，一系列宣言和公约都肯定了这一权利。1972年《人类环境宣言》规定："依照联合国宪章和国际法原则，各国有按照其环境政策开发其资源的主权权利，同时亦负有责任，确保在它管辖或控制范围内的活动，不致对其他国家的环境或其本国管辖范围以外地区的环境引起损害。"1992年《里约环境与发展宣言》重申了这项原则。这一原则也得到了不少国际公约的确认，如《生物多样性公约》、《气候变化框架公约》。由于大规模污染大气与海洋，其后果严重，而且受害者无国界之分，因而国际社会可以强行干预和制止。目前，国际上尚无此类先例。但国际环境法历史上第一起著名的越境环境污染责任案件——特雷尔冶炼厂案在20世纪30年代即已发生并经国际仲裁法庭审理。

这里有两点必须注意：第一，国际集体人权中还有发展权、食物权等。但它们主要是属于需要通过各国合作以及国际组织采取"积极"的措施予以逐步实现的人权；第二，依据"武装冲突法"的有关规定，可以也应当惩罚战争罪犯和对犯有严重违反国际人道主义法行为的人追究他们个人的刑事责任。这同追究主权国家的责任是有区别的。这是国际法特别是武装冲突法的重大发展。

后记：本文原载于《法学研究》1995年第4期，后收入《当代中国人权理论与实践》（吉林大学出版社1996年版）和《论人权与主权》（中国人

权研究会编，当代世界出版社 1999 年版）。后经修改与展开，作为作者主编
的《人权法学》的一章，该书由高等教育出版社于 2005 年出版。前文曾作
为会议论文提交于 1995 年在波恩召开的"中德人权理论研讨会"。当时中
国另一位学者论文的观点与此文相反，认为在任何条件下，国家主权都高
于国际人权保护。出国前，外交部和司法部有关领导对这两篇论文未要求
作任何改动。结果反应良好。德国一些专家评论说，像这样政治非常敏感
的问题，中国学者的不同主张都可以在国际会议上自由发表，看来中国是
有学术自由的。会后我为代表团起草工作汇报时，还专门提到了这个例子。

十一、人的权利与义务的辩证统一

人权具有权利与义务的不可分割性。实现人权在权利与义务上的高度
统一，合理地、科学地处理人的权利和人的义务之间的相互关系，是先进
的人权制度的一个重要特点。

马克思主义认为："没有无义务的权利，也没有无权利的义务。"这个
一般原理，为现代人权观念所公认。正如《世界人权宣言》所强调的："人
人对社会负有义务"，人人在行使他的权利和自由时，只受法律所确定的
限制，确定此种限制的唯一目的在于保证对旁人权利和自由给予应有的承
认和尊重。权利与义务的统一性，是由人权自身的社会属性所决定。因为
人权只能在人与人的社会关系中存在。在个人与个人，群体与群体，个
人、群体与社会之间的相互关系中，某一主体享有某项权利，就意味着要
求其他主体有尊重并不得侵犯这项权利的义务。否则，任何人的人权都无
法得到保障。因为你不尊重或任意侵犯别人的权利，别人也可以不尊重或
任意侵犯你的权利。但是，权利与义务又有可分性的一面。因为权利与义
务是两个相对独立的概念与范畴。本质上，权利是利益的享有，而义务则
是利益的负担。就它们的实际行使来说，有的主体可能只享有权利而不尽

义务；有的主体则可能只尽义务而不享有权利。

权利与义务相分离，是一切私有制社会所共有的特征。它反映了阶级剥削与阶级压迫的不平等关系。不过，这种分离的性质与程度在奴隶制社会、封建制社会和资本主义社会里又是有很大区别的。它随着人类社会的不断进步而不断改变自己的形态。权利与义务由完全分离逐步走向统一，是人类社会文明不断发展与提高的一个重要标志。

社会主义社会应当是权利与义务实现高度统一的社会。在这里，任何人在法律上既应是权利的主体，也应当是义务的主体；任何人在法律面前，既应享有平等的权利，又应承担平等的义务。社会主义公有制的建立，经济剥削与政治压迫的废除，阶级对立的消失，使权利与义务的根本性分离失去了社会根基。但是，这并不是意味着在社会主义制度下不再存在任何权利与义务相分离的情况。社会主义社会经济的与政治、法律的制度为权利与义务实现高度统一提供了基本的社会条件与法律保障，但有的人并不一定按法律规定行使权利与履行义务。旧社会特权制度和思想的传统影响，新社会经济、政治和文化权力的高度集权以及民主自由，人权观念的缺失是其根本原因。反对只享有权利而不尽义务的特权思想与特权人物，是所有社会主义国家都面临的一项重要任务。如何从制度上法律上防止与杜绝这类特权人物的存在，是社会主义制度改革的一项重要课题。这在那些缺乏民主与法治传统的国家，情况更是如此。

人权的认可与享有不是绝对的；权利与义务的设定与实现是有界限的。这种界限应由法律作出明确具体的规定。如果国家可以任意剥夺或肆意侵犯人应当享有的权利，那是专制主义；如果允许权利主体可以超越人权的合理界限而滥用权利，那是无政府主义。这两种倾向都是应当防止和反对的。在缺少民主与法治传统的社会主义国家里，防止与反对各种形式的专制主义是主要的。

具体说来，法律上权利与义务的辩证统一关系，可以具体归结为以下三个方面的主要内容：

（一）结构上的对应关系

权利与义务既是相互区别的，又是相互联系的；既是不可分的，又是可分的。它们是体现与处理各种复杂的社会关系中利益享有、分配、调节的两种不可或缺的法律形式。从结构上看，其相互关系有以下几种情况：

在抽象法律关系中，某一主体所享有的某一权利（如人身自由），就意味着和隐含着其他主体承担有不得侵犯这一权利的义务。这是不需法律明示的。

在抽象法律关系中，法律关系的主体享有某种权利，如公民应享有一些经济、社会、文化权利，另一方面，国家则有义务（职责）保障公民经济、社会、文化权利得以实现。法律关系的一方应尽某种义务，如公民有纳税的义务，国家则有权力（即职权）监督这些义务得以履行。这也是不需法律予以明白宣示的。

在抽象法律关系中，法律关系主体所应享有的某些权利（如公民享有劳动权、受教育权）同时也是权利主体自己应尽的义务。当然，这种权利与义务完全同一的情况是不多的。而且，劳动和受教育是否既是权利又是义务，学术界也有不同看法。

在某些具体法律关系中，如在借贷关系中，债权人与债务人之间的权利和义务，在购销合同关系中，买方与卖方之间的权利与义务都是对等的。而在另一些具体法律关系中，权利与义务是不对等的。如某甲立下遗嘱将遗产遗赠给某乙，某乙并不一定承担对某甲的义务。

在一般情况下，权利与义务不可分离，即"没有无义务的权利，也没有无权利的义务"。但在特殊情况下，权利与义务又是可分的。例如，在封建制度下，国家公开维护等级特权，几乎把一切权利赋予一个阶级，而把一切义务推给另一个阶级。

（二）功能上的互补关系

法以权利与义务指引人们的行为，调整社会关系，规范社会秩序，并在相互依存、制约与互动中运行，其功能是彼此独立而又相互补充的。

权利与义务各以对方的存在作为自己存在的前提。正如黑格尔所指出：权利与义务的"每一方只有在它与另一方的联系中才能获得它自己的规定，此一方只有反映了另一方，才能反映自己。另一方也是如此。所以每一方都是它自己的对方的对方。"① 实践中，如果你不履行尊重别人的权利的义务，别人也会有不尊重你自己的权利的义务。在此种情况下，任何人的权利都将失去保障。

权利允许一些人可以获得某种利益，可以作出某种行为；义务要求一些人不可以获得某种利益，不可以作出某种行为，这都是维护社会秩序、安全与整体利益以及保障个人自由、安全与利益所必须的。

权利直接体现法律的价值目标。例如，近代出现的宪法，以全面保障人应当享有的各种权利作为自己的主要内容和基本任务。列宁指出："宪法就是一张写着人民权利的纸。"② 这是"人民主权"代替"君主主权"之后的必然要求，是实行"代议制"条件下，人民保障自己权利的可靠基础和基本条件。义务则保障法律权利与法律价值目标的实现。不对他人、社会或国家尽自己应尽的义务，社会秩序和社会正义都将无法维系，法律保障人权的价值目标也就无法实现。

（三）价值上的主次关系

权利与义务的关系在价值取向上，存在着是权利本位还是义务本位的问题。

---

① ［德］黑格尔：《小逻辑》，贺麟译，商务印书馆 1980 年版，第 254 页。
② 《列宁全集》第 12 卷，人民出版社 1987 年版，第 50 页。

法律权利与法律义务这一对矛盾统一体，必然有一方占主导地位，这是矛盾双方必有一方是矛盾主要方面的哲学原理在权利义务问题上的具体表现。当然，在一定条件下，矛盾的主要方面是可以相互转化的。就权利义务关系而言，所谓权利本位，是指权利在这一矛盾统一体中，占主导地位，它是出发点与归宿，是重点与重心，是基础与中心环节。所谓"权利本位"即"法应当是或实际是以权利为本位或主导"这一原理与原则的概括表述。反之，"义务本位"亦然。

从应然的意义上说，法律权利与义务应当以权利为本位。从根本上看，这是法与权利这两个概念自身的本性或本质所决定。人不是为法而存在，而是法为人而存在。法是社会正义的体现，法的目的应当是为人服务的，是为全人类谋利益的。人生而平等，在法律上所有人都应当是平等的主体。法律以权利与义务为内容来调整规范人们的行为，调整各种社会关系，目的是为全人类谋幸福。法的精髓在于对权利的认可与保障，而权利的基础是利益。法的本性与目的应当是对权利的认可与保障，通过对权利之间冲突的协调、对权利之间互相侵犯的制约、对主体权利实现的促进与保护，来实现它自身的价值。其次，权利本位论，还可从人权理论得到证明。在现代，从宪法到各种基本法律，所有对公民权利的设定，包括人身人格权、政治权利与自由、经济文化社会权利，都是属于人权的范畴。而在各种具体法律关系中，权利的保护无不是人应当享有的各种权利的衍化与派生。因而，在权利与义务的关系上，权利是目的，义务是手段，权利是义务存在的依据和意义，法律设定义务的目的就在于保障权利（即保障人权）的实现。

在奴隶制与封建制条件下，从广大人民群众的立场看问题，那时的法律是以义务为本位。其表现：一是法律公开认可与维护等级与特权；二是当权者把法律看作是统治人民的工具，以设定人民应尽种种义务为立足点。这是由当时的经济和政治制度所决定的，是在当时历史条件下法律与权利的本性与本质的异化。在近代与现代，随着物质文明、精神文明与制度文明的发展，随着市场经济、民主政治、法治国家、市民社会和理性文化的出现和完善，法律与权利的本性与本质开始实现回归。以法律来保障平等权利，权利（人权）应得到法律最广泛最充分的保护，已成为全人类最强烈的呼声，成了现时代的时代精神。在这种条件下，法律以权利为本位，是历史的必然。

权利本位有个人权利本位与社会权利本位之分。早期资本主义是以个人权利为本位，这同资本主义的价值取向和当时的放任自由主义政策有关。20 世纪以来，随着资本主义世界社会矛盾与冲突的加剧以及社会文明水准的提高，特别是全人类权利意识的加强，个人权利本位发生了变化，"个人——社会权利本位"的观念与实践开始成为西方世界的发展趋势。在一个很长的时期里，社会主义的价值取向以社会权利本位为其基本的理论与实践的特点。随着计划经济体制向市场经济体制的过渡，个人权利的保障越来越受到重视，"个人——社会权利本位"的观念与实践也已开始成为东方世界的发展趋势。个人与社会的和谐，个人权利与社会权利的协调，个人权利本位与社会权利本位的统一，是未来世界的基本走向。这符合事物的本性，符合文明发展的要求，符合全人类的愿望。在这一转变过程中，西方世界和东方世界遇到的困难与阻力一样多。这一走向同社会主义的基本理论与实践是相符的。因为共产主义的最高理想是建立一个"以个人自由发展为一切人自由发展的条件"的联合体。①

在今天中国的具体历史条件下，强调"权利本位"是有重大现实意义的。这不仅是现今时代精神的要求，也是由中国的具体国情所决定。在西方发达国家里，由市场经济等条件所决定，尊重个人权利包括个人自由，已有 200 多年的历史，已成传统。因此那里着重需要解决的问题是社会平等，需要着重强调的是每个人应尽自己对社会应尽的义务，包括建立福利国家，以实现社会公正。中国现在的情况不同。它经历过几千年封建

① 《马克思恩格斯选集》第 1 卷，人民出版社 1972 年版，第 273 页。

专制主义的历史，把法律看作是统治人民的工具，只强调人民要尽自己的
义务，而十分轻视和漠视人民的权利。这种传统影响是根深蒂固的，而搞
市场经济在我国才只有十余年的历史，而且正在建设过程中。因此，直到
今天，把宪法和法律看作只是约束老百姓的手段，只强调公民应当尽遵守
法律的义务，而忽视公民权利的保障，这已成为很多干部的思维定势。在
立法中，这种思维模式也表现得非常明显，即在法的制定中，只重视公民
应尽的义务，而忽视对公民权利的保障；只重视政府管理权力的强化，而
轻视行政相对人权利的保护。如在起草游行示威法过程中就表现得十分突
出，有人就曾批评其中一个草案为"不准游行法"。我们应当清醒地认识
到，在中国实行市场经济已成为不可逆转的历史潮流。市场经济是一种建
立在经济主体形式多样、行为自主、利益多元、尊重权利基础上平等地自
由地进行交换的经济。它从根本上决定了在权利与义务的相互关系中应以
"权利为本位"的理论与实践。我们从广阔的视野上还应看到，市场经济
必将带来两大社会关系和五大思想观念的转变。这就是，实现"从身份到
契约"的转变，极大地扩展个人、企事业单位和地方的自由度；实现"国
家职能"地转变，由过去的"大国家小社会"，变为"小国家大社会"，扩
大国家权力之外的社会活动空间及其自由度。同时，市场经济还必将逐步
改变人们的旧观念，促进人们的自主意识、权利意识、自由思想、平等观
念和民主思想的健康发展。所有这些，势必为整个社会尊重个人权利的理
念与制度的形成和发展起基础性作用。

后记：自1986年开始，国内学者之间开展了一场关于是否"权利本
位"的学术争鸣，曾出现三种不同观点，即"权利本位论"、"权利义务并
重论"和"义务本位论"。持后一种观点的人不多，但政府中持第二种观
点的各级领导人却不少，立法和执法、司法都受其影响。作者最早表明自
己持"权利本位论"系《论法制改革》一文（载《法学研究》1989年第2
期）。程燎原教授曾引用我在《现代法的精神论纲》一文的观点及其论证（李

步云《论法治》第 221 页）后，作过这样的评价："李步云为'权利本位说'所作的辩护，是最强有力的"（见程燎原著：《从法制到法治》，法律出版社 1999 年版，第 171 页）。

十二、以人为本的科学内涵和重要意义

马克思主义哲学应当由辩证唯物论、唯物辩证法、唯物历史观和人本价值观四部分构成。"以人为本"属价值观范畴，就像对立统一规律是辩证法的根本规律一样，以人为本是马克思主义价值观的根本原理与原则。

西方历史上有人本主义、人文主义；中国历史上也有人本主义、民本主义。它们都具有进步意义。今天我们讲以人为本，是历史上人本主义的继承与发展，但具有更为丰富、深刻和文明的科学内涵。

我们今天讲以人为本，也是马克思主义的继承与发展。马克思、恩格斯曾明确提出，他们理论的"出发点是从事实际活动的人"。① 无产阶级不但要解放自己，还要解放全人类。由于过去经济体制僵化，政治体制权力过分集中，以及以阶级斗争为纲的思想与政治路线，我们曾在一个很长时期里偏离了原来的理想。

和谐社会与法治国家相互依存与促进，是理想社会的两个基本特征。两者的构建都应当以"以人为本"作为核心的价值观。因为人类社会的一切主义、政策、法律、制度等等，都应当从人出发，都是为人服务的。

以人为本丰富而深刻的科学内涵，具体表现为以下八点。从这些科学内涵可以清楚看出，始终坚持与切实实现"以人为本"的原理和原则，是实现社会公平正义、建设法治国家与和谐社会最根本的保证。

第一，人的价值高于一切。世界上第一个最宝贵的就是人自己。世界

---

① 《马克思恩格斯全集》第 3 卷，人民出版社 1957 年版，第 30 页。

上万事万物都不能和人自身的价值相比。以人为本同"以物为本"相对立。我们现在说，保险重保命，救灾先救人；处理劫机事件，乘客安全要紧；发展经济科技，生产安全第一。这些都是很有现实意义的。又比如死刑，就和如何看待人的价值有关。在中国，大量减少死刑是学术界的共识。毛主席也一贯主张要"慎杀"，"少杀"。他曾说，韭菜割了长得出来，脑袋掉了就长不出来了。近年来，死刑核准权收归最高人民法院管辖，死刑案件二审必须开庭，是符合这一进步思想潮流的。还有，最近提出的"宽严相济"的刑事政策，也同以人为本有关。总不能不分对象、时间、地点、条件，都一概强调严打。这不仅是不科学的，也是对人的生命、自由的不尊重。

第二，人是目的，不是手段。除了康德等学者明确提出并论述过这个命题以外，实际上这也是马克思主义的一个重要观点。社会上的一切制度、政策、法律的制定和实施，都是为了人的需要，都不过是手段，人才是目的。我们不能把它们倒过来。比如说，我们搞群众运动是合理的，但不能搞运动群众！这种情况过去是存在的，像"文化大革命"期间的做法，就是把人当作一种手段来使用。又比如说，我们要讲意识形态，但不能什么都意识形态化，不讲实际效用。再比如，邓小平同志提出的社会主义本质的三个内容，从终极的意义上看，发展生产力和以公有制为主体，都只是手段，实现共同富裕才是目的。现在有些地方搞"政绩"工程，不能笼统地说不对，但有些人为了搞自己的"政绩"，连他人的生命、财产和安全都可以不顾了。

第三，人是发展的中心主体。这是最近一二十年来，国际上非常流行的一个观点。特别是在1988年联合国通过的《发展权利宣言》和其他一系列国际人权文书中，都有明确表述。这种发展，是经济、政治、文化的全面发展，而人必须是发展的享有者，也必须是发展的参与者。在所有的发展里，人的全面发展应该是最重要的。这在国际上也是被认同的。在我国，以人为本是科学发展观的重要内容，是它的本质和核心。党的十六届六中全会又将其概括为"发展为了人民、发展依靠人民，发展成果由人民共享，促进人的全面发展"。应当牢固树立人在发展中的主体地位，不能只见物不见人，不能为发展而发展，必须大力加强发展成果由人民共享的体制，切实解决贫富差别过大问题；必须加大教育投入和采取其他措施、促进全体人民德智体的全面发展。

第四，崇尚和彰显人性。为什么古往今来人人都追求建立理想的和谐社会？其理论根据之一就是源自人性。有人说"人权不是抽象的，是具体的"。也有人说，"民主不是抽象的，是具体的"。还有人说，"只有具体的人性，没有抽象的人性"。这些观点都是不正确的。世界上的万事万物，都是抽象和具体、一般和个别、共性和个性的辩证统一。不承认有一般的"人"，不承认有抽象的人性，人将不成其为人，也就不会有"人类"这一崇高的称谓。现在我们翻开报纸，几乎每天都能看到，各个地方和部门都在搞人性化管理。毛主席说，罪犯也是人，要把犯人当人看待。"文化大革命"期间刘建章在秦城监狱被关押时，一天只许喝三杯水，他的夫人给周总理写信，毛主席批示说："这种法西斯式的审查方式是谁人规定的。"我国是《禁止酷刑和其他残忍，不人道或有辱人格的待遇或处罚公约》的缔约国，但有些地方刑讯逼供屡禁不止，非法证据排除规则的立法困难重重，这种现象的存在虽然原因很多，但同我们有些国家机关工作人员观念落后肯定是分不开的。我国监狱管理部门近年来制定和推行的一系列人性化管理措施，将标志着我国的狱政建设文明水准提高到一个新的水平。

第五，坚持人的独立自主。自由是人的一种本性，也是人的一种本质。人的思想自由和行为自由是人区别于动物的基本特征，也是人能动地认识和创造世界的力量源泉。马克思主义实际上是很重视自由的。西方有个记者曾问恩格斯，你能不能用一句话概括什么是社会主义，恩格斯说：我愿意用《共产党宣言》里的一句话来表达：我们理想的那个社会是一个"个人的自由是社会上一切人自由的条件"的联合体。我常讲，三中全会以来我们所有的改革开放政策，可以用两个字概括："松绑"，即扩大地方、企事业单位和个人的自由度，以调动方方面面的积极性、主动性和创造性，为社会创造更多的物质财富和精神财富。实行市场经济与对外开放最近 15 年来，我们在经济领域所创造的世界奇迹，主要应归功于"自由"。人们企盼我国的政治文化取得更快更多的进步，也主要寄希望于扩大自由度，更好地营造一个既有民主又有集中，既有自由又有纪律的生动活泼的政治局面。

第六，权利优位于义务。在过去一个很长时间里，我们不少人受封建主义历史传统观念的影响，把法律仅仅看成是一种工具。当官的是管老百姓的，用的手段是法律，法律是用来管老百姓的，老百姓只有遵守法律的义务，权利观念长期以来都非常淡薄。但是在市场经济条件下，我们必然也必须提倡权利优位于义务。计划经济是一种"权力"经济，而市场经济则是一种权利经济。况且，人活在这个世界上，理应享受自己的各种权利。人类社会里的各种主义、政策、法律和制度以及一切其他设施，归根到底，都是为了人的需要与幸福。然而要享受权利就必须对社会对他人尽相应的义务，否则大家的权利都会享受不到。但义务是伴随权利而来的，是第二位的东西。也正是在这个意义上，人们才常说，"法学就是权利之学"。正确认识和处理这个问题，在我们的立法和司法里都是很有现实意义的。

第七，权利优位于权力。我们的法理学过去受西方一位学者的影响，把所有的法律都归结于"权利和义务"这对基本范畴，把权力看作是权利的一部分。实际上，在公法领域主要是规范国家机构的职权和职责。我们的法理学从来没有这样一章，专门研究国家的职权和职责这对基本范畴。很多国家工作人员对权力与权利的区别也不甚了解，甚至有些重要文件还多次出现过概念混淆。因此很有必要对此予以深入研究和广为宣传。我认为，国家权力和公民权利有以下八点区别：1.国家的职权与职责相对应，在法律上两者是统一的；公民的权利与义务相对应，两者是分离的；2.国家权力不能转让或放弃，否则就是违法或失职；公民的权利则可转让或放弃；3.国家权力伴随着强制力，有关个人或组织必须服从；公民的权利在法律关系中则彼此处于平等的地位；4.国家权力的本质属于社会"权威"这一范畴，不能将其归结为是一种利益；公民权利的本质则是利益；5. 职权与职责，职责是本位的，法律赋予某一国家工作人员以权力，首先意味着这是一种责任；公民的权利与义务，则应以权利为本位；6. 对国家，法不授权不得为；对公民，法不禁止即自由；7. 是公民的权利产生国家的权力，而不是国家的权力产生公民的权利；8. 国家权力是手段，公民权利是目的，国家权力是为实现公民权利服务的。清楚了解与深刻认识以上八点区别，对于正确树立公民权利观特别是国家权力观，是至关重要的。

第八，尊重和保障人权。尊重人、维护人的尊严，首先要尊重人的利益。马克思曾说，人们通过斗争所要争取的一切都和利益有关。党的十六届六中全会决议把必须坚持以人为本作为构建和谐六条原则的第一条，提出要"始终把最广大人民的根本利益作为党和国家一切工作的出发点和落脚点，实现好，维护好，发展好最广大人民的根本利益"。以人为本而不尊重、维护与实现人的利益，那就是一句空话。当然，这个利益是广义的。在现代的民主法治社会里，人们的各种利益需求，就集中表现为人权。而且，人依据其人性和人的人格、尊严和价值所应当享有的权利，必须用法律明确、具体、详细地加以规定，使之成为法律上的权利，这种应有权利才能得到最有效的保障。我在前面列举的以人为本的七个方面的观念与政策，最终都应当通过人权保障制度的完善得到体现与落实。而以人为本理念与原则的提出与实施，将成为我国人权保障制度坚实的理论基础与推动力量。1993 年，我在江泽民同志提议下撰写的，由刘国光、汝信教授主编的《中国特色社会主义经济、政治、文化》这本书里曾写道："社会主义者应当是最进步的人道主义者，社会主义者也应当是最彻底的人权主义者。"最近，基于我对以人为本的理解，我还想在这两句话的后面加一句："社会主义者还应当是最坚定的人本主义者。"

后记：本文曾在全国政协社会和法制委员会同北京市政协、中国法学会于 2007 年 7 月举办的"和谐社会与法治建设研讨会"上作为会议论文提交，并在大会上作发言，尚未在报纸杂志公开发表。

十三、论我国罪犯的法律地位

对罪犯的教育改造，是我国政法工作的一项重要任务。为了做好这项工作，对罪犯在法律上的地位，有必要加以研究。

研究罪犯的法律地位，必然涉及罪犯是不是公民的问题。有的人把"公民"和"人民"等同起来，认为被剥夺了政治权利的罪犯属于"敌人"的范畴，就不是公民；有人认为，凡是犯了罪、判了刑的人，都是"专政对象"，都不是公民。在他们看来，罪犯，特别是被剥夺了政治权利的罪犯，不再是"公民"，而是"国民"。我们认为，这些看法是不妥当的。

现今世界各国，由于政治制度不同、国情不同、法律制度的历史沿革不同，在自己的宪法和法律中，对于人民、公民、国民这三个概念的使用和解释，是不一致的。例如，在苏联，凡是具有该国国籍的人，都是苏联的"公民"；在日本，凡是具有该国国籍的人，都是日本的"国民"；在美国，凡是美国本土出生，具有该国国籍的人，都是"公民"；凡是美国属地出生（现在主要是指东萨摩亚群岛），具有该国国籍的人，都是"国民"。

在我国，"人民"、"国民"、"公民"的含义，只能根据我们的现行宪法和法律来使用和解释。"人民"是相对于"敌人"而言的，在不同的历史时期，有不同的含义。在我国的现行宪法和法律中，需要把人民与敌人严格区别开来的时候，有时也用这个概念。但是，它们不是一种法律术语，而是一种政治术语。同样，"国民"也不是作为在法律上享有一定权利和义务的人的术语来使用的。我国现行宪法和法律也用这一概念，但主要用于经济方面，如"国民经济"、"国民收入"、"国民分配"、"国民经济计划"等等。"公民"这个概念，在我国宪法和法律上，是作为一个享有某种权利，承担某种义务，具有一定法律地位的人的专门的法律术语。凡是具有我国国籍的人都是我国的公民；凡是我国的公民，都享有一定的权利，应尽一定的义务；他们的权利都受到法律的保护。我国公民犯罪以后，仍有我国国籍，也有一定的权利和义务，仍是我国的公民。

如果认为所有罪犯或者说那些被剥夺了政治权利的罪犯不是公民，那么，不仅《宪法》第三章《公民的基本权利和义务》对他们不适用，而且其他所有法律中有关公民的权利与义务的条文对他们也不适用。比如我国的刑法明确规定，刑法的任务之一，是"保护公民私人所有的合法财产，保护公民的人身权利、民主权利和其他权利"（第2条）。如果说罪犯不是"公民"，他们就不在被保护之列，他们的人身就可以被随便侮辱和任意伤害，他们的财产可以被随便剥夺和非法侵占，任何人这样做都可以不受法律追究。这显然是不行的。总之，按照我国现行宪法和法律的规定，罪犯也是我国的公民，也有公民资格。罪犯只是犯了罪的公民。他们当然和其他的守法公民有区别，其根本区别就在于权利和义务有所不同。

有人认为，犯了罪的公民就没有任何权利和义务了。这种看法是不对的。没有任何权利的人是不能存在的。任何权利都是法律规定的，任何权利的真正实现也必须有法律保护。否则，任何权利都只能是一句空话。人的一切行为也都要受到法律的约束。所谓合法的行为，就是依法有权做的行为；所谓非法的行为，就是依法无权做的行为。人的生命存在本身就表现为一种权利，处死就是剥夺生命权。一个罪犯只要没有被判处死刑，就是承认了他的生命权。既然承认他的生命权，就必须给他以维持其生命存在的其他权利，例如，要有取得生活资料的权利，人身安全的权利，等等，否则生命权就无从享受。

罪犯有一定的权利，更要尽一定的义务。我国公民应尽的各项义务，罪犯都必须严格履行。除此之外，罪犯还有服从管教、遵守劳动改造纪律等义务。罪犯之所以是罪犯，重要的一条是因为他没有很好地履行公民应当履行的义务；对他科以刑罚，就是要用强制手段迫使他在劳动中改造自己，逐步把他改造成为能自觉地履行公民义务的公民。

有人认为，罪犯没有权利，但应给罪犯以人道主义的待遇。这看法也是不对的。人道主义是一个道德范畴，它不具有法律效力。如果只笼统地、抽象地讲人道主义，那么司法人员既可以对罪犯实行人道主义，也可以对罪犯不实行人道主义。再加上每个人对人道主义的理解不同，执行起来伸缩性很大。因此，只有把对罪犯的人道主义待遇变成罪犯应当享有的各种具体的法定权利，并由法律加以保护，革命人道主义才能真正实现。我国的《刑法》和《刑事诉讼法》，已经包含了这一项内容。

有人认为，罪犯在服刑期间，一律不享有政治权利。这种看法是不对的。我国《刑法》第 52 条规定："对于反革命分子应当附加剥夺政治权利；对于严重破坏社会秩序的犯罪分子，在必要的时候，也可以附加剥夺政治权利。"因此，剥夺政治权利只适用于这两种罪犯，其他刑事罪犯仍保留了政治权利。在我国的罪犯中，被剥夺政治权利的是很少的。一般地说，凡是敌我矛盾性质的罪犯都要剥夺政治权利；人民内部的犯罪分子一律享有政治权利。1957 年 4 月 16 日，我国最高人民检察院在《关于缓刑期间被告人是否有政治权利等问题的批复》中曾指出："人民法院判处徒刑宣告缓刑的被告人，如果原判未剥夺政治权利，是应当有政治权利的。"

人身权利也是罪犯的一项重要权利。判处徒刑的罪犯，被剥夺了人身自由权；判处拘役和管制的罪犯，被剥夺了部分人身自由权。但是人身自由权只是人身权利的一部分。除人身自由权外，其他人身权利，所有罪犯都没有被剥夺，都应受到保护。我国《刑法》分则第四章《侵犯公民人身权利、民主权利罪》中有关保护公民人身权利的条文，原则上对所有罪犯一律适用。如"故意杀人"、"过失杀人"、"故意伤害他人身体"、"过失伤害他人致人重伤"等条文里所指的犯罪客体"人"，都包括罪犯在内。《刑法》第 138 条规定："严禁用任何方法、手段诬告陷害干部、群众。凡捏造事实诬告陷害他人（包括犯人）的，参照所诬陷的罪行的性质、情节、后果和量刑标准给予刑事处分。"有人认为，对罪犯诬告没有什么关系，这是错误的。这一条特别指出被诬告陷害的"他人"包括"犯人"在内，目的在着重强调对犯人也不例外，是完全必要的。《刑法》第 136 条规定："严禁刑讯逼供。国家工作人员对人犯实行刑讯逼供的，处三年以下有期徒刑或者拘役。以肉刑致人伤残的，以伤害罪从重论处。"这就保证了罪犯的某些人身权利不受侵犯。

罪犯不仅享有公民的政治权利和人身权利，而且还应有广泛的经济、文化与婚姻家庭等方面的权利。我国《宪法》第九条规定："国家保护公民的合法收入、储蓄、房屋和其他生活资料的所有权。"这一条对罪犯也是适用的。任何侵犯罪犯个人财产和生活资料的行为，都是违法犯罪行为，情节严重者，要受到法律的制裁。罪犯也有受教育的权利。监狱和劳动改造机关有义务组织他们学政治、学文化、学科学技术知识。不少罪犯就是因不注意学习、惯于游手好闲而犯罪的。要改变他们的这种恶习，就必须让他们学习。此外罪犯的婚姻与家庭也应受到我国法律的保护。我国的《刑法》第七章《妨碍婚姻、家庭罪》中有关惩处"重婚"、"拐骗不满十四岁的男、女"、"虐待家庭成员"、"拒绝扶养"等犯罪行为的条文，也同样适用于罪犯。

还有一点需要指出的是，我国《刑事诉讼法》第四条规定："对于一切公民，在适用法律上一律平等"。这里所说的"一切公民"，应当包括罪犯在内；这里所说的"在适用法律上一律平等"的法制原则，对于罪犯同样有效。因此，凡是罪犯没有被剥夺的各种公民权利，应该得到和其他公民同样的保护。

后记：本文原载于 1979 年 10 月 31 日《人民日报》，署名：李步云、徐炳。此文发表后引起全国震动。当时的公安部劳改局、全国人大法制工作委员会、人民日报和作者本人，都收到大量来信，有支持者，也有反对者。某司法机关的文件，曾批评此文：只讲对罪犯的权利保护，不讲对他们进行斗争（其实对罪犯判刑就是"斗争"，同时文章也讲了罪犯应服从管教等）。有学者在报刊撰文，认为罪犯不是公民。一研究所曾以此文上报，认为有"自由化"倾向。但张友渔教授认为，此文观点正确。作者曾到公安部劳改局就此征询意见。参与座谈的该局李均仁等三位同志明确支持作者的观点，认为"很有启发"，并希望作者就此再写文章。此文的观点后来被 1994 年 12 月制定和颁布的《监狱法》所采纳，该法共 78 条，其中涉及保障罪犯权利的有 20 多条。本文反响还可参见郭道晖教授所著《法的时代精神》（湖南人民出版社 1997 年版，第 4 页和第 62 页）。

十四、发展权的科学内涵和重大意义

生存权和发展权是首要人权，这是中国人权观的基本观点。国外很多学者不认为发展权是一种人权，国内也有学者对发展权的含义存在不同看法。搞清楚发展权的确切含义及其重大意义是一个重要的人权理论问题。

发展权作为一种权利，必须具有三个基本要素：一是权利主体，即什么人享有权利；二是权利内容，即法律主体的权利诉求；三是义务主体，即什么人、什么组织对这项诉求负有义务和责任。要搞清这个问题，必须对发展权做狭义和广义的理解。

狭义发展权是一项集体人权。其国际法依据是《发展权利宣言》序言第十六自然段："确认发展权利是一项不可剥夺的人权，发展机会均等是国家和组成国家的个人的一项特有权利。"狭义发展权是当时发展中国家极力推动制定《发展权利宣言》的主要成果，反映发展中国家的权利诉求，即发展中国家有"发展机会均等"的权利。

狭义发展权的理论依据有三点：第一，在国际上长期存在不良的经济政治旧秩序，严重制约着发展中国家的发展；第二，享有平等权和平等发展机会的权利是全人类的共同愿望和价值追求；第三，不同发展阶段的国家是相互依存的，如果发展中国家长期落后，也影响发达国家的进一步发展。

根据各类国际文书，狭义发展权的内容，主要是要求各种国际组织和所有发达国家采取措施，促进不发达国家的发展。

广义发展权是一项个人人权。国际法依据是《发展权利宣言》"序言"第十三自然段。该段指出："承认人是发展进程的主体，因此，发展政策应使人成为发展的主要参与者和受益者"，其内容对发达国家和发展中国家都是适用的。任何国家的任何个人都有参与发展的权利和平等享有发展成果的权利，这一权利对百万富翁和无家可归者都是适用的，但是实际受益者是社会的底层。

广义发展权即个人人权，其内涵和意义适用于每个国家。发展权利在我国适用和表现的依据主要是科学发展观。该理论认为以人为本是科学发展观的核心，主要内容是发展为了人民，发展依靠人民，发展成果由人民共享。这一表述主要是从个人人权的角度提出。

我国对发展权的理解和立场是狭义和广义的结合。这样才能准确把握发展权的科学内涵及其重大意义，以便正确实现这一权利。中国自1978年进入改革开放的伟大新时代以来，曾连续十余年GDP保持在10%左右的增速，人民的生活水平得到了极大的提高，创造了人类经济发展的世界奇迹，一跃成为国际第二大经济体。这与我们坚持"发展为了人民，发展依靠人民，发展成果由人民共享"，对西部地区、少数民族地区实行特殊援助政策是紧密联系在一起的。今天，中国仍然是最大的发展中国家，面临可持续发展的严峻形势和任务。党的十八大以来，中央协调推进"四个全面"战略布局，大力加强社会保障制度，不断加强对少数民族和西部地区的支持力度。这一切都是为了保障发展权，以调动广大人民群众参与发展的主动性、积极性和创造性，保障国家富强、人民幸福的发展趋势。党的十八届五中全会又提出了"创新、协调、绿色、开放、共享"新发展理念，其实现也需要切实保障全国人民的发展参与权和成果共享权以及坚持对西部地区的支持。

全面理解发展权的科学内涵和重大意义还需认识到发展权与生存权是

首要人权。发展权和生存权是密切联系在一起的。尽管人们对生存权的认识有很大分歧，但有一点是一致的，即它是一项"综合性"权利。我认为，顾名思义，生存权的基本内涵应当是指人人都有能够生存下去，并过着体面的、有尊严的生活的权利。

生存权、发展权是首要人权，中国政府这一观点有其特定含义。第一，它并未否定各类人权都重要。但从各类人权的相互联系和相互影响看，必有一方在这种相互影响中起更重要的作用。这同历史唯物主义的世界观是联系在一起的。因为"人们首先必须吃喝住穿，然后才能从事政治、科学、艺术、宗教等等"。恩格斯在马克思墓前的演说中曾说道，"马克思正是从这一最最简单的事实，悟出了一条历史发展的基本规律：生产力的发展是人类社会发展进步最终的决定性的力量。"这是由全部人类文明发展史所充分证明了的一条规律。换句话说，一个国家经济发展很落后，人们生活很贫困，要想民主、科学、文化发达还是很困难的。这也可以从一个最简单的道理来说明：当一个人还处于忍饥挨饿的时候，他最需要的不是一张选票，而是一袋面粉。第二，由于各国具体国情不同，人权发展战略的优先事项会有很大差异。发达国家人们的生活水平高了，受教育程度高了，人们自然会更有兴趣和能力关心竞选；而发展中国家为了提高保障人权的整体水平，自然会把发展经济、提高人们的生活标准放在优先位置。这两点并不妨碍政府应对各类人权都予以重视。

后记：本文原载于《人民日报》2016 年 6 月 6 日。

十五、关于信息公开的几个理论问题

这次全国信息公开研讨会取得的一个重要成果，是对信息公开有关的几个理论问题展开了广泛的讨论。有些问题取得了共识，有些问题见解尚不一致，有些问题虽然来不及交换意见，但对今后进一步探讨很有好处。下面，我谈一点个人看法。

（一）信息公开的概念

什么是信息？很难下一个定义，因为它的内涵十分广泛。一般来说，信息与信息载体分不开。也许是考虑到这一点，台湾地区在立法上使用了"资料档案自由法"的称谓。日本1999年5月7日国会通过的《信息公开法》里将信息载体，即"行政文件"作为公开的对象，具体指"行政机关的职员在职务活动中制作或获得的，供组织性使用的，且由该行政机关拥有的文书、图画以及电磁性记录"。英国2000年制定的《信息公开法》，其"信息"是指有记录的任何信息，也就是有一定载体的任何信息。信息公开、信息自由和知情权这三个概念是密切相关的，但不宜在它们之间画等号。例如，政务是否公开，公开哪些，用什么形式公开，是行政机关的事情，不是公民说了算。公民有要求政务公开的权利，这权利就是知情权。① 信息自由也是公民的一项权利，包括获取信息自由和传播信息两个基本方面。知情权主要指公民有获取信息的权利和自由，并不包括传播信息的自由，但知情权是信息传播自由的理论依据。只有信息传播自由，公民才能更好地实现知情权。各国家机关实行信息公开，既是一项职权，又更是一项职责。它有权决定哪些信息公开，哪些信息不公开，且其具体内容要由法律规定，不能任意决定或少数领导者个人说了算。同时，它有义务和责任公布那些必须和应当

---

① 知情权（又称知的权利、得知权等）一词源自英文 right to know。它产生于资产阶级民主革命时期。1787年1月16日，美国《独立宣言》起草人托马斯·杰弗逊（Thomas Jefferson）在写给友人的一封信中，曾说："我们政府的基础源于民意。因此，首先应该做的就是要使民意正确。为免使人民失误，有必要通过新闻，向人民提供有关政府活动的充分情报。"1798年法国《人权宣言》第15条规定："社会有权要求全体公务人员报告其工作。"这可能是学者和宪法性文件中比较早地出现的有关知情权观念和制度的文献。

公开的信息，否则就是失职。这同公民个人的权利与自由是有严格的区别的。① 需要指明的是，这种信息公开的职权与职责，并不包含有获取信息自由的内容。

（二）信息公开的主体

依据上述信息公开、信息自由和知情权这三个概念的区别，信息自由和知情权的权利主体是公民个人。其义务主体首先是国家机关，因为他们有保障公民个人享有获取与传播信息的自由和知情权的职责。其义务主体也包括其他社会团体、企事业组织、公民，因为任何社会组织和个人都不得妨碍、压制和破坏公民个人享有获取与传播信息的自由。在西方，信息公开的主体是国家机关，② 但也有不少国家包括国有企业，这当然是针对广大公民而言。今天，我们讲信息公开，其主体主要是国家机关，首先是行政机关的职责，同时，权力机关、司法机关实行信息公开也很重要。至于其他社会团体或企事业组织有公开信息的责任和义务，则是针对其所属

---

① 国家权力与公民权利是有严格区别的：第一，国家的职权与职责相对应，公民的权利与义务相对应，前者往往是统一的，后者则是分离的。第二，权利有的可转让或放弃，而职权不可以转让或放弃，否则就是违法与失职。第三，国家职权伴随着强制力，有关个人和组织必须服从，权利在法律关系中则彼此处于平等地位。第四，职权不代表个人利益，权利可以代表国家的或集体的利益，也可以代表个人利益。第五，是公民的权利产生国家的权力，如公民行使选举权产生政府，而不是国家的权力产生公民的权利，权利（人权）是人所应当享有的，不取决于法律是否规定。第六，国家权力是为实现公民权利服务的，而不是相反。

② 韩国1998年1月1日起正式实施的《国家公共机关情报公开法》规定：公开的主体除行政机关外，而且包括了议会、大法院、宪法法院、中央选举管理委员会、地方自治团体及政府投资机构。这种关于信息公开的做法在世界各国是为数不多的。西方国家制定《信息公开法》，其中多数是要求行政机关做到信息公开，这是因为行政机关信息公开的内容最为宽泛，行使起来也最为困难。而立法机关和司法机关的信息公开，通常由宪法或一些基本法律作出了明确规定，同时也由传统和习惯所决定。中国的现实情况有很大不同，行政机关信息公开程度很低，就像审判应公开这样的宪法已明确规定的制度都在一个很长时期里没能得以普遍实行。

社会团体的成员或私营企业职工、股民等等而言的。

（三）信息公开的性质

知情权是现代社会公民的一项基本人权，具有不可剥夺的性质。在实践中，它同时也具有请求权的性质，即有权要求国家机关公布他们应当公布的某些信息。信息自由是一项"消极权利"，即国家机关不得侵害公民那些合法与合理的获取与传播信息的自由。知情权和信息自由是属于个人人权的范畴，它的享有和行使方式主要是针对公民个人。至于某些社会特殊群体如少数民族、残疾人等等是否具有集体要求获知有关该群体的某些信息的权利，这是可以研究的。信息公开是现代国家机关行使职权与履行职责的一项基本原则，同时，它也具有制度性特点，即哪些信息应公开，以什么途径和形式公开，都要有具体的详细的规定。[①] 国家机关的信息公开制度是基于公民享有知情权和信息自由权而建立的，但它本身并非人权，而是属于民主与法治的范畴。信息公开作为一项原则和制度，应当体现在国家立法、行政、司法机关活动的各个环节和各个方面。工作的公开性和透明度的发展水平，是现代民主与法治是否建立与完善的一个重要标志。

---

① 1996 年美国《信息公开法》规定：行政机关信息公开是原则，不公开的只是例外。任何行政机关决定某项信息不公开时，必须向国会说明原因和理由，该机关法规部门的负责人必须提交该项信息不予公开的法律意见。1976 年美国《阳光下的政府法》规定：任何由两个以上成员组成的行政领导机关决定任何事务时，应公开举行会议，要允许公众旁听和评论；遇军事、外交、机密或个人隐私，可以秘密开会，但其投票结果应书面记载。1999 年日本《信息公开法》规定：任何人都有权向行政机关的首长请求公开该行政机关拥有的行政文件，该机关应在 30 日内作出是否公开的决定；对拒绝公开决定不服时，请求人可以提出行政复议申请。英国 2000 年《信息公开法》规定：信息是指有记录的信息，其不予公开的例外，具体列举有十余种。任何人要求提供信息不必说明理由，但需付一点成本费。公开机关必须在接到付款后 20 日内给予回答。

（四）信息公开的价值

信息公开的价值主要体现在：第一，信息公开是主权在民的体现。我国现行《宪法》规定："国家的一切权力属于人民。"主权在民是针对封建专制主义的"主权在君"而出现的，它是现代民主的理论基础，也是现代民主的根本原则和灵魂。根据这一原则，人民是国家的主人，政府是人民的公仆。公仆办事情，主人应当知道，否则人民怎么当家作主？第二，信息公开是公民行使监督权的前提。在现代民主制度下监督权具有同选举权同样重要的性质。监督权的行使在时间上具有持续性，在空间上具有广泛性，其内容与形式丰富多样，是国家为人民所有、为人民所用的的重要保证。立法、执法、司法的透明度愈高，公民实行监督的可能性就愈大。第三，信息公开是政府科学决策的条件。什么事情都暗箱操作，公民想参与政治也是很难的。人治是依靠少数领导个人的智慧、判断、意愿来治理国家的，法治则相反，它是依靠广大人民的智慧、判断、意愿来治理国家，在民主与法治基础上进行科学决策。因而信息公开是法治国家的基本要求。第四，信息公开是市场经济公平竞争、诚实、信用的保障，公开性是预防不正当竞争和欺诈行为的良药。第五，信息公开是保护公民权利的最好途径。公民只有知道自己有什么权利、怎样才能保护、行政机关与司法机关实际做了什么，他们才能有效地为维护自身权利而斗争。第六，信息公开也是防止国家权力腐败的有效措施。杰弗逊说的"阳光能够杀病菌，路灯可以防小偷"是颇富哲理的。政府建立信息公开制度，一切腐败行为就难以滋生与蔓延，也较易发现与整治。

（五）信息公开的动力与困难

无论是国际上还是在国内，推进信息公开的外在动力首先是现代科学技术的发展。在信息网络时代，"你不想公开，我也可以公开"。其次是经济全球化的出现。要求提高政府政策和措施的透明度已成为入世的重要条件。① 再次是第二次世界大战后人权观念的普及，人权保障今日已成为各个国家政治与文化的基本话语。② 推进信息公开的内在动力，是信息公开符合人类根本的和切身的利益，任何政府都不能无视公民要求享有知情权的这一愿望。就我国的具体情况而言，信息公开需经历一个长期的发展过程，它将取决于如下四个基本条件的逐步完善：一是民主政治的建设；二是法治国家的建立；三是人权观念的普及；四是经济文化水平的提高。在实现途径和方式上，我们需要自上而下的安排，但更需要自下而上的推动。其中学术界和舆论界肩负十分重要的责任。

（六）信息公开的法律措施

首先，要加强宪法对知情权的保护。世界上多数国家的宪法虽然没有

---

① WTO虽然主要是各成员国之间贸易方面的一项制度安排，但它处处体现出对市场化、信息化和民主化的要求，透明度是它的主要目标之一。它集中体现在《贸易条例的公布和实施的关贸总协定》第10条。该条第一款规定：缔约国有效实施的关于海外对产品的分类或估价，关于税捐或其他费用的征收率，关于对进出口货物及支付转账的规定、限制和禁止，以及关于影响进出口货物的销售、分配、运输、保险、存仓、检验、展览、加工、混合或使用的法令、条例与一般援用的司法判决及行政决定，都应迅速公布，以使各国政府和贸易商对它们熟悉。一缔约国政府或政府机构与另一缔约国政府或政府机构之间缔结的影响国际贸易政策的现行规定，也必须公布。该条第二款规定：非经正式公布的措施，不得实施。可以说，包括《服务贸易总协定》、《与贸易有关的知识产权协定》等等在内的几乎所有的WTO法律文件都规定和贯穿了政府信息公开原则。值得特别指出的是，WTO所设立的贸易政策审查机制是推进各成员国政府信息公开最为有力的制度保障。

② 知情权作为近代的一项基本人权，它在全世界的传播与接受，深受国际人权法的影响。1946年联合国通过的第59号决议中即已宣布："查情报自由原为基本人权之一，且属联合国所致力维护之一切自由之关键。"1948年《世界人权宣言》第19条规定：人人享有通过任何媒介寻求、接受和传递信息的自由，而不论国界，也不论口头的、书写的、印刷的、采取艺术形式的，或通过他所选择的任何其他媒介。国际人权文书中专门对知情权作出规定的是1978年联合国《关于新闻工具有助于加强和平与国际了解，促进人权，反对种族主义，种族隔离及战争煽动的基本原则宣言》。该宣言第2条重申："享有主张、发表意见和新闻等自由的权利，被公认为人权和基本自由之不可分割部分。"该宣言的内容涉及新闻自由的一系列问题。

对知情权作出明确规定，但是知情权是一项宪法权利，可以通过"权利推定"予以肯定。因为依照"人民主权"的原理与原则，人民理应享有知情权。① 建立宪法诉讼制度，是加强宪法对知情权保护的重要一环。其次，应加强对信息自由立法的研究，并加快其进程。这是一种世界性趋势。澳大利亚在 1982 年，美国在 1996 年，日本在 1999 年，英国在 2000 年，已分别制定了信息公开法。一般说来，除应当保密的事项以外（主要是国防与外交机密、个人隐私、青少年特殊保护等）都可以公开。在我国，修改保密法是需要采取的一个重要步骤。现在正在大力倡导的立法公开、政务公开、警务公开、检务公开、审判公开、村务公开等，虽然已取得显著成效，但仍需要通过法律、法规的形式进一步予以规范，并扩展其范围，深化其内涵。再次，公民的知情权和信息权作为一项"消极权利"，当其遭受侵害时，应有权获得法律救济。欧洲人权委员会和人权法院已有关于表达自由方面的 100 多个案例，约占总案例数的十分之一。我国也已有这方面的案例，这是一个良好的开端。知情权和信息自由权的保护进入司法领域，是未来的一个走向，具有非常重要的意义。

后记：本文最早刊载于《岳麓法学评论》第 2 卷。它是作者主持的"知

---

① 人权有三种存在形态，即应有权利、法律权利和实有权利。人权的本义是应有权利。人权是人作为人，依据其自然的和社会的属性和本质，依据人的人格和尊严所应当享有的权利，它不以法律是否规定为转移。法律是人制定的，立法者可以不在法律上作出对各种具体人权的认可和规定，它甚至可以运用法律手段剥夺个人和某些特殊群体的人权，如前南非种族主义政权。当然，法律是保障人权最重要的一种手段。法定人权是一种比较容易得到实现的人权，有时候法律对人权做了规定，但只是一张空头支票，而法律之外，人的所有权利还可以得到道德、习俗、宗教、乡规民约等一定程度上的保护。实有人权就是人所能够实际享受到的人权。所谓"权利推定"，主要是指人的某项应有权利可以通过现实社会条件和逻辑分析推导出它的存在，有时可称其为法律上的默示权利。例如申请权，在古代封建专制主义的政治制度下，它是难以存在的，在近代民主制度下，是可以推导出公民应当充分享有知情权。由于它是人民当家作主和享有各种政治、经济、文化、社会等权利的基础和前提，因此知情权应当是一项宪法性权利。

情权研究"课题研究成果之一。该课题的最终成果是《信息公开制度研究》一书，该书于2002年8月由湖南人民出版社出版，本文是该书的开篇。该课题组曾于2001年12月15日至17日在长沙湖南大学召开了"全国信息公开研讨会"，全国60余位专家参加了会议，这样主题和规模的研讨会在全国尚属首次。《法制日报》、《工人日报》、《中国改革报》、《中国日报(英文版)》等报刊对会议作了详细报道，引起全国理论和实务界对此问题的广泛关注和深入研究。

十六、什么是人权法

在现代，法律是保障人作为人依据其本性以及人的人格，尊严和价值所应当享有的权利的最普遍、最基本、最有效的手段。1978年党的十一届三中全会以来，特别是1991年以后，人权问题开始受到人们的普遍关注和重视。但是在很长时期里人们讨论和研究的都是"人权"问题，而很少使用"人权法"这一概念。2002年，教育部在颁布"十五"规划教材编写计划时第一次将"人权法"列入其中，并将其安排在法学的14门必修课程教材之后，"人权法"一词才被学术界普遍注意和使用。国际人权法作为国际法的一个组成部分，已得到国内外学者的公认。但是有没有"国内人权法"却是一个问题。多数学者认为，"人权法"就是指的"国际人权法"，并不存在什么"人权法"或"国内人权法"。这在理论上是不正确的。那么，国内人权法与国际人权法两者的区别究竟在哪里？国内人权法各自的构成要素是什么？它们的相互关系又是怎样的？本文试图探讨这些问题。

（一）人权法的定义与两类人权法的区别

1.人权法的定义

要肯定"国内人权法"的存在，就必须讲清它同国际人权法的区别。

为此，我们首先必须给"人权法"下个一般的定义。我认为，人权法是主权国家通过法律、法规与判例，或国际法主体之间通过条约与习惯等法的形式，规定或认可的有关保障人权的原则、规则或制度的总称。人权法的这一定义包括四个基本的内容：

（1）它是通过"法的形式"所规定或认可的，因此这里所内含的人权是一种法律权利，是被法律化了的人权。

（2）通过法的形式保障人权的主体可以是主权国家，也可以是国际法的各种主体。

（3）"法的形式"包括国内法的形式或渊源，也包括国际法的形式或渊源。

（4）这里所说"人权"，除了规则即各种具体权利，如生命权、选举权、劳动权、受教育权之外，还包括各种人权原则如平等、自由、人道等等，以及与人权保障直接相关的各种制度，如司法独立、程序正当、无罪推定以及各种特殊的立法与救济制度。

这一定义，内含国内人权法与国际人权法这两大门类既有严格区别、又有密切联系的人权法在内。

什么是国际人权法？国内出版的一些国际法教科书有大体一致的各种定义。如："国际人权法主要是指国际法主体之间有关尊重、促进和保护人的基本权利和自由的原则、规则和制度的总称。"[1]"国际人权法，是国际法主体之间有关的规定和保护人的基本权利和自由的原则、规则和制度的总称。"[2]现在国内外学者对国际人权法是什么，看法也基本相同，即肯定它的存在，并已成为国际法的一个分支。但是，有没有国内人权法，则似乎是一个新问题、新概念。其实，国内人权法与国际人权法的区别是十分明显的。

---

[1]　端木正：《国际法》，北京大学出版社 2000 年版，第 337 页。
[2]　程晓霞：《国际法》，中国人民大学出版社 1999 年版，第 80 页。

2.国内人权法和国际人权法的区别

（1）制定主体不同。国内人权法制定的主体是主权国家，它们享有独立制定自己国家有关保障人权法律的权力。国际人权法制定的主体是由主权国家共同组成的国际组织，主要是联合国有关机构，也包括国际劳工组织这样的机构。地区性人权法的制定主体，是该地区的若干主权国家所组成的群体如欧洲联盟。区域性人权文件，如《欧洲人权公约》、《非洲人权公约》、《非洲人权和民族权宪章》等，有人认为是属于广义上的国际人权法，有人认为是介于国际法与国内法之间的一种法的类型。但它肯定不能被视为是属于国内人权法的范畴。①

（2）具体内容不同。国内人权法所确认的人权内容主要是个人人权，也包括某些群体如妇女儿童、少数民族、残疾人等的权利。国际人权法的内容，在广义上包括国际人道法，即战争和武装冲突期间保护平民、战斗员以及战争和武装冲突的受难者的原则、规则和制度。狭义的国际人权法的内容又包括两部分，其一是关涉各种个人人权以及某些群体人权，是为各国制定人权法提供共同标准；其二是自决权、发展权、环境权、和平与安全权人道主义救助权等国际集体人权。

（3）法律渊源不同。由于各国法律制度不同，国内人权法的渊源，不同国家存在差异。在中国，它们主要包括：宪法、法律、行政法规、地方性法规、部门规章和省级政府规章以及自治条例和单行条例，等等。国际人权法的渊源，国内外学者几乎看法完全一致。它们包括：国际条约、国际习惯法以及公认的国际法原则和国际司法判例、权威学者学说等。

（4）实施机制不同。国内人权法由主权国家通过立法、执法、司法

---

① 朱晓青认为："区域性组织仍是国际组织，不过与全球性的国际组织相比，它们从覆盖面来讲是有限的或较小型的……在区域性国际组织框架下建立的区域性人权保护机制同样是联合国人权保护机制的补充。"见朱晓青：《欧洲人权法律保护机制研究》，法律出版社2003年版，第41页。

以及某些监督机制予以实施；国际人权法一部分通过直接或间接的方式转化成国内人权法由各主权国家予以实施，一部分通过国际组织自己特有的人权实施机制予以实施。目前，仅联合国系统内的人权机构就有40多个。1993年12月，在联大第48届会议上又设立了人权事务高级专员。2006年，原来的人权委员会已升格为人权理事会，同安全理事会和经社理事会并列。具体的实施制度包括：报告及审查制度、处理来自国家的来文制度；根据条约任意选择条款的个人申诉制度以及联合国"1503程序"，等等。

（5）所属体系不同。国内人权法属国内法的范畴，是各主权国家法律体系的一部分，是同其所属国其他法律部门紧密结合在一起的。国际人权法属国际法的范畴，是国际法法律体系的一部分，是同国际组织制定与实施国际法的其他部门有紧密联系的。根据前面所作国内人权法同国际人权法的区分，我们可以为国内人权法下这样的定义：国内人权法是主权国家通过宪法和法律、法规予以确认和保障的有关人权的原则、规则和制度的总称。它不属于国际法的范畴，而是国内法的一部分。

（6）产生历史不同。近代人权产生于资本主义商品经济和资产阶级民主革命的社会背景下。18世纪末是近代人权思想开花结果的时期。1976年美国的《独立宣言》、1789年法国的《人权与公民权宣言》，以及1789年美国宪法前十条修正案（即"权利法案"），标志着近代人权已进入国内法领域。人权进入国际法领域则晚得多。一次世界大战后，这一进程刚开始。那以后，在保护少数者（人种、语言、宗教等方面是处于少数群体）、禁止奴隶贸易、保障劳工权益等领域，逐渐出现国际人权规范。而人权保护全面进入国际领域，是第二次世界大战以后的事情。其根本标志是《联合国宪章》有关人权保护的七个条款，以及由三个文件组成的《国际人权宪章》的诞生。

3. 国内人权法不被认可的原因

国内人权法今天在中国还是一个新概念，一些学者只承认有国际人权法而不认为有国内人权法，主要有以下几个原因：一是中国在 20 世纪80 年代曾把人权看作是资产阶级的口号，90 年代初才开始讲"人权不是资产阶级的专利品"。也有不少学者认为，人权就是宪法规定的"公民的基本权利"，也用不着再讲人权。而学术界对人权问题的研究是从1991 年以后才得到普遍关注和开展。在"国内人权法"的概念上存在无有的根本分歧，同我们对它的研究历史不长，尚未深入和展开有关。二是长期以来法学界对中国法律体系及各部门法的划分，其认识及理论已有固定的模式。如多数学者认为，中国的法律可划分为：宪法及宪法相关法（还有称之为"宪法性法律"等）、行政法、民商法、经济法、社会法、环境资源法、刑法、诉讼法、国际法、军事法等，而没有"人权法"的位置。而且，前述部门法的划分已得到国家立法、行政、司法机关的认同，但从未提出和认真研究与考虑过"国内人权法"这一概念以及相关的理论与制度。三是同人们对"法的内容"的"构成要素"的理论存在不同认识有关。所谓"法"，其细胞是法的"规则"（或称"规范"），而不是某个或某些法的"规范性文件"。因此，它们看来很难找到某个或某些法律、法规"规范性文件"可以视为"人权法"。其实，其他国内部门法的情况也是这样。例如我国刑法，在未法典化之前，它的许多规则（规范）曾散见于许多属于其他部门法的法律法规之中。国际人权法的情况也是这样。除《国际人权宪章》以及联合国系统 70 多个人权文书（其中 20 多个是公约），其他许多"宣言"、"守则"、"准则"、"认定书"、"行动纲领"里也包括种种具体的人权规则。四是作为国际法的一个组成部分或分支，国际人权法同其他国际法的分支相比，有它自己的特点，其一就是现今各种具体人权几乎已在各种国际人权法的文书中详加列举，而其实施又主要是依靠并通过各主权国家的立法、执法、司法等措施。这就容易造成一种印象和错觉即各主权国家的种种人权规则、原则与制度，都是国际人权法的组成部分，因而不存在一种相对独立的国内人权法。

（二）国内人权法的形式

1. 宪法

法的形式也可称为法的渊源。就国内人权法而言，宪法是它最根本的最主要的渊源。这是由宪法的根本性质和主要内容及其基本使命所决定。然而，这需要明了宪法自身产生的历史背景才能深刻理解。宪法是近代资产阶级民主革命的产物。近现代民主的理论基础与根本原则是"主权在民"。我国现行《宪法》规定，"国家的一切权力属于人民"就是这一根本原则的体现。"主权在民"是封建专制主义的"主权在君"的对立物。但是，人民要想当家作主，却不可能人人都去直接参与对国家的管理，因而就必须实行"代议制"的民主体制，即通过选举产生国家机构（如西方的"议会"、我国的人民代表大会制度），由这些国家机构代表人民管理国家。然而，国家机构一经产生，它们就有可能握有无限大的权力，就有可能乱来而不按程序办事，就有可能肆意侵害人民应当享有的各种权利。在这种背景下，具有国家根本法性质的近现代宪法由此应运而生。这种宪法的根本任务有两个：一是规范政府的权力；二是保障公民的权利。这也是宪法的两个最主要的内容和最根本的职能。综观世界各国宪法，有的宪法有序言，有的宪法就没有；有的宪法对经济文化的制度以及国家的种种政策作出规定，有的宪法就没有。但是，规范政府权力和保障公民权利，则必须有，否则就不成其为现代宪法。由于国家权力是手段，公民权利是目的，国家机构存在的意义，就是为了保障公民的权利，为人民谋幸福，因此列宁说，宪法不过是一张保障人民权利的纸。现在世界各国都把宪法保障人权的基本原则和具体规定，作为人权立法的基础，作为人权实施的最高行为准则，作为司法裁判的最终法律依据。

我国现行《宪法》颁布于1982年，后又经1988年、1993年、1999年和2004年四次修改补充（共31条修正案）。这部《宪法》对人权保障作了相当全面和系统的规定。与各国宪法中人权规定作得好的相比，中国现行《宪法》有关人权的规定并不逊色。它们集中反映在《公民的基本权利和义务》一章中。具体权利包括：选举权和被选举权，言论、出版、集会、结社、游行、示威的自由，宗教信仰自由，人身自由，人格尊严权，住宅不受侵犯权，通讯自由与通讯秘密权，批评、建议权和申请、控告、检举权，受赔偿权，劳动权，休息、休假权，社会保障权，受教育权，科学研究与文学艺术创作自由，妇女平等权，婚姻自由，老人和儿童权利，等等。此外，在总纲中还有很多规定是属于人权保障的范畴，如私有财产权、环境权、民主监督权、经济与文化民主管理权、营业自由权、受庇护权。在宪法的《国家机构》一章中，还规定了民族平等和民族自治权以及村民与居民自治权，等等。特别需要指出，2004 年第四次修改宪法时将"国家尊重和保障人权"作为一项根本原则确立下来，具有重要意义。它有利于显示国家对人权保障的重视，消除国内与国际对我国曾长期把人权看成是"资产阶级口号"的消极影响，促进国内人权保障制度的完善，提高我国的国际形象，体现人权与公民权的联系与区别，从而为"人权推定"提供宪法依据。

2. 法律

"法律"一词，通常有广义与狭义之分。广义的法律（或"法"）是指一国内可由司法机关适用的国家制定与认可的行为规则。狭义的法是特指国家最高立法机关所制定的规范性文件，其法律效力仅次于宪法。其制定机关，在西方，绝大多数称议会；在我国，就是全国人民代表大会。就人权法而言，狭义的法律可以对宪法有关人权的各种原则和各种具体权利，作出具体规定；同时，它还可以原创某些宪法并未规定的属于"人权"范畴的权利，因为宪法不可能也无必要对人权的所有内容作出详尽的列举和规定，而只能规定那些最高立法机关认为是应当和可以作出规定的基本权利。

在中国，属于人权法范畴的法律大体有四类：第一类是人权法的单行法律或可称为人权法的专门法律，包括《国籍法》、《选举法》、《民族区域自治法》、《游行示威法》、《出版法》、《新闻法》等等，这类法律所保障的属于"政治权利"的范畴，中国学者通常称之为"宪法性法律"、"宪法相关法"；第二类为《劳动法》、《工会法》、《社会保障法》、《教育法》、《义务教育法》、《民法通则》、《著作权法》、《婚姻法》、《继承法》、《妇女权益保障法》、《未成年人保护法》、《老年人权益保障法》、《残疾人保障法》、《消费者权益保障法》、《监狱法》等。这类法律所保障的是属于经社文权利的范畴，中国学者通常将其归为"社会法"、"民法"和"行政法"等几个部门法中。它们也是人权法的单行法律或专门法律；第三类是某些具体人权被规定在以规范国家权力为主的各种程序法、组织法和行政法（如《行政处罚法》、《行政复议法》）中，包括一些程序性人权；第四类属人权保障的制度设施性人权法。如《刑法》，它主要是对各种人权遭受侵害后已构成犯罪的如何运用刑罚手法予以惩治作出全面、系统规定的法律。

3.行政法规、地方性法规

在我国，国务院制定的行政法规，其效力高于省一级人民代表大会制定的地方性法规。我国的行政法规相当于西方国家最高行政机关制定的"行政规章"。原则上它们不能创设新的具有人权性质的权利，但可以就人权保障根据宪法和法律的原则精神和具体规定制定某些人权法，如《行政复议条例》、《禁止招用童工规定》、《农村五保供养工作条例》等。

4.习惯法、判例法

在中、西方历史上，习惯法都曾是重要的法律渊源。在成文法出现前，它曾占主要地位，后来其主要地位才由成文法取代，而退居间接渊源的地位。法学家博登海默指出："由于习惯在很大程度上已被纳入立法性法律与司法性法律，所以习惯在当今文明社会中作为法律渊源的作用已日益减少。"[①] 我国是成文法国家。在古代习惯法虽然起过作用，但在现代法

---

① ［美］E.博登海默：《法理学——法哲学及其方法》，邓正来译，华夏出版社 1987 年版，第 499 页。

律渊源中已很少见，但不是绝对没有。如我国《婚姻法》规定："民族自治地方人民代表大会和它的常务理事会可以依据本法的原则，结合当地民族婚姻家庭的具体情况，制定某些变通的或补充的规定。"（第 36 条）这里所指"变通"和"补充"规定，包括某些婚姻家庭习惯。香港特别行政区基本法规定："香港原有法律，即普通法……习惯法……予以保留。"（第 8 条）香港《新界条例》规定："最高法院和地方法院对涉及新界土地的任何诉讼，法院有权承认和执行这些土地的中国习惯和习惯权利。"

由于历史传统所决定，在西方英美法系的国家里，判例法曾是主要法的渊源。而在大陆法系中，判例不被认为法律的正式渊源。但到现代，英美法系的成文法大量增多，而大陆法系国家也开始将判例作为补充法律渊源的作用。两者有趋同的走向。在中国古代，"例"即判例，审判中可以作为判决的依据。例如，《大清律例》有一千四百多条，其判例可作为法的渊源使用。但当代中国，判例尚未成为法的渊源。现今不少学者主张用判例来解决成文法的不足。这种见解有一定道理。

（三）国内人权法的结构

一国的国内人权法同该国的其他部门法如行政法、民法、刑法、诉讼法等等一样，也有它自己的结构，即国内人权法的内在要素，包括它的精神、内容、形式；国内人权法的内容又包括它的规则（规范）原则与概念。国内法的形式即渊源，前面已阐述，下面对其精神与内容作一论述。

1. 国内人权法的精神

国内人权法的精神主要表现在人权的一系列理论观念中，例如，人权的本来含义是一种人应当享有的权利，而不以法律是否规定为转移，但法律却是保障这种"应有权利"最普遍、最有效的手段。人权的本质是利益、正义与自由，即人权是依以正义为核心的人类所共同具有的伦理道德所支持与认可的人应当也可自由处置的权益。人权产生的根源在于人的本质或本性，包括人的自然属性和社会属性，人权的根本目的和价值在于体现与满足人的各种利益需求与幸福。人权是普遍性和特殊性、权利和义务等等的统一体，不能将它们完全割裂和绝对对立来看待与对待。现今的世界是人权受到空前尊重的时代。这一时代精神是由人类社会已经达到的物质文明、制度文明与精神文明的发展水平所决定的。如此等等。所有这些，都是人权法的制定及实施，包括人权司法与人权执法的指导思想与原则。

2. 国内人权法的内容

国内人权法与一国内的其他部门法一样，其内容主要指它的规则、原则与概念，其中规则是最基本的内容。国内人权法的规则或规范，主要是指各种具体权利，如生命权、人身安全权、人格尊严权、选举权和被选举权、知情权、监督权、言论、出版、受教育权，等等，其内容极为广泛。需要注意的是，这里所指权利是一个多层次的概念。例如，劳动权（即工作权）就包括就业权、择业自由权、工作条件权、劳动报酬权、同工同酬权、休息权、休假权，等等。受教育权包括受义务教育权、受教育平等权、入学升学机会权、受教育选择权、学生身份权、学习条件权、获得学习成绩公正评价权、获得学业证书学位证书权，等等。此处，有些权利是一种"综合性"人权，它们包括许多具体权利，而人们的看法也很不一致，如生存权、发展权。所谓国内人权法的规则（或规范）就是指一国法律中以人权的某项具体权利为内容所设立的某一具体法律"规则"。

国内人权法的第二项内容是"原则"。这也是一个多层次的概念。平等、自由、福利、安全、人道，是较高层次的人权法原则。它们既是各类具体人权的高度概括，如男女平等权、民族平等权、平等选举权；言论、结社、宗教信仰等自由；又是人权中各种具体权利的法的精神与指导原则。还有一类原则相对具体一些，包括司法独立、程序正当、无罪推定、罪刑法定，等等。这些原则，既体现在国际人权法中，也体现在各国的国内人权法中。例如，《经社文公约》第2条第二款规定："本公约缔约各国承担保证，本公约所宣布的权利应予普遍行使，而不得有例如种族、肤色、性别、语言、宗教、政治或其他见解、国籍或社会出身、财产、出生或其他身份等任何区分。"《公民和政治权利公约》第 2 条第一款也有内容完全相同的规定。我国现行《宪法》第 33 条规定:"中华人民共和国公民在法律面前一律平等。"现代各国宪法几乎都有这样的规定。这些国际文书与各国宪法所规定的"平等",就是人权法内容中的一种"原则"。又例如,《公民和政治权利公约》第 14 条第二款规定:"凡受刑事控告者,在未依法证实有罪之前,应有权被视为无罪。"这就是"无罪推定"原则。我国现行《宪法》没有这一原则的规定,但《刑事诉讼法》有这一原则的内容。该法第 12 条规定:"未经人民法院依法判决,对任何人都不得确定有罪。"《中华人民共和国香港特别行政区基本法》第 87 条第二款规定:"任何人在被合法拘捕后,享有尽早接受司法机关公正审判的权利,未经司法机关判罪之前均假定无罪。""无罪推定"作为人权法的一项原则,它还包括一些原则,如"举证责任在原告"、犯罪嫌疑人具有诉讼主体地位,享有与指控方相同的诉讼平等权利、"疑罪从无",等等。必须指出,以上这些人权法内容中的基本原则,亦为"依宪治国"的另外两个要素——民主与法治所具有,但这一点不影响它们应当也可以成人权法的基本原则。例如"司法独立",既是现代民主的一项重要内容——因为它是分权政治体制的一项重要内容,又是现代法治国家一项重要原则和标志。就人权法而言,司法独立既是保证人的权利遭受侵害时能得到有效救济的一种体制与手段,又是人权的一项具体内容,即人人都有在受到刑事指控后享有接受一个独立公正的司法机关审判的权利。这表明"依宪治国"的三个基本要素:民主、法治、人权,既是相互区别的,又是相互渗透与联系的。

国内人权法的第三项内容是"概念"。其一是关于各种具体权利的特定称谓,如言论自由、劳动权、受教育权;其二是有关人权基本原理、原则的称谓,如应有权利、法律权利、人权主体、人权客体、个人人权、集体人权、人权意识;其三是有关人权实现的一些概念,如权利推定、权利克减、人权监督、人权标准、正当程序、公开审判、人权教育。由于国际人权法与国内人权是密不可分,因此国际人权法的许多概念,也在国内人权法的实践中经常使用，而成其为不可分割的组成部分，例如各种国际人权机构、国际人权文书，等等。

（四）国际人权法与国内人权法的联系

国际人权法与国内人权法的区别，我们已经在前面作了分析与概括。但是两者又是密切地联系在一起的。本质上，这是一个国际法与国内法、或国际条例与国内法的关系问题，而这在国内与国际的学者中，都是争论颇多的问题。

1."一元论"与"二元论"

国际法与此国内法关系问题上，国际上存在一元论与二元论的理论及其相应的制度。"一元论"认为，国际法与国内法同属一个法律体系，它们是同一法律秩序的两个组成部分。这派学者认为，国家权力源自法律，是法律赋予国家权力并确定其界限。他们主张国际法应具有比国内法更高的法律地位，应被用来限制国家政权行使高于国际法的权力。这派主张，法院可以直接以批准加入的国际条约来处理案件，而不需将国际条约转化成国内法以后才能适用。司法实践中，当两者发生矛盾时，优先适用国际条约。国际条约也就是国内法律体系的组成部分。实行这种制度的国家，通常会在宪法作出规定。如联邦德国1949年基本法第25条规定："国际公法的一般规定，乃是联邦法律的组成部分，它们位于各项法律之上，并直接构成联邦国土上居民的权利与义务。"[①]法国、荷兰、美国、俄罗斯都采取这种立场。

国际法与国内法关系上的"二元论"认为，国际法与国内法属于两个不同的法律体系，它们的渊源、调整的法律关系以及法律实质内容不同，实现的方式与机制也有差异。因此两者是属于平行的关系，因此一些学者主张国际法要转化为国内法后，司法机关才能适用；其效力是平行的，或

---

① 慕亚平：《当代国际法论》，法律出版社1998年版，第24页。

者国内法的效力优于国际法。这种观点认为国际法只具有间接实用性。其典型国家是英国、意大利等。在英国，一项制定法即使与条约相抵触，对英国法院仍有约束力，制定法的效力被认为是高于条约的。但在司法实践，法院通常被解释和推定为执行制定法并未导致违背国际条约，并未违背其所承担的国际义务。

2. 中国的立法与司法实践

关于国际条约与中国国内法的关系，一些学者认为，国际条约不是中国法律体系的组成部分。宪法没有对此作出规定，中国的《立法法》也同样未对这个问题作出规定。我国法律只规定"条约优先适用"，而且这样的条款，只规定在某些具体法律中。比较多的学者则认为，中国加入或批准的国际条约是中国法律的渊源之一，是中国法律体系的组成部分，主要理由是，《宪法》已规定全国人大及其常委会的职权之一是"决定同外国缔结的条约和重要协定的批准和废除"。（第67条）同时，还有不少法律和行政法规中载有国际条约可在国内直接适用的规定。关于国际条约在中国法律体系中的地位，多数学者认为，它的地位低于《宪法》，而和法律以及行政法规相等同。因为，在我国，《宪法》的修改及其职权属全国人大代表大会（第62条），而且需经全国人大代表三分之二以上的多数通过方为有效（第64条）。而根据《宪法》第85条规定，国务院有权"同外国缔结条约和协定"。根据宪法和《缔结条约程序法》等法律的规定，条约和重要协定签署后，以国务院议案的形式，提请全国人大或其常委会审议批准，只需全国人大代表或者常委会组成人员过半数通过即可。

当国际条约同国内法发生冲突的时候，我国绝大多数学者认为，应优先适用条约。因为我国有不少法律对此作了明确规定。其中最早对此作出规定的，是1982年的《民事诉讼法（试行）》。该法第89条规定："中华人民共和国缔结或参加的国际条约同本法有不同规定的，适用该国际条约的规定。"1991年的《民事诉讼法》沿用了该条的规定，只在文字上作一点改动。此外，《继承法》（1985年）、《民法通则》（1986年）、《海关法》

（1987 年）、《行政诉讼法》（1989 年）、《著作权法》（1990 年）、《专利法》（1992 年）、《海商法》（1992 年）、《商标法》（1993 年）、《民用航空法》（1995 年）等都作了类似的规定。此外，1987 年 8 月 27 日由外交部、公安部、国家安全部、司法部、最高人民法院、最高人民检察院等四部两院联合发布的《关于处理涉外案件若干问题的规定》，也明确指出："涉外案件应依照我国法律规定办理，以维护我国主权，同时亦应恪守我国参加和签订的多边或双边条约的有关规定。当国内法以及某些内部规定同我国所承担的条约义务发生冲突时，应适用国际条约的有关规定。根据国际法的一般原则，我国不应以国内法规定为由，拒绝履行所承担的国际条约规定的义务。"这一规定充分说明中国政府对国际条约与国内法关系的明确态度。这同《维也纳条约法公约》第 27 条的规定，即"一当事国不得援引其国内法规定为理由而不履行条约"是完全一致的。

3. 国际人权法对国内人权法的影响

国际人权法对国内人权法的制定和实施，其影响是巨大的。国际人权法制定的目的及其主要价值，是在于促进各国采取立法的、司法的、行政的和政治的种种手段来保障人权。正如《世界人权宣言》的序言所指出："发布这一世界宣言，作为所有人民和所有国家努力实现的共同标准，以期每一个人和社会机构经常铭念本宣言，努力通过教诲和教育促进对权利和自由的尊重，并通过国家和国际的渐进措施，使这些权利和自由在各会员国本身人民及在其管辖下领土的人民中得到普遍和有效的承认和遵行。"尽管从全局看，全人类人权的彻底实现，首先是各国政府的责任和义务，但国际人权法对人权保障的促进意义十分重大。国际人权习惯法，各国政府固然应当遵守，而当一国批准加入某一国际公约，它就承担了采取立法的、司法的、行政的、政策的措施促进实现，否则就要承担一定的法律责任。这也是制定国内人权法及保证其实施的意义所在。

国际人权法作为国际法的一个组成部分，它同其他国际法的内容，有一个重要的区别。其他国际法主要是调整国与国之间的关系；而国际人权法关涉的是一个国家同处于其管辖下的一切人，主要是与其本国公民的关系。因此，它更需建立完备的国内人权法并发挥其作用。正如前联合国人权事务高级专员罗宾所说："一个……重要的事实是，保护人权的国际机制是辅助于国内体系的。"美国学者路易斯·亨金也认为："人权的国际法平行于并补充国内法，替换与补充国内宪法与法律的缺陷，但它并不替代而是在实质上依赖于国内制度。"① 从这里可以看出，国际人权法与国内人权法在功能上是互补的。

国际人权条约在中国国内的适用，在理论上和原则上，应当同其他国际条约在我国可以直接适用是相一致的。1990 年 4 月 27 日，中国政府代表在联合国禁止酷刑委员会审议中国政府提交的执行"禁止酷刑"公约的报告时，针对部分委员提出的问题回答说："根据中国的法律制度，有关的国际条约一经中国政府批准或加入并对中国生效后，中国政府就承担了相应的义务，不再为此另行制定国内法进行转换，也就是说，《酷刑公约》已在中国直接生效，公约所定义的酷刑行为在中国法律中均受到严厉禁止。"这一声明已被一些国际法学者视为国际人权法在中国国内法上具有直接适用效力的重要证明。但也有学者认为，这只是一种"行政解释"，在国内没有法律约束力。由于国际人权法主要是调整国家与公民的关系，以及长期形成的人权问题的政治敏感性，目前，尚无法院直接适用国际人权法判案的先例。因而，这是一个尚待研究与解决的问题。

后记：自 2002 年教育部"十五"规划教材编写计划提出人权法的概念后，至今已七年。但仍有很多人并未认可除国际人权法之外还有国内人权法。研究这一问题的著述也很少。除作者主编的《人权法学》之外，多

---

① 孙世彦：《国际条约和国内法的关系与对国际人权条约的保留》，见《国际条约与国内法的关系》，世界知识出版社 2000 年版，第 272 页。

数同类教材，大多冠以《国际人权法》一类名称。看来，这个问题值得组织多次专题讨论。

十七、人权实现的义务主体

所谓人权实现的义务主体，是指什么样的组织和个人有责任与义务为人所应当享有的权利的实现作为或不作为，采取什么样的行为或措施，创造什么样的社会条件。在这个问题上，人们之间存在种种不同认识和意见分歧。人权实现的义务主体是多种多样的，每一种义务主体的性质、特点与实现方式又有很大差别。而从总体上看，它们都各有自身的发展过程和趋势。

（一）国家

这里所说国家，主要是指一个国家的政府。而"政府"取其广义，即国家的立法、行政与司法等机关都包含在内。国家是人权实现的最主要的义务主体，其作用与责任远远超出其他义务主体如国际组织、非政府组织和个人之上。究其原因，主要有以下几点：第一，这是由国家与公民的相互关系所决定。国家为什么会产生，它的职能是什么，尽管学者之间有不同看法，例如存在"社会契约论"与"阶级斗争说"的区别，而且分歧很大。但是，从现代通行的观点看，一般人都会认可：国家存在的意义，是为所在国家的公民谋福利。现代的国家机构是公民通过行使选举权而产生的，国家的权力是手段，而公民的权利是目的。国家的根本任务就在于保障公民这样或那样的权利，否则国家就将失去其存在的价值。国家机构及其工作人员要"全心全意为人民服务"，但这是一个总的原则，很容易同一个个公民的种种权利的保障相脱离，也很容易只顾"国家利益"、"民族利益"而忽视个人权利，甚至打着集体利益的名义而侵犯公民个人的权益。

第二，这是由国家权力与公民权利的不同性质与特点所决定。公民权利的内容是非常广泛的。一类权利如公民的人身人格权利和政治权利与自由，国家不得侵犯与剥夺，即要求国家必须消极的不作为。其他社会组织也可能侵犯公民个人的权利，个人权利也可能在相互之间受损害，但是最容易侵犯个人权利的还是国家。而且，社会其他组织侵犯公民个人权利，也只能依靠国家予以救济；另一类权利如经济、社会、文化权利，其实现主要依靠国家积极创造条件，即要求国家积极作为。其他社会组织在这方面虽然可以起一定作用，但最主要的是要依靠强大的有组织的国家力量才能实现。第三，从国家权力看，它是容易腐败的。公民权利很容易遭受权力异化后"权力滥用"、"权钱交易"等腐败现象的侵害。近代以来各国宪法通常都将规范国家权力，保障公民的基本权利详尽地规定下来，作为宪法的两大主要内容，就是基于这一考虑。很多学者认为人权在本质上是一种"对抗权"，即对抗政府的权利，也主要是从这个意义上说的。而古今中外的人权发展史也充分证明了这一点。第四，这是由国际间政治权力配置的现实状况所决定。现在联合国有关机构及其他国际组织在维护人权方面的作用及责任越来越加强，因此有人以为各主权国家在维护人权方面的作用与职责已退居次要地位。其实这是一种误解。人权保护进入国际领域，只是近几十年以来的事情。现在主权国家在国际社会中仍然奉行主权独立的原则，并得到《联合国宪章》及其他许多重要国际条约与宣言的认可与保障。建立以世界政府与世界法律为主导的世界，还是一件非常遥远的事情，保障人权的主要责任只能也必须由主权国家来承担。

主权国家承担人权保障最主要的责任，在各种国际人权文书中都有明确的规定。国际组织保障人权的主要法律渊源是条约。这些国际人权条约是主权国家彼此之间签订的，其责任承担者或义务主体，就是主权国家。各种国际人权公约中的几乎绝大多数条文都作过如下类似规定："本盟约缔结国各国承担，……""本盟约缔结各国承认，……"国际上的各种人权宣言和行动纲领，对此也都有明确规定，例如，《德黑兰宣言》的第1

条就很明确:"国际社会各成员履行其增进激励对于全体人类人权及基本自由的尊重的神圣义务,不分种族、肤色、性别、语言、宗教、政见或其他主张,乃当务之急。"该宣言在结束语郑重要求,国际人权会议"促进所有民族及政府致力信奉世界人权宣言所崇奉的原则,加倍努力,使全体人类克享合乎自由与尊严、有裨身心、社会及精神福利的生活"。《维也纳宣言和行动纲领》也十分强调国家在促进与保障人权方面的作用与责任:"世界人权会议重申,所有国家庄严承诺依照《联合国宪章》和有关人权的其他国际文书和国际法履行其促进和普遍尊严,遵守和保护所有人的一切人权和基本自由的义务。""保护和促进人权和基本自由是各国政府的首要责任"(见该宣言序一、第一部分、第一项),"世界人权会议重申国家机构在促进和保护人权方面的重要和建设性作用,特别向主管当局提供咨询意见的作用,以及他们在纠正侵犯人权行为、传播人权信息和进行人权教育的作用"(序一、第一部分、第三十六项)。这两次世界人权大会都是主权国家派代表出席,整个宣言的各项要求首先是要求各国政府承担促进和保障人权的责任。

(二)国际组织

这里所说的国际组织,主要是联合国及其下属的各种与人权相关的组织,包括联合国大会、安全理事会、经济及社会理事会、托管理事会、联合国人权高级专员、国际法院等,同时也包括国际劳工组织、世界卫生组织、联合国教育及科学、文化组织、联合粮食及农业组织等。联合国宣告成立于1945年10月25日,亦即《联合国宪章》由当时参加会议的51个国家的大多数国家批准生效之日。联合国主要是为了避免第二次世界大战这一人类浩劫的悲剧重演而成立,其宗旨是:维护国际和平与安全;发展国际间以尊重人民平等权利及自决原则为根据的友好关系;促成国际合作,以解决国际间属于经济、社会、文化及人类福利性质的国际问题;增进并激励对于所有人的人权及基本自由的尊重。联合国宪章有七处提到人权。广义上联合国的一切活动都同人权有关。例如,"维护和平与安全",实际上就是保障人类所应当享有的和平与安全权。联合国在人权领域的活动主要有:1.通过制定公约、宣言等国际人权文书的形式以确立人权国际标准,监督各国遵守人权公约。2.发动促进普遍尊重人权的活动,如1973年制定反种族歧视十年行动方案,1975年赞同妇女十年建议,1968年与1993年先后两次召开国际人权会议,制定《德黑兰宣言》与《维也纳宣言》。3.同大规模粗暴侵犯人权的行为作斗争。如对前南非白人政权的种族歧视政策、伊拉克侵略科威特,以色列在被占领土侵犯人权的行为进行制裁或谴责。4.组织各种维和行动,组织救助难民、灾民。5.进行人权问题的调查研究,开展人权宣传与教育,等等。联合国系统的人权保障活动越来越卓有成效。各种地区性人权保障机制日益显示出其重要性,欧洲、美洲、非洲的这类机制中,欧洲的尤为显著。当然这同欧盟在政治上、经济上日益一体化分不开。《维也纳宣言》指出:"区域安排在促进和保护人权方面起着根本性作用。"同时又强调"需要探讨在尚无促进和保护人权的区域或分区域安排的地方设立这类安排的可能性"。亚洲就是属于这类地区。虽然由于各种原因,这类机构的设立与公约的制定会更需时日,但其实现是不可阻挡的。

各种非联合国系统的国际组织,其保障人权的活动日益扩大与加强。例如,1919年成立的国际劳工组织,几十年来坚持为劳动者就业及改善劳动条件与生活标准,促进经济发展与社会稳定,做出了重大努力。国际劳工大会已通过近300种国际劳工标准,成员国交存的公约批准书已达5000多件。由于其工作卓有成效,1969年,国际劳工组织荣获诺贝尔和平奖。

目前虽然各主权国家保障人权的责任还是处于主要的地位,联合国及其他国际组织在人权保障领域更多地表现为"监督"性质的作用。但是随着人类物质文明、制度文明和精神文明这三大文明发展水平的迅速提高以及国际经济一体化的出现,信息时代的到来,国际组织在人权保障方面的重要地位与作用的提高，是一个于全人类大为有益的发展趋势，也是一个不可阻挡的历史潮流。

（三）非政府组织

非政府组织分国际一级与国内一级。根据联合国经济及社会理事会1950年2月27日的第288号决议中对其所下的定义是："一切不是根据政府间协议建立的国际组织即被认为是非政府国际组织。"国内非政府组织大体上同这一定义相适应，即非国家批准成立、非国家机构一部分而具有很大独立性的组织，就是国家一级非政府组织。国际非政府组织出现在19世纪上半叶，早期活动主要集中在人道主义和宗教事业。现在它们越来越多，活动领域越来越广，作用越来越大。以"国际红十字"为例。它正式成立于1864年，现由红十字国际委员会、红十字会和红新月协会组成，分会遍布全世界。1912年1月15日，中国红十字会得到红十字国际委员会的承认，成为国际红十字的正式成员。国际红十字大会为其最高讲坛，重点任务是讨论通过由国际红十字委员会起草的日内瓦草案，提交各国政府修改签订，正式成为国际法。1949年通过的日内瓦四公约及其前期制定一些公约，被称为国际人道主义法。又如"大赦国际"。它有来自30多个国家的150多名工作人员在秘书处工作，在60多个国家设有4000多个分支机构，其活动是为"良心犯"寻求释放，为政治犯争取公平迅速审判，反对死刑与酷刑，等等。它同联合国经社理事会、教科文组织、欧洲理事会、非统组织、美洲国家组织有正式关系。各分支机构只能为被拘捕在本国以外的囚犯工作、任何分支机构成员无须有关本国的资料，以保其工作的客观公正。在纪念《世界人权宣言》30周年时，大赦国际获联合国人权奖，1977年获诺贝尔和平奖。

在国际人权文书中，国际非政府组织的性质、地位和作用日益得到加强。《联合国宪章》第71条规定："经济及社会理事会得采取适当办法俾与各种非政府组织会商有关本理事会职权范围内之事件。"1946年，第2

届经社理事会通过关于非政府组织咨商问题的决议，成立了该理事会的非政府组织委员会。1950年，该理事会通288号决议作出了一些具体规定，包括国际非政府组织符合若干条件时，可在联合国各机构中取得"咨商地位"，共分三类：1.一般咨商地位，授予那些同经社理事会大部分活动有根本利益关系的组织，如国际自由工会联合会，各国议会联盟等；2.特别咨商地位，授予那些与经社理事会少数活动有关的组织，如国际律师协会、残疾人国际；3.列入名册。凡获得批准取得一、二类咨商地位的组织可派观察员出席经社理事会及下属各机构的公开会议。《维也纳宣言》又对非政府组织的地位与作用作出了进一步强调："世界人权会议承认非政府组织在国家、区域和国际各级促进人权和人道主义活动中的重要作用。世界人权会议赞赏非政府组织对提高公众对人权问题的认识。对开展这一领域的教育、培训和研究及对促进和保护人权和基本自由而作的贡献。在承认制定标准的主要责任在于国家的同时，世界人权会议还赞赏非政府组织对这一进程的贡献。""在这方面，世界人权会议强调政府和非政府组织继续对话和合作的重要性。真正从事人权领域的工作的非政府组织及其成员应当享有世界人权宣言承认的权利和自由，并受到国内法的保护。这些权利和自由的行使不得有违于联合国的宗旨和原则。非政府组织应可在国家法律和《世界人权宣言》的框架内不受干涉地自由进行其人权活动。"需要注意，这里所指非政府组织包括国际一级与国家一级。它强调了非政府组织应可独立地开展工作，其组织与成员的权利与自由应得到保障。这方面的权利及活动的独立性，应受到国内法律的保护。

（四）个人

长期以来，个人是人权的主要享有者。一般说来，人们普遍地未将个人看作是义务主体。但近年来这种情况发生了变化。其标志是联合国大会1999年3月8日第53届会议第144号决议所通过的《关于个人、群体和社会机构在促进和保护普遍公认的人权和基本自由方面的权利和义务宣言》。该宣言在"强调各国负有首要责任和义务促进和保护人权和基本自由"的前提下，明确提出"个人、群体和社团有权利和义务在国家一级和国际一级促进对人权和基本自由的尊重，增进对人权和基本自由的认识"。该宣言在具体条文中对这种权利和义务作了详细规定，例如，"人人有权单独地和他人一起在国家一级和国际一级：（a）和平聚会或集会；（b）成立、加入或参加非政府组织、社团或团体；（c）同非政府组织或政府间机构进行联系。"（第 5 条）"人人有权单独地和与他人一起：（a）了解、索取、获得、投资并保存一切有关人权和基本自由的资料，包括取得有关国内立法、司法或行政系统如何实施这些权利和自由的资料；（b）根据人权和其他适用的国际文书，自由向他人发表，传授或传播一切有关人权和基本自由的观点、资料和知识；（c）就所有人权和基本自由在法律和实践中是否得到遵守进行研究、讨论、形成并提出自己的见解，借此和通过其他适当手段，促请公众注意这些问题。"（第 6 条）"人人有权单独地或与他人一起发展和讨论新的人权思想和原则，有权鼓吹这些思想和原则。"（第 7 条）"人人有权单独地和与他人一起参加反对侵犯人权和基本自由的和平活动"，（第 12 条）同时，该宣言的第 8、9、10、11、13 等条款具体与详细列举了其他一些个人或与他人一起的为促进与保障人权与基本自由的活动的权利与义务。此外，该宣言还用多个条文规定，国家有责任采取立法、司法、行政或其他适当措施，来保障这里所列举的个人或群体的种种权利与义务得到实现。该宣言是联合国大会通过的一个新的重要国际人权文书，其重要的意义是在于，它首次全面地系统地提出个人与群体也是人权实现的义务主体，即人人都有义务为自己与他人，为全人类的人权与基本自由的实现而努力奋斗。这对调动各国人民参与人权保障这一伟大事业的积极性、主动性和创造性有十分重要的作用。

在列举了国家、国际组织、非政府组织与个人都是人权的义务主体之后，有两个理论问题需要释阐与理解：首先，依据法学的一般原理，权利主体与义务主体是分开的，不能合而为一。但是，在这里却出现了个人既是权利主体（即权利享有者），同时又是义务主体（为人权的实现而承担义务）。这种情况有一定的特殊性，有些类似于公民的劳动权与受教育权，同时公民又有劳动和受教育的义务。正是因为个人的这种义务的特点，所以 1999 年联合国大会所通过的前引国际人权文书被称之为"个人、群体……的权利和义务宣言"，意即个人有义务为自己或他人、为全人类的人权的实现而努力，同时这也是每个人的一种权利，国家与国际组织都有责任尊重与保障个人的这种权利。其次，促进与保障全人类人权与基本自由上的个人义务，同国家和国际组织在这方面的义务在性质和特点上是有很大区别的。国家的义务具有刚性，即它必须那样做，否则就是失职。个人的义务具有柔性，即每个人不是非得那样做不可。与此相对应，国家享有为保障人权而作为或不作为的"权力"，包括立法、司法与采取行政措施。公民在人权领域的作为与不作为与义务相对应的则是"权利"。

后记：1993 年第二次世界人权大会之前，我国政府一般说不承认我国存在"非政府组织"。这次会议上，我们派了代表团参加了其"非政府组织"的会议。1998 年 7 月 31 日，中国人权研究会取得了联合国的特别咨商地位，同时取得此一地位的还有"中国残联"。2003 年 10 月，中国人权研究会还按规定向联合国经社理事会提交了首份工作报告。这对未来中国 NGO 的发展，将起重大推动作用。

十八、人权保障的司法体制

在现今及未来很长一个历史时期里，国家将是最主要的人权的义务主体。因此，促进和保障人权与基本自由的实现，最根本的是取决于国家一级的人权保障机制是否完善和有效。而其中司法保护相比立法的和行政的措施更为关键和更为困难。因为，司法是人权保护的最后一道屏障。所以，在很多重要的国际文书里对此都有明确的要求，以此作为各国建立人权的司法保障机制的共同标准与指导原则。其主要内容有如下几方面：

（一）司法独立

《世界人权宣言》指出："人人完全平等地有权由一个独立而无偏倚的法庭进行公正的和公开的审讯，以确定他的权利和义务并判定对他提出的任何刑事指控。"（第10条）《公民和政治权利公约》的第14条也作了与此内容相同的规定。司法独立是近代民主革命的产物。作为一项民主原则，它是建立在权力分立与制衡的原理（尤其是"三权分立"理论）的基础上。作为一项法治原则，它是法律得到切实实施的重要保证。从人权保障的角度看，它既是权利受损害者得到救济和被告人权利得到保障的一种有效的制度设计；又是人人都应享有的一项人权，即当有人受到刑事指控时有权得到一个独立公正的司法机关审理的权利。

在理论上，早在古希腊时，亚里士多德就已提出，政府权力应分为讨论、执行、司法三要素。到了近代，针对君主专制主义，启蒙思想家们进一步系统地提出了分权制衡理论。如洛克主张，国家权力应分为立法、执法、外交三权，认为立法权应优越于其他权力。孟德斯鸠是近代三权分立的首倡者。他认为，一切拥有权力的人都容易滥用权力，要防止这种现象发生，就必须以权力制约权力。他说："如果司法权不同立法和行政权分立，自由也就不存在了。如果司法权同立法权合而为一，则将对公民的生命和自由施行专断的权力，因为法官就是立法者。如果司法权同行政权合而为一，法官便将握有压迫者的力量。""如果同一个人或是由重要人物、类族或平民组成的同一机关行使这三种权力，即制定法律权、执行公共决议权和裁判私人犯罪或争讼权，则一切便都完了。"

司法独立原则在法律与制度上最先是在英国的近代革命进程中逐步建

立和发展起来的。1641 年，英国国会颁布法令，废除星座法院，取消国王及其枢密院的审判权，要求案件通过普通法院依照法律程序审理。1649年，国会决定赋予法官审判权，禁止教会法院判处刑罚。1689 年颁布的权利法案，明确废除特别法院、宗教法院，实行审判独立与法官常任制。历史上第一次将司法独立明确规定在宪法中是美国 1776 年的《弗吉尼亚宪法》。它规定："立法、行政、司法各部门应都不会行使另一个部门的专有权力。任何一个也不会同时行使一个以上部门的权力。"此后，司法独立原则相继为世界上绝大多数国家所接受，并被记载各国宪法中。如1787 年的美国《宪法》第 3 条规定："合众国的司法权属于最高法院和国会随时制定和设立的低级法院。"法国 1789 年《人权与公民权宣言》明确提出："分权未确立的社会就没有宪法。"

在中国，古代有权力制衡的理论与实践，如御史制度。但司法独立却是近代民主革命的产物。1912 年，《中华民国临时约法》规定："法官独立审判，不受上级官厅之干涉。"1924 年，《建国大纲》规定："在宪政开始时期，中央政府当完成设立五院，以试行五权之治，其序列如下：曰行政院；曰立法院；曰司法院；曰考试院；曰监察院。"中国共产党领导的新民主主义时期，革命根据地的不少宪法性文件都有司法独立的规定。如1946 年，《陕甘宁边区宪法原则》规定："各级司法机关独立行使职权，除服从法律外，不受任何干涉。"中华人民共和国成立后，司法独立原则的实现发展到一个新阶段。1954 年，《宪法》第 78 条规定："人民法院独立进行审判，只服从法律。""文化大革命"期间，在 1975 年《宪法》中这一原则曾被取消。在 1982 年《宪法》中，这一原则才又重新确立。这部《宪法》的第 126 条规定："人民法院依照法律规定独立行使审判权，不受行政机关、社会团体和个人的干涉。"该《宪法》对人民检察院独立行使检察权也作了内容相同的规定。但是，1982 年《宪法》的这条规定是有重大缺陷的，因为只规定"行政机关"不能"干涉"是不够的，立法机关和行政机关也不应"干涉"。干涉是个贬义词，这同执政党可"领导"，立法机关可"监督"，是完全不同的概念。实际生活中，地方上某些党的组织或立法机关用各种形式干涉司法独立的行为时有发生。因此，作者自这部《宪法》制定以来，一直主张修改这一条，最好回复到 1954 年《宪法》的表述。①

　　鉴于司法独立对于保障人权的极端重要性，国际社会曾多次制定有关文书予以确认并详细地予以规范。《关于司法机关独立的基本原则》，是这些文书中最基本的一件。该文书系 1985 年在米兰举行的第七届联合国预防犯罪和罪犯待遇大会通过，并经联大 1985 年 11 月 29 日第 40/32 号决议以及 1985 年 12 月 13 日第 40/146 号决议的核可。该文书给"司法独立"所下定义是："司法机关应不偏不倚，以事实为根据并依法律规定来裁决其所受理的案件，而不应有任何约束，也不应为任何直接间接不当影响、怂恿、压力、威胁或干涉所左右，不论其来自何方或出于任何理由。"（第 2 条）这一定义是十分全面、严谨和清晰的。这一文书还明确要求："各国应保证司法机关的独立，并将此项原则正式载入其本国的宪法或法律之中，尊重并遵守司法机关的独立，是各国政府机构及其他机构的职责。"（第 1 条）这一文件还对司法人员的言论自由和结社自由、资格、甄选和培训，服务条件和任期等作了具体规定，以期作为各国实施司法独立原则的共同标准和参考意见。除了这个文件，还有 1982 年在新德里举行的国际律师协会第 19 届年会通过的《司法独立最低标准》、1983 年在加拿大魁北克蒙特利尔举行的司法独立第一次世界会议通过的《司法独立世界宣言》、1995 年在北京举行的第 6 届亚太地区首席大法官会议通过的《司法机关独立基本原则的声明》（又称"北京声明"）等等。这些文书在很多基本问题上有着高度一致的看法，表明它们充分反映了人类的共同利益和事物的发展规律，是人权保障最有效的机制之一。

---

　　①　笔者在 1999 年和 2004 年两次修改宪法时，在李鹏和吴邦国两位委员长先后召开的专家座谈会上，都曾提出过这一修改建议。

（二）无罪推定

无罪推定的基本含义是，刑事被告人在未经一个独立、公正的司法机关依法判决有罪之前应被视为无罪。这是针对封建专制主义的有罪推定而提出来的一项近代的人权保障原则。最早明确提出无罪推定原则的是意大利法学家 C．B.贝卡利亚，他在《论犯罪和刑罚》（1764 年）一书中提出，在没有作出有罪判决之前，任何人都不能被称为罪犯，即他的罪行还没有得到证明的时候应被看作是无罪的人。在法律上最早规定这一原则的是法国的《人权与公民权宣言》。该宣言规定："任何人在未被宣告为罪犯以前应被推定为无罪。"（第 9 条）此后，不少国家的宪法或法律相继将此原则确认下来。在国际人权文书中，《世界人权宣言》最先肯定了这一原则。该宣言规定："凡受刑事控告者，在未经获得辩护所需的一切保证公开审判而依法证实有罪前，有权被视为无罪。"（第 11 条）公民和政治权利公约也作出了相同的规定："凡受刑事控告者，在未被依法证实有罪之前，应有权被视为无罪。"（第 14 条）无罪推定原则的哲学依据是，当一个人受到刑事指控后，法官或有关机关（如公安机关、检察机关）的工作人员就容易"先入为主"，认为他就是有罪的人，而导致无罪的人受到刑事追究。实行无罪推定原则，并不妨碍司法机关对其采取必要的限制其人身自由的措施。但从逻辑上说，当他还没有被判定为有罪之前，就应当将他视为无罪的人。当然，这一原则的提出及其合理性，也同"有利被告"的原则及重视人权保障的潮流相关。因为，当一个人被指控为犯罪并被剥夺自由后，他就处在了一种对其不利的地位，为了避免其受到不应有的错误追究及判决，并保障其在被羁押期间的各种应有权利，提出无罪推定原则，是合理的与进步的。它既是人权的一项具体内容，也是刑事诉讼中保护被告人权利的一项重要原则。从这一原则出发，还可以引申出或推导出刑事被告人的若干权利：首先，其未被限制与剥夺的人身人格权与财产权等应予保障；其次，被告人有沉默权，不得强迫被告人自证其罪；再次，举证责任在原告，被告人没有解释其行为或申辩自己无罪的责任；又次，如果起诉方提不出确凿的证据与证明，就不能认定被告人为有罪，就应作"疑罪从无"处理，不许超期羁押，等等。这些权利在一些重要的国际人权文书中都有规定。例如，《公民和政治权利公约》规定："所有被剥夺自由的人应给予人道及尊重其固有的人格尊严的待遇。"刑事被告人有权"迅速以一种他懂得的语言详细地告知对他提出的指控的性质和原因"；"有相当时间和便利准备他的辩护并与他自己选择的律师联络"；"受审时间不被无故拖延"；"不被强迫作不利于他自己的证言或强迫承认犯罪"。（第 14 条）

在我国，"无罪推定"是否是"资产阶级"的原则，理论上是否科学，学术界与立法部门一直存在争议。立法上发生变化是在 1993 年批准《儿童权利公约》时，要不要对该公约的第 40 条作保留，经过争论后，决定不予保留。该条规定："在依法判定有罪之前应视为无罪"。这个公约对中国政府是有约束力的。在此之前的 1990 年 4 月 4 日，全国人大通过的《中华人民共和国香港特别行政区基本法》第 87 条规定，任何人在合法拘捕后，"未经司法机关判罪之前均假定无罪"。当然，这只能认为这一原则仅在香港特别行政区有效。发生根本性变化的是 1996 年经过较大修订的我国的《刑事诉讼法》。该法第 12 条规定："未经人民法院依法判决，对任何人都不得确定有罪。"部分学者认为，这一规定就是无罪推定原则在中国法律中的具体表述，或体现了无罪推定原则的精神。另一部分学者则认为，这一规定并非已经明确肯定了无罪推定原则，包括全国人大某些工作人员的解释，也持这种观点。但可以肯定的是，这一规定是在承认无罪推定原则的立场上前进了一步。同时，刑诉法对同无罪推定原则相关的一些制度和要求也作了明确规定。如它强调以事实为根据，以法律为准绳，保护刑事被告人的合法权利，把保障无罪的人不受刑事追究，作为刑诉法的重要任务。第 15 条规定，对于情节较轻微，危害不大，不认为是犯罪的，不追究刑事责任。第 141 条规定，凡是依法应当追究刑事责任的，必须做到犯罪事实清楚，证据确实充分。证明责任主要由执行控诉职能的检察官承担。被告享有辩护权，有权作无罪辩护，但不负证明有罪的义务。第162条规定，证据不足，不能认定被告人有罪的，应当作出无罪判决。法律严禁刑讯逼供和以威胁、引诱、欺骗以及其他非法的方法搜集证据。第46条规定，对一切案件的判处都要重证据，重调查研究，不轻信口供。只有被告人供述、没有其他证据的，不能认定被告人有罪和处以刑罚。

（三）法律平等

在古代，虽然立法上是以等级特权为其基本特征，但在司法上，即在"法律面前"提倡平等，则历史悠久。因为，"王子犯法，与庶民同罪"、"法不阿贵"，这是法律自身的一种固有特性，否则法律就不会有权威而失去其基本价值与社会功能。当然，在古代要真正做到这一点是很难的。在近现代，以商品经济和民主政治作为其经济与政治基础，以人权保障作为其基本目标与根本价值，"法律面前人人平等"自然地迅速地成了全人类的共识，并被规定在各国宪法中。最早也是最有影响的以宪法性原则而作出规定的是美国的《独立宣言》。它指出："我们认为这些真理是不言而喻的：人人生而平等……"法国《人权与公民权宣言》在其第1条宣布："在权利方面，人们生来是而且始终是自由平等的。"1793年的《法国宪法》第3条规定："所有人按其本性都是平等的，在法律面前都是平等的。"此后，各国宪法几乎都有关于法律面前人人平等的规定。

在国际人权文书中，首先由《联合国宪章》确立了法律平等理念的基础。它宣称："对人类家庭所有成员的固有尊严及其平等的和不移的权利的承认，乃是世界自由、正义与和平的基础。"《世界人权宣言》规定："法律之前人人平等，并有权享受法律的平等保护，不受任何歧视。人人有权享受平等保护，以免受违反本宣言的任何歧视行为以及煽动这种歧视的任何行为之害。"（第7条）《公民权利和政治权利国际公约》规定："所有的人在法律面前平等，并有权受法律的平等保护，无所歧视。"（第26条）

新中国成立以来法律面前人人平等原则，在理论和实践上都曾经历一个曲折的发展过程。1954 年《宪法》第 85 条规定:"中华人民共和国公民在法律上一律平等。"但是在 1957 年"反右"时,这一重要原则曾遭批判。一些宣传这一原则的学者甚至被错划为"右派"。他们的观点被指摘为是不讲阶级性,是提倡在革命与反革命之间讲平等。"文化大革命"期间,这一原则在 1975 年《宪法》中曾被取消。在 1978 年《宪法》中,这一原则并未恢复。在 1982 年《宪法》中,这一原则才得到重新确认。这部《宪法》的第 33 条第 2 款规定:"中华人民共和国公民在法律面前一律平等。"

根据国际人权文书有关规定的精神和中国立法与司法实践经验,"法律面前人人平等"原则的科学内涵的要点如下:第一,平等是基于人类的本性,是与生俱来的,这种从人的"类本质"而产生出来的平等,正是马克思主义所肯定的;第二,法律平等是社会平等的重要内容,后者的内容比前者要广泛;第三,立法平等和司法平等是有区别的,例如,立法上人民同敌对势力之间是不平等的;司法上,任何人都是平等的,即在司法中只有一个法律标准,不能因人而异;第四,法律平等既反对特权,即不论其职位高低或功劳大小,都按法律办事;又反对歧视,正如《公民和政治权利公约》所详加列举和十分强调的,不允许"基于种族、肤色、性别、语言、宗教、政治或其他见解、国籍或社会出身,财产、出生或其他身份等任何理由的歧视"(第 26 条);第五,诉讼两造的法律地位平等。如检察机关代表国家对刑事犯罪嫌疑人提起公诉,两者在诉讼中,在法庭上,地位是平等的,因为法官是中立的,他的任务是准确认定事实,正确适用法律。法官不应该也不可能对公诉方作法律规定之外的这样或那样的偏袒或"照顾"。

(四)程序正当

法律程序是法律的生命存在形态。对此,马克思曾有过精辟的见解。他说,"如果审判程序只归结为一种毫无内容的形式,那么这样空洞的形式就没有任何独立的价值了。在这种观点看来,只要把中国法套上一个法国诉讼程序的形式，它就变成法国的了。但是，实体法却具有本身特有的必要的诉讼形式。例如中国法里面一定有笞杖，和中世纪刑律的内容连在一起的诉讼形式一定是拷问——以此类推，自由的公开审判程序，是那种本质上公开的、受自由支配而不受私人利益支配的内容所具有的必然性。审判程序和法二者之间的联系如此密切，就像植物的外形和植物的联系，动物的外形和血肉的联系一样。审判程序和法律应该具有同样的精神，因为审判程序只是法律的生命形式，因而也是法律的内部生命的表现。"① 概括地说，法律程序的基本价值主要是两个：一为工具性价值。这是保证实体法得以正确适用的一种手段，正如工厂需要有一套科学的生产工艺与流程，才能生产出合格的产品一样；二为伦理性价值。它从多方面反映与体现出民主参与和监督、权力制约、人权保障和法治原则。

近代以来，程序正当的宪法化与法律化，影响最大的当首推美国宪法的"程序正当"原则。1789 年，该《宪法》修正案的第五条规定："未经正当法律手续不得剥夺任何人的生命、自由或财产。"1789 年的法国《人权和公民权宣言》第 7 条规定："除非在法律所规定的情况下并依照法律规定的手续，不得控告、逮捕或拘留任何人。"以后，各国宪法纷纷效仿。即使没有作出类似的文字表述，但程序正当原则已成法治国家与人权保障的一个重要原则。"二战"结束后的一系列主要国际人权文书，都对此作出了明确规定。在这些国际人权文书中，程序正当原则，可归结为如下几项主要内容：一是法定原则。其主要内涵是，凡宪法和法律规定应由司法机关（广义的司法机关包括审判机关、检察机关、刑事侦查机关、刑罚执行机关等）行使的职权，任何政党或其他社会组织或团体都不允许行使这种权力；非经法定程序，不得剥夺人身自由与财产等人所应当享有的各种权利。如《世界人权宣言》第 9 条规定："任何人不得加以任意逮捕、拘

---

① 《马克思恩格斯全集》第 1 卷，人民出版社 1985 年版，第 126 页。

禁或放逐。"《公民和政治权利公约》第 9 条第一款也作了相同的规定。这里所说"任意"是指由非法定机关或非依法定程序而行使这种权力；二是公开原则。《公民和政治权利公约》第 14 条规定，任何受刑事指控的人有资格由法庭进行公开审判，只是由于"道德的，公共秩序的或国家安全的理由"或涉及"当事人私生活"才"可以不使记者和公众出席全部或部分审判；但对刑事案件或法律诉讼的任何判决应公开宣布，除非少年的利益另有要求或者诉讼系有关儿童监护权的婚姻争端"。根据这一规定，审判公开是原则，不公开的是受严格限制的例外；三是公正原则。刑事被告人应享有辩护权、申请回避权、律师帮助权、上诉权、申诉权、法律援助权、及时受审权、不受追诉权（即法不溯及既往）、冤案赔偿权等等。这在公民和政治权利公约的有关条款中都有明确规定；四是人道原则。前引公约第 10 条规定："一、所有被剥夺自由的人应给予人道及尊重其固有的人格尊严的待遇。"该条第二十三款规定，犯罪嫌疑人与罪犯、被控告的少年与成年人，被判处刑罚的少年犯与成年犯，都应隔离开，并保证其应有的各种权利与待遇。

我国现行宪法和各种法律，如《刑事诉讼法》、《国家赔偿法》等等，对国内人权司法保护的程序公正原则作了详细的规定，其中绝大部分内容是同国际接轨的。如我国《宪法》规定，"中华人民共和国人民法院是国家的审判机关"；"人民法院审理案件，除法律规定的特别情况外，一律公开进行。被告人有权获得辩护"；"任何公民，非经人民检察院批准或者决定或者人民法院决定，并由公安机关执行，不受逮捕"；"禁止非法拘禁和以其他方法非法剥夺或者限制公民的人身自由，禁止非法搜查公民的身体。"我国面临的主要问题，还是如何切实执行这些规定。

后记：在国内的人权保障机制中，私法保障是处于最后一道防线，因此，联合国的一系列国际人权文书对此作了很多要求和规定。但是，这并不是说立法的、行政的、政治的等等其他手段就不重要了。

十九、人权实现的社会条件

（一）市场经济

广义的人权古代就有。狭义的以自由、平等、人道为其重要内容的近代意义上的人权，同资本主义商品经济的产生与发展密切相关。恩格斯说："大规模的贸易，特别是国际贸易，尤其是世界贸易，要求有自己的，在行动上不受限制的商品所有者，他们作为商品所有者来说是有平等权利的，他们根据对他们来说全部是平等的（至少在当地是平等的）权利进行交换。从手工业到工场手工业的转变，要有一定数量的自由工人……他们可以和厂主订立契约出租劳动力，因而作为契约一方是和厂长权利平等的。""由于人们……生活在那些相互平等地交往并处于差不多相同的资产阶级的独立国家所组成的体系中"，因而，资产阶级反对封建等级和特权的要求"就很自然地获得了普遍的，超出国家范围的性质，而自由和平等也很自然地被宣布为人权"。

新中国成立后的一个很长时期里，人们曾将人权看作是一个西方的口号，认为它与社会主义无关，这同当时实行计划经济是有一定关系的。在某种意义上说，计划经济是一种权力经济，因为在所有制十分单一（只有国营与集体两种经济），物质的、人力的各种资源全凭国家权力进行配置的前提下，个人的权利被忽视是很自然的事情。相反，市场经济则是一种权利经济。因为在所有制存在多种形式，商品进行自由、平等交换的条件下，个人的权利必须得到尊重也是很自然的事情。中国自1991年开始实行市场经济以来，已经和正在进一步发生社会关系的两大变化：一是由"身份"到"契约"的转变。过去，每个劳动者包括政府工作人员，都依附于这样或那样的"单位"，自由度很小。现在，劳动者同"单位"的关系都是通过合同（即契约）来建立与维系，择业自由度已经很大。公务员同国家机关的关系也一样；二是由"大国家、小社会"到"小国家、大社会"的转变。在市场经济条件下，国家职能势必发生根本变动，即由过去什么都管，改变为很多社会事务实行基层自治，或经过各种中介组织架设社会成员同政府之间的桥梁，由此形成"市民社会"。这两大社会关系的变化，都为人权的充分实现创造了必要的社会条件。同时，市场经济必然带来人们五大观念的变化，即主体意识、权利意识、自由思想、平等思想与民主观念。这是市场经济的特殊性质所决定。存在决定意识。市场经济的各种经济主体具有很大的独立自主性。它以各种利益为内容进行平等的自由的交换为基本特点，以运用经济规律配置各种资源来创造更多社会财富为目的，并使各种现代企业建立在民主管理体制之上。这种经济体制势必导致人们的观念逐步发生相应的变化。这五大观念的变化正是人权观念的养成与提升所必需的。

（二）民主政治

如果说，市场经济是现代人权的经济基础；那么，民主政治就是现代人权的政治基础。人权保障和民主政治的关系十分密切，在一些国际人权文书中都有明确的表述和强调。例如，《维也纳宣言和行动纲领》序一第9条指出："民主、发展与尊重人权和基本自由是相互依存、相辅相成的。"民主是个高度抽象的概念，其内涵十分丰富。我们可以对现代民主作一简明概括，即它包括一个核心，四个内容。前者指，人民主权是现代民主的基础理论和根本原则。后者指，民主包括公民的民主权利、国家权力的民主配置、政治运作的民主程序和政治生活的民主方法这四个方面的主要内容。所有这些，都同现代人权的内容及其实现有着不可分割的密切关系。

"主权在民"是封建专制主义的"主权在君"的对立物。"普天之下，莫非王土；率土之滨，莫非王臣"、"朕即国家"，就是"主权在君"的信条。资产阶级民主革命时期的启蒙思想家们深刻地批判了君权神授和王位世袭等等主权在君的理论根据，以人性反神性，以人权反特权，以民权反君权，建立起了"国家的一切权力应当属于人民"的"人民主权"理论，并以此作为根本原则与基石，构建起现代民主的制度体系。"人民主权"这个概念涵盖了国家权力与公民权利这两个相互区别，有时甚至彼此对立和冲突，但又相互依存、彼此促进和制约的不同政治范畴。它的主要理论根据是"社会契约论"。这一理论认为，国家是依据人民与人民之间、人民与政府之间所订立的契约而产生，人民同意转让一部分权利给政府，委托它管理国家，但人民仍保留部分权利，政府必须保障。政府由人民选举产生，人民可以监督政府。如果政府危害了人民的根本利益，人民有权利推翻它。由此可以充分看出，人民主权理论与原则同人权有着非常密切的关系。在反对封建专制主义的斗争中，这一理论是很革命的。

在现代民主的主要内容和构成要素中，公民的民主权利，包括选举权和被选举权、参政权和议政权、监督权、罢免权、知情权等等，都具有十分重要的地位。在一定意义上讲，国家权力的合理配置，或依什么程序正确行使，都是一种手段，其目的是保障公民的民主权利得以更好地实现。公民的民主权利是否能够真正地和充分地享有，是政府能否全心全意为人民服务的根本保证。而公民的民主权利就是人权的重要组成部分。这充分说明，民主与人权的内容是相互渗透的，是你中有我，我中有你。

现代民主的另外三个主要内容也同人权密切相关。国家权力的民主配置，包括执政党同在野党或合作党的关系，执政党同国家机关的关系，国家机构中立法、行政与司法机关的关系，这些机构中主要领导人同领导集体的关系，还有中央与地方的关系等等，都应依据权力不可过分集中，权力必须相互制约的原理，实行分权与制约。其目的是避免权力异化，杜绝权钱交易、权力滥用等现象，防止公民的权利遭受侵害。而要做到这一点，就必须以国家法律制约国家权力，以国家权力制约国家权力（如检察制度、监察制度、审计制度等），以社会权力（或权利）制约国家权力（如舆论监督、民主党派监督、工青妇等社会团体的监督等），以及以公民权利监督国家权力，而这最后一点是非常重要的。在一个人权得到充分尊重，人民真正当家作主的社会里，以公民权利制约国家权力，是防止国家权力异化的关键一条。

国家权力和公民权利行使的民主程序，包括制定政策、立法、行政司法等领域的程序民主，其民主化的水平高低，对程序的科学性、有效性关系极大。而这里所说"民主"，其主体包括人民代表、各级公务员、各级国家机构的领导成员，也包括公民个人。因此在各种程序中，都贯穿着人权保障原则。此外，政治的民主方法，包括民主与集中、"群众路线"、批评与自我批评、论证与听证、让人讲话不搞一言堂等等，无不关涉对公民的民主权利的尊重与保障。

一般说来，人权得不到基本保障的国家，不可能是一个民主的国家；同样，没有民主的国家，也不可能是一个人权可以得到基本保障的国家。在"依宪治国"三要素的民主、法治、人权中，民主具有基础的性质。这是因为，在"官本位"、"权力本位"还普遍存在于人们头脑中的现时代，在一个非常缺少民主的国度里，公民的政治权利、人身人格权利，固然难以得到最低限度的保障，就是经济与文化教育的发展、经济社会文化权利的实现，也很困难。没有民主，就不可能有科学决策；没有民主，就不可能有广大公众的参与，因此没有民主，也就不可能有经济持续的发展，也就不可能有广大人民群众物质和文化生活水平的迅速提高。

（三）法治国家

法律是由国家统一制定与认可、体现国家的共同意志、以权利与义务、职权与职责为其基本内容、依国家强制力保证其实施的一种社会规范。这种规范具有具体、明确、概括、统一等特点，还具有一般性（人人必须遵守）、公开性（内部规定不是法）、平等性（对任何人是同一标准）、不溯及既往性（不能用现在制定的规则去处理过去发生的行为）等特性，因而它是人类社会文明的重要体现与标志。因此，在现代社会里，用法律的手段将人类所应当享有的各种权力予以确认和保障，是人权实现最可靠的保障。关于这一点，各种国际人权文书都是有明确规定和十分强调的。《世界人权宣言》序言指出："鉴于为使人类不致被迫不得已铤而走险对暴政和压迫进行反叛，有必要使人权受法治的保护。"《公民和政治权利公约》第2条，《维也纳宣言和行动纲领》序一第9自然段等，都肯定了这一原则。

人权和法治的相互依存，枑辅相成的密切关系，可以从现代宪法的产生及其主要内容和功能得到深切的理解。宪法是近代民主革命的产物，其根本的功能与作用就是为了保障人权。因为，根据"主权在民"的理论与原则，人民是国家的主人。但是，在一个国家里，不可能所有公民都直接去管理国家，而只能实行代议制，即公民通过选举产生议会，由他们代表人民行使立法权，并产生行政机关与司法机关，管理国家的各项事务。但是，被选举出来的国家机构可能权力无限，可能侵犯公民应当享有的各种权利，因此就需要制定宪法，来规范国家的权力和保障公民的权利。这就成了现代宪法的两项主要内容及功能。而规范国家权力的终极目的，还是为了保护与实现公民的权利，即人权。

人权需要法治保障，在现代中国有着正反两方面的经验和教训。"文化大革命"之所以能够发生和发展达十年之久，根本的原因就是当时的民主与法制很不健全，已经失去了一种制度的力量来防止这场浩劫的发生和发展。党的十一届三中全会后，如何防止"文化大革命"的历史悲剧重演，邓小平同志找到了保障人民民主权利的根本办法。他说："为了保障人民民主，必须加强法制，必须使民主制度化、法律化，使这种制度和法律不因领导人的改变而改变，不因领导人的看法和注意力的改变而改变。"① 正是在这一理论的指引下，我国的法制建设取得了举世瞩目的成就，从而使公民所应当享有的权利得到了与以前相比的空前良好与有力的保障。1999年，"依法治国，建设社会主义法治国家"这一治国方略和奋斗目标被写进宪法，从而为我国的人权保障事业创造了更为光明与美好的前景。

---

① 《邓小平文选》第二卷，人民出版社1994年版，第146页。

　　法治是一个内涵十分丰富的概念，法治国家应当有一系列具体的原则、标准或要求。二百多年来，西方学者对法治的内涵有过种种不同的概括。例如，英国学者戴西认为，法治有三项标准，即法律具有至尊性，反对专制与特权，否定政府有广泛的自由裁量权；法律面前人人平等，首相同邮差一样应严格遵守法律；不是宪法赋予个人权利与自由，而是个人权利产生宪法。① 美国教授富勒曾提出过法治的八项原则。它们是：法律的一般性，法律要公布，法不溯及既往，法律要明确，避免法律中的矛盾，法律不应要求不可能实现的事，法律要有稳定性，官方的行动要与法律一致。②1959 年在印度新德里召开的国际法学家会议，其主题报告曾征询过 75000 名法学家和 30 个国家法学研究机构的意见。会议形成的《新德里宣言》把法治原则概括为四个方面：(1) 立法机关的职能是创造与维持个人尊严得以维护的各种条件，并使"人权宣言"中的原则得到实施；(2) 法治原则不仅要规范行政权力以防止其滥用，也需要一个有效的政府来维持法律秩序，但赋予行政机关以自由裁量权要有限度，它不能取消基本人权；(3) 要求有正当的刑事程序，充分保障被告人的辩护权、受公开审判权、取消不人道和过度的处罚；(4) 司法独立和律师自由。司法独立是实现法治的先决条件，法律之门对贫富平等地开放，等等。

　　我认为，依据国际的共同经验与理解，根据我国的具体国情，可以将法治国家的要求和标准概括为以下 10 条：(1) 法制完备。要求建立一个门类齐全、结构严整、内部和谐、形式科学的法律体系，做到有法可依；(2) 主权在民。要求法制以民主为基础，并实现民主法制化与法制民主化；(3) 人权保障。法制应以权利为本位，以人权保障为根本目的，以实现国际人权共同标准为主要任务；(4) 权力制衡。应以国家法律、社会权利、公民权利和国家权力制约国家权力，以防权力腐败；(5) 法律平等。

---

　　① 　[英] 戴雪：《英宪精义》，雷宾南译，原名 *Introduction to the Study of the Law of the Constitution*，简称 "*The Law of the Constitution*"，中国法制出版社 1960 年版。

　　② 　[美] 富勒：《法律的道德性》，耶鲁大学出版社 1977 年版。

任何人在法律面前都应受同等保护，反对任何特权与歧视；（6）法律至上。法律要有至高无上的权威。任何组织与个人都应当按法律办事，不允许权大于法；（7）依法行政。行政机关应切实做到依法办事，建成法治政府；（8）司法独立。司法机关应能独立行使审判权和检察权，不受任何非法干扰，只服从法律；（9）程序正当。立法的、司法的、行政的程序得到切实贯彻执行；（10）党要守法。执政党要依法执政，各级党组织应在宪法和法律范围内活动。依据我国宪法的规定，建设社会主义法治国家是我们的奋斗目标，需要经过漫长的一个时期才能完全实现。但是，它的最终实现是无可怀疑的，其根本依据在于，它是人民的根本利益与愿望所在，是不以人们意志为转移的历史发展规律。

后记：本文曾作为《人权法学》这本教科书的一节发表。实际上，这一题目的应有之义，尚欠缺两个重要方面，即和谐社会或市民社会，还有理性文化。作者未来将就此撰写专文予以探究。

二十、宪法是人权保障书的理论依据

列宁曾指出："宪法就是一张写着人民权利的纸。"党内最杰出的法学家张友渔教授早在抗日战争时期就指出："保障人民的权利，实为宪法的最重要的任务"，"而宪法便是人民权利之保障书"。为什么要用"保障人权"来定义宪法，来揭示宪法的根本任务？其理论基础和根据是什么？这是一个很值得研究的问题。笔者认为，宪法是"人权保障书"有四条理论根据：

（一）实现"人民主权"的必然要求

建立在"人民主权"原理的基础上。"人民主权"即"主权在民"，是现代民主的理论基础和根本原则，它的对立物是封建社会君主主权即主权在君。我国宪法规定："国家的一切权利属于人民"，就是"主权在民"这一原理和原则的体现。既然人民是国家的主人，但是任何一个国家的公民（或）国民、臣民不可能都直接去管理国家，而必须实行代议制，即人民行使选举权，选出一个国家机构，代表人民行使国家权力，具体管理国家。在西方有议会制与总统制，我国是实行人民代表大会制度。但是被选出的国家机构及其工作人员，又很有可能滥用权力，甚至肆意侵犯人民的权利，不按人民的意志办事，因此就必须制定一部国家的根本大法即宪法，详细规定公民有哪些基本权利不允许侵犯，或国家要努力促其实现，同时详细规定国家机构有哪些职权与职责和行使程序，使其不得滥用权力。宪法必须有这两部分的内容，否则就不是宪法。真正意义上的宪法只能是近代资产阶级革命以来的产物，古代是没有现代意义上的宪法的，也不是"阶级斗争"的产物，而是实现"主权在民"这一原理和原则的必然要求。

（二）权力与权利存在本质区别

由国家权力与公民权利的相互关系的原理所决定。现在国际和国内学术界和实务界常有人将两者混为一谈，或搞不清两者的原则区别和相互关系。其实，两者在表现形态、一般属性、基本特征、相互关系上都存在着本质区别。具体表现为如下八方面：一、国家权力包括职权与职责两方面，在宪法和法律的规定上，两者是不分的，在表述上通常用"职权"一词。而公民的权利和义务是分开的，权利是利益的获取，而义务是利益的付出，在本质和法律表现上，两者是截然分离的。二、国家的职权和职责是不能放弃和随意转让的；而公民的权利是可以放弃和转让的。三、国家权力的行使，相对人必须服从；但公民权利关系的两方，地位是平等的。四、对国家，法不授权不得为；对公民，法不禁止即自由。五、国家权力实质上是"权威"；而公民权利实质上是"利益"，包括各种经济、文化、社会利益以及人身人格利益和各种行为自由。六、国家的职权与职责应当以职责为本位，即国家工作人员在行使权力的时候，首先要想到是在履行为人民服务的责任。而公民的权利与义务应当以权利为本位。但任何人又必须尽对国家、社会和他人应尽的义务，否则自己的权利也难以享有得到。七、公民的权利产生国家权力，而不是相反。国家权力是以确认和保障国家工作人员才能享有的权力。而人权是依据人的本性所应当享有的，不是任何外界的恩赐。八、国家权力是手段，公民权利是目的。国家权力存在的意义和价值，就是为人民服务，即谋取与保障公民的各种权利，否则它就没有存在的价值。深刻理解这八条，对正确树立马克思主义权力观与权利观意义重大。这八条中，最后两条是关键。正如习近平总书记所作的准确而又通俗的高度概括，即"权为民所赋，权为民所用"。

（三）保障人权具有终极的伦理价值

宪法是人权保障书这一定义，还是"依宪治国"、"依宪执政"这一体制中人权所处地位所决定。现代宪法（社会主义宪法应当是其最先进的形式）具有三大原则和制度：即民主、法治、人权。从终极意义上看，民主和法治既是手段，也是目的；唯有人权仅是目的。民主能够集中多数人的智慧，调动和发挥广大人民群众参与改造世界的积极性，这是手段。国家的一切权力应当属于人民，人民应当是国家的主人。因此，它又是目的。现代法律是集中多数人的智慧制定出来的，通过它具有规范、预测、统一、教育、惩戒等社会功能，它是人们认识和改造世界的工具。但法又具有公平、正义的本质属性，法治是人类文明进步的重要标尺。因此，在国家应依宪治国、执政党要依宪执政的政治形态中，民主与法治既具有伦理性价值，又具有工具性价值，唯有保障人权才具有终极的伦理价值。

（四）人权自身具有崇高的价值

宪法之所以是人民权利保障书，还因为人权本身具有崇高的价值。国务院新闻办公室经国务院授权，于1991年11月3日发布的《中国人权状况》白皮书曾称，"人权"是个"伟大"的名词，是无数志士仁人为之奋斗的崇高理想。我认为它的"伟大"之处可表现以下四条：

1. 充分实现人权，是社会主义的崇高理想追求。社会主义是一个"人人自由、人人平等、人人富裕、人人能享有现代政治文明"的社会。马克思曾多次强调，那个理想社会的基本特征是"人的自由而全面发展"。正如《共产党宣言》所指出："平等是共产主义的政治论据。""各尽所能、各取新需"的人人富裕社会早被庄严地写在了社会主义的旗帜上，并成为数百年来社会主义运动的基本实践。"依宪治国"、"依宪执政"乃是现代政治文明最基本的标志。因此，我们可以说，社会主义者应当是最彻底的人权主义者。

2. 充分实现人权是"为人民服务"宗旨的切实保障。"人民"是一个高度抽象的概念，中国人民是由十三亿多都在追求幸福的活生生的个人组成，如果我们对一个个具体的人的权利保护不重视，"为人民服务"的宗旨可能成为一句空话，甚至可能被有些人利用来肆意侵犯人民权利的借口。

3. 充分实现人权是推进科学发展的出发点和最后归宿。"发展"本身不是目的，科学发展观的本质和核心是"以人为本"，它的基本理念是"发展为了人民，发展依靠人民，发展成果由人民共享"。

4. 充分实现人权，是全人类的共同价值追求。人权是普遍性和特殊性的辩证统一。不同国家经济文化发展水平不同，有不同的民族和宗教，有不同的经济、政治制度，有不同的历史、文化传统，这些都决定了不同国家之间存在人权制度和观念的差异和发展模式以及水平的不同。因此人权具有特殊性。人权的普遍性是由于人有共同的人性、共同的利益和道德。人人都希望自己的生命和人身安全得到保障，人身自由不被肆意剥夺，这是一个"不证自明"的真理。

后记：本文原载于《法制日报》2014年1月29日。

第四章　发展民主

一、建设高度的社会主义民主

新中国成立以来，在中国共产党的领导下，中国人民在前进的道路上，既取得了光辉的成就，也遭受过严重的挫折；既积累了丰富的经验，也有过沉痛的教训：党的十一届六中全会一致通过的《关于建国以来党的若干历史问题的决议》（以下简称《决议》），集中全党和全国人民的智慧，运用马克思主义的辩证唯物论和历史唯物论，对新中国成立以来的历史经验教训进行了深刻的总结，对各次重大历史事件的是非作出了科学的结论，并充分肯定了十一届三中全会以来逐步确立的适合我国情况的建设社会主义现代化强国的正确道路，进一步指明了我国社会主义事业继续前进的方向。《决议》这一伟大的历史文献对于统一全党、全军、全国各族人民的思想认识，团结一致、同心同德地为实现新的历史任务而奋斗，必将产生巨大而深远的影响。

《决议》根据三中全会确立的"解放思想、开动脑筋、实事求是、团结一致向前看"的指导方针，明确指出："我们总结建国以来三十二年历史经验的根本目的，就是要在坚持社会主义道路，坚持人民民主专政即无产阶级专政，坚持共产党的领导，坚持马克思列宁主义、毛泽东思想这四项基本原则的基础上，把全党、全军和全国各族人民的意志和力量进一步集中到建设社会主义现代化强国这个伟大目标上来。"《决议》在对新中国成立以来的历史经验进行正确分析，包括对三中全会以来党领导我们进行现代化建设的伟大实践进行科学总结的基础上，把32年来社会主义革命和建设的历史经验，具体地归纳为十条。这十条经验，也就是全国人民在新的历史时期继续进行社会主义建设的根本方针，是三中全会以来逐步确立的适合我国国情的社会主义现代化建设正确道路的基本点。只要我们坚持按照这十条方针去做，并在革命和建设的实践中继续加以丰富和发展，建设一个现代化的、高度民主的、高度文明的社会主义强国的伟大目标就一定能够达到。

逐步建设高度民主的社会主义政治制度，是《决议》提出的十条基本方针之一，是我们建设现代化的社会主义强国的一个重要目标。《决议》指出："逐步建设高度民主的社会主义政治制度，是社会主义革命的根本任务之一。新中国成立以来没有重视这一任务，成了'文化大革命'得以发生的一个重要条件，这是一个沉痛教训。必须根据民主集中制的原则加强各级国家机关的建设，使各级人民代表大会及其常设机构成为有权威的人民权力机关，在基层政权和基层社会生活中逐步实现人民的直接民主，特别要着重努力发展各城乡企业中劳动群众对于企业事务的民主管理。必须巩固人民民主专政，完善国家的宪法和法律并使之成为任何人都必须严格遵守的不可侵犯的力量，使社会主义法制成为维护人民权利，保障生产秩序、工作秩序、生活秩序，制裁犯罪行为，打击阶级敌人破坏活动的强大武器。绝不能让类似'文化大革命'的混乱局面在任何范围内重演。"《决议》提出的上述论断和要求，是32年来建设社会主义政治制度正反两方面经验的结晶，为今后相当长的一个历史时期内建设高度民主的社会主义政治制度指明了前进的方向。

中国共产党第十二次全国代表大会规定了党在新的历史时期的总任

务：团结全国各族人民，自力更生，艰苦奋斗，逐步实现工业、农业、国防和科学技术现代化，把我国建设成为高度文明、高度民主的社会主义国家。这一总任务已被庄严地记载在新的宪法上。将建设高度民主的社会主义政治制度作为新时期总任务的重要组成部分，这在新中国成立以来还是第一次，具有十分重大的意义。它将正确地指引和有力地动员全党和全国人民为实现这一奋斗目标而不懈地努力。

1982 年 12 月通过的《中华人民共和国宪法》，根据党的十一届三中全会以来已经确定的方针，对建设高度民主的社会主义政治制度作出了许多具有重大意义的新规定。贯穿在这些新规定中的指导思想，也就是《决议》关于民主与法制建设所得出的结论。这部《宪法》的颁布实施，标志着我国社会主义民主的发展和社会主义法制的建设进入了一个新的阶段。

本部分将根据《决议》关于建设高度民主的社会主义政治制度的基本精神和主要论点进行具体阐述。现代意义上的政治制度，主要包括国家制度、法律制度、政党制度等方面的内容。《决议》提出的十条方针的第五条，主要是讲国家制度和法律制度；第十条则主要是讲党的建设和党在国家政治生活中的地位和作用。本部分将主要讲国家制度和法律制度方面的问题，政党制度不专门谈；但是，党同国家制度和法律制度有关的一些问题，本部分将要涉及。

后记：本文原载于《法制、民主、自由》，四川人民出版社 1985 年版。

二、取消国家领导职务实际终身制的意义

新《宪法》对国家领导人的任职时间做了限制，规定：中华人民共和国主席、副主席，全国人大常委会委员长、副委员长，国务院总理、副总理、国务委员，最高人民法院院长，最高人民检察院检察长，每届任职五

年，连续任职不得超过两届。这是我国国家领导体制的一项重要改革，它对废除实际存在的领导职务终身制、实现国家领导制度的民主化、促进四个现代化建设，有着重大的现实意义和深远的历史意义。

从历史上看，终身制是同专制主义的政治制度联系在一起的。在奴隶制和封建制时代，除某一时期的个别国家（如古希腊、罗马）出现过共和政体外，其他基本上都是君主专制政体。在这种政治制度下，国家元首（国王、皇帝等）绝大多数都是终身的，甚至是世袭的。资产阶级革命摧毁了封建君主专制政体，建立起共和政体的民主制度，国家最高职务由选举产生并且限制任职的时间，这是资产阶级革命的一项重大成就，是人类政治生活的一个重大进步。当然，我们也要看到资产阶级共和制政体的阶级实质和历史局限性。资产阶级民主是建立在资本主义生产关系基础上的，因此资本主义国家的国家元首和政府首脑的经常更替，本质上是反映了各资本家集团和各派政治势力彼此之间的相互争夺和矛盾的调节，有利于维护资本主义的政治制度和经济制度，有利于巩固对广大劳动人民的统治。

社会主义民主是建立在生产资料公有制的基础上，它是占人口绝大多数的人民大众真正当家作主，享有管理国家一切大事的权力。它在本质上要比资产阶级民主优越得多、进步得多，是人类发展史上最高类型的民主。这种民主要求实行最彻底、最完备的共和政体，而国家最高领导职务的终身制是同共和制政体完全背离的。

新中国成立以后我们颁布的前三部宪法，明确规定了国家最高领导职务都由选举产生，但是却没有规定限制任职的时间。现在看来这是一个重大失策。如果不硬性规定限制任职的届数，由于各种具体条件和原因，就可能出现国家领导职务实际上的终身制。这种情况也确实在我们的国家里出现了。出现这种情况的条件和原因主要有以下几个方面：

第一，是由于我们在这个问题上缺乏经验。现在，我们对废除国家领导职务事实上的终身制重大意义的认识，是经历了曲折的道路、饱尝了严厉的教训才逐渐得到的。1956 年，毛泽东同志和党中央从总结国际（主要是苏联）无产阶级专政的历史经验中，就已经意识到了社会主义国家政治生活中权力过分集中和个人崇拜的消极后果，并且曾经考虑过废除党和国家领导职务实际上的终身制这个问题。1957 年 4 月，毛泽东同志在一次同党外人士的谈话中，正式提出了不当下届国家主席的问题，并在这年 5 月一封来信的批示中明确表示，"可以考虑修改宪法，主席、副主席连选时可以再任一期"，并要求就此事展开讨论，以打通党内党外一些同志的思想，接受他的主张。后来，由于形势发生了变化，主要是"左"的错误开始出现并日趋严重，这一考虑就被长期搁置了下来。从此，权力过分集中于个人和个人崇拜现象逐渐形成与发展，以至到"文化大革命"期间，出现了把党和国家领导人实际上的终身制和接班人正式写进党章并试图写进宪法这种极不正常的现象。粉碎了"四人帮"，特别是在党的十一届三中全会以后，通过拨乱反正，我们才开始认真地、切实地总结这方面的教训。1980 年，党的十一届五中全会明确地提出了废除领导职务实际上存在的终身制。同年，在全国五届人大三次会议上，一批老一辈无产阶级革命家辞去了国家最高一级领导职务，为改革国家领导制度作出了光辉的榜样。这次制定新《宪法》，终于明确规定了国家领导人的任职时间，把废除国家领导职务事实上的终身制加以制度化、法律化。上述这一过程充分说明，只有经过实践，特别是有了"文化大革命"这样惨痛的教训，在这个问题上我们才可能有今天这样的认识。历史上，任何一个统治阶级，其政治经验的积累，都需要有一个过程。这一点是不能忽视和否认的。

第二，过去之所以出现国家领导职务事实上的终身制，同我国革命的具体特点也有一定的关系。我国的革命是在党的领导下，经过长期艰苦卓绝的斗争，才打倒三大敌人，建立了新中国。在民主革命时期，我们党经受了最严峻的考验，并锻炼出了一大批职业革命家。他们忠于革命事业，具有丰富的斗争经验，在人民中享有很高的威望。新中国成立后，他们理所当然地成了国家的栋梁。在 50 年代和 60 年代，党和国家的中坚力量正处于年富力强、精力充沛的时期，因此那时我们的干部状况同革命事业的需要之间，大体上还是相适应的。只有到了 70 年代，干部老化问题才尖锐起来，革命接班问题才突出起来。上述这种情况，对我们没有足够重视限制国家领导职务的任期，以避免出现终身制，是有一定影响的。

第三，在我们今天的社会里之所以出现国家领导职务事实上的终身制，和我国的社会历史特点是分不开的。社会主义时期的终身制，就其性质来说，是封建专制主义终身制的残余在我国现阶段领导制度上的一种反映。我国是一个经历了几千年封建社会的国家，缺乏民主与法制的传统，而封建主义的遗毒在人们的思想上却是根深蒂固的。这就不可避免地要给我们的政治生活带来各种消极的后果。一个突出的表现，就是我们在长期对发展社会主义民主与健全社会主义法制的重要意义认识不足。在这种情况下，当然也不会引起对限制国家领导职务任期问题的重视。同时，那种"一朝为官，终身受禄"的封建思想流毒，也势必腐蚀着我们一些干部和群众的头脑，而把终身制看成是理所当然与习以为常。

在我国，废除国家领导职务事实上的终身制，概括起来，主要有以下几个方面的重要意义：

第一，废除国家领导职务实际上的终身制，有利于消除权力过分集中于个人，防止产生个人专断和个人迷信，避免民主集中制和集体领导原则遭受破坏。

事实证明，产生个人专断与个人迷信的原因虽然很多，但是存在领导职务实际上的终身制，是一个极其重要的原因。因为，随着领导职务终身制而来的，必然是权力过分集中于个人，这正是产生个人迷信的重要条件。如果一个人长期或终身担任国家最高领导职务，就其本人来说，随着年事的增高，深入实际和接触群众会越来越少，这样就很容易使他忽视集体和群众的作用，而夸大自己个人的作用。就一般干部和群众来说，这种状况也容易使得他们自觉地或不自觉地过分夸大终身领导者的个人作用，把功劳都记到这一个或少数几个领导人身上。同时，在实行领导职务终身制的情况下，下级干部对自己的领导人很容易产生依附思想，对领导者经常是一味奉承不敢批评；而终身领导者也往往觉得自己完全可以不受干部和群众的任何监督。这样，随着终身领导人威望的不断增高，加给他的头衔就会越来越多，对他个人的宣传和颂扬也会越来越突出。这一切都不可避免地会产生个人迷信以及家长制、个人专断和个人凌驾于集体之上等现象，其结果必然是民主集中制和集体领导原则遭到彻底破坏。现在，新《宪法》采取严格限制国家最高领导人任职时间的办法，定期更新领导层，上述现象就难以发生。

第二，废除国家领导职务实际上的终身制，可以防止干部队伍老化，使国家最高领导班子永远保持旺盛的活力，以提高国家领导工作的效率。

国家领导人特别是国家最高领导人，担负着指导和组织整个国家事务的重任，需要有充沛的精力和强健的体格。一个人长期或终身任职，年龄必然越来越高，由于受自然规律的限制，无论在体力上还是在精力上，都很难胜任这样繁重的工作。只有按照一定的任期，把那些年事已高的同志换下来，把那些革命和建设中经过锻炼和考验的、德才兼备、年富力强的同志及时换上去，才能使国家的最高领导班子经常保持旺盛的生命力，才能担负起不断发展的社会主义建设事业的重任。回顾新中国成立初期，我们国家的最高领导人，包括毛泽东、周恩来、刘少奇、朱德等领袖人物在内，绝大多数都处在精力充沛、年富力强的时期，他们都能亲临第一线，深入实际、深入群众处理和解决国家的重大问题。我们在新中国成立后的头几年，胜利地完成了繁重的社会改革任务，迅速地恢复了在旧中国遭到破坏的国民经济，并基本上实现了生产资料私有制的社会主义改造。我们之所以能够在短期内取得那样辉煌的成就，是同当时我们国家最高领导人的比较年轻化分不开的。

第三，废除国家领导职务实际上的终身制，既有利于挑选、培养、锻炼大批新的领袖人物并充分发挥他们的作用，又有利于那些年事已高的老一代领导人在适当的岗位上更好地发挥其作用。

　　社会主义革命和建设事业是人类历史上空前伟大的事业。为了领导好这一事业，人民需要有自己的杰出领导人。这种领导人，不应当只是一个或者少数几个，而应当是一大批，而且社会主义制度也为这种领袖人物的出现提供了条件和可能。社会主义时代应当是一个群星灿烂、人才辈出的时代，而事实证明，存在着领导职务事实上的终身制，就必然会压抑新一代领袖人物的发现、培养，阻碍充分发挥他们的作用。"不在其位，不谋其政"，德才兼备的领导人，只有在一定的岗位上才能得到考验、锻炼。对国家主要领导人任职时间实行限制，并不会妨碍某些特殊的杰出人物充分发挥其作用。无产阶级的杰出领导人之所以能够起到比较大的作用，在于他们能够科学地认识社会发展的客观规律，正确地反映人民群众的要求；在于他们能够深入实际、深入群众。一个人，包括一些杰出人物在内，如果长久或终身任职，随着他们年事的增高，深入实际和接触群众客观上就会越来越困难，他们才能的增长和充分发挥就会受到很大限制。相反，领导人在年高体弱时退居第二线、第三线，从繁重的日常事务中解脱出来，集中精力考虑国家大事，总结领导、管理国家的经验，为在职的领导人当顾问、当参谋，对中青年干部传帮带，就能更好地发挥他们的作用。

　　第四，废除国家领导职务实际上的终身制，有利于保持国家方针政策的连续性和国家领导班子的稳定性。

　　有人认为，限制国家最高领导人的任职时间，会影响国家方针政策的连续性和国家领导班子的稳定性，这种担心是不必要的。事实恰恰相反，只有建立起严格的制度，按照一定的民主程序，定期地更新领导层，才能保证这种连续性和稳定性。首先，国家方针政策的正确与否，并不在于某个人在位不在位、任职不任职，而在于制定出来的方针政策，是不是符合客观实际、能不能充分反映全国广大人民的利益和愿望。正确的方针政策应当是集中全国人民智慧的结果，而绝不是某个领导者个人意志的反映。限制国家最高领导人的任职时间有利于国家民主生活正常化，有利于维护民主集中制，因而也有利于国家方针政策的正确制定和正确执行，从而就能够保证方针政策的连续性和领导班子的稳定性。其次，使国家领导人的轮换制度化，就可以使年轻一代不断进入最高领导岗位，就可以按照一定的严格的民主程序，有秩序地解决好最高一级领导人的交接班问题。如果不是这样，而是一个人长期或终身任职，新的一批或一代领导人的能力与威望培养和建立不起来，一旦老的领导人不能视事或不幸逝世，就容易发生事情的突变，影响国家政局的稳定，影响方针政策的连续性和领导班子的稳定性。在国际共运中，无论在外国还是在我国，都有过这方面的教训，我们应当记取。

第五，废除国家领导职务实际上的终身制，有利于克服能上不能下、能官不能民的旧思想、旧传统，有助于废除其他各级国家机关实际存在的领导职务终身制。

长期以来，由于种种原因，在人们的思想中形成了这样一种观念：一个干部只要当了什么"长"，职务就只能上升，不能下降；只能终身为官，不能削官为民，认为这是天经地义。过去我们也讲能上能下、能官能民，实际上，这远远没有形成一种制度、一种社会风尚。由于这种思想的影响，一些人就对废除终身制想不通。实行对国家主要领导人任职时间的限制，就可以为其他各级领导干部树立一个较好的榜样，有利于他们树立能上能下、能官能民的全心全意为人民服务的思想，这对促进整个国家领导制度的改革必将产生巨大而意义深远的影响。

后记：本文原载于《新宪法简论》一书（法律出版社 1984 年版）。参见《一项意义深远的改革》一文（1982 年 7 月 9 日《人民日报》）。本文所称"新《宪法》"，即 1982 年《宪法》。

三、对我国人民代表大会制度的思考

人民代表大会制度是我们国家的根本政治制度。坚持和完善人民代表大会制度是政治体制改革的重要内容。党的十五大报告指出："国家的一切权力属于人民。我国实行的人民民主专政的国体和人民代表大会的政体是人民奋斗的成果和历史的选择，必须坚持和完善这个根本政治制度，不照搬西方政治制度的模式，这对于坚持党的领导和社会主义制度、实现人民民主具有决定意义。""坚持"是指，不应在这一根本政治制度已取得的成就和进展上倒退，不应违背宪法和法律有关这一政治制度的基本原则和具体规定；"完善"是指，应当对人民代表大会制度进行适当改革，以求其进一步完善。现就这一问题谈几点个人的认识与建议。

（一）选举制度有待完善

1979 年以来，通过对法律的修改，过去那种"上面定名单，下面划圈圈"的状况，已有很大改变。但是，在候选人的提名、对候选人的介绍，以及差额选举方面，还可以考虑进一步改进。在今后一个相当长的时期里，政党和人民团体共同协商推荐候选人，可能仍然要占主导地位。然而选民或人民代表联名推荐候选人的方式将会有所加强，这是选举民主性提高的一种表现，也是必然趋势。只要程序合法，就不应予以指责和干涉。那种不向选民或人民代表散发他们的简历、不作情况介绍的做法，是不正确的。现在少数地方（如北京市、湖南双峰县等）已出现正式当选的市人大副主任或县长不在候选人的推荐名单内，而是"从票箱里跳出来的"，这些地方的党和人大的领导机构对此采取了完全认可与支持的态度，无疑是正确的。让选民或人民代表充分了解候选人的政治立场、工作业绩、从政态度、参政议政能力，是民主选举的重要一环。应采取多种方式介绍、宣传候选人。如在人民代表的直接选举中，不但可以公布名单，利用公报、广播、黑板报等作间接介绍，也可以由选举委员会组织候选人与选民见面，当面回答选民的问题，还可以允许候选人直接走访选民，宣传自己的从政态度。增进选民对候选人的了解，有助于选民作出自己的判断和决定。搞差额选举是选举制度的一项重大改革。现在法律的规定比较灵活。应根据需要与可能，对差额选举的适用范围和差额比例适当放宽。这样做，可以放宽选举人的选择范围，为他们提供更大的选择余地，以提高选民的积极性和被选举人的质量。有的人对此忧心忡忡是没有必要的。在坚持党管干部的原则、坚持民主进程中党的领导作用的前提下，在根本不存在民主党派、无党派人士与共产党争夺领导权、执政权的现实条件下，适度放宽差额选举的范围和比例，不会影响党的执政地位，却有利于增强政治活力。竞争是事物发展的动力和规律，事物之间无竞争就会丧失生命力，在人大的选举制度中适度引进竞争机制，效果肯定会是良好的。

（二）提高人民代表的素质

人民代表是组成人民代表大会制度的细胞。代表素质的提高，是坚持与完善人民代表大会制度的基础。从总体上说，现在我国人民代表的素质是高的，但仍有进一步提高的必要。例如，有的代表任期五年没有发过一次言；有的代表在某一专业领域取得过杰出的成就，但参政议政能力并不一定强，有的还缺乏从政的兴趣。过去曾长期存在的那种把人民代表当作一种荣誉职务和称号的习惯看法和做法，现在在少数地方和某些同志的观念和决策中仍然存在，这同人民代表大会是我国的权力机关这一性质、地位和作用是完全背离的。提高代表素质，除了需要从根本指导思想上着手，还可考虑采取多种具体办法。例如，有关部门应做好代表人才资源的调查研究工作，每次换届选举之前，应对现有代表素质的高低作出评估以决定其去留；对拟新增代表候选人，既要考虑到代表的广泛性和代表的合理结构，又要注重其个人的先进性和参政能力。现在代表结构中官员（特别是政府职能部门负责人）所占比例过多，他们中不少人不是素质不高，而是任务过重或兼职过多，无暇顾及人大工作。这就出现了少数地方党政领导在人民代表大会或常委会开会之前要动员那些代表与官员双肩挑的人积极参加人代会，以便保证会议表决时的足够票数这种不应有的现象。又如，可以在中央和省市两级普遍建立人大干部培训中心。学员不仅包括从事人大工作的专职专业人员，也可以包括各级人大常委会成员和一般人民代表。应组织力量编好各类教材，逐步实现培训的经常化、正规化。这对提高代表素质和专门从事人大工作的专职和专业人员的政治业务能力和民主法制观念将是很有效的。此外，有些地方的人大常委会分期分批吸收人民代表列席常委会会议，这对提高人民代表的素质是有益的。这种做法值得推广。

（三）人大常委会委员的专职化问题

在西方，议会的议员绝大多数是专职的，加上会期很长，因此议员的调查研究工作以及议会的立法和讨论决定其他问题的时间很充分。我国的情况有很大不同。各级人民代表大会的代表人数很多，其好处是可以使代表具有广泛性，能反映广大普通劳动者的心声；但是不可能经常开会，议决问题不方便，效率也不高，因而就有县级以上各级人大常委会的出现。人大自设置常委会以来，工作效率大大提高。实践证明这是一项成功的改革。我国的国家机构的设置同西方多种模式的三权分立构架有很大不同。各级人民代表大会是国家的权力机关，各级行政机关和司法机关都由它选举产生，对它负责，受它监督，因此它在国家政治生活中的地位与作用具有极端的重要性。在我国，人民当家作主，最根本的是通过人民代表大会制度来体现和实现。人代会有十多项职权，最主要的是立法权、监督权、任免权和重大问题决定权四项。这些任务相当繁重。但是，我国的人大代表都不是专职，人大常委会委员中绝大多数成员也都是兼职。他们（特别是政府职能部门的负责官员）不仅自己的工作都很忙，而且对情况的了解也限于自己的工作领域。而人大的工作特别是立法，其内容涉及的领域十分广泛。因而做好这些工作，需要各级人大常委会的成员在会议审议各项议案（特别是立法议案）之前，进行大量的调查研究工作。这是兼职人大常委委员难以做到的。此外，人大有监督政府的职权与职责，身兼人大常委与政府负责官员的双重身份，既要行使人大的决定权、监督权，又要担负政府执行决定、接受监督的职责，这是相互矛盾的。我国人民代表大会代表人数很多，没有可能也无必要全部专职化，但是，人大常委委员的专职化则既需要也可行。人大常委专职化是今后的发展方向，可逐步实现。一些同志认为，北京市人大常委中专职委员约占三分之一左右，如果能够逐步扩大到二分之一或更多些，则人大代表执行职务的状况将会大为改观。

（四）延长人大会议的会期

依据我国宪法和法律的规定，全国的和地方的各级人民代表大会一般是一年举行一次。全国人大常委会是"一般两个月举行一次"；地方各级人大常委会则是"每两个月至少举行一次"。会议开几天，未作具体规定。但实际做法是，人大常委会会议通常在5—7天。一般说来，大会一年一次是合适的，但常委会会期偏短。特别是讨论法律议案，有时候半天或一天讨论并通过一个法案，很难做到审议充分。审议其他议案，也有这个问题。要加快立法速度，特别是要提高立法质量，人大常委会的认真与充分审议，是一个具有决定性的环节。它需要充分发扬民主，完善审议程序，如完善修正案程序、进行全体大会交流看法与开展辩论等，时间太短是难以做到的。我们不必像西方的议会那样会期很长，但在现今基础上会期延长一倍，如常委会每两个月开会一次，每次会议15天左右，时间并不算多。鉴于人大在我国政治生活中的性质、地位和作用，在这方面增加一些支出，不应当有困难。各级党政主要领导人也不必天天列席会议，他们可以从各种渠道得到人大会议的各种信息，可以通过各种方式实现执政党对

人大工作的领导。问题主要在会期的适当延长要同人大常委会成员的逐步
专职化进程相适应。

（五）健全立法制度

立法制度是人大制度的重要组成部分。立法工作是人大一项最主要、
最经常、最繁重的工作。20 年来，我们的立法工作取得了举世公认的成
就。但今后的任务仍然长期而艰巨。党的十五大报告已明确提出，我们
要在 2010 年之前建立起我国的社会主义法律体系。现在在提高立法质量
方面还面临许多重要课题需要解决。如有的法律的起草难度很大，有的法
律规定过于原则和笼统，可操作性差。这些都有赖于尽快制定一部较为理
想的立法法加以解决。由于现行宪法和法律有关立法权限的划分、立法程
序的安排、法律解释的设计、立法监督的措施等规定过于原则和简单，已
不适应客观的需要，而这几项也是将要制定的立法法需要重点解决的几个
问题。在立法权限划分上，应调动中央与地方两个积极性，不宜过分强调
中央集权而妨碍地方立法的积极性与主动性。应在理论上承认部委规章与
地方政府规章的制定是属于广义立法的范畴，既不要过分约束行政规章制
定的手脚，又需要加强同级权力机关的监督，以控制其失控与维护国家法
制的统一。在立法程序上，建议将立法准备阶段列入广义的立法程序的范
畴，因为规范立法计划与规划、合理规定法案起草单位、要求法案起草应
走群众路线等，是保证立法质量的重要环节。法律案审议阶段程序设计总
的要求应是加强立法的民主性和科学性，诸如法律草案要提前送达人民代
表或人大常委委员手中以便为参与审议法案早作准备；要在小组会、联组
会以及全体大会充分开展对法案的辩论；要充分发挥专门委员会对法案的
审议并协调好它们彼此的关系；要发挥法律及其他方面专家在法律审议过
程中的作用并设置听证会等制度以广泛听取各有关方面的意见；要完善修
正案制度；等等。

（六）改进人大监督工作

监督宪法和法律的实施，监督国务院、最高人民法院、最高人民检察院的工作，是宪法赋予全国人大及其常委会的重要职权。省级地方人大也有此相对应的权力。现在，绝大多数省、自治区、直辖市的人大已制定出自己的监督法，全国人大需要制定的监督法应早日出台。这部法律的制定，能够促使人大的工作监督与法律监督步入制度化和法律化的轨道，也是人大制度建设的重要内容。法律要有权威、能得到切实遵守，首先是宪法要有权威、能得到切实遵守。现在违宪的事时有发生，其原因是多方面的，但宪法的执行缺少卓有成效的监督机制是一个重要原因。现行《宪法》规定，全国人大及其常委会有权监督宪法的实施，但我们一直没有建立这一机构、机制与程序，使这一极为重要的规定如同虚设。《宪法》规定，全国人大及其常委会有权撤销同宪法和法律相违背的行政法规、地方性法规和决定，但从来没有这样做过。现在世界绝大多数国家都建立有宪法监督机制和程序。建立一个其性质与地位同人大各专门委员会大体相当的宪法监督委员会，在政治上不应有任何问题，甚至也不涉及宪法的修改，这是完全可行的。现在是到解决这一问题的时候了，这一机构、机制和具体程序的建立，将为改革我国的人大制度迈出重要一步。

（七）增强人大工作的透明度

全国人大议事规则明确规定："我国人民代表大会会议公开举行。""大会全体会议设旁听席。旁听办法另行规定。"现在允许普通公民旁听人大会议的情况还不普遍。山东潍坊市人大自1995年11月开始，实行会议开始一周前事先将需要议决的事项在报纸和电台公布、允许普通公民列席会议旁听，事实证明效果不错。全国和地方各级人大应有这方面的具体办法以落实这一法律规定。人大会议上有关审议选举任免、法律议案和工作报告等的表决结果应予公布，这也是最起码的要求。在民主体制下，即使是以一票的微弱多数通过某一议案，也完全是一种正常现象。对某种投票的具体结果对广大公民保密，弊病很多。此外，各级人大公开会议的文件与讨论的记录等材料，也可以有条件地逐步向公众开放，允许其查阅与研究。这是涉及对公民应当享有的知情权的尊重。在我们的国家里，人民是国家的主人，在一定意义上讲，不仅政府官员是人民的公仆，而且由选民选出并代表人民执掌国家权力的人代会的组成人员也是人民的公仆。人民享有充分的知情权，是他们参政议政并监督国家机构行使权力的基本条件。

（八）改善执政党对人大的领导

要正确处理好执政党与国家权力机关的关系。党的执政地位是通过党对国家政权机关的领导来实现的，如果放弃了这种领导，就谈不上执政地位，任何削弱党对人大的领导的想法和做法都是不正确的。但是从一定角度看，又只有改善党的领导才能实现加强党的领导的目的。党对国家政治生活的领导，本质上是组织与支持人民当家作主，而不是代替人民当家作主。要善于把党的有关国家的重大方针政策，经过严格的法定程序转变为国家意志。党的政策是党的主张，国家法律和国家政策是党的主张与人民意志的统一。在党的政策变为国家意志即转变为国家法律与国家政策的过程中，要充分发扬民主，切实遵守民主程序。应允许党员代表与党外代表在议事过程中对党的某些具体政策提出某些补充、修改意见和提出某些新的政策建议，以进一步丰富和完善党的方针和政策。人民代表中的执政党党员，既要宣传与贯彻执政党的路线、方针和政策，又要充分反映人民的意志和愿望。他们应当正确地担当这一双重角色，正确处理好这两个方面的关系。党的各级组织应当充分尊重各级人大依照法定程序所作出的各项决定。同行政机关实行首长负责制有所不同，人大是实行委员会制，每个人都只平等地享有一个表决权。在人大工作的各个环节，都应避免与杜绝"长官意志"和个人说了算的弊端。这是贯彻民主集中制原则的要求，也是在一定意义上涉及执政党与党外人士互相尊重与合作共事的问题。

后记：本文原载于《东方》杂志 1999 年第 2 期。《中国时报》曾对该文的内容作详细报道。

四、国家的一切权力属于人民

新《宪法》第 2 条规定："中华人民共和国的一切权力属于人民"，"人民行使国家权力的机关是全国人民代表大会和地方各级人民代表大会"，"人民依照法律规定，通过各种途径和形式，管理国家事务，管理经济和文化事业，管理社会事务"。这一条，在新《宪法》中是具有纲领性的。新《宪法》不仅坚持了"国家的一切权力属于人民"这一社会主义国家政权的根本原则，而且还作了一系列新的规定，对政治制度作了许多重大改革，以具体保证这一根本原则得到充分体现。历史上，"国家的一切权力属于人民"这一思想与原则，最早是由资产阶级提出来的。在欧洲，法国启蒙思想家卢梭曾提出"人民主权"理论，和"朕即国家"的封建专制主义相对抗；在中国，革命先行者孙中山曾提出"民权主义"，向几千年"乾纲独断"的封建皇权挑战。这些，在历史上都是有巨大进步意义的。但是，资产阶级革命是以资本主义的生产关系代替封建主义生产关系，这就决定了他们在革命后新建立起来的国家不过是资产阶级共和国，在这样的国家里，一切权力只能是属于资产阶级。社会主义革命不是以一种剥削制度代替另一种剥削制度，而是以公有制代替私有制，彻底消灭人剥削人的不合理现象。建立在这个基础之上的国家，就理所当然地是人民群众当家作主。国家是人民的国家，人民是国家的主人，这是我们政权的本质特征。这一本质特征最集中的表现，就是"国家的一切权力属于人民"。人民的权力是广大群众通过长期艰苦斗争得来的胜利成果，也是在建设社会主义的伟大事业中发挥人民群众的历史性作用的前提条件。国家的一切权力有没有真正掌握在人民手里，这是检验高度民主的社会主义政治制度是否成熟的主要尺度，也是决定人民民主专政的国家政权是否具有强大生命力的基本因素。

在中国，国家的一切权力属于人民。首先是通过人民代表大会制度体现出来的。我们的国家叫"中华人民共和国"。人民是国家的主人，人民行使权力要通过"共和"政体来实现；而人民代表大会制就是中国共和政体的具体形式。我们是一个有十多亿人口的大国，任何国家事务不可能都由人民直接决定。这么多的人，怎样行使自己的权利呢？这就只能通过民主选举，选出各级人民代表，由他们组成权力机关，代表人民行使国家权力。各级人民代表大会制定体现人民意志的法律和其他法规（狭义上的法律只能由全国人大及其常委会制定）并组织各级政府及其他国家机关来执行这些法律和法规，行使国家管理和司法、检察等国家权力。各级人民代表大会作为国家的权力机关，国家的一切重大问题都应由它讨论并作出决定。因此，人民代表大会制度是我们国家的根本政治制度；人民代表大会制度是否健全、它们的实际作用发挥得怎样，这是衡量我们的国家是否真正"一切权力属于人民"的根本标志。由于种种历史原因，长期以来，我国的人民代表大会制度并没有起到它应当起到的作用，在一些人的心目中甚至是一种可有可无的摆设。如果这一制度在过去真正具有很大的权威，就不应当出现随便剥夺一位国家主席人身自由的怪事，也不会发生"文化大革命"这样的历史悲剧。

《关于建国以来党的若干历史问题的决议》总结了这方面的教训，并明确指出：逐步建设高度民主的社会主义政治制度的重要任务之一，就是要"使各级人民代表大会及其常设机构成为有权威的人民权力机关"。新《宪法》正是根据这一精神，为健全人民代表大会制度、为维护它的权威，作出了很多重要规定。新《宪法》在充分肯定我们国家必须坚持四项基本原则的前提下，同时又在序言和总纲第 5 条中明确规定，我们的党同一切国家机关、人民武装力量、社会团体和企事业组织一样，也毫不例外地必须以宪法作为自己的根本活动准则，也必须遵守宪法和法律，并负有维护宪法尊严、保证宪法实施的职责，而没有超越宪法和法律的特权。在《宪法》中如此明确地规定执政党同宪法和法律的关系、同国家权力机关的关系，这在新中国的制宪史上还是第一次。正如彭真同志所说，在我国，"宪法和法律是党的主张和人民意志的统一"。我们国家的宪法和法律是党的路线、方针、政策的具体化、规范化、条文化；但是党的主张又只有经过全国人大和它的常委会通过和决定，才能成为法律，成为国家意志。各级党的组织不应该是凌驾于各级国家权力机关之上，直接向权力机关和其他国家机关发布指示和命令，或者撇开权力机关和行政机关直接向人民发号施令，而是要通过民主的方法（充分讨论、协商）和民主的程序，使非党的人民代表接受自己的正确主张和建议（不正确的主张和建议就可以不采纳），来实现党的核心领导作用。

坚持共产党的领导，最根本的是靠党的思想理论和路线、方针、政策的正确，是靠党充分尊重人民群众的国家主人翁地位、尊重他们的民主权利、密切同人民群众的联系，是靠党员的模范和带头作用。党不能代替人民当家作主，而是要支持人民群众自己当家作主。因此，只有各级党的组织切实尊重"一切权力属于人民"的原则，正确处理自己同各级人民代表大会及其常设机构的关系，才能从根本上维护各级人代会及其常设机构的应有权威，使它们名副其实地成为人民的权力机关。

为了加强国家权力机关的建设，新《宪法》对人民代表大会制度作出的一项重大改革，是扩大全国人大常务委员会的权力。由于现在全国人大的代表人数多（法定不超过3500人），每年只能举行一次会议，而且会期不能太长，因而不可能经常地、全面地开展工作，而只能集中精力讨论和解决国家政治生活中那些根本性的问题。这就使得全国人大在客观上难以适应加强国家权力机关建设的需要，而采取扩大全国人大常委会的职权则是一个适合我国具体情况的比较好的办法。新《宪法》规定，全国人大常委会可以行使国家的立法权，有权制定和修改除应当由全国人大制定的法律以外的其他法律；在全国人大闭会期间还有权对全国人大制定的法律进行部分修改和补充；有权监督宪法的实施，在全国人大闭会期间有权审查和批准国民经济和社会发展计划、国家预算的部分调整方案；有权根据国务院总理提名，决定部长、委员会主任等的任免；等等。这一改革，有利于最高国家权力机关迅速地及时地决定国家各种大事，有利于立法工作的全面开展，有利于对其他国家机关的工作和对宪法和法律的实施进行经常的监督。当然，这并不是意味着削弱全国人大作为最高国家权力机关的地位和作用。全国人大常委会和全国人大的关系，不是前者领导后者；而是相反，前者是后者的常设机构，全国人大常委会的职权是全国人大通过宪法所赋予的，它要向全国人大负责并报告工作，受全国人大监督；全国人大有权"改变或者撤销全国人民代表大会常委会不适当的决定"。

新《宪法》在扩大全国人大常会的职权的同时，并没有忽视全国人大本身的建设，没有忽视全国人大如何充分发挥作用。新《宪法》对全国人大代表的权利和义务作了不少新的规定，就是为了做到这一点。各级人民代表大会是由人民代表所组成的，人民代表的素质如何，他们敢不敢真正代表人民说话、按照人民的意愿行使权力，同人民代表大会是否能够充分发挥作用密切相关。为此，新《宪法》规定：全国人大代表有权提出立法性议案，有权对其他国家机关提出质询；他们享有代表的豁免权即非经全国人大主席团或常委会许可，不受逮捕和刑事审判；他们的发言和表决不受法律追究。同时，新《宪法》又规定，代表必须同所选举单位和人民保持密切联系，听取和反映人民的意见和要求，并协助宪法和法律的实施。切实保障人民代表充分享有这些权利，履行他们的义务，就可以大大提高他们代表人民的利益和愿望处理国家大事的实际能力，大大增强他们为人民服务的高度责任感和献身精神。这对完善人民代表大会制度是十分必要的。

为了逐步完善人民代表大会制度，新《宪法》还采取了其他一些重要措施，如在全国人大除原有的民族、法律、华侨等委员会以外，增设财政经济、教育、科学、文化卫生、外事等专门委员会；扩大省一级人代会和它们的常委会的职权，赋予他们制定和颁布地方性法规的权力；规定县级人代会的代表实行直接选举；县级以上地方各级人大设立常委会；等等。所有这些规定，都有利于发展社会主义民主和完善人民代表大会制度。新《宪法》第2条，把"人民依照法律的规定，通过各种途径和形式，管理国家事务，管理经济和文化事业，管理社会事务"明确规定为"一切权力属于人民"这一原则的不可缺少的一个重要内容，这是对过去三部宪法的一个重要发展。在这一规定中，包含了关于发展人民的直接民主的精神。《关于建国以来党的若干历史问题的决议》指出，要"在基层政权和基层社会生活中逐步实现人民的直接民主，特别要着重发展各城乡企业中劳动群众对于企业事务的民主管理"。所谓人民的"直接民主"就是人民群众每个人都能实际上参与讨论和决定政治、经济、文化事务以及同他们的生活和利益直接有关的各种公共事务。它同代表制民主是相对而言的。在我们的国家里，把各级权力机关的代表制民主同基层政权和基层社会生活中的直接民主结合起来，并充分发挥各自的作用，就能按照"一切权力属于人民"的根本原则，有效地实现人民对所有国家事务和一切经济、文化、社会事务的管理和监督。人民的直接民主，是社会主义民主不同于资产阶级民主的一个重要原则。在资本主义社会里，企业都是属于资本家私人所有，劳动人民根本不可能享有管理经济和文化事业的权力。而在我们的社会里，公有制经济却为人民的直接民主开辟了无限广阔的发展前景。

新《宪法》规定："国营企业依照法律规定，通过职工代表大会和其他形式，实行民主管理。"（第16条）"集体经济组织依照法律规定实行民主管理，由它的全体劳动者选举和罢免管理人员，决定经营管理的重大问题"。（第17条）现在，职工代表大会等民主管理形式，正在一些厂矿企业中试行和逐步推广，经验正在日益积累。在广大农村，今后人民公社实行政社分开，公社将成为单纯的集体经济组织，八亿农民对公社事务的民主管理就将出现一个前所未有的新局面。完全可以肯定，随着经济管理民主化的不断完善，生产者真正成为城乡企业的主人，就一定会充分调动他们的社会主义积极性和创造性，大大提高城乡企业和集体经济组织的管理水平，有力地促进我国的社会主义现代化建设。

后记：本文原载于 1982 年 6 月 13 日的《光明日报》。

五、建立和健全我国的律师制度

建立和健全律师制度，对于进一步健全社会主义法制，充分保障人民民主，维护国家、集体和公民的合法权益，以促进四个现代化的实现，具有重要的意义。

我国的律师制度，是在彻底废除旧律师制度的基础上建立起来的。1954 年 9 月公布施行的《中华人民共和国宪法》第 76 条明确规定："被告人有权获得辩护。"1978 年 3 月公布施行的《中华人民共和国宪法》第 41 条也作了同样的规定。这就把被告人享有辩护权提到了宪法原则的高度。为了有效地实现辩护权，就需要建立律师制度。因此，《中华人民共和国人民法院组织法》规定："被告人除自己行使辩护权外，可以委托律师为他辩护。"这就从法律上具体肯定了律师制度。根据宪法和有关法律的精神，1954 年开始在部分大城市开展律师工作，到 1957 年，我国律师机构和律师队伍已经初具规模。当时，广大律师根据宪法的精神，为保障人民民主和维护法制，做了不少工作，受到了群众的欢迎。但是，一些人不懂得新旧律师制度有本质的不同，因而鄙弃旧的律师制度，也不重视我们社会主义法制中的律师制度。特别是 50 年代末期以来，受了"左"倾思想的影响，把律师为刑事被告人辩护说成是"丧失立场"、"为罪犯开脱"、"为反革命分子服务"，等等，因而根本否定律师制度，或者认为是"形式主义的东西，可有可无"。已经建立起来的律师制度因而变得有名无实。直至今日，这种情况还没有完全改变。当前要建立和健全律师制度，首先需要弄清楚我国律师制度的性质、任务和作用。

根据我国的实践经验，律师的具体任务和作用主要有如下几点。

接受机关、企业、事业单位、团体的委托，担任法律顾问。随着我国社会主义现代化建设的发展和经济立法、经济司法工作的全面开展，我们将越来越多地运用经济手段和法律手段来调整与解决国家、集体和个人相互之间的各种经济纠纷；同时，在行政管理、生产管理、财务管理以及各类合同方面，也会涉及许多法律问题，所有这些，都需要有律师担任法律顾问（常年的或临时的），以提供各种法律上的帮助。于接受当事人的委托或者人民法院的指定，担任辩护人或者代理人参加诉讼。就国内来说，律师担任刑事被告人的辩护人，是他的一项重要任务。民事案件涉及的范围十分广泛，律师作为民事案件的代理人参加诉讼，既可以协助法院处理好各种民事案件，又可调解民事纠纷，以增强人民内部的团结。此外，随着我国对外贸易和远洋运输事业的发展，外贸、保险、海事等涉外案件必然不断增多，这就迫切需要有我们自己的律师参与涉外案件的诉讼活动，这对于维护我国的主权和经济利益、保障我国公民与华侨的合法权益、增进国际友好交往，都有重要作用。

解答法律方面的询问，提供解决有关法律问题的意见；代写诉讼文件或者其他法律行为的文件。在这个过程中，律师可以及时告诉当事人什么是合法的、什么是非法的。一方面，支持他们正当的合法的要求，使他们的权利和合法利益得到保护；另一方面，又可以说服某些人放弃武力的或违法的要求，这对于解纷息讼、促进安定团结都有好处。律师还可以通过自己的全部活动，宣传社会主义法制。

从上述律师的主要任务中，可以清楚地看出，律师制度是社会主义司法制度不可缺少的组成部分，它同国家与人民的利益都是息息相关的。否定律师制度是错误的、有害的。律师的工作，绝不是什么"形式主义的东西"，或"可有可无的"。

　　律师的一项重要工作，是在刑事案件中充当被告人的辩护人。不少人把根据事实和法律进行的辩护误解为强词夺理的狡辩；有的刑事被告人也不了解辩护是国家赋予他的一项民主权利，生怕一辩护给人造成自己不老实的印象，反而对自己不利，因此不敢行使这种权利，特别是不敢委托律师辩护；充当律师的人也常受到非议和责难。因此，在这里着重谈一下辩护究竟是怎么回事，律师作为刑事被告人的辩护人参加诉讼究竟有什么重要作用，这对于正确认识律师工作是十分必要的。

　　"被告人有权获得辩护"，其目的是为了保证审判人员全面查清案情，防止主观片面，以作出公正的判决。辩护权是公民的一项民主权利，如果事关一个人是有罪还是无罪、是罪轻还是罪重，公民没有为自己辩护的权利，那还有什么民主？还有什么法制？为了充分地保证和实现这种权利，律师制度是很有效的工具之一。律师比较熟悉法律，具有一定的办案经验，他们在诉讼活动中享有比较广泛的权利，如有权查阅全部案卷材料，有权与在押的被告人会见和通信，有权向有关方面进行调查访问，有权在法庭上与公诉人展开平等的辩论，等等。律师以事实为根据，以法律为准绳，替刑事被告人作辩护，提出证明被告人无罪、罪轻或者减轻、免除其刑事责任的材料和意见，可以协助法院全面了解案情，正确适用法律。在刑事诉讼中，律师和公诉人从不同的角度、以不同的方式，实现维护社会主义法制的共同任务。就公诉人控诉犯罪和律师为被告人辩护这一点来说，公诉人和律师在审判庭上的地位是平等的，审判人员对于双方的发言应给予同样的重视，对于律师的辩护发言，绝不可以采取"你辩你的，我判我的"的态度。律师作为刑事被告人的辩护人，是站在维护国家法制的立场上，诚实而客观地保护被告人的合法权益。律师较多地考虑对被告人有利的方面，是为了从一个侧面揭示案情，定准性质，以保护无辜，惩处罪犯，绝不是为了让真正的罪犯免受揭露和惩罚。这怎么能说律师为刑事被告人辩护是"丧失立场"呢？

　　一般来说，律师在法庭判决之前为被告人辩护，被告人是否犯罪还没有确定。而律师为被告人辩护，首先就是要协助法庭正确地判断罪与非罪的界限，这是保证正确判决的前提。凡是提起公诉的刑事案件，并不一定所有的被告人都是有罪的，通过律师参加诉讼，弄清有的被告人无罪，或者是属于不应追究法律责任的某种过失，或者是属于无须提起公诉而应由有关单位给予行政处分就可以解决的问题，这样，通过律师的活动就保护了人民。这哪里是什么"为罪犯开脱"呢？对于证据确凿的反革命分子和刑事犯罪分子，也还有一个量刑是否适当的问题。假如量刑不当，律师为他辩护，也完全是从维护法制的严肃性出发，怎么能说是"为反革命分子服务"呢？在第一审法院作出判决后，被告人有上诉权，在第二审法院作出终审判决后，如果被告人确有事实和理由认为自己受了冤屈，他还有申诉的权利。这些都是我国诉讼制度的民主原则的重要内容。至于在上诉案件中律师参加诉讼，在申诉案件中律师给申诉人以法律上的帮助，同样也完全是为了维护社会主义法制。因此，过去有些人对律师工作的非议和责难是没有道理的。

　　实践是检验真理的唯一标准。律师作为刑事被告人的辩护人参加诉讼，可以大大提高办案质量，这是我国实行律师制度的事实已经证明了的。1957年6月，据北京、上海、浙江、贵州等十个省、直辖市、自治区的59个法律顾问处的不完全统计，在律师出庭辩护的一、二两审的1204件刑事案件中，改变案件起诉性质和变更起诉主要事实或全部事实的有500件，其中宣告无罪的63件，免予刑事处分的49件。根据有的地区复查案件的情况来看，凡经律师参与诉讼活动的，在定性、量刑上，错误较少。这个数字和情况充分说明，律师作为被告人的辩护人参加诉讼，能有力地促进刑事侦查、公诉和审判质量的提高，对防止冤假错案和量刑畸轻畸重等，有着不容忽视的作用。

　　有人认为，"律师制度是资产阶级的发明"，因此，我们不能用。这种看法也是完全错误的。的确，律师制度是资产阶级革命的产物，是资产阶级针对封建专制主义的司法专横而创建的。无产阶级的革命导师，对于资产阶级的律师制度，既肯定它在历史上的进步作用，又揭露它的阶级本质。我们绝不能因为律师制度是资产阶级的发明，就否定无产阶级应该建立自己的律师制度。正如毛泽东同志所说："讲到宪法，资产阶级是先行的"，我们能够因为宪法是资产阶级的发明就不搞自己的宪法吗？当然，资产阶级的律师制度和我们的律师制度有本质的不同，我们绝不能照搬照抄，只能吸收它的有用的东西。

要建立和健全我国的律师制度，任务十分艰巨。我们必须在实践中不断总结律师工作的经验，同时也注意吸取外国律师工作中有用的东西，尽快地制定出一个比较好的律师条例，使律师工作制度化、法律化，使整个律师工作的建设和开展，有法可依、有章可循。此外，还需要采取一些具体措施，培养和扩大律师队伍，健全律师协会和律师顾问处。

社会主义的律师制度，国家需要它，人民需要它。正如董必武同志早在 1957 年所指出的："律师工作是一定有前途的，有发展的。"

后记：本文原载于 1979 年 6 月 19 日《人民日报》。本文系依照彭真同志的建议和要求撰写的，对当时恢复和重建我国的律师制度起了一定作用。新中国的律师制度始建于 1954 年。1957 年后名存实亡。有时，外国人旁听审判时，就临时找人充当律师"表演"。党的十一届三中全会以后，彭真同志复出抓政法，其中重要的一步棋就是重建我国的律师制度。此文发表后，法学研究所常务副所长，也即直接接受彭真交给这一任务的韩幽桐同志，曾半开玩笑地对我说："步云，任务完成得不错，你立了一功！"

附录一:《人民日报》专访

一、法治人物（专栏）: 李步云——敢开第一腔的法学家

· 1978 年 12 月 6 日,在本报发表《坚持公民在法律上一律平等》,被公认为是法学界突破思想理论禁区的第一篇文章。

· 1999 年 1 月、2003 年 6 月两次参加中央领导主持的修宪座谈会,呼吁把法治和保障人权写进宪法。

· "社会主义者应当是最进步的人道主义者,社会主义者应当是最彻底的人权主义者",是他近年人权研究的结论。

李步云,中国社会科学院法学所研究员,博士生导师。

1933 年 8 月 23 日,生于湖南娄底市。1950 年参加抗美援朝。1957 年从江苏太仓市考入北大法律系本科学习,后师从著名法学家张友渔读法学硕士。1967 年进入中国社会科学院法学研究所工作。

1980 年 7 月到 1981 年 7 月,任中共中央书记处研究室研究人员。后回社科院工作。曾到纽约大学任访问学者。曾担任《法学研究》主编、社科院人权研究中心副主任。先后到美国、英国、意大利、挪威、荷兰、澳大利亚、日本等国做学术访问交流。2000 年任湖南大学法学院名誉院长、

法治人权研究中心副主任。2004 年，担任广州大学人权研究中心主任。

这是一位为法治和人权奔波了大半生的法学家

2004 年 12 月 30 日，北京，中国社科院法学所办公室，李步云教授面带喜色地对记者说："我主持的广州大学人权研究中心正式运作起来了，有 15 个人的正式编制，这种规模在国内是不多见的。"

中国社科院法学所研究员、湖南大学法学院名誉院长、广州大学人权研究中心主任，71 岁的李步云全身心投入把三个职位都做实了。北京、长沙、广州三地奔波，他似乎已不知道什么是辛苦。

"罪犯也是公民"

背景：20 世纪 80 年代初，北京一个政治骗子李某刑满释放后，电视台报道说：经过多年努力，李某已由罪犯改造成公民。一位大学教员给电视台写信指出报道有错误，因为李某作为罪犯，本来就是公民。这位大学教员说，他依据的是 1979 年 10 月 31 日《人民日报》刊登的《论我国罪犯的法律地位》。文章作者是李步云和徐炳。

记者："打倒在地，再踏上一脚"是那个年代对待阶级敌人、敌对分子的态度。您怎么说服公众罪犯也是公民的？

李步云：我的论据一是依据外国法律，指出公民同国籍有关。苏联、美国都如此。二是指出，公民是纯粹的法律术语，是指具有我国国籍、可以享有权利和承担义务的人。人民是政治术语，是一个集合名词，是相对于敌人来说的，国民主要用于经济领域，如国民经济、国民收入。第三个论据是逻辑论证，如果罪犯不是公民，那么宪法关于"公民的基本权利与义务"这一规定对他们就不适用，就要另搞一套法律来规范他们。这是做不到，也没必要的。

记者：您提出"公民在法律上一律平等"是在 1978 年 12 月；"罪犯也是公民"其实是这个论断的推演。随后，您撰文主张依法治国。总的来讲，在那个年代，您率先提出了关于人权和法治的思想，是很需要超前眼光和勇气的。

李步云：我国"五四宪法"曾规定，公民在法律上一律平等。后来，在"七五宪法"、"七八宪法"中取消了这个规定。当时，我想，如果首先从这个重大的法制原则上突破，对推动法学界的思想解放，促进法制建设是有益的。1978 年 12 月 6 日，我在人民日报发表《坚持公民在法律上一律平等》，提出公民包括敌对阶级分子，引起了震动。1980 年 11 月，审判林彪、"四人帮"后，我和王家福共同起草了人民日报特约评论员文章《社会主义民主和法制的里程碑》，总结这次历史审判的 5 条法制原则，其中一条是"法律面前人人平等"。这几篇文章在领导层和社会上有一定影响。

"文化大革命"后，人心思治，人心思法。法治和人权，是人民的普遍渴望和要求。作为法学家，与时代同步，自然而然得出这个结论。即使我不提出这些来，早晚会有其他人提出来的。另外，我个人经历丰富，湖湘文化经世致用的传统对我影响很深。法学界的人说我"有勇气，敢开第一腔"，可能与这些有关。顺便提一句，我与人民日报是有很深感情的，一些重要观点都是通过《人民日报》发表出来的。

"一定要把法治写进宪法"

背景：法制指法律制度，可以依附于专制政治和人治。法治标志着民主政治，是和专制、人治对立的。20 世纪 80 年代以来，李步云参与了几次重要的修宪活动。1997 年，中国社科院王家福教授在中央领导法制讲座上讲"依法治国"，李步云是社科院这次讲课的课题组成员之一。

记者："八二宪法"制定前后，您发表了很多文章，您的意见是否得到采纳？

李步云：1980 年 7 月到 1981 年 7 月，我曾任中共中央书记处研究室研究人员，负责起草叶剑英委员长在宪法修改委员会第一次会议上的讲话。这个讲话非常重要，有很多好的观点。随后，我在《人民日报》发表关于修宪的 10 篇文章。

1982 年《宪法》采纳了我三条意见：第一，什么是公民。第二，法律面前人人平等。第三就是宪法的结构安排。"公民的权利和义务"放在关于国家机构的段落前面，而以前它们是在国家机构段落后面的。

记者：1998 年，您在全国人大常委会法制讲座上讲授《依法治国，建设社会主义法治国家》，后来又到 60 多个省部级单位讲授，您能谈谈从"法制"到"法治"这两个词的转变过程吗？

李步云：1996 年 3 月，八届全国人大四次会议提"法制国家"，1997年 9 月，党的十五大改提"法治国家"。从法律上说，法治是与人治相对立的，搞法治是法学界多年研究讨论的结果。1979 年，我在《论依法治国》这篇文章中，系统论证了这一治国方略。我与王家福等人还参与起草了 1979 年 9 月中共中央《关于坚决保证〈刑法〉、〈刑事诉讼法〉切实实施的指示》，这就是所谓的"64 号文件"，那时就使用了"社会主义法治"的概念，现在法学界的人对这个文件评价很高。

1996 年，司法部筹备为中央领导第三次讲课。司法部办公厅贾京平主任和法制司司长刘一杰找我，请我来讲。当时，司法部的题目是"关于实行依法治国，建设社会主义法制国家的理论与实践问题"。我建议题目改作"依法治国，建设社会主义法治国家"，把"立刀"制改成"三点水"的治。后来，改由王家福主讲，我是课题组成员。讲课后，讲稿以《论依法治国》为题发表在《光明日报》，文章署名王家福、李步云、刘海年等。

1998 年 8 月 29 日，全国人大常委会请我去做讲座，李鹏同志和所有的副委员长、专门委员会的主任委员和副主任委员 100 来人都参加了。我讲的题目是《依法治国，建设社会主义法制国家》。1999 年宪法修正前，中央召开了两个座谈会：一个是经济学家的，一个是法学家的。我在法学家的座谈会上极力主张要把依法治国写进宪法。1999年，我应贵报约请撰写了《依法治国的里程碑》一文，提出社会主义法治国家的10条标准，影响比较大。

"社会主义要高举人权旗帜"

背景：人权曾被一些学者和干部误解为资产阶级的口号。而一些西方国家推行"人权外交"，借机攻击我国人权状况。李步云先生是国内最早关注人权的学者之一。2004年，我国宪法修正案写入"国家尊重和保障人权"。

记者：2004年修宪写入"国家尊重和保障人权"时，有争议吗？

李步云：有的。2003年6月，吴邦国委员长召集修宪专家座谈会，有5个法学家参加。我和徐显明教授极力主张把保障人权写进宪法。当时有人提出，世界上很多国家宪法都没有这一条，我们为什么要这么写？我说，人家没有，我们有，是有意义的，表明我们对人权的尊重，有利于消除西方国家对我们的误解，有利于转变人们的观念，有利于我们人权状况的改善。

记者：人权入宪后，您在人权教育和研究方面有什么新的进展？

李步云：1991年，中国社科院在国内最早成立的人权研究中心，我曾长期任副主任。后来我在湖南，现在又在广州主持了人权研究中心。前年在湖南搞了公安局长人权培训班，现在准备在广州也搞起来，倡导社会公众学人权。这是同国际公约要求的人权教育相一致的。我还向国际人权组织申请了一些课题。目前，我主持编写的国内第一本大学用的人权法统编教材已经付印，大概今年3月份能用。

记者：作为学者，您在人权方面有些什么主要观点？

李步云：社会主义要高举人权旗帜，社会主义者应当是最进步的人道主义者，社会主义者应当是最彻底的人权主义者。建立起社会主义的人权理论体系，是摆在中国法学家面前的一项光荣而艰巨的任务。

人权有应有权利、法定权利、实有权利三种形态。人权既有普遍性又有特殊性。人权的普遍性主要是指任何国家的任何人在任何时期所应当享有的基本权利。而人权的特殊性是指不同国家和同一国家不同历史时期所享有的权利不同。

人权源于人的自然属性和社会属性。人的自然属性即人性，包括天性、德性、理性。人的自然属性，是人权存在与发展的内在根据；人的社会属性，是人权存在和发展的外部条件。人权受经济社会文化发展的影响，受文明程度的制约。

二、学术人生（专栏）：李步云——法治梦的追求者

当记者按照约定的时间点赶赴到广西大厦的咖啡厅时，却发现李步云先生早已等在了那里。年末的北京格外寒冷，李步云先生依旧西装领带一丝不苟，只是在衬衫外套了一件羊毛背心，而说起话来敏锐犀利的谈锋，让记者无法将其与一个年逾 80 的人联系起来。

被人誉赞为"法治三老"之一的李步云先生，如今身为中国法学界的泰斗，关于他的报道与评说，散布于中国法治进程的每一步，早已不可胜数。但李步云先生却从不简单地回绝媒体的采访，有人评价他这一生在推动法治这件事上永远"不知疲倦"，而他跟记者说，当年的那些"敢为天下先"，在采访中希望得到淡化，因为他更想多谈一谈这些年来对于法治的新思考。

首倡依法治国的法学家，并为之不遗余力地奋斗了几十年

采访中，李步云先生托记者带几册近年的新作给他在人民日报社的老朋友，他说，他与人民日报社的渊源颇深，他为中国法治"拓荒"的起点正是在这张厚重的报纸上。

1978 年，在实践是检验真理的唯一标准的大讨论中，中国人的思想开始解冻。这年的年尾，《人民日报》上发表了李步云先生一篇题为《坚持公民在法律上一律平等》的文章，一时间石破天惊，这句今天看来平淡无奇的常识，成为了那个时代法学界思想解放的先声。

从此，李步云先生就与人民日报结缘，不断在这片阵地上发出振聋发聩的声音。1979 年人民日报的《理论宣传动态》发表《党委审批案件的制度需要改变》一文，其中建议在后来中央的"64 号文件"中被正式采纳。1980 年，《人民日报》又以"特约评论员"名义发表其《社会主义民主和法制的里程碑——评审判林彪、江青反革命集团》一文，在党的文献中首次提出要实行"以法治国"方略，同时李步云先生还与其社科院同事在《光明日报》上发表了一篇《论以法治国》的长文。后来"以"逐渐变成了"依"，但这些文献，却被法学界普遍视为在我国第一次明确提出和全面论证要实行依法治国。

为什么他能从改革开放之初就敏锐地抓住法治来临的时代信号，并为之不遗余力地奋斗了几十年？这或许要从李步云先生传奇的人生经历中寻找答案。

1933 年 8 月 23 日，李步云先生出生于湖南娄底一个名叫艾家冲的小村子。自小浸淫于湖湘文化的他，一生都充盈着那里的精神气质，既有为民前驱的刚直耿介，又有经世致用的兼收并蓄。

早在 1948 年春，年仅 15 岁的他就在地下党员刘佩琪领导下组织"济世学会"秘密印发毛泽东的《新民主主义论》。后参军奔赴抗美援朝的战场，并三次与死亡擦肩而过。1952 年，他从一颗敌人落在其所乘汽车的炮弹下死里逃生，却不幸被炸断了左手，从此成为伤残军人，至今仍有当年的弹片留在李步云先生的体内。1957 年，这位战场归来的英雄凭着自己的努力考入了北大法律系，师从法学泰斗张友渔教授。然而，毕业分配到中国社科院法学所工作时却赶上了"文化大革命"，这 10 年中他见证了"砸烂公检法"的思潮对于社会主义事业的巨大冲击，也在 4 年农村的生活经历中深刻地了解了 8 亿中国农民的生活、需要和愿望。与共和国法治沉浮直接关联的生命体验，使李步云先生对于法治之于中国，有着下一代法学家所没有的理解。

"四中全会出乎我的意料，没想到这么好"

"法治"是专访中李步云先生谈到最多的一个词，他认为在中国法治前行的路上有两个里程碑：一个是"依法治国"入宪，解决了理论认识的问题，法治从此不可逆转地成为了中国努力前行的方向；另一个是党的十八届四中全会，宏伟的法治蓝图就此铺开，为法治中国的前景给出了全面具体的路线图。"如今，法治倒退的时代已经不可能了，倒退是死路一条。"李步云先生说。

李步云先生谈道，党的十八届四中全会召开前夕，中央法制部门相关负责人与老法学家座谈，曾特地来到他位于潘家园的家中征询他的意见。当时，法学界一些学者认为中国特色社会主义法律体系基本建成之后，立法工作将不再是推动法治的主要动力。对此，李步云先生针锋相对地说，立法在任何一个法治国家都是常态，是"进行时"，更何况我国正处于大变革的时代，更不应该忽视立法的作用，而应让立法工作经常化。他认为加强立法不是目的，目的是要立出良法，为此他更是建言了良法的 9 条标准。李步云先生的观点契合了当下中国的实际情况，后来党的十八届四中全会也正式提出"法律是治国之重器，良法是善治之前提"，立法工作重要性得到了充分肯定。

"四中全会出乎我的意料，没想到这么好。"李步云先生说他对法治中国是乐观的。之前他就听闻了这次会议的主题，预感对法治的前途事关重大，于是便多方联系在各种媒体上鼓与呼。他曾在接受采访时讲，此前曾有人担心中国依法治国进程比想象的慢，他说这其中包含着一些深层次的原因，一部分是因为我们的民族文化里缺乏民主法治的传统，落后的观念还深深扎根在一些领导干部中间，另一部分既得利益的阻碍让一些人不希望社会更趋民主法治。但这些都在党的十八届四中全会上实现了突破。

在李步云先生看来，党的十八届四中全会之后学者该做的事不是少了，而是更多了。"四中全会是总揽全局的，其中提出了观点，但还有待于法学界做出理论上的阐释。"他认为每一个概念都应该得到准确清晰的界定，中国法学界必须要有提出自己符合中国法治实际的理论勇气，既不只是抬轿子吹喇叭，也不盲目追逐外国的时髦理论、囫囵吞枣。

"要清除外国对中国人权理论和现状的误解"

李步云先生始终侃侃而谈，不知不觉间手边点的一杯红茶凉了也没来得及喝一口。他说他这辈子始终不渝地在社会主义框架下坚持着两项事业，一是法治，二是人权。

早在 1979 年，李步云先生就与人合作在《人民日报》上发表了《论我国罪犯的法律地位》，提出即使是罪犯也应有权利，时人为之一振，政、学两界反响强烈。2004 年，李步云先生参加了由中央领导人主持的修宪座谈会，面对反对在宪法中加入"国家尊重和保障人权"的声音，据理力争道：当时各级领导中还有人把人权当作敏感的问题，因此人权入宪在中国很有必要。最终在2004年通过的宪法修正案中，"国家尊重和保障人权"成为我国的庄严承诺。

不过，经过这么多年的呼吁，法治早已脱敏，而人权在一些人眼里还是多多少少有点"敏感"。

"中国的人权一直都有很大的进步，为什么不能理直气壮地说？"李步云先生说，中国对于人权理论和实践的一个重大贡献就是提出了"生存权"和"发展权"是首要人权，中国用发展让数亿人脱离贫困，全球贫困人口数量减少成就的九成来自中国，这是中国的人权名片。他认为中国的人权保障水平相比于发展了几百年的西方发达国家还有差距，人权发展终究要受经济社会发展的制约，但未来进步的方向不会改变。

李步云说："中国在人权领域也应有理论自信，要清除外国对中国人权理论和现状的误解，我们的理论与西方对话是有底气的。"他提到西方否认"发展权"是人权，但这实际上是混淆了"发展"和"发展权"，这需要我们去澄清。1991年，李步云先生在美国访问时，哈佛大学曾专门为他举办了一次研讨会，题为"外交政策与人权"。会上3位主题发言人中还包括美国当时负责人权事务的副国务卿和"人权亚洲观察"负责人，但会后哈佛等校三十多位教授反而认为他这个来自中国的人权学者更理性和务实。

李步云先生说，他现在正在撰写自己的回忆录，他提到自己这辈子的追求可以凝结在这段自勉诗中：权势利禄身外物，是非功过任评点；岁月无情终有情，愿留文章在人间。

三、我和我的祖国（专栏）：我为法治添砖瓦

改革开放后·法治

【镜头】1978年12月6日，李步云在本报发表《坚持公民在法律上一律平等》一文。当时，他异常兴奋，曾一连三天三夜没能合眼。他内心已确信：在改革开放的新时代，法治建设的春天已经到来。

李步云：拨乱反正的峥嵘岁月，让我至今记忆犹新。1978年11月下旬，社科院法学所召开了全国法学界第一次解放思想学术研讨会，我参加了会议并协助整理会议纪要。1979年7月，我参与了中共中央《关于坚决保证〈刑法〉、〈刑事诉讼法〉切实实施的指示》的起草。这个文件在党的重要文献中第一次使用"法治"这一概念。

1997年，社科院法学所王家福研究员为中共中央政治局讲课，明确提出"建设社会主义法治国家"，当时，我是这一讲座的课题组成员。1998年8月29日在人民大会堂，我为全国人大常委会作了讲座，题目是

《依法治国，建设社会主义法治国家》。1999 年 3 月 15 日，九届全国人大二次会议通过现行《宪法》的第三次修正案，提出："中华人民共和国实行依法治国，建设社会主义法治国家。"

新世纪以来·人权

【镜头】2003 年 6 月 13 日上午，李步云在人民大会堂参加了有 5 位宪法学家出席的座谈会，被要求第一个发言，他当时提出四点建议，其中就有"国家尊重和保障人权"写进宪法，并对人权概念作出解释。

李步云：2004 年，现行《宪法》作了第四次修改，"国家尊重和保障人权"写入宪法。此前，以吴邦国委员长为首的中央修宪小组曾先后召开过 6 次座谈会对此进行讨论。

其实，早在 2001 年 2 月，我就办了退休手续。但这 8 年来，我的工作反而更忙了……

2005 年，我主编了《人权法学》，这是教育部迄今为止唯一的有关人权法学的统编教材。我还先后在湖南大学、广州大学、东南大学组建了人权研究中心，现在仍在为人权研究与人权教育努力奔忙着。

附录二：专家评论

一、江平（中国政法大学终身教授、原中国政法大学校长、前全国人大常务委员会委员）

我最敬佩他两点：一是勇气，包括学术上的勇气；第二，是他的骨气。

二、石泰峰（现宁夏省委书记、原中央党校副校长）

李老师影响了"文化大革命"后进入法学大门的一代人，可以说，是整整一代人。

三、张文显（现中国法学会副会长学术委员会主任、吉林大学资深教授）

思想解放一先锋，理论创新是大师。

四、郭道晖（原《中国法学》主编、现广州大学教授）

摧生法治功报国，布道人权德惠民。

五、俞荣根（原西南政法大学副校长、重庆市人大法工委主任、社科院院长）

作为一个学者写几篇好文章并不难，难的是自始至终地写出好文章，不写官样文章，不写应酬文章，李步云先生就是这样一位把文章写得越来越好，把文章写得越有思想，从而由学者成为思想者、思想家的这样一位法学家。

责任编辑：张伟珍

装帧设计：周方亚

责任校对：胡　佳

图书在版编目（CIP）数据

迈向法治新时代：我的治学理念和实践/李步云　著 . — 北京：

　人民出版社，2017.8（2018.8 重印）

（中国法治实践学派书系/钱弘道主编）

ISBN 978－7－01－018058－8

I. ①迈…　　II. ①李…　　III. ①社会主义法制－建设－研究－中国　　IV. ① D920.0

中国版本图书馆 CIP 数据核字（2017）第 201436 号

迈向法治新时代

MAIXIANG FAZHI XINSHIDAI

——我的治学理念和实践

李步云　著

人民出版社 出版发行

（100706　北京市东城区隆福寺街 99 号）

北京新华印刷有限公司印刷　新华书店经销

2017 年 8 月第 1 版　2018 年 8 月北京第 2 次印刷

开本：710 毫米 ×1000 毫米 1/16　印张：26

字数：359 千字

ISBN 978－7－01－018058－8　定价：79.00 元

邮购地址 100706　北京市东城区隆福寺街 99 号

人民东方图书销售中心　电话：（010）65250042　65289539